Taschenbücher zur Musikwissenschaft

40

Taschenbücher zur Musikwissenschaft
Herausgegeben von Richard Schaal

40

Heinrichshofen's Verlag
Wilhelmshaven

HEINRICH HUSMANN

Einführung
in die
Musikwissenschaft

Heinrichshofen's Verlag
Wilhelmshaven

CIP-Kurztitelaufnahme der Deutschen Bibliothek

Husmann, Heinrich:
Einführung in die Musikwissenschaft / Heinrich
Husmann. — 3. Auflage. — Wilhelmshaven :
Heinrichshofen, 1980.
  (Taschenbücher zur Musikwissenschaft ; 40)
  ISBN 3-7959-0189-8

2. Auflage 1975
3. Auflage 1980
©
Copyright 1975
by Heinrichshofen's Verlag, Wilhelmshaven, Amsterdam, Locarno
Alle Rechte, auch das der fotomechanischen Wiedergabe
(einschließlich Fotokopie), vorbehalten.
All rights reserved
ISBN 3-7959-0189-8
Gesamtherstellung: Heinrichshofen's Druck, Wilhelmshaven
Printed in Germany
Bestell-Nr. 12/189

VORWORT ZUR 2. AUFLAGE

Daß schon seit Jahren eine neue Auflage meiner "Einführung in die Musikwissenschaft" nötig war, ist ein Zeichen der starken Entwicklung der Musikwissenschaft gerade in den letzten zwanzig Jahren und der Bedeutung, die sie immer mehr im kulturellen und akademischen Leben einnimmt. Auch eine Übersetzung des Buches ins Polnische, Warschau 1969, zeugt hiervon. Daß die neue Auflage unverändert erscheinen kann und nur die Hinzufügung eines ebendeshalb verhältnismäßig umfangreichen Nachtrages zum Literaturverzeichnis notwendig war, für dessen Erstellung ich Herrn cand. phil. Günther Batel herzlich danke, hat seinen Grund darin, daß der Verleger der 1. Auflage, Herr E. Schmeil, Inhaber des Verlages Quelle & Meyer, Heidelberg, eine absolut moderne Darstellung von mir verlangte, die insbesondere auch die neuesten elektronischen Fortschritte berücksichtigen sollte. In der Tat geriet das Buch dann so hypermodern, daß ältere Kollegen leicht erstaunt aufsahen, während jüngere mir bescheinigten, daß es seiner Zeit weit voraus sei. Vielleicht ist es dann jetzt gerade zeitgerecht. Eine "Einführung" ist aber auch kein Handbuch, das wieder andere von mir verlangten. So wird es das Richtige sein, das Buch so zu lassen, wie es ist, — auch heute bietet es noch ebensoviel Neues und prinzipiell Neues wie damals. Denn wenn das Werk auch kein Handbuch sein will, so will es doch die grundlegenden Tatsachen und Erscheinungen erfassen, aber dies wieder nicht in herkömmlicher Weise durch Teilung in systematsiche, ethnologische und europäisch-historische Musikwissenschaft, sondern unter einem übergreifenden systematischen Gesichtspunkt, der vom musikalischen Kunstwerk, seinen Elementen und seinem Aufbau ausgeht, — das Buch trug ursprünglich den Titel "Das musikalische Kunstwerk in Wesen und Erscheinung", der dann aus anderen Überlegungen heraus geändert wurde. Dieses Ordnungsprinzip erlaubt es, etwa musikalische Frequenzmessung und die dazu nötigen Apparate unter "Tonhöhe" zu behandeln. Wem ein Schwebungssummer in einer musikwissenschaftlichen Darstellung merkwürdig vorkommt, sollte nur an seine elektrische Uhr denken, die auch ein elektronischer Apparat ist, — ebenfalls um zu messen. Im Kapitel "Klangfarbe" erscheinen naturgemäß die Musikinstrumente; denn sie sind zur Erzeugung verschiedener Klangfarben geschaffen. Hier wird eine neue Einteilung nach physikalischen Gesichtspunkten geboten; denn Klangerzeuger muß man nach ihren Klangspektren beurteilen. Hier haben auch die elektrischen Instrumente ihren Platz. Der zweite und dritte Abschnitt bringen dann europäische und auch einiges Grundlegende der außereuropäischen Musik, — naturgemäß ausgewählt nach dem Urteil des

Verfassers. Über alle dem steht meine Idee, daß man eine zukünftige Ästhetik der Musik (von besonderen Erscheinungen abgesehen) nicht auf Hermeneutik gründen sollte, sondern auf eine Analyse der historischen Erscheinungen, der europäischen und der außereuropäischen, ohne die man nun einmal die europäischen nicht kompetent beurteilen kann. In Auffassung und Darstellung ist mein Buch daher der Versuch einer „pragmatischen Musikästhetik", wie man sie in Amerika, freilich unter verschiedenem Gesichtspunkt, anstrebt. In europäischer Formulierung ist es der Versuch einer "systematischen" Musikwissenschaft unter einem einheitlichen Gesichtspunkt, dem des Aufbaus des musikalischen Kunstwerks, die nicht aus heterogenen Teilstücken, Akustik, Psychologie, Physiologie, und so weiter, additiv zusammengesetzt wird.

HEINRICH HUSMANN

VORWORT

Es herrscht kein Mangel an musikgeschichtlichen Darstellungen, weder an einführenden Werken noch an umfassenden Handbüchern. Aber aus der Musikgeschichte hat sich mit Beginn dieses Jahrhunderts die moderne Musikwissenschaft entwickelt. Sie betrachtet nicht mehr allein die geschichtliche Entwicklung der musikalischen Gattungen, die Stile ihrer Epochen und ihrer Persönlichkeiten, sondern sie hat eingesehen, daß es zunächst einmal notwendig ist, ein systematisches Fundament zu legen, auf dem man dann den Bau der Historie errichten kann. Das ist verständlich: Ehe man die Geschichte der Musik untersucht, hat man die stilistischen Hilfsmittel, die man dazu benutzt, klarzustellen. Wenn man die historische Entwicklung der Musik verfolgt, muß man zunächst wissen, was Musik überhaupt ist und welches ihre einzelnen Wesenszüge sind. Aber umgekehrt kann man diese systematische Musikwissenschaft nicht entwickeln, wenn man nicht die ganze Geschichte der Musik in allen Einzelheiten genau kennt und überschaut. Denn es ist genau so deutlich, daß die Geschichte eben die Tatsachen liefert, die systematisch erklärt werden sollen. Und ebenso notwendig ist, den Gesichtskreis auch über die ganze Erde auszudehnen und nicht die europäische Musikentwicklung als die einzig interessante und wichtige anzusehen. Historische, systematische und vergleichende Musikwissenschaft bilden eben ein Ganzes, in dem sie sich wechselseitig bestimmen und voraussetzen.

Man begreift, daß es noch nicht unternommen worden ist, diese universale Aufgabe der Synthese der drei Zweige der Musikwissenschaft zu bewältigen. Das vorliegende Buch macht diesen Versuch. Es ist das Ergebnis rund zwanzigjähriger Bemühungen. Allein seine langjährigen Sequenzenstudien hatte der Verfasser nur begonnen, weil er sah, daß hier eine ganze große Epoche der Musikgeschichte noch nicht erhellt war, und weil er glaubte, ohne die Lösung der noch offenen Probleme keine genügende Kontinuität der historischen Zusammenhänge erreichen zu können. Das hier gesammelte und erarbeitete Material wird ein Werk ergeben, das das vorliegende um ein Mehrfaches an Ausdehnung übertrifft. Die tonpsychologischen Untersuchungen, die der Verfasser schon vor dem Kriege begonnen hatte, konnte er 1948 zu Ende bringen. Ihre Ergebnisse erschienen inzwischen separat in einer Studie „Vom Wesen der Konsonanz". Aus diesen Arbeiten hat sich schon ein Schülerkreis ergeben, der in dem dazu ausgebauten akustischen Laboratorium eifrig weitergearbeitet. Die Studien zur Erforschung der Grundlagen der

4

orientalischen Musik, die seit 1935 laufen, sind zusammengefaßt in einem Buch über die Entstehung der antiken und orientalischen Tonsysteme, — die endgültige Fertigstellung des Manuskripts wurde durch die Arbeiten am vorliegenden Werk nochmals hinausgeschoben. Die Resultate dieses anderen Buches sind im vorliegenden bereits berücksichtigt, aber natürlich ohne eingehende Begründung vorgetragen, da diese jenem Werk vorbehalten bleibt. So hat der Verfasser in allen drei Zweigen der Musikwissenschaft gerade an den wichtigen Fundamentalfragen sich durch umfangreiche Arbeiten seine eigene Meinung zu bilden versucht. Eine umfassende Vollständigkeit konnte hierbei nicht erreicht werden, — aber es kommt zunächst darauf an, in die Tiefe zu dringen, die Ausbreitung des Materials in die Weite — insbesondere im letzten Teil dieses Buches — kann von hier aus jederzeit erfolgen. Zudem ist das vorliegende Werk eine Einführung in die Grundprobleme, — bis man ein kompendiöses Lehrbuch schreiben kann, wird noch eine erhebliche Zeit vergehen und es ist fraglich, ob das überhaupt eine sinnvolle Aufgabe ist.

Mit besonderer Dankbarkeit gedenkt der Verfasser seines großen Lehrers Erich M. von Hornbostel. Ihm, der Tonpsychologie und vergleichende Musikwissenschaft in so überragender Weise beherrschte, hätte es obgelegen, das grundlegende Werk der neuen Musikwissenschaft zu schreiben. Wenn sein Schüler diesen Versuch nun unternimmt, so erkennt er dankbar die Anregungen an, die er von diesem wahrhaft tiefgründigen Gelehrten empfangen hat. Weiter hat der Verfasser seinen Dank seinen beiden Assistenten abzustatten, — Herr Dr. Heinz Becker las die Korrekturen mit und bearbeitete das Literaturverzeichnis sowie die verschiedenen Register, Herr Dr. Hanspeter Reinecke fertigte die Zeichnungen an und baute die dazu z. T. notwendigen Versuchsanordnungen auf. Endlich dankt der Verfasser seinem Verlag, der das Buch nicht nur hervorragend ausgestattet, sondern mit öfteren, sich über einige Jahre hinstreckenden zarten Mahnungen dem Verfasser das fertige Manuskript endlich doch noch abgerungen und entlockt hat.

Hamburg, im Frühjahr 1958

Heinrich Husmann

INHALTSVERZEICHNIS

EINLEITUNG

Systematik und Historie

Die Musik läßt sich wie jede Erscheinung der menschlichen Kultur von zwei Seiten aus untersuchen: es ist einmal möglich, ihre geschichtliche Entwicklung sorgfältig in allen Einzelheiten zu verfolgen und dann aus dem Wechsel der historischen Erscheinungen für größere Zusammenhänge geltende, ja sogar ganz allgemein gültige Gesetzmäßigkeiten herauszukristallisieren; aber ebenso berechtigt erscheint das andere Verfahren, durch Betrachten eines — vielleicht sogar überhaupt nicht existierenden, sondern nur eigens hierzu ausgedachten und vorgestellten — Kunstwerkes unter Absehen von allem Geschichtlichen das Wesen des Kunstwerks und seine Eigenschaften in reiner Anschauung abzulesen. Der erste Weg ist der der historischen Musikwissenschaft (oder Musikgeschichte), die zweite Methode charakterisiert das Verfahren der systematischen Musikwissenschaft. So sehr man glauben könnte, daß jeder der beiden Wege ans Ziel führt, so sehr ist doch darauf hinzuweisen, daß beide Verfahren nur je einen Teil der Problematik lösen können, daß sie beide also einander ergänzen, ja zum Teil einander sogar voraussetzen. Denn einerseits kann die systematische Methode nichts über Erscheinungen aussagen, deren Wesen in geschichtlichen Entwicklungen seinen Ursprung hat, andererseits arbeitet die historische Methode mit systematischen Begriffen als ihren Grundbegriffen, — diese lassen sich aber nur systematisch aufzeigen.

Die Verfahrensweise der geschichtlichen Musikwissenschaft wird oft als Analyse bezeichnet. Man denkt dabei unwillkürlich an eine chemische Analyse, die eine komplizierte chemische Verbindung mit verschiedenen Reagenzien in mehreren Arbeitsvorgängen so lange behandelt, bis zum Schluß alle nicht mehr weiter teilbaren Elemente ausgesondert sind, aus denen sich die Verbindung zusammensetzte. Umgekehrt kann man in der Chemie aus einzelnen Verbindungen oder Elementen auch wieder kompliziertere Verbindungen synthetisch zusammensetzen. Die Psychologie hat nun in den Arbeiten von Christian von Ehrenfels, Wolfgang Köhler und Kurt Koffka einen neuen Zweig, die Gestaltpsychologie, begründet, die aufwies, daß Kunstwerke ebenso wie andere geistige, ja sogar körperliche Gebilde nicht nach diesem Muster der chemischen Analyse behandelt werden können. Gestalten, etwa ein Dreieck, kann man nicht in Elemente zerlegen ohne sie zu zerstören, — nimmt man die drei Seiten des Dreiecks auseinander und legt sie nebeneinander, um sie eingehend jede für sich zu betrachten, so wird man von da aus nie zur Einsicht in das Wesen des Dreiecks kommen. Ganz ähnlich· zeigt die neueste Naturwissenschaft, wie bei der Untersuchung atomarer Verhältnisse das Experiment bereits einen Eingriff darstellt, der die ursprünglichen Bedingungen verändert. Auch die populäre Kunstkritik bedient sich gern der Behauptung, daß die wissenschaftliche Analyse ein Kunstwerk in Teile auflöst und zerschlägt, aus deren Trümmern das Kunstwerk sich nicht wieder synthetisch zusammensetzen läßt. Parallel zu Psychologie und Ästhetik hat endlich die Philosophie in der Phänomenologie Edmund Husserls eine Disziplin entwickelt, die ohne Analyse in reiner „Anschauung" die Sachverhalte klären will. Aber die wissenschaftliche Polemik ist stets überspitzt, — nur im Gegensatz werden ja die Besonderheiten deutlich. Man braucht niemandem zu sagen, daß drei Linien kein Dreieck sind; und daß man aus Quarten, Quinten usw. Beethovens 9. Symphonie nicht zusammensetzen kann wie die Figuren eines Steinbaukastens, war auch vorher durchaus bekannt. Am kompetentesten sind hier sicher die Künstler selbst. Nun, alle Komponisten notieren in ihre Skizzenhefte aber Motive und Themen und in den Erläuterungen ihrer Kompositionen beschäftigen sie sich mit Dingen, wie sie genau so als Gegenstand musikalischer „Analysen" in den Lehrbüchern der Kompositionstechnik enthalten sind. Das hat denn auch die Gestalttheorie einsehen müssen. Sie bemerkte, daß es einfache Gestalten gibt, die sich nicht auflösen lassen, aber auch zusammengesetzte, die schon selbst wieder aus Gestalten aufgebaut sind. Bei diesen Gestalten höherer Ordnung ist offenbar die Betrachtung der sie zusammensetzenden Gestalten einfacheren Aufbaus nicht nur erlaubt, sondern sogar notwendig. Zum Beispiel ist der menschliche Körper gewiß eine Gestalt, die man zerstört, wenn man sie anatomisch seziert, aber ebenso sicher ist, daß Gesicht, Hände, Füße usw. auch für sich noch sogar relativ hohe Gestalten sind und daß die menschliche Gesamtgestalt sich nur verhältnismäßig locker aus ihren Teilen zusammensetzt. Dabei wird deutlich, wie sehr Teilgestalten höherer Gestalten den Gesamtcharakter in sich enthalten, obwohl sie selbst nur Teile sind, — Gesicht und Hände sind so sehr der Ausdruck des Menschen, daß wir alles übrige getrost in Kleidern verbergen können, oder daß wir sie etwa für sich allein zeichnen, malen und photographieren dürfen. So können wir ganz ähnlich einzelne Sätze einer Symphonie in einem Konzert selbständig spielen, wir pflegen in ausgedehnten Werken in der praktischen Aufführung unwichtige Partien zu streichen, ja wir konzentrieren ganze Opern in Potpourris, die nur noch die Hauptthemen bringen. Melodien, Themen, Motive sind die kleinsten Gebilde, die sich nur noch in wenige Teile zerlegen lassen, oder, wie die kurzen Motive mancher Symphonien, überhaupt nicht mehr teilbar sind. Aber sie tauchen ja im Verlauf einer Symphonie oder einer Oper immer wieder auf; sie sind also doch schon selbständige Gebilde und so ist es möglich, über sie genau so zu sprechen wie über das Gesicht oder — davon wieder kleinere Teile — über den Mund oder die Augen eines Menschen. Die Gestalttheorie zeigt daher, daß die Analyse bei höheren Gestalten tatsächlich das sachgemäße Verfahren ist, nur darf sie nicht zu weit gehen und etwa die kleinsten Teilgestalten auch noch auflösen wollen, — ein Thema läßt sich etwa nicht mehr aus dem Charakter der es aufbauenden Intervalle erklären, wie es die Hermeneutik ja in der Tat zum Teil versucht hat. Hier ist die Grenze des Zulässigen bereits überschritten (es ist wieder etwas anderes, wenn in einem Thema an markanten Stellen prägnante Intervalle besonders hervortreten oder, wie häufig, Themen ein charakteristisches Intervall an die Spitze stellen).

In einer solchen gestalttheoretisch durchdachten Analyse kann von einem Auflösen in Teile auch aus einem anderen Grunde keine Rede mehr sein. In einer reinen Zerschlagung etwa eines Steines vermag man mit demselben Werkzeug, Hammer und Meißel immer kleinere und kleinere Stücke herzustellen. Dies ist bei einer höheren Gestalt anders. Die Ineinanderschachtelung oder Verbindung der Teile ist in den Teilgestalten eine andersartige als etwa die Zusammensetzung des Ganzen aus den Teilgestalten. So ist das Prinzip, nach dem Arme, Beine und Kopf mit dem Rumpf die menschliche Gestalt zusammenbauen, ein anderes als das, welches das Gesicht aus Augen, Nase, Mund, Stirn usw. bildet, und dieses ist wieder ein anderes als das, welches die Hand aus der Handfläche, den vier vorderen Fingern und dem diesen entgegengesetzt arbeitenden Daumen formt. Ganz ähnlich ist die Bindung, die die vier Sätze einer Symphonie zusammenhält, eine ganz andersartige als das Prinzip, das den einzelnen Satz gestaltet, und dies wieder von anderer Natur als das, welches Teile eines Satzes aus Themen oder Motiven aufbaut. Diese Verschiedenartigkeit der Aufbauprinzipien hat die unmittelbare Folge, daß die Diskussion der jeweiligen Zusammenhänge auch von jeweils anderer Art sein muß, d. h.: es ist für die verschiedenen Zusammenhänge auch eine jeweils verschiedene Begriffsbildung zu entwickeln und anzuwenden. Dies zeigt besonders deutlich, daß die Analyse des Kunstwerkes gar keine Zerschlagung bedeutet, denn es handelt sich um die Beschreibung verschiedener Ebenen im Kunstwerk mit jeweils verschiedener, auf den betreffenden Einzelzusammenhang abgestimmter Methodik. Wer die Werke unserer großen Hermeneuten, Hermann Kretzschmar, Hugo Riemann, Arnold Schering u.a., und der Schöpfer der modernen Stilkritik, Guido Adler, Wilhelm Fischer, Friedrich Blume u. a. liest, bemerkt, daß diese Forderungen stets instinktiv richtig erfüllt worden sind und das, ohne daß sie die Warnung vor zerschlagender Analyse oder die Begründung ihrer Methoden durch die höhere Gestaltpsychologie nötig gehabt hätten.

Wenn man Musikstücke verschiedener Zeiten oder anderer, etwa antiker oder exotischer Kulturen analysiert, tritt noch eine weitere Komplizierung hinzu. Die auch heute noch weitgehend übliche Terminologie wurde entwickelt an unserer klassischen und romantischen europäischen Musik. Die orientalische Musik ist aber nach ganz anderen Prinzipien gestaltet, die von unserer Begriffsbildung nicht erfaßt werden. Für sie hat der Orient selbst eine im allgemeinen ausreichende Terminologie und Stilkritik geschaffen. Schon die Brahmanas enthalten genaue Angaben über die Gliederung der Melodien und machen sich Gedanken über den Zusammenhang zwischen den Teilen der Melodie und der Gesamtmelodie mit ihrer Wirkung und mythologischen Verknüpfung. Arabien, Persien und Indien verfügen sogar über große spezielle Musiklehrbücher, die die einheimische Stilistik enthalten. Aber auch in Europa läßt sich die ganze Entwicklung der Musik nicht mit den Begriffen der klassischen Musik allein erfassen. Ein mittelalterliches Organum ist so völlig anders aufgebaut als eine Komposition des 16. oder gar 19. Jhdts., daß die Schaffung einer neuen Terminologie zur Beschreibung der mittelalterlichen Musik nötig wird. Dasselbe gilt erst recht für die Musik des christlichen Kultes und für die musikalische Kunst der Antike. Auch hier ist überall eine musikalische Stilistik bereits entwickelt worden, wenngleich nicht immer ausreichend, aber in den Grundzügen die jeweilige Ästhetik doch durchaus einwandfrei darbietend. So entsteht für die moderne musikgeschichtliche Forschung die Aufgabe, für alle Kulturen und für die verschiedenen Epochen unserer Kultur jeweils die angemessene stilistische Begriffsbildung zu formulieren, wobei die von den verschiedenen Kulturen und Zeiten bereits geschaffenen Musiksysteme als Basis zu verwenden sind. Auch diese Aufgabe hat die heutige Musikwissenschaft voll erkannt und überall in Angriff genommen. Daß sie in vielen Fällen noch nicht gelöst ist, dürfte bei der Fülle des Materials und der Schwierigkeit der Aufgabe nur allzu verständlich sein.

Um hierbei zu allgemeinen Begriffen zu kommen, die den gesamten Gang der Geschichte erfassen, hat die Musikgeschichte vor allem seit Curt Sachs versucht, Begriffe der Kunstgeschichte zu übernehmen. Das Vorbild Heinrich Wölfflins und Wilhelm Worringers war es vor allem, von denen der eine in seinen Gegensatzpaaren linear — malerisch, Fläche — Tiefe, geschlossene Form — offene Form, Vielheit — Einheit, Klarheit — Unklarheit, der andere in seinem noch universelleren Begriffspaar Abstraktion — Einfühlung, die allgemeinen Entwicklungs- und Betrachtungsprinzipien der europäischen Kunst gefunden zu haben schien. Hatte Hugo Riemann das 17. Jahrhundert, von einer musikalischen Erscheinung ausgehend, als das „Generalbaßzeitalter" charakterisiert, so sprach man nun von einem „musikalischen Barock". Später war es dann vor allem der Terminus „Musik der Gotik", der in den Diskussionen über den Charakter der mittelalterlichen Musik auftrat. Diese Versuche, von der Geschichte der Kunst her die frühere oder fremde Musik zu beleuchten, mußten naturgemäß scheitern, so anregend sie im einzelnen zweifellos gewesen sind. Denn es ist ein Grundprinzip der wissenschaftlichen Methodik überhaupt, daß jede historische Disziplin zuerst ihre eigene Begriffshierarchie zu entwickeln hat, ehe sie versucht, sich den Nachbarfächern anzunähern. Insbesondere ist es von vornherein gar nicht sicher, daß dieselbe Epochengliederung für alle Künste, vielleicht sogar für alle Kulturerscheinungen, gilt. Noch problematischer ist es, zu untersuchen, wie sich der „Zeitgeist" in den verschiedenen Künsten ausdrückt, — was ist das „Barocke" in der Malerei, was ist es in der Musik, was in der Politik? Endlich ist speziell die Übernahme von Grundbegriffen der bildenden Kunst in die Musik denkbar fragwürdig. Sie setzt ja voraus, daß in der Gesichtswelt, in die sich Malerei, Bildhauerkunst usw. einordnen, und in der Hörwelt, deren sich die Musik bedient, auch empfindungsmäßig Übereinstimmungen herrschen. Man hat oft gesagt, daß beide es mit Schwingungen zu tun haben. Aber das Auge setzt die Schwingungen in eine dreidimensionale Farbwelt um, die sich aus den drei Grundfarben Rot, Grün und Violett ergibt, das Ohr dagegen in die eindimensionale Skala der Tonhöhe. Damit ist aber jede Vergleichsmöglichkeit ausgeschlossen. Das ist auch entwicklungsgeschichtlich zu erwarten: das urtümliche Ohr hat sich aus der Haut entwickelt, das adlige Auge ist ein vorgestülpter Teil des Gehirns. So fehlen alle psychischen Voraussetzungen, die die Übertragung optischer Begriffe auf die akustische Welt rechtfertigen würden. Lediglich der Begriff der Intensität, Stärke, ist den verschiedenen Sinnesgebieten gemeinsam, — er ist aber nicht für das einzelne Sinnesgebiet typisch.

Aber es ist trotzdem nicht so, daß für verschiedene Kulturen und Zeiten jeweils ganz verschiedene Begriffswelten entwickelt werden müßten. Auf je allgemeinere Fragestellungen man kommt, um so ähnlicher werden naturgemäß die Formulierungen; und die großen Hauptbegriffe, die die allgemeinen Seiten des musikalischen Kunstwerks beschreiben, sind allen Zeiten und allen Kulturen gemeinsam. Aber es tritt dann eine ganz andersartige Schwierigkeit auf. Gewiß, Tonhöhe, Lautstärke, konsonante und temperierte Intervalle, Klangfarben der Instrumente usw., sind sicher Begriffe, die das Fundament aller musikalischen Kulturen bilden, aber die geschichtliche Betrachtung kann nur ihre letzte Gültigkeit feststellen, sie muß sie als nicht weiter reduzierbar hinnehmen und ist selbst nicht in der Lage, sie zu erklären und verständlich zu machen. Da, wo es gilt, die Musik in ihrem innersten, allen Zeiten und Völkern gemeinsamen Wesen zu verstehen, muß die geschichtliche analysierende Betrachtung versagen. Die Begründung dieser Begriffe liegt also bereits vor dem Bereich der analytischen Methode. Sie gehen zurück auf die ganz andersartige Frage, wie sich die objektiv gegebenen Faktoren des Musikalischen (Schwingungszahl, Stärke und Zusammensetzung der Schwingungen) im Subjektiv-Seelischen auswirken. Die Beantwortung dieser Fragen ist die Aufgabe der systematischen Musikwissenschaft. So führt die historische Musikwissenschaft mit ihrer rein analytischen Methode mit Notwendigkeit auf einen Punkt, an dem sich zeigt, daß sie die Grundbegriffe, auf die sie alles andere aufbaut, selbst nicht imstande ist zu begründen, daß sie als Fundament also der systematischen Musikwissenschaft bedarf. Aber andererseits ist auch die systematische Musikwissenschaft auf die historische angewiesen. Denn sie vermag von sich aus wieder nur die allgemeinsten Fragen nach der Natur des musikalischen Tons und Klangs zu stellen. Daß ihr Gebiet viel weiter reicht, daß sie in Tonsystem, Dynamik, Rhythmik usw. die Grundlagen des musikalischen Kunstwerks überhaupt erhellt, das zeigt sich erst, wenn man die Fülle der in der historischen Entwicklung verwirklichten Möglichkeiten überblickt und dem systematischen Gesichtspunkt unterwirft. Damit ergibt sich deutlich, wie systematische und historische Musikwissenschaft sich auf denselben Bereich der Tatsachen beziehen, wie nur die Blickrichtung eine andere ist: während die eine die geschichtliche Entwicklung verfolgt, betrachtet die andere das Wesen der Erscheinungen vom Prinzipiellen her. Das erstere ist freilich nicht möglich, ohne daß vorher das letztere getan wurde.

I. DER TON UND SEINE EIGENSCHAFTEN

Einleitung: Schwingung und Ton

Der Ton, den der Musiker als Baustein für seine Kompositionen verwendet, ist für ihn durch Tonhöhe, Tondauer, Lautstärke und Klangfarbe bestimmt. Zu diesen Eigenschaften treten weitere, die aus anderen Sinnesgebieten oder gar aus der Gefühlssphäre stammen. Sie lassen sich meist leicht zu einer der zuerst genannten Eigenschaften in Beziehung setzen. So erscheinen hohe Töne auch als spitz, hell, klein, — tiefe entsprechend umgekehrt; laute Töne als stark, prägnant, sogar aufdringlich; die Klangfarben endlich reichen von der „Jungfräulichkeit" der Oboe bis zum komischen Poltern des „Grobians" Fagott. Die Eigenschaften der Töne sind also sehr verschiedener Art: einige von ihnen, wie die vier Grundeigenschaften, scheinen den Tönen von Natur aus zuzukommen, andere dagegen sind erst sekundär mit ihnen verbunden worden. Da der Ton nicht nur seelisches Erlebnis ist, sondern der die subjektive Empfindung auslösende objektive Ton physikalisch gemessen werden kann, ist es leicht, sofort die subjektiven Eigenschaften auszusondern, die den objektiven Eigenschaften des physikalischen Tons parallel gehen und daher die Fundamentaleigenschaften darstellen. Der objektive Ton kommt auf unser Ohr als eine periodische Druckschwankung der Luft, als eine „Schwingung". Eine Schwingung läßt sich geometrisch veranschaulichen durch die Kurven, die als Sinus- und Cosinusfunktion mathematisch darstellbar sind, s. Abb. 1.

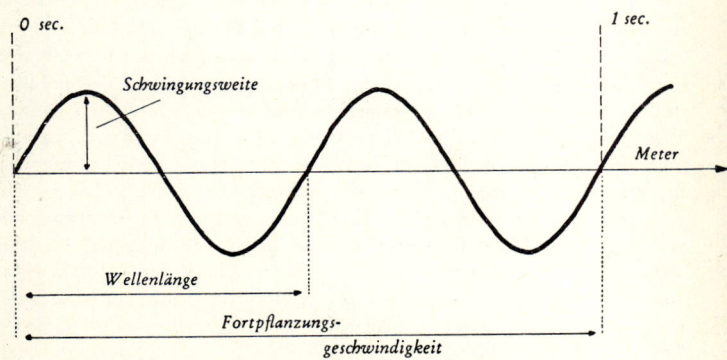

Abb. 1: Die Bestimmungsstücke der reinen Sinusschwingung

Bei einer solchen Wellenbewegung gibt es offenbar nur zwei Bestimmungsstücke, die Länge und die Höhe der Einzelschwingung. Es läßt sich im Experiment nachweisen, daß Veränderung der Wellenlänge die Tonhöhe beeinflußt, Veränderung der Schwingungshöhe (oder auch Schwingungsweite oder Amplitude) die Lautstärke. Die Anzahl der Schwingungen überhaupt bestimmt die Tondauer. Nun sind die in der Natur auftretenden Schwingungen aber nie solch reine Sinuswellen, sondern stets aus mehreren Schwingungen verschiedener Wellenlänge und Schwingungsweite gemischt. Man hat festgestellt, daß die Art der Mischung der objektiven Schwingung subjektiv die Klangfarbe bestimmt. Diese vier Eigenschaften, Tonhöhe, Tondauer, Lautstärke und Klangfarbe sind damit die einzigen, denen physikalische Begriffe entsprechen, — alle übrigen müssen erst später hinzutreten, entweder schon im Gehörorgan, oder im weiterleitenden Nervenapparat, oder endlich erst in den höchsten Zentren des Gehirns.

1. Die Tonhöhe

Betrachten wir nochmals Abb. 1, so können wir zur **Charakterisierung der Tonhöhe** noch einige weitere Beziehungen ableiten. Berücksichtigt man nämlich auch die Zeit, so kann man als erstes die Anzahl der Schwingungen in einer Sekunde ansehen. Dies ist die S c h w i n g u n g s z a h l   o d e r   F r e q u e n z.

Früher rechnete man mit den Nulldurchgängen und bezeichnete den Vorgang zwischen zwei Nulldurchgängen als einfache Schwingung. Aber ein und derselbe Schwingungsvorgang wiederholt sich erst nach zwei Nulldurchgängen, — das nannte man eine Doppelschwingung; sie entspricht unserem heutigen Begriff „Schwingung". Ein Kammer-a hat also eine Frequenz von 440 Schwingungen oder Doppelschwingungen pro Sekunde oder von 880 einfachen Schwingungen pro Sekunde, — die Zahl der einfachen Schwingungen ist naturgemäß immer doppelt so hoch wie die der Doppelschwingungen. Der Begriff der einfachen Schwingungen ist inzwischen vollkommen antiquiert, unter einer einfachen Schwingung versteht man jetzt im Gegensatz zur zusammengesetzten Schwingung die reine Sinus- oder Cosinusschwingung. Man rechnet also heute nur noch mit Doppelschwingungen und bezeichnet die durch „Schwingungen pro Sekunde" gegebene Einheit als „Hertz", geschrieben „Hz", so benannt nach dem Physiker Heinrich Hertz, der 1888 die elektrischen Wellen, die 1862 James Maxwell theoretisch postuliert und berechnet hatte, experimentell erzeugte, dieselben Wellen, die seit 1895 Guglielmo Marconi für die Nachrichtentechnik durch Erfindung der Antenne und des Schwingungskreises brauchbar machte und

die wir in jedem Radioapparat täglich ihre mysteriösen Leistungen voll-
bringen sehen.

Den von der Welle in der Sekunde zurückgelegten Weg bezeichnet man
als ihre Fortpflanzungsgeschwindigkeit. Da die Länge einer Schwingung die
Wellenlänge ist, in einer Sekunde aber die durch die Frequenz bezeichnete Anzahl Schwingungen stattfindet, hat sich die Welle, wie auch Abb. 1
verdeutlicht, in einer Sekunde also so oft mal um die Wellenlänge weiterbewegt, wie die Frequenz angibt. Es ist also allgemein

Fortpflanzungsgeschwindigkeit = Wellenlänge × Frequenz

Die Fortpflanzungsgeschwindigkeit wird in Metern pro Sekunde angegeben, die Wellenlänge in Metern. In Luft beträgt die Fortpflanzungsgeschwindigkeit 330 m/sec. In der Technik rechnet man lieber mit Kilo-
metern und Stunden. Der Schall legt rund 1000 m = 1 km demnach in
3 sec zurück, in einer Minute mithin 20 km, in einer Stunde also 1200 km.
Es ist daher 1200 km/h dasselbe wie 330 m/sec und man bemerkt, daß die
heute so oft angeführten Überschallgeschwindigkeiten also bei 1200 km/h
beginnen.

Nun ist die Fortpflanzungsgeschwindigkeit für alle Tonhöhen gleich.
Durch ein Experiment kann man sofort zeigen, daß die Tonhöhe der
Frequenz direkt proportional ist, d. h. je mehr Schwingungen in der Sekunde
stattfinden, um so höher ist der Ton. Da das Produkt von Frequenz und
Wellenlänge aber immer konstant ist, nämlich gleich der bei den verschiedenen Frequenzen unveränderten Fortpflanzungsgeschwindigkeit, müssen
höheren Frequenzen also kürzere Wellenlängen, tieferen Frequenzen dagegen größere Wellenlängen entsprechen. So hat z. B. der Ton mit der Frequenz 330 Hz, das eingestrichene e, gerade eine Wellenlänge von 1 m, da
das Produkt 1 m × 333 Hz die Fortpflanzungsgeschwindigkeit 333 m/sec
ergibt. Das Kammer-a dagegen hat Wellen von nur $^3/_4$ m Länge, da
440 × $^3/_4$ = 330 ist. Der Telephon-Normalton von 1000 Hz hat nur rund
$^1/_3$ m Wellenlänge, während die Wellen eines 100 Hz-Tones, des großen G,
3,3 m lang sind.

Orgelpfeifen sind immer halb so lang wie die Wellenlänge des Tones,
den sie erzeugen, angibt. Denn die Pfeife ist an beiden Enden offen, die

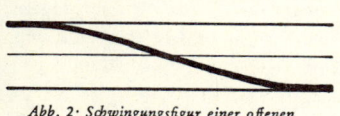

Schwingungslage der Luftteilchen wird
also durch Abb. 2 angegeben. In dieser
Grundschwingung bewegen sich die
Teilchen an den Enden der Pfeife am
weitesten (Schwingungsbäuche), nach
der Mitte zu immer weniger, in der

*Abb. 2· Schwingungsfigur einer offenen
Orgelpfeife*

Mitte selbst herrscht Ruhe (Schwingungsknoten). Man sieht, daß die Pfeife
nur mit einer halben Wellenlänge ausgefüllt ist. Die Orgelpfeife des 100 Hz-
Tones braucht also nur 1,65 m lang zu sein. Aber auch das ist schon lang

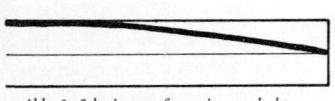

Abb. 3: Schwingungsfigur einer gedackten Orgelpfeife

genug und für diese Lage oder noch tiefere Register würde man gern Holz oder Zinn sparen. Das erreicht man dadurch, daß man die Pfeife oben schließt, „dackt". Dann müssen, wie Abb. 3 zeigt, die Teilchen am geschlossenen Ende immer in Ruhe bleiben (Schwingungsknoten) und nur an der Anblaseöffnung kann ein Schwingungsbauch eintreten. Die Pfeife ist jetzt also nur mit einer Viertel-Wellenlänge ausgefüllt und braucht nur dementsprechend lang zu sein. Für den angeführten 100 Hz-Ton benötigt man also nur eine Länge von 0,825 m, wenn man keine offene, sondern eine gedackte Pfeife wählt.

Die angegebenen Längenwerte der Pfeifen sind in der Praxis noch zu berichtigen (Mündungskorrektur). Die Schwingung des Innenraumes geht nur allmählich in die Außenluft über und ein Teil der Schwingungsfigur liegt noch außerhalb des Instruments. Mißt man etwa die kleine c-Sopran-Blockflöte, so ist sie nur 29 cm lang, während die halbe Wellenlänge des c^2 31,5 cm beträgt. Das ist eine Differenz von 8%. Bei sich vorn erweiternden Instrumenten wird die Mündungskorrektion kleiner oder entfällt ganz, da sich hier der Übergang in die Außenluft schon im Instrument vollzieht.

Wellenlänge und Frequenz sind gleich gute Bestimmungsstücke einer Schwingung, solange man in einem Medium bleibt. Das ändert sich, wenn man auf ein anderes Medium übergeht. Betrachten wir etwa die Fortpflanzung unseres Kammer-a unter Wasser. Man stellt zunächst mit Befriedigung fest, daß es auch unter Wasser noch dieselbe Tonhöhe besitzt, — denn das ist absolut nichts Selbstverständliches. Dagegen hat sich die Fortpflanzungsgeschwindigkeit geändert. Im Wasser legt der Schall nicht 330 m, sondern 1500 m in einer Sekunde zurück. Was ist hier nun das für die Tonhöhe Charakteristische? Die Untersuchung stellt fest, daß die Frequenz auch unter Wasser dieselbe ist, daß in der Sekunde also auch noch 440 Schwingungen stattfinden wie in der Luft. Da die Welle aber nunmehr fast den fünffachen Weg in der Sekunde zurücklegt, muß also die Wellenlänge um ebensoviel größer geworden sein. Die Welle bewegt sich im Wasser also dadurch schneller, daß sie mit größeren Wellenlängen, mit größeren Schritten sozusagen, hindurcheilt. Die Frequenz aber ist dieselbe geblieben und so zeigt sich, daß die Frequenz das für die Tonhöhe absolut, unabhängig vom Medium, Charakteristische ist, daß die Wellenlänge aber darüber hinaus noch vom Medium abhängt. Daß unsere Orgeln aber in der Luft und nicht unter Wasser gespielt werden, erweist sich als außerordentlich vorteilhaft, unter Wasser müßten die Pfeifen fünfmal länger sein, und das beschwerliche Leben eines Unterwasserkontrafagottspielers läßt sich kaum mehr vorstellen. Um noch schnell zu vergleichen: unser 100 Hz-Ton hat jetzt eine Wellenlänge von 15 m, das e von 330 Hz eine solche von 4,5 m, das Kammer-a eine von 3,4 m und der 1000 Hz-Normalton eine von 1,5 m.

Noch schneller pflanzt sich der Ton in Metallen fort. In weichen Metallen wie etwa Gold legt er 2000 m, also 2 km, in der Sekunde zurück, in harten Metallen wie Eisen, Stahl usw. sogar 5 km. Man hätte denken können, daß der Schall in den leichten Gasen am schnellsten und in den dichtesten Metallen am langsamsten vorwärtskommt. Es ist also gerade umgekehrt. Das liegt daran, daß ja immer ein Molekül das nächste durch Anstoß in Schwingung versetzen muß, — in einem dünnen Gas ist es aber viel schwerer, das nächste Molekül zu treffen als in den dichten Metallen, in denen sie enger zusammenliegen und daher leichter auf ein benachbartes stoßen.

Weiter kann man noch nach der Zeitdauer einer einzigen Schwingung fragen, der sogenannten S c h w i n g u n g s d a u e r oder P e r i o d e. Wenn beispielsweise 300 Schwingungen in der Sekunde stattfinden, also Frequenz gleich 300 Hz, so kann jede nur $1/300$ Sekunde dauern. Die Schwingungsdauer ist also das Reziproke der Frequenz. Sie kann deshalb ebensogut wie diese als die der Tonhöhe entsprechende objektive Grundgröße genommen werden.

Endlich kann man die Welle auch auf die sie symbolisch e r z e u g e n d e K r e i s b e w e g u n g zurückführen. Wie die Abb. 4 zeigt, läßt man einen

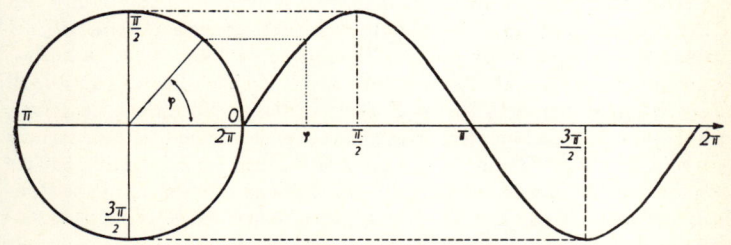

Abb. 4: Sinusschwingung und erzeugende Kreisbewegung

Punkt sich gleichmäßig auf einem Kreis fortbewegen. Trägt man nach rechts die Zeit auf und über jedem Zeitpunkt die jeweilige Höhe des sich bewegenden Punktes, so erhält man die Sinuskurve. Dann verhält sich der jeweilige Winkel φ zur ganzen Umdrehung 2π, wie die bis dahin vergangene Zeit t zur ganzen Zeit, der Schwingungsdauer T, also $\varphi : 2\pi = t : T$. Dann ist $\varphi = 2\pi t : T$, oder, da $1/T =$ der Frequenz f ist, $\varphi = 2\pi f \cdot t$. Man erhält den zurückgelegten Winkel also, indem man die verstrichene Zeit mit $2\pi f$ multipliziert. Den in der Sekunde zurückgelegten Weg nennt man nun bei einem geraden Weg die Geschwindigkeit. Analog spricht man bei sich drehenden Winkeln von Winkelgeschwindigkeit und Kreisfrequenz, meist mit ω bezeichnet. Setzt man in der letzten Formel $t = 1$, so sieht man, daß $2 \pi f$, also die mit 2π multiplizierte Frequenz, die Winkelgeschwindigkeit des sich drehenden Winkels oder die Geschwindigkeit des sich auf dem Kreis mit dem Radius 1 bewegenden Punktes ist, der die Sinusschwingung erzeugt.

Die **Maßeinheit** der Frequenz ist also das Hz. Aber mit dieser Einheit der objektiven Größe „Frequenz" können wir nicht unseren subjektiven Eindruck „Tonhöhe" beschreiben. Für diese haben wir entsprechend den Tasten des Klaviers ein zwölfstufiges Maßsystem erfunden, das sich in jeder Oktave wiederholt. Es muß also stets die Lage der Oktave und weiter die Stellung des Tons innerhalb der Oktave angegeben werden, dreigestrichenes a (a^3), kleines cis (cis), Kontra-A (A_1) usw. Dieses Maßsystem ist zwar dem Klavier angepaßt, aber man hat es bezeichnenderweise nicht einmal fertiggebracht, eine dazu passende Notenschrift zu erfinden. Offenbar ist die doppelte Bezeichnungsweise das Lästige daran, — sie ist auch im Prinzip etwas der Tonhöhe Widriges, da diese in einer einzigen Linie von unten nach oben verläuft und sich nicht oktavenweise wiederholt, noch viel weniger in der Oktave zwölffach differenziert. Aber die Buchstaben sind nicht so streng aufzufassen, — wenn man sie nur als zweckmäßige Schrittgrößen benutzt, so kann man die Halbtonskala des Klaviers mit unserer Metereinteilung vergleichen: die Halbtöne entsprechen dann den kleinen Millimetern, auch sie kehren in jedem cm erneut wieder, die Oktaven aber den Zentimetern. Wenn man die Halbtöne also nur als reine Unterteilung der Oktave ansieht, so erhält man eine brauchbare Maßskala — diese Auffassung ist aber gerade die der modernen Musik, die die alten C-Dur, a-Moll usw. verlassen hat und allen zwölf Tönen der Oktave denselben Charakter, denselben Wert und dieselben Möglichkeiten gibt und die damit die logische Konsequenz einer jahrhundertelangen Entwicklung ist. Folgerichtig hat die europäische Musikwissenschaft hier angeknüpft und durch eine einfache Hundertteilung des Halbtons aus dem 12-Tasten-System des Klaviers das 1200-Cents-System der Centsbestimmung der Intervalle als das passende subjektive Maßsystem der Tonhöhe gestaltet.

Zur Grundlage jedes subjektiven Tonhöhen-Maßsystems hat man die Tatsache zu machen, daß unsere subjektive Tonhöhe da ein ganz gleichmäßiges Fortschreiten empfindet, wo im Objektiven Schwingungsverhältnisse multipliziert werden. So bezeichnet etwa objektiv die Reihe 1 : 2 : 4 : 8 die Schwingungsverhältnisse von vier um je eine Oktave voneinander abstehenden Tönen, während man subjektiv ihre Positionen als 0 (Anfang) : 1 : 2 : 3 bezeichnen würde. Bedenkt man, daß man die objektive Reihe auch in der Form von Potenzen als $2^0 : 2^1 : 2^2 : 2^3$ schreiben kann, und erinnert man sich, daß die hochstehenden kleinen Zahlen Exponent oder Logarithmus heißen, die jedesmal auftretende 2 als Basis der Logarithmen bezeichnet wird, so sieht man, daß die Logarithmen der objektiven Reihe genau die

subjektive Reihe sind. Unsere subjektive Tonhöhenskala verläuft also logarithmisch zur objektiven Frequenzskala. Wenn man in der angegebenen
Weise zur Schwingung 1 Hz subjektiv 0 ansetzt, zu 2 Hz subjektiv 1, zu
4 Hz subjektiv 2 usf., so daß alle Oktaven subjektiv um 1 weiterschreiten,
so erhält man eine subjektive Skala, die absolut festgelegt ist und in der man
die Größe der relativen Intervalle durch Subtraktion erhält: zwischen 6 und
7 besteht wieder die Oktavdifferenz 1.

objektiv Hz:	1	2	4	8	16	32	64	128	256	512	1024	2048	4096
subjektiv:	0	1	2	3	4	5	6	7	8	9	10	11	12

Dieses System läßt sich durch Einführung von Kommastellen verfeinern.
Der Halbton hat, da zwölf Halbtöne ja die Oktave ergeben, die Größe von
$1/12 = 0,0833$. Aus ihm kann man Ganzton, kleine Terz usw. berechnen.

Hat man objektive Schwingungsverhältnisse vor sich, so nimmt man von
ihnen den Logarithmus zur Basis 2, — die 2er-Logarithmen ergeben sich
wegen der Formel $\log_2 z = \log_2 b \cdot \log_b z$ sehr einfach aus den gewöhnlichen
10er-Logarithmen durch Multiplikation mit $\log_2 10 = 3,3219$. Will man etwa
die Lage des Tons 440 Hz wissen, so ist $\log_2 440 = \log_2 10 \cdot \log_{10} 440 =$
$3,3219 \cdot 2,64345 = 8,7814$. Man stellt an Hand der eben mitgeteilten Tabelle mit Befriedigung fest, daß die Rechnung tatsächlich einen Ton subjektiv
in der Oktave 8—9 ergeben hat. Um zu wissen, was 0,7814, die Differenz,
um die 8,7814 über 8 liegt, bedeutet, bedenken wir, daß 0,08333 ja die
Größe des Halbtons ist und daß daher $0,7814 : 0,0833 = 9,377$ die Anzahl
der in 0,7814 enthaltenen Halbtöne angibt. Tatsächlich liegt die 9 Halbtöne
umfassende Sexte von 256 Hz bei 430,54 Hz, die 10 Halbtöne enthaltende
kleine Septime bei 456,14 Hz und der Rest von 0,377 zeigt uns die exakte
Lage von 440 Hz zwischen Sext und kleiner Sept dieser oft so genannten
„physikalischen Stimmung" aufs genaueste an.

Diese 2er-Logarithmen sind 1739 von dem in fast allen Zweigen der
Mathematik und theoretischen Physik gleich genialen Leonhard Euler in
seinem „Tentamen novae theoriae musicae" angegeben worden. Er rechnet
zuerst in diesem Werk mit gewöhnlichen 10er-Logarithmen, um dem Leser
die Sache überhaupt zu erklären. In diesem System hat die Oktave, da sie
ja das Schwingungsverhältnis $2 : 1 = 2$ hat, den Wert des $\log 2$, der im
10er-System, wie man sich aus der Schulzeit erinnert, 0,30103 beträgt. Euler
setzt auseinander, daß dieses Verfahren unlogisch ist, da es die Oktave nicht
besonders kennzeichnet. Da die Oktave das natürliche Grundintervall der
Musik sei (und die moderne Wissenschaft kann ergänzen, daß sie auch das
einzige ist, das von allen musikalischen Kulturen der Erde gleichmäßig
benutzt wird), müsse sie subjektiv die Größe 1 haben, und so empfiehlt er
mit Recht die 2er-Logarithmen als die angemessensten (die manchmal, auch

im Riemann-Lexikon [Art. Logarithmen] im Gegensatz zu Riemanns später einwandfreier Kenntnis der Dinge, anzutreffende Behauptung, Leonhard Euler habe die 10er-Logarithmen benutzt, während die 2er-Logarithmen erst später von anderen — genannt ist dort Drobisch — erfunden worden seien, beruht offenbar darauf, daß der erste, der auf diese Mär kam, nur die ersten Seiten des „Tentamen" angesehen hatte).

Die Nachfolger Eulers empfanden das viele Kommaschreiben bei den 10er- und 2er-Logarithmen als zu mühselig, so multiplizierte man die Zahlen mit 1000, setzte die Oktave also gleich 301,03 oder gleich 1000. Die ersten Zahlen sind als „Savarts" (nach Félix Savart) oft benutzt, die zweiten wurden 1834 von F. W. Opitz eingeführt und später von Alexander von Oettingen Millioktaven, μo, getauft.

Aber auch diese Zahlen sind noch unhandlich, da sie nicht mit einem Blick erkennen lassen, wie groß das bezeichnete Intervall ist, d. h. wie viele Halbtöne es enthält. Es ist daher vielleicht nicht so logisch, dafür aber um so praktischer, nicht die Oktave, sondern den Halbton = 1 zu setzen. Das machte 1832 der französische Brückenbauingenieur de Prony zuerst und damit war das Problem im Prinzip gelöst. Die Oktave wird dann gleich 12. Im Objektiven ist das Schwingungsverhältnis des Halbtons die 12. Wurzel aus 2, denn man muß subjektiv 12 Halbtöne aneinanderreihen, also im Objektiven ihre Schwingungsverhältnisse multiplizieren, um die Oktave 2 zu erhalten. Diese $\sqrt[12]{2}$ muß daher auch die Basis dieses Logarithmensystems sein, damit der Halbton gleich 1 wird; denn bei der Basis eines Logarithmensystems wird der Logarithmus ja gleich 1 — etwa $10^1 = 10$. Des Kommas wegen multiplizierte Heinrich Bellermann, derjenige, der auch die Mensuralnotation behandelte und das Kontrapunkt-Lehrbuch schrieb, diese Zahlen 1873 mit 100 und Alexander Ellis bezeichnete diese dann ebendeswegen als „Cents". Die Oktave hat dann 1200 Cents, der Halbton 100 Cents, der Ganzton 200 Cents usw. Die verwendeten Logarithmen sind dann die auf der Basis 1200. Wurzel aus 2, da dies das Schwingungsverhältnis vom 100. Teil des Halbtons, = 1 Cent, = dem 1200. Teil der Oktave mit dem Verhältnis 2 ist.

Damit war die für uns Europäer praktischste Form des subjektiven Tonhöhenmessens gefunden. Aber man betrachtete nur Intervalle. So schlug der Verfasser dieses Buches 1951 die noch fehlende absolute Skala vor, indem er zur Schwingung 1 Hz subjektiv 0 annahm, zur Schwingung 2 Hz 1200 C, zu 4 Hz entsprechend 2400 C usw. Es ergibt sich

objekt. Hz:	1	2	4	8	16	32	64	128	256	512	1024
subjektiv C:	0	1200	2400	3600	4800	6000	7200	8400	9600	10800	12000

Dazu berechnete er in seinen „Centstafeln" auch für alle dazwischenliegenden Zahlen die entsprechenden Logarithmen fünf- und siebenstellig.

Untersucht man mit diesen Tafeln ganz entsprechend wie oben den Ton von 440 Hz, so sieht man in ihnen mit einem einzigen Blick, daß zu 440 Hz subjektiv 10538 gehört, was von 256 Hz, subjektiv 9600, um 938 C absteht. 900 sind ganz einfach die oben schon berechneten 9 Halbtöne und 38 C ist der Bruchteil, den wir oben auch berechnet hatten. Die siebenstellige Berechnung würde 10537,63 minus 9600 gleich 937,63 C ergeben. Eine solche Genauigkeit ist aber nur bei komplizierten akustischen Temperaturberechnungen etc. nötig. Jedenfalls sieht man, wie hier mit einer einfachen Subtraktion die obige umständliche Rechnung bewältigt wird. Will man das Intervall zwischen zwei beliebigen Frequenzen wissen, so subtrahiert man entsprechend die zu ihnen gehörenden „absoluten Cents", — um etwa das Intervall 440 Hz : 330 Hz zu erhalten (offenbar eine reine Quarte des Verhältnisses 4:3), findet man so 10538 — 10040 = 498 C, und man sieht, daß die reine Quarte um 2 C kleiner ist als die temperierte.

Die subjektive logarithmische Transponierung der Frequenzen muß natürlich irgendeinen Grund haben. Da uns der Übergang vom Körperlichen ins Seelische aber verborgen ist und auch ewig verborgen bleiben wird, da wir uns nur entweder von außen oder von innen betrachten können, aber mit keiner der beiden Betrachtungsarten in das Feld der anderen einzudringen vermögen, so könnte man vermuten, daß uns auch der G r u n d d e r l o g a - r i t h m i s c h e n L a g e d e r s u b j e k t i v e n F r e q u e n z s k a l a immer dunkel bleiben müßte. Das ist aber nicht der Fall, da diese Transponierung gar nicht beim Übergang vom Körperlichen ins Seelische vollzogen wird, sondern noch im Bereich des Körperlichen vonstatten geht. Das ergibt sich einwandfrei aus dem B a u d e s O h r e s , den Abb. 5 schematisch darstellt.

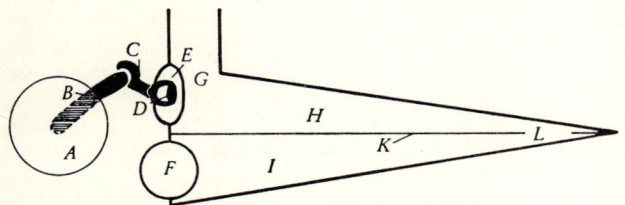

Abb. 5: Bau des menschlichen Ohres (schematisch)
A Trommelfell, B Hammer, C Amboß, D Steigbügel, E ovales Fenster, F rundes Fenster,
G Vorhof, H Vorhoftreppe, I Paukentreppe, K Trennwände und Schneckengang,
L Schneckenloch

Die Druckschwankungen der Luft treffen zuerst auf das Trommelfell. Es folgen die drei Knöchelchen des Mittelohres, Hammer, Amboß und Steigbügel. Der Hammer ist mit seinem Handgriff der Länge lang in das Trommelfell eingewoben, während an der anderen Seite die Fußplatte des Steigbügels in der Membran des ovalen Fensters befestigt ist, die die Lymphflüssigkeit des Innenohres von der Luft des Mittelohres trennt. Nicht weit vom ovalen Fenster stellt eine zweite Membran, das runde Fenster, einen Druckausgleich des Innenohres mit dem Mittelohr her. Zwischen beiden Fenstern ist ein Knochen, in den eine feine Membran, die Basilarmembran, eingespannt ist, die mit einer weiteren Membran, der Reißnerschen Membran, überdeckt ist. Zwischen beiden Membranen bleibt ein feiner Gang, der Schneckengang, der mit der inneren Lymphe gefüllt ist. Das ovale Fenster arbeitet auf die äußere Lymphe des oberen Schneckenraumes, der Vorhoftreppe, während das runde Fenster in den unteren Raum, die Paukentreppe, führt. Abb. 6 (Tafel 1) zeigt einen Querschnitt durch die drei Kanäle.

Diese drei Gänge sind nun der Länge nach schneckenförmig eingerollt. An der Spitze der Schnecke stellt ein feines Loch, das Schneckenloch oder Helicotrema, die Verbindung zwischen Vorhoftreppe und Paukentreppe her. Der Raum am Anfang, gleich hinter dem ovalen Fenster, heißt der Vorhof (daher Vorhoftreppe für den oberen Gang; der untere heißt Paukentreppe, weil er in die Paukenhöhle, das Innere des Mittelohres, führt; auf der „Paukenhöhle" sitzt dann logisch und sprachlich richtig das „Trommelfell", auf das die Wellen „schlagen"). Während nach der einen Seite die Schneckenwindungen von ihm ausgehen, führt er an der anderen Seite in die Bogengänge, die dem so nötigen Gleichgewichtssinn dienen.

Das Zusammenwirken der drei Schneckenkanäle ist physikalisch eine so komplizierte Angelegenheit, daß es bis ins einzelne noch nicht hat geklärt werden können. Aber durch die Untersuchung von Leichenohren (durch Georg von Békésy), nach den Tierversuchen, bei denen man durch laute Dauertöne die Nervenzellen tötete, und durch die glänzenden Versuche von Held und Kleinknecht, die die Basilarmembran mit feinsten Bohrern punktweise durch Beschädigung der Spannmuskeln entspannten, wissen wir wenigstens einige Grundzüge. Danach zeigt sich, daß das ovale Fenster die Außenlymphe der Paukentreppe derart erregt, daß die Basilarmembran als Ganzes schwingt und zwar so, daß das Maximum der Schwingungen ziemlich am Ende nach der Schneckenspitze zu liegt. Tiefe Töne erregen die ganze Membran, wobei das Maximum am Schneckenloch direkt liegt; höhere Töne setzen sie weniger intensiv in Schwingung und lassen das Maximum mehr nach vorn rücken. Bei Tönen über 400 Hz hört die Erregung schon vor dem Schneckenloch auf, so daß die gereizte Fläche immer kleiner wird, je höher die Töne sind, — das Maximum liegt aber auch jetzt immer noch ziemlich am Ende der schwingenden Fläche. Das Erregungsmaximum auf der Basilarmembran ist also jeder Tonhöhe eindeutig zugeordnet. Damit hat sich die Grundidee der „Resonanztheorie" Hermann von Helmholtz' bewährt, — im einzelnen nahm er freilich an, daß die Basilarmembran überall auf die entsprechende Tonhöhe abgestimmt sei und durch Resonanz mitschwinge, das scheint wiederum so nicht der Fall zu sein.

Betrachtet man nun die Lage des Maximums genauer, so zeigt sich, daß die Oktaven in gleichen Abständen liegen und die Verteilung der Töne im großen und ganzen eine gleichmäßige ist. Die Enden machen davon eine Ausnahme (— was aber auch unserem subjektiven Eindruck durchaus entspricht —), — hier liegen die Töne etwas dichter zusammen als in der Mitte. Im Prinzip aber ist die Lage der Töne und Oktaven eine ganz gleichmäßige. Die Frequenzen der Töne werden im Ohr also in eine Lage vorhofwärts oder schneckenlochwärts geordnet. Man sieht, wie verschieden das Verfahren des Ohres von dem des Auges ist, das die Wellen mit seinen drei Sorten Zapfenzellen nach Grundschwingungen analysiert und dann zu den Farbempfindungen zusammensetzt.

Die Gehörnerven, die in der Basilarmembran beginnen und, nach mancherlei Umschaltungen, den Reiz ins Gehirn weiterleiten, tasten also die Reize einer schmalen, langgestreckten Fläche ab. Das ist nichts anderes, als wenn wir uns einen Finger, von der Spitze angefangen bis zur Wurzel, mit einer Stecknadel reizen. Auch auf unserer Haut haben wir ein präzises Lagegefühl, das so gut ist, daß wir mit ihm auch ebenso Abstände vergleichen können. Tatsächlich lehrt nun die Entwicklungsgeschichte des Menschen, daß das Ohr ein Sinnesorgan ist, das sich aus der Haut entwickelt hat und also überhaupt ein Hautsinn ist. Die Umwandlung der multiplikativen Frequenzverhältnisse in die additiven Reizabstände der Basilarmembran ist aber der Grund für den logarithmischen Zusammenhang zwischen Frequenz und Tonhöhe. Verantwortlich für sie ist die Hydrodynamik der Schneckenflüssigkeit in Verbindung mit der Elastizität der Schneckenmembranen.

Sind damit die Maßeinheiten definiert und erklärt, so ist die nächste Frage, wie sich gegebene Töne in diesen Einheiten genau messen lassen. Die **Frequenzmessung** kann man nach zwei verschiedenen Methoden vornehmen, den direkten Methoden, bei denen die Frequenz direkt angezeigt wird, und den indirekten, bei denen man meßbare Vergleichsfrequenzen erzeugt und mit der zu messenden Frequenz optisch oder akustisch vergleicht.

Der einfachste **direkte** Frequenzmesser ist der **Zungenfrequenzmesser**. In ihm sind eine oder zwei Reihen Stahlzungen angeordnet, die etwa auf die Frequenzen 47 Hz, 47,5 Hz, 48 Hz usw. bis 52,5 Hz und 53 Hz abgestimmt sind. Jede Zunge sitzt in einer Spule und je nachdem, welche Frequenz der hindurchfließende Wechselstrom hat, kommt die betreffende Zunge in Schwingung. Da sie vorn an ihrer Spitze weiß gezeichnet ist, weitet sich der vorher sichtbare weiße Punkt zu einer senkrechten weißen Linie aus. Auch die benachbarten Zungen schwingen schwach mit. Liegt die zu messende Frequenz zwischen zwei Zungen, etwa bei 49,75 Hz, so schwingen die beiden Zungen von 49,5 und 50 Hz gleich stark, aber nicht so stark, wie eine Zunge maximal erregt wird, so daß sich auch hierfür ein charakteristisches Bild ergibt. Man kann also ohne Mühe bis auf ein Viertel Hz genau

ablesen, — auf 50 Hz umgerechnet ist das die hohe Genauigkeit von $1/2$ %.
Mit diesen Zungenfrequenzmessern überwacht man die Frequenz unserer
Wechselstromnetze, die ja im Soll 50 Hz beträgt, — denn nicht nur ihre
Spannung muß stimmen, sondern auch die Frequenz, da von dieser z. B. die
Genauigkeit der elektrischen Synchronuhren abhängt. Ebenso kontrolliert
man mit Zungenfrequenzmessern die Normaltöne von 440 Hz, 1000 Hz
o. ä., wie sie z. B. für Schiffssignale u. a. verwendet werden. Leider sind die
Zungenfrequenzmesser aber schlecht für musikalische Zwecke geeignet. Denn
einmal brauchen sie eine relativ hohe Leistung, die bei den meist schwachen
Strömen der Tonfrequenzapparate (wenn man etwa einen Instrumentalton
durch ein Mikrophon aufnähme, um ihn dem Zungenfrequenzmesser zuzu-
führen) erst wieder leistungsfähige Verstärker erfordert, zweitens würden
sie unpraktisch, da für den großen Tonhöhenbereich der Musik — im ganzen
von 20 bis 20000 Hz — eine viel zu große Anzahl Zungen erforderlich
wäre, selbst wenn man sich auf Ausschnitte des ganzen Bereiches beschränkte.

Eine ingeniöse Idee liegt dem „Frequenzzeiger" zugrunde, den die
AEG unter der Bezeichnung FZ 301 (jetzige Type FZ 301 a, Abb. 7, Tafel 1)
entwickelt hat. Das Herz des Gerätes ist ein (für die einzelnen Bereiche um-
schaltbarer) Kondensator, an dem eine konstante Spannung liegt. Die zu messende Sinusschwingung wird in eine Rechteckschwingung umgeformt, und zwar
so, daß alle zu messenden Schwingungen wiederum dieselbe Größe erhalten.
Benutzt man diese Spannung zum Umladen des Kondensators, so hängt der
Umladestrom nur noch von der Anzahl der Umladungen, d. h. von der Frequenz der zu messenden Schwingung ab. Man hat die Frequenzmessung also
auf eine Strommessung zurückgeführt und kann das Strommeßgerät direkt in
Frequenz eichen. Das Gerät umfaßt in sechs Teilbereichen die Frequenzen
von 10 bis 30000 Hz mit einer Genauigkeit von 1%. Da das Instrument
nur einfache Schwingungen richtig mißt, muß
man Obertöne zusammengesetzter Schwingungen vorher herausfiltern.

Das genaueste direkt messende Frequenzmeß-
instrument ist die Frequenzmeßbrücke. Sie
ist ein Spezialfall der Widerstandsmeßbrücke.
Wenn man eine Spannung, etwa 220 Volt, an
einen Verbraucher, etwa eine Glühbirne, legt, so
fließt ein stärkerer oder schwächerer Strom, je
nachdem der Verbraucher einen geringeren oder
höheren Widerstand hat. Nimmt man zwei
Stromkreise und legt in jeden zwei Widerstände,
vgl. Abb. 8, so wird sich in beiden Stromkreisen
die Spannung den Widerständen entsprechend
von 220 Volt bis 0 Volt verteilen. Sind alle

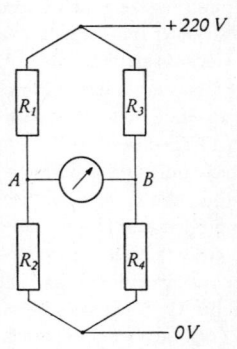

Abb. 8: Schaltung einer
Widerstandsmeßbrücke

Widerstände gleich groß (etwa bei vier gleichen Glühlampen), so beträgt die Spannung in beiden Zweigen in der Mitte an den Punkten A und B genau 110 Volt. Ist der obere Widerstand in beiden Zweigen dreimal größer als der untere, so liegen 55 Volt Spannung in beiden Zweigen am Verbindungspunkt der beiden Widerstände. Immer wenn die Verhältnisse der Widerstände in beiden Zweigen dieselben sind, wenn also $R_1 : R_2 = R_3 : R_4$ ist, haben die Punkte A und B gleiche Spannung. Ein Strom fließt nun immer nur bei einem Spannungsunterschied. Verbindet man die Punkte A und B und schaltet in die Verbindung ein Meßinstrument ein, so wird dies keinen Strom anzeigen, wenn die Punkte A und B gleiche Spannungen haben, d. h. wenn die eben angegebene Verhältnisgleichung besteht.

Nimmt man nun anstelle des Widerstandes R_1 einen unbekannten Widerstand, so zeigt das Instrument Strom an, da das Gleichgewicht gestört ist, weil an den Endpunkten A und B der „Brücke" verschiedene Spannung herrscht. Benutzt man für R_3 einen regelbaren geeichten Widerstand, so kann man ihn durch Drehen so nachregeln, daß das Brückeninstrument wieder auf Null steht. Dann gilt wieder die obige Proportion, und aus den drei Widerständen R_3, R_2 und R_4 kann man x berechnen. Praktisch wird der berechnete Widerstand gleich an den Drehknopf von R_3 angeschrieben, so daß man den gesuchten Wert sofort ablesen kann.

Macht man R_2 umschaltbar und zwar 10mal, 100mal usw. größer als zuerst, so muß auch x 10mal, 100mal usw. größer als vorher sein, so daß man durch Umschaltung von R_2 demnach weitere Meßbereiche erhält, die alle gleichmäßig durch R_3 bedient werden können.

Nimmt man statt R_2 einen Kondensator, so kann man statt R_1 auch einen unbekannten Kondensator messen, wenn man statt der Gleichspannung Wechselspannung, also etwa Tonfrequenz, und statt des Gleichstrommeßinstruments ein Wechselstrommeßinstrument oder einen empfindlichen Kopfhörer benutzt. Schaltet man weiter jedem der beiden Kondensatoren in R_1 und R_2 einen Widerstand zu, so ist das Brückengleichgewicht auch noch von der Tonhöhe des verwendeten Wechselstroms abhängig. Durch Variation der Kondensatoren und Widerstände kann man wieder Tonlosigkeit einstellen und aus der Größe der Kondensatoren und Widerstände die Frequenz berechnen. Besitzt die Schwingung Oberschwingungen, so besteht für diese kein Brückengleichgewicht und es bleibt ein Reststrom bestehen, so daß das Instrument oder der Kopfhörer auch keine Stromlosigkeit anzeigt, — deshalb müssen hier ebenso wieder vorher die Oberschwingungen ausgesiebt werden. Die Genauigkeit einer Frequenzmeßbrücke geht bis zu $1^0/00$, erfordert dann freilich entsprechend genaue Meßkondensatoren und durch Temperatur usw. unbeeinflußbare Widerstände. Die heute übliche Brückenschaltung wurde 1923 von James Robinson aus der 1891 von Max Wien vorgeschlagenen Brücke entwickelt und heißt daher die Wien-Robinson-Brücke.

Auch der Methoden zur Frequenzmessung durch Vergleich gibt es mehrere. Am einfachsten ist es, wenn man einen Satz Stimmgabeln hat und den zu messenden Ton durch das Ohr mit ihnen vergleicht. Wenn man etwa alle 4 Hz eine Stimmgabel besitzt, braucht man für die Oktave 200—400 Hz 50 Gabeln. Außerhalb dieser Oktave liegende Töne muß man mit im Gabelbereich um eine Oktave tiefer oder höher liegenden Tönen vergleichen. Diese Methode hat den Vorteil, die sehr hohe Konstanz der Stimmgabeln (normale Gabeln verändern ihre Frequenz bei Temperaturänderung je Grad Celsius um ein Zehntausendstel, solche aus Invarstahl um ein Millionstel) auszunutzen. Innerhalb der gewählten Oktave läßt sich etwa bei um 4 Hz voneinander abstehenden Gabeln auch bis auf 1 Hz gut zwischen den einzelnen Gabeln schätzen, — dagegen ist der Oktavvergleich von außerhalb der Grundoktave liegenden Tönen freilich nicht sehr zuverlässig. Eine Genauigkeit von 1 Hz bei 300 Hz ist $^1/_3^0/_0$, also recht gut, so daß die Methode für musikalische Zwecke brauchbar ist.

Der Vergleich mit dem Ohr entspricht nicht den Anforderungen einer wissenschaftlichen Methode, da er von der Musikalität des betreffenden Beobachters abhängt. Das Ziel muß immer eine objektive Ablesung sein, und so ist der optische Vergleich normalerweise vorzuziehen. Er läßt sich vornehmen mit dem Oszillographen. Der Schleifenoszillograph und der Elektronenstrahloszillograph sind die beiden in Betracht kommenden Konstruktionen.

Der Schleifenoszillograph ist im unteren und mittleren Hörbereich gut brauchbar. Eine Drahtschleife mit einem aufgeklebten Spiegelchen hängt (vgl. Abb. 9) zwischen den Polen eines Magneten und wird von dem zu messenden Strom durchflossen, dessen Bewegung diese Schleife durch entsprechende Anziehung und Abstoßung vom Magneten körperlich sichtbar ausführt. Von einer Lichtquelle kommendes Licht wird von dem Spiegelchen reflektiert und belichtet ein sich fortbewegendes Photopapier, auf dem die Schwingung dann mit allen ihren Einzelheiten erscheint. Es ist leicht, mehrere Schleifen gleichzeitig zu beleuchten und auf dem Papier nebeneinander zu schreiben. Ver-

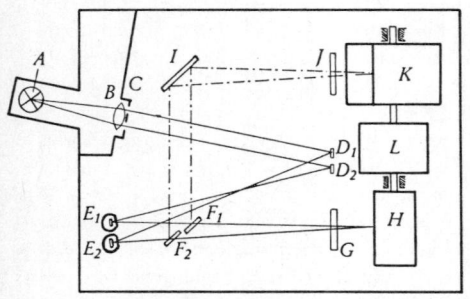

Abb. 9: Schematische Darstellung eines Schleifenoszillographen

A Bogenlampe
B Linse
C Spaltblende
D₁ und D₂ Spiegel
F₁ und F₂ Spiegel
E₁ und E₂ Meß-Schleifen

G, J Zylinderlinsen
H Trommel mit Photopapier
I Spiegel
K Beobachtungstrommel
L Synchronmotor

sorgt man eine weitere Schleife mit etwa einem 1000 Hz Ton, bei dem eine Schwingung also eine tausendstel Sekunde dauert, so erhält man einen sehr genauen Frequenzmaßstab und kann die Frequenz der anderen Schwingungen durch Vergleich mit dieser Zeitskala auszählen.

Sind die Schleifenoszillographen in ihrem Frequenzbereich (oberste Grenze etwa 6000 Hz) beschränkt, dagegen durch Anpassung an verschiedene Aufgaben durch Auswechselung der Schleifen und durch die Möglichkeit der gleichzeitigen Benutzung mehrerer Schleifen sehr universell verwendbar, so liegen die Vorzüge und Nachteile beim Elektronenstrahloszillographen gerade umgekehrt. Im Frequenzumfang reichen moderne Breitbandoszillographen bis ins UKW-Gebiet, der Typ 12/9211 der AEG etwa bestreicht 1 Hz bis 10 000 000 Hz, der Typ GM 5662 von Philips 5 Hz bis 15 000 000 Hz. In der Tiefe umfassen die Philips-Niederfrequenzoszillographen beliebig langsame Schwankungen, sogar den Gleichstrom, also die Frequenz Null, reichen in der Höhe dann freilich „nur" bis zwischen 50 000 Hz und 200 000 Hz je nach Typ. Dagegen erlaubt es der normale Oszillograph nur, eine einzige Schwingung aufzuzeichnen. Die Doppelstrahlröhre schreibt zwar zwei Vorgänge gleichzeitig und der Elektronenschalter gestattet es sehr praktisch, mit einem normalen Oszillographen zwei Vorgänge gleichzeitig abzubilden (mit zwei Elektronenschaltern dann drei Vorgänge usf.), ein moderner Kleinoszillograph ist auch leicht zugeschaltet, aber das alles bedeutet doch eben eine erhebliche Komplizierung der Anlage. Aber der große Frequenzumfang und die trägheitslose Elektronensteuerung sind ein solcher Vorteil, daß der Elektronenstrahloszillograph sich zum grundlegenden Arbeitsmittel auch der Frequenz- und Klanguntersuchungen entwickelt hat.

Das Herz des Elektronenstrahloszillographen ist die E l e k t r o n e n s t r a h l - r ö h r e oder K a t h o d e n s t r a h l r ö h r e. Sie benutzt einen Strahl von negativ geladenen Elektronen, einen „Kathodenstrahl", der von einer mit

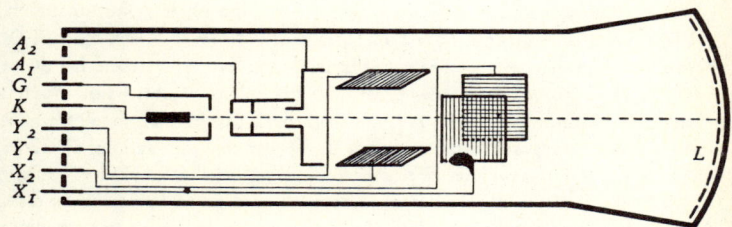

Abb. 10: Schematische Darstellung einer Kathodenstrahlröhre
K Kathode, G Gitter, A₁ 1. Anode, A₂ 2. Anode, y₁ y₂ senkrecht ablenkende Platten, x₁ x₂ waagerecht ablenkende Platten, L Leuchtschirm

einer geeigneten Masse überzogenen Elektrode, der „Kathode", bei entsprechender Temperatur ausgesandt wird. Um die nötige Temperatur, etwa 850°, zu erreichen, bei der der Kathodenüberzug, heute meist Bariumoxyd, Elektronen ausstößt, wird das Kathodenröhrchen innen mit einer winzigen Heizspirale elektrisch geheizt. Vorn besitzt die Kathodenstrahlröhre eine leicht gewölbte, für feinste Ausmessung oft auch ebene Fläche, auf der innen eine Substanz, Zinksulfid, Kadmiumsulfid u. a., aufgebracht ist, die beim Auftreffen von Elektronen grün (oder auch blau oder blauviolett, je nach Zusammensetzung) leuchtet, wobei sich die Dauer des Leuchtens vom kürzesten Momentanleuchten bis zu längerem Nachleuchten (zwecks bequemen Photographierens) je nach dem verwendeten Leuchtmaterial variieren läßt. Nun spritzen die Elektronen aus der Kathode nach allen Seiten, während man einen feinen Strahl braucht, der auf dem Leuchtschirm nur einen möglichst kleinen Punkt erzeugt. Man dämpft die Elektronen daher zunächst, indem man ein aus engen Maschen bestehendes Gitter um die Kathode herumspannt, dem man eine negative Spannung gibt. Gleiche Elektrizitäten stoßen sich ab, — das negative Gitter stößt also einen Teil der Elektronen, diejenigen, die weniger Schwung mitbekommen haben, zurück, — und durch Regelung der Gittervorspannung kann man die Menge der zurückgestoßenen Elektronen variieren, also umgekehrt auch die Menge der zwischen den Maschen noch hindurchfliegenden Elektronen und damit die Helligkeit des Leuchtflecks. Aber auch die das Gitter durchfliegenden Elektronen sind noch nicht genügend auf einen Strahl konzentriert. So läßt man sie durch einen hohlen, schmalen Metallzylinder laufen, der mit ein bis mehreren tausend Volt positiver Spannung verbunden ist, die „Anode". An sie schließt sich ein weiterer Zylinder an, der nur etwa ein Viertel der Spannung der 1. Anode führt, die „2. Anode". Die Anoden erfüllen also die Funktion von Sammellinsen und man spricht daher auch von „Elektronenoptik". Durch Veränderung der Anodenspannung stellt man somit die „Bildschärfe" ein, ähnlich wie bei einem Photoapparat durch Verstellung der Linsen.

Nach dem Durchlaufen der Anoden ist der Elektronenstrahl genügend fein, so daß er nun zur Ablenkung bereit ist. Man umgibt ihn zu diesem Zweck mit Plattenpaaren oder konzentrischen Zylindern. Gewöhnlich läßt man ihn zwischen zwei rechteckigen Plattenpaaren hindurchlaufen, bei deren erstem die Platten waagerecht unter und über dem Strahl, beim zweiten senkrecht seitlich links und rechts neben dem Strahl stehen. Betrachten wir das erste waagerecht liegende Paar und bedenken wir, daß ein an dieses Paar gelegter zu messender Wechselstrom einmal die obere Platte weniger oder mehr positiv, die untere entsprechend weniger oder mehr negativ macht. Die untere negative Platte stößt die negativen Elektronen weniger oder mehr ab, die obere positive zieht sie entsprechend weniger oder mehr an, so daß der Strahl also weniger oder mehr nach oben geht. In der zweiten

Hälfte der Schwingung liegen die Verhältnisse umgekehrt. Man sieht so, daß das waagerecht liegende Plattenpaar den Strahl genau entsprechend dem Verlauf und der jeweiligen Stärke der Schwingung periodisch nach oben und unten ablenkt. Genauso kann man mit dem zweiten Paar der senkrecht stehenden Platten den Strahl waagerecht hin und her lenken. Der Strahl schreibt dann also in r e c h t e c k i g e n K o o r d i n a t e n, wobei x die waagerechte Ablenkung des zweiten Plattenpaares, y die senkrechte des ersten Plattenpaares ist.

Oder aber man nimmt anstelle des ersten Plattenpaares eine komplizierte Zylinder- und Plattenanordnung, die dem Strahl eine kreisende Bewegung erteilt. Das kann man auch durch außen auf die Röhre gesetzte Spulen sehr leicht erreichen. Anstelle des zweiten Plattenpaares ordnet man einen inneren und einen äußeren schrägwandigen Zylinder (also zwei „Kegelstümpfe") an, zwischen denen der Strahl kreist. Mit den beiden Zylindern kann man den Strahl dann mehr zum inneren oder zum äußeren Zylinder hin ablenken. Ein solcher Strahllauf ist demnach bestimmt durch mehr oder weniger große Entfernung vom Schirmmittelpunkt und den jeweiligen Stand seines Umlaufes, also durch Radius und Winkel, er schreibt also P o l a r k o o r d i n a t e n.

Mit beiden Oszillographenarten läßt sich auf einfachste Weise ein Frequenzvergleich durchführen. Denn beide Oszillographen besitzen zwei verschiedene Ablenkmöglichkeiten, so daß man die zu messende Frequenz an die eine Koordinate, die Vergleichsfrequenz an die andere legen kann. Im Fall rechteckiger Koordinaten verbinden wir die zu messende Frequenz mit den senkrecht ablenkenden y-Platten. Auf die x-Platten geben wir Vergleichsfrequenzen. Man könnte wieder an den Satz Stimmgabeln denken, — sie lassen sich durch ein Mikrophon aufnehmen und nach Verstärkung tatsächlich zur Ablenkung verwenden. Aber ihr Ton klingt zu schnell ab, auch braucht man Apparate, die jede beliebige Frequenz einzustellen gestatten, da man ein möglichst einfaches Frequenzverhältnis zur zu messenden Frequenz herstellen möchte. Derartige „Tongeneratoren" hat, wie im nächsten Abschnitt mitgeteilt wird, die Technik mit allen Anforderungen genügender Güte entwickelt. Die Schwingung eines solchen Tongenerators gibt man also auf die x-Platten. Durch die gleichzeitige Einwirkung der beiden Schwingungen, der zu messenden und der des Tongenerators, schreibt der Elektronenstrahl komplizierte Figuren auf den Leuchtschirm, die in der Akustik als „L i s s a j o u s - F i g u r e n" bekannt sind. Ein hierzu besonders entwickeltes Gerät ist das Frequenzmeßgerät der Firma Wandel & Goltermann (vgl. Abb. 11, Tafel 1), das einen hochwertigen Generator und die Oszillographenröhre mit Spannungsteil und Verstärker gleichzeitig enthält, so daß von außen nur die zu messende Frequenz zugeleitet werden braucht.

Nehmen wir etwa an, wir hätten beim Durchdrehen unseres Tongenerators schon dieselbe Tonhöhe getroffen, die unsere zu messende Frequenz besitzt, — dann wird die Stärke der beiden Schwingungen noch eine verschiedene sein, unsere zu messende Schwingung wird vielleicht schwächer sein, weil wir nicht genügend Verstärkung hinter dem empfindlichen, aber schwachen Kondensatormikrophon haben. Außerdem wollen wir annehmen, daß der Strahl ganz links steht, während die zu messende Frequenz gerade ihre Schwingung beginnt, — das bedeutet, daß die Generatorfrequenz eine Viertelwellenlänge nachhinkt und erst eine Viertelwellenlänge später durch Null geht. Die x-Ablenkung zieht den Strahl dann ganz nach rechts, während die y-Ablenkung ihn erst hinauf, dann wieder hinunterlenkt. Im Moment, wo die x-Ablenkung nach links umkehrt, lenkt die y-Schwingung nach unten, in der zweiten Hälfte des Rücklaufs dann wieder nach oben in die Anfangslage zurück. Es entsteht somit die Figur einer liegenden Ellipse. Ist die zu messende Frequenz dagegen stärker als die Generatorfrequenz, so bildet sich eine stehende Ellipse. Sind beide Schwingungen in ihrer Stärke gleich, so entsteht ein Kreis.

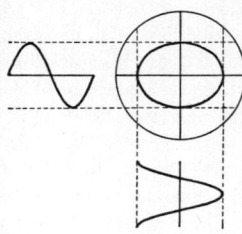

Abb. 12: Lissajousfigur des Einklangs bei ¼ Wellenlänge Phasendifferenz

Nehmen wir nun an, im Augenblick des Ablenkungsbeginnes sei die zu messende Frequenz bereits bei ein Viertel Wellenlänge angekommen, — die Phasendifferenz zur Ablenkfrequenz beträgt dann eine halbe Wellenlänge! Der Anfang liegt jetzt links oben, in der ersten Hälfte läuft der Strahl durch eine gerade Linie nach rechts unten. Den Rückweg nimmt er wieder durch dieselbe Linie, nur in umgekehrter Richtung.

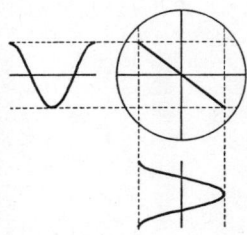

Abb. 13: Lissajousfigur des Einklangs bei einer halben Wellenlänge Phasendifferenz

Ist die zu messende Frequenz bereits bei einer halben Wellenlänge angekommen, so entsteht dieselbe Ellipse wie zu Anfang, nur läuft der Strahl diesmal zuerst durch die untere Hälfte und kehrt durch die obere Hälfte zurück, wie sich leicht an Abb. 14 verfolgen läßt. Ob der Strahl rechtsherum läuft oder linksherum, läßt sich aber nicht unterscheiden. Denn etwa bei 1000 Hz läuft der Strahl 1000mal in der Sekunde herum und die tausend sich übereinanderlegenden Bilder verschmelzen für unser Auge, das

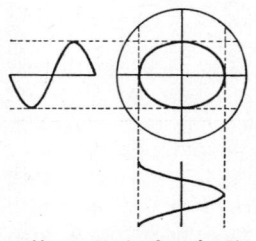

Abb. 14: Lissajousfigur des Einklangs bei ³⁄₄ Wellenlänge Phasendifferenz

nicht so schnell zu folgen vermag, zu einem
einzigen ruhenden Bild.

Sind die Phasen beider Schwingungen
gleich, so entsteht die zur zweiten Figur
spiegelbildliche Figur, wie sich an Abb. 15
ohne Schwierigkeit einsehen läßt. Der Strahl
steht am Anfang links unten und geht durch
eine gerade Linie nach rechts oben, um durch
dieselbe gerade Linie wieder nach links unten
zurückzukehren.

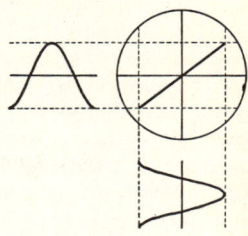

*Abb. 15: Lissajousfigur des Ein-
klangs bei Phasengleichheit*

Liegt die Phasendifferenz zwischen den
hier behandelten ausgezeichneten Punkten,
so entstehen schmalere schräge Ellipsen, die die folgende Abb. 16 der Reihe
nach für die erste Hälfte der Sechzehntel-Phasendifferenzen zeigt.

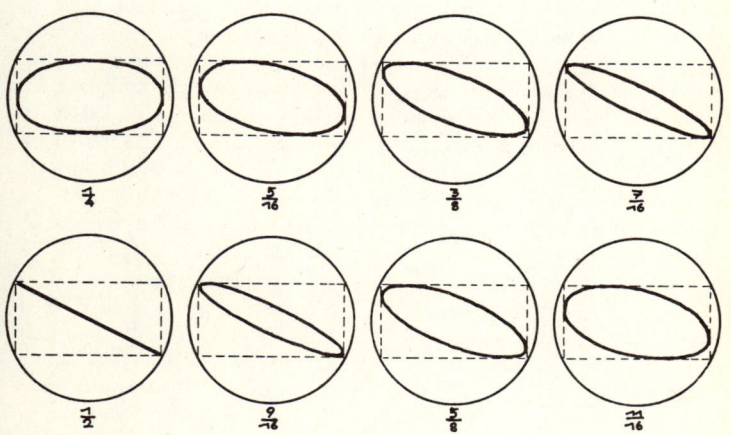

Abb. 16: Lissajousfigur des Einklangs bei von ¹/₄ bis ³/₄ Wellenlänge fortschreitender Phasendifferenz

Man erkennt leicht die Richtigkeit der Figuren, wenn man bedenkt, daß
der Strahl zu Beginn immer links stehen soll. Zwischen ³/₄ Wellenlänge
Phasendifferenz über Phasengleichheit bis ¹/₄ Wellenlänge Phasendifferenz
entstehen dieselben Figuren, nur ist rechts mit links vertauscht.

Lissajous-Figuren sind also phasenabhängig, was ihre Anwendung etwas
unübersichtlich macht. Überdies interessiert man sich in der Musik nicht
allzusehr für Phasendifferenzen, da das Ohr solche nicht empfindet. Die
Lissajous-Figuren haben also eine für musikalische Fragen überflüssige
Genauigkeit.

Nun wollen wir annehmen, wir hätten beim Heraufdrehen des Generators die zu messende Frequenz noch nicht ganz erreicht. Dann ist die Wellenlänge der Vergleichsfrequenz also noch etwas größer. Man kann das auch so auffassen, als wenn es dieselbe Wellenlänge wäre, die sich aber fortlaufend etwas weiterschiebt, also dieselbe Wellenlänge mit sich vergrößernder Phasendifferenz. Dann müssen sich die eben entwickelten Figuren alle nacheinander einstellen, und eine in die andere überführen. Die Lissajousfiguren stehen also nur dann still, wenn die zwei Grundschwingungen einfache Zahlenverhältnisse bilden. Tun sie das nicht, so sind die Lissajous-Figuren außerordentlich verschlungen oder sie bewegen sich sogar schneller oder langsamer, je nachdem wir von einem einfachen Schwingungsverhältnis mehr oder weniger weit entfernt sind. In unserem Falle des Einklangs entstehen sich hin und zurück drehende Ellipsen, die sich dabei noch abwechselnd zusammenziehen und aufblähen. Für den Frequenzvergleich ist das aber sehr angenehm. Denn wenn wir nur mit einfachen Zahlenverhältnissen arbeiten, — möglichst werden wir als Vergleichsfrequenz ja überhaupt dieselbe Frequenz, also den eben behandelten Einklang, verwenden, um am Generator die gesuchte Frequenz ohne Umrechnung direkt ablesen zu können —, dann zeigt uns das Stillstehen der Lissajous-Figuren sehr deutlich, wann wir die genaue Gleichheit oder das gewünschte einfache Verhältnis erreicht haben.

Vergleichen wir die zu messende Frequenz jetzt ähnlich mit einer Generatorfrequenz auf dem Polaroszillographen, so wird alles prinzipiell einfacher. Die Generatorfrequenz legen wir an die Umlaufplatten, die zu messende an die Zylinderplatten. Stimmen beide Frequenzen überein, so verteilt sich das Bild einer Schwingung auf genau einen Umlauf. Ist die Vergleichsfrequenz die Unteroktave, so stehen zwei Schwingungsbilder auf dem Kreis. Man kann auch andere einfache Zahlenverhältnisse sofort an der Schwingungsfigur auf den ersten Blick erkennen. Weiter spielt der Phasenunterschied keine grundlegende Rolle, — das Bild verschiebt sich nur je nach der Phasendifferenz auf dem Kreis, — so daß also auch die Phasendifferenz aufs einfachste erkennbar ist, wie es Abb. 17 an der Oktave zeigt.

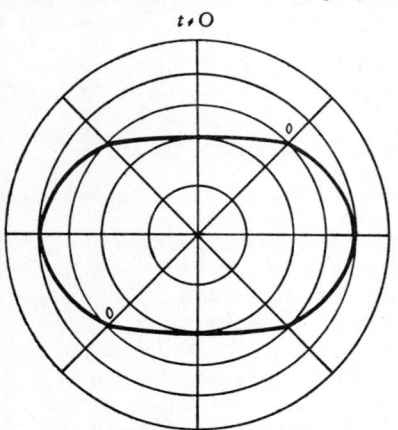

t↗O

*Abb. 17: Polarkoordinatenbild einer Oktave bei
¹/₄ Wellenlänge Phasendifferenz*

Haben die beiden Schwingungen eine Frequenzdifferenz, so entstehen wieder sich bewegende Figuren, aber es ist nur eine und dieselbe Figur, die langsamer oder schneller um den Kreis läuft.

Der Polaroszillograph ist dem Oszillograph mit rechteckigen Koordinaten also weit überlegen. Aber trotzdem hat er auch einige Nachteile. Bei magnetischer Ablenkung für die Kreisbewegung durch Außenspulen läßt sich nicht derselbe Frequenzumfang wie bei elektrischer Ablenkung erzielen, bei elektrischer Ablenkung ist die Ablenkungsvorrichtung aber komplizierter als das einfache Plattenpaar des rechtwinklig ablenkenden Oszillographen. Weiter ist bedauerlich, daß in der Mitte des Feldes ein — freilich nicht bedeutendes — freies, nicht ausgenutztes Kreisfeld bleibt, das dem Innern des inneren Zylinders entspricht. Am schwersten wiegt wohl, daß wir doch immer nur einen kleineren Teil des Kreisfeldes, vielleicht das obere Viertel, gut überblicken, denn der menschliche Kopf ist nun einmal nicht so gebaut, daß er sich so leicht um eine horizontale Achse drehen läßt wie das sich phasenverschiebende Kreisfeld des Polaroszillographen.

Offenbar wäre es das Ideal, wenn man das kreisförmige Bild des Polaroszillographen als waagerechte gerade Linie schreiben könnte. Dann hätte man alle Vorteile des Polaroszillographen auf dem rechtwinkligen Oszillographen. Der waagerecht abgelenkte Strahl müßte dann gleichmäßig von links nach rechts laufen, um dann wieder vorn anzufangen wie beim Polaroszillographen, dessen Strahl auch nach einem Umlauf wieder am Anfangspunkt neu beginnt. Eine gleichmäßig von links nach rechts ablenkende Spannung läßt sich nun leicht mit den verschiedensten Mitteln, z. B. Kondensatoraufladung, herstellen. Das Problem ist, den Strahl zu zwingen, in Augenblicksschnelle von rechts nach links zurückzuspringen. Das erreicht man leicht mit Kippschwingungen, wie sie insbesondere mit Glimmröhren sehr einfach zu erzeugen sind.

Eine solche K i p p s c h w i n g u n g hat demnach einen Verlauf, wie ihn Abb. 18 wiedergibt. Man sieht, daß eine solche Spannung den Elektronen-

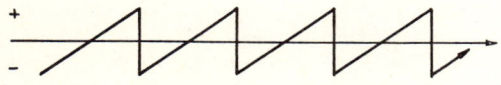

Abb. 18: Spannungskurve einer Kippschwingung

strahl offenbar gleichmäßig von einer Seite zur anderen zieht, um dann sehr schnell zurückzuspringen.

Damit der Leser wenigstens eine Vorstellung von der Erzeugung einer solch merkwürdigen „Sägezahnspannung" erhält, sei eine Glimmröhren-

schaltung kurz erläutert. Eine Glimmröhre ist eine mit Edelgas gefüllte
Röhre (z. B. Neonröhre u. a.) mit — im einfachsten und normalen Fall —
zwei Elektroden. Sie läßt Strom erst bei einer bestimmten Spannung, der
„Zündspannung", durch, bei der sie unter Beginn des Leuchtens „zündet".
Bei einer wenig tieferen Spannung (also nicht schon gleich wieder bei derselben Spannung), der „Löschspannung", „verlöscht" sie wieder. Lädt man
nun einen Kondensator mit einem möglichst konstanten Strom auf, damit
die Spannung möglichst gleichmäßig steigt, und schaltet eine Glimmröhre
über den Kondensator, so steigt die Spannung nur bis zur Zündspannung
der Glimmröhre. Denn ist diese erreicht, so zündet die Röhre und schließt
dadurch (sie hat einen sehr kleinen Widerstand) den Kondensator kurz, so
daß dieser sich sehr schnell über die Glimmröhre entlädt. Ist die Spannung
dabei auf die Löschspannung gesunken, so verlöscht die Röhre wieder. Die
Spannung am Kondensator steigt also regelmäßig langsam (was man durch
Änderung der Größe des Kondensators variieren kann) von der Löschspannung auf die Zündspannung, um von dieser sehr schnell auf die Löschspannung zurückzufallen. Das ist offenbar eine solche gewünschte Sägezahnspannung.

Glimmröhren sind aber nur bis etwa 50 000 Hz Kippfrequenz brauchbar. Für die modernen Universaloszillographen mußte man daher Kipp-
schaltungen mit den luftleeren, trägheitslosen Elektronenröhren, wie sie in
unseren Radioapparaten Verwendung finden, entwickeln. Auf diese komplizierteren Schaltungen braucht hier um so weniger näher eingegangen zu werden, als auch sie im Grunde nur Weiterentwicklungen der obigen Lade-Ent-
lade-Schaltung eines die Kippfrequenz bestimmenden Kondensators sind.

Die Kippschwingungen sind labiler Natur, da der Zünd-Lösch-Vorgang
nicht sehr streng festgelegt ist. Das hat den großen Vorteil, daß sie in ihrer
Tonhöhe leicht beeinflußbar sind. Hat man daher eine äußere Schwingung,
die in der Nähe der eingestellten Kippschwingung liegt, und führt diese der
Kippschaltung zu, so springt die Kippschwingung auf die Frequenz der
äußeren Schwingung, so daß beide Schwingungen nun „synchronisiert"
sind. Man kann die Kippschaltung ein ganz erhebliches Stück höher oder
tiefer als die äußere Schwingung einstellen, sie wird immer auf der äußeren
Frequenz verharren, und umgekehrt kann man die Kippschaltung unberührt
lassen, aber die äußere Schwingung verändern, dann wird diese die entstehende Kippschwingung mit sich ziehen. Ist aber der Abstand der beiden
Schwingungen zu groß, dann stellt sich die Kippschwingung wenigstens auf
ein möglichst einfaches Verhältnis zur äußeren Schwingung ein. Drehen wir
etwa die äußere Schwingung langsam höher, dann folgt die fest eingestellte
Kippschwingung etwa bis zur Quarte mit, dann aber springt sie wieder herunter und zwar in das nächst einfache Verhältnis der Unterquinte. Erhöhen
wir die äußere Frequenz weiter, so folgt ihr die Kippschwingung in der

Unterquinte. Kommen wir mit der äußeren Schwingung dann in die Sext oder Sept, also in die Nachbarschaft der Oktave, so springt die Kippschwingung wieder herunter und zwar so, daß sie nunmehr auf der Unteroktav der äußeren Frequenz schwingt. Und so fort.

In die modernen Oszillographen ist nun stets ein „Kippteil" mit eingebaut. Außerdem verfügen sie auch stets über eine besondere Buchse, bei der man dem Kippteil eine äußere Schwingung zuführen kann, auf die er sich synchronisiert. Wir legen nun an die y-Platten eine Schwingung und verbinden sie außerdem noch mit dem Kippteil, um ihn zu synchronisieren. Da diese Schaltung die normale beim Oszillographieren ist, hat man gleich die entsprechende Schaltung im Oszillographen vorgenommen und an einem entsprechenden Schalter läßt sich entweder „äußere" oder „externe" (durch die Synchronisierungsbuchse) oder „innere" oder „interne" Synchronisierung (durch die Schwingung selbst im Innern des Oszillographen automatisch) einstellen. Bei interner Synchronisierung wird der Kippteil also auf Gleichlauf mit der äußeren Freqenz gebracht, der von links nach rechts laufende Strahl schreibt genau eine Schwingung auf den Schirm, um dann sofort zurückzukehren und wieder eine Schwingung zu schreiben usf. so oftmal, wie die Frequenz der Schwingung angibt. Alle Bilder legen sich übereinander und die Schwingung steht demnach still. Erhöhen wir unsere Schwingung etwas, so zieht sie die Kippschwingung mit, das Bild bleibt also weiter stehen, als ob nichts geschehen wäre. Erhöhen wir so lange, bis der Sägezahn in die Unterquint springt, so erscheint plötzlich ein neues Schirmbild. Entsprechend dem Verhältnis der Quinte 3:2 schreibt der Strahl jetzt anderthalbe Schwingung auf, springt zurück, um die zweite Hälfte der zweiten Schwingung und die dritte Schwingung zu schreiben usf. Die beiden abwechselnd jeweils verschiedenen Bilder legen sich übereinander und es entsteht die in Abb. 19 (s. Tafel 2) wiedergegebene stehende Figur der Quinte.

Dies Bild bleibt stehen, bis die Kippschwingung in die Unteroktav springt. Dann schreibt der Strahl genau zwei Schwingungen auf den Schirm entsprechend dem Schwingungsverhältnis 2:1 der Oktave.

Diese Aufeinanderfolge ruhiger Bilder tritt aber nur auf, wenn der Synchronisierungszwang sehr groß ist. Ist er nicht so stark, was sich ebenfalls nach Belieben einstellen läßt, so arbeitet der Kippteil zwischen den einfachen Verhältnissen, die ihn beeinflußen, ohne Zwang. Dann entstehen, genau wie beim Polaroszillographen, sich langsamer oder schneller bewegende Bilder, je nachdem wir weniger oder mehr weit von einem ruhenden Bild entfernt sind. Kommt beim Erhöhen der Meßfrequenz also plötzlich Bewegung in die Bilder, so wissen wir, daß der Kippteil außer Tritt gekommen ist, und müssen ihn wieder nachdrehen.

Die geschilderte Schaltung wird benutzt, wenn man die Form einer Schwingung genau studieren will, die ja im allgemeinen alles andere als eine

Sinusschwingung ist. Zum Frequenzvergleich eignet sich die Schaltung nicht,
— hier müßte der Kippteil ohne Synchronisierung arbeiten und wenn man
durch Nachdrehen des Kippteils das ruhige Bild einer einzigen Schwingung
erzielt hätte, könnte man an der Skala des Kippteils die gesuchte Frequenz
ablesen —, weil der Kippteil in seiner Frequenz nicht stabil genug ist. Man
muß also eine möglichst genaue Frequenz aus einem guten Tongenerator dem
Kippteil zur Synchronisation zuführen, und wenn man nun das stehende
Bild einer einzigen Schwingung erhält, kann man am Tongenerator die
gesuchte Schwingungszahl ablesen.

Dabei hat sich aber nunmehr eine neue Schwierigkeit eingeschlichen. Den
sich bewegenden Bildern kann man nämlich nicht ansehen, ob ihre Bewegung
daher rührt, daß wir am Tongenerator noch nicht die richtige Tonhöhe erreicht haben oder ob nicht vielleicht der Kippteil ohne Synchronisation
arbeitet. Das ideale Verfahren ist daher, beide Schwingungen aufzuzeichnen,
so daß man jederzeit an dem Stillstehen der Generatorschwingungsfigur
sehen kann, daß der Kippteil noch richtig synchronisiert ist. Hierzu kann
man sich einer D o p p e l s t r a h l r ö h r e bedienen. Eine solche formt aus der
ausgestoßenen Elektronenmenge mittels zweier Anoden usw. zwei Elek-
tronenstrahlen, die sich je mit ihren Plattenpaaren getrennt steuern lassen.
Haben beide Strahlen zwei Plattenpaare, so kommt das eigentlich zwei getrennten Oszillographen gleich. Besonders praktisch ist die andere Schaltung,
bei der das waagerecht ablenkende Plattenpaar beiden Strahlen gemeinsam
ist. Dann lenkt die Kippschwingung beide Strahlen immer genau gleich. Legt
man auf die senkrechte Ablenkung des unteren Strahles die Generator-
schwingung, auf die senkrechte Ablenkung des oberen Strahles die zu messende Frequenz, so hat man die laufende Kontrolle des Kippteils auf dem
unteren Strahl und zugleich die absolute Gewißheit, daß auch eben dieser
Kippteil beim oberen Strahl in Funktion ist. Abb. 20 (s. Tafel 2) zeigt ein
solches Doppelbild.

Dasselbe kann man auch erreichen, wenn man einen Einstrahloszillo-
graphen durch einen Elektronenschalter ergänzt oder zwei Einstrahloszillo-
graphen benutzt und den Kippteil des zweiten vom synchronisierten Kippteil
des ersten synchronisiert (bzw. seine x-Platten direkt damit steuert). Für
solche Kontrollzwecke werden im Ausland besonders kleine 2,5-cm-Oszillo-
graphenröhren (one inch monitor tubes) hergestellt, die auch mit niedrigen
Spannungen zu betreiben sind und in allem außerordentlich praktisch sind.

Noch genauer, aber nur in kleinen Bereichen verwendbar sind Generatoren, die nur eine einzige f e s t e F r e q u e n z, 100 Hz, 440 Hz oder wie
meist 1000 Hz, geben. Solche Frequenzen lassen sich mit Stimmgabeln, vor
allem aber mit Quarzkristallen stabilisieren. Die mit Quarzen erreichbare
Frequenzgenauigkeit kann bis zu ein Hunderttausendstel Differenz gehen,
ja bei besonderen Maßnahmen noch weiter. Mit diesen „Quarzuhren" wird

auch die genaue Zeit der Sternwarten und der Zeitzeichen gemacht, denn ein 1000-Hz-Ton enthält ja 1000 Schwingungen je ein tausendstel Sekunde, so daß man mit Schwingungen auch Zeit messen und herstellen kann. Den Schwingungsvergleich mit Normalfrequenzen führt man wieder am besten mit dem Doppelstrahloszillographen usw. durch.

Nach der Messung der Frequenzen ist das andere Hauptproblem das der **Erzeugung reiner Schwingungen**. Da ist die erste, betrübliche Feststellung die, daß die Natur uns keine Sinusschwingungen zu liefern imstande ist. Selbst verhältnismäßig einfache Töne, wie etwa die der Stimmgabel, enthalten immer noch eine größere Zahl von Obertönen. Die Grundgesetze der Musik lassen sich aber nur einwandfrei herausarbeiten, wenn man ungemischte Töne, also Sinusschwingungen, zur Verfügung hat und mit ihnen experimentieren kann. Insbesondere alle Fragen, die die Klangfarbe betreffen, lassen sich nur vollständig behandeln, wenn man z. B. durch verschiedene Mischung von einzelnen Sinusschwingungen unterschiedliche Klangfarben selbst herstellen und vergleichen kann. Daß die Natur nur mehrfache Schwingungen liefert, liegt daran, daß aus natürlichen Stoffen bestehende Gebilde, Holzstäbe, Saiten, Luftsäulen usw., wenn sie überhaupt schwingen können, immer dazu verschiedene Möglichkeiten aufweisen, und diese Möglichkeiten auch alle gleichzeitig realisieren. Betrachten wir etwa einen schwingenden Stab (vgl. Abb. 21).

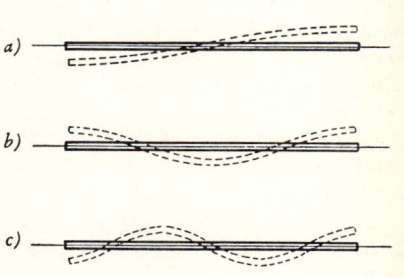

Abb. 21: Einfachste Schwingungsfiguren eines freien Stabes a) 2 Bäuche, 1 Knoten, b) 3 Bäuche, 2 Knoten, c) 4 Bäuche, 3 Knoten

Sehen wir den Stab einmal als vollkommen frei schwingungsfähig an, so kann er sich also an einem seiner Enden immer frei bewegen und wird hier seine maximalen Ausschläge erzielen. Seine Schwingungsfigur besitzt hier also einen „Schwingungsbauch". Bei zwei freien Enden besitzt er im einfachsten Fall an beiden Enden Schwingungsbäuche und in der Mitte eine Stelle bleibender Ruhe, einen „Schwingungsknoten". Aber ebenso ist es möglich, daß er im Innern zwei Schwingungsknoten einschiebt, — dann muß in der Mitte sich ein weiterer Schwingungsbauch einstellen. Es können auch drei Schwingungsknoten im Innern liegen, dann befinden sich zwischen ihnen zwei innere Schwingungsbäuche, usw. Stets ist ein Schwingungsbauch mehr vorhanden als Schwingungsknoten auftreten. Dabei sind alle Möglichkeiten, von einem Schwingungsknoten angefangen, vorhanden. Es ist nun ein

Naturgesetz, daß alle solche möglichen Schwingungen auch stets gleichzeitig ausgeführt werden, und auch der Stab krümmt sich in einer unerhört komplizierten Weise so, daß jede folgende Schwingungsfigur sich der vorigen immer noch wieder überlagert. Das nennt man „Superposition der Schwingungen".

Wenn man solche zusammengesetzten Schwingungen trotzdem benutzen will, so gibt es Mittel, die Oberschwingungen durch S i e b s c h a l t u n g e n aus ihnen zu entfernen. Dazu muß man sie zuerst — etwa mit Hilfe des Mikrophons — in elektrische Schwingungen umformen. Aus Spulen und Kondensatoren in bestimmter Weise aufgebaute Schaltungen haben die Eigenschaft, entweder Schwingungen nur über einer bestimmten Frequenz durchzulassen (Hochpässe) oder aber nur unter einer bestimmten Frequenz (Tiefpässe). Schaltet man einen Tiefpaß mit höherer Grenze und einen Hochpaß mit tieferer Grenze hintereinander, so bleibt in der Mitte eine freie Strecke, in der noch Frequenzen durchkommen. Die Durchlaßbreite eines solchen „Bandpasses" oder „Filters" läßt sich beliebig wählen. Zum Aussieben der Oberschwingungen kann man also entweder einen Tiefpaß nehmen, dessen obere Grenze so liegt, daß er den Grundton noch durchläßt, aber die Oberschwingungen nicht mehr, oder ein so enges Filter, durch das überhaupt nur der Grundton passiert.

Andererseits kann man reine Sinusschwingungen direkt auf elektrischem Wege erzeugen. E l e k t r o n e n r ö h r e n, (Radioröhren, Senderöhren) besitzen ebenso wie die Kathodenstrahlröhren eine indirekt geheizte Kathode, die negative Elektronen aussendet. Ebenso wie bei jenen ist die Kathode von einem feinmaschigen Gitter umgeben, dem man eine negative Vorspannung gibt, um den Durchlaß des Gitters zu variieren. Um dieses Gitter herum aber hat man einen runden Kupferzylinder gelegt, die Anode, die man mit einer positiven Spannung verbindet. Diese positive Anode zieht die negativen Elektronen auf sich zu, und es entsteht eine Wechselwirkung zwischen der sie anziehenden Anode und dem sie vorher zurückstoßenden negativen Gitter. Gibt man dem Gitter eine hohe negative Spannung, so hält es überhaupt alle Elektronen zurück, so daß überhaupt kein Strom durch die Röhre fließt. Kommt bei einer angelegten Spannung ein größerer oder kleinerer Stromfluß zustande, so sagt man, daß der betreffende Körper dem Strom einen kleineren oder größeren Widerstand, in dem Fall des Stromes Null einen unendlich hohen Widerstand entgegensetzt, — letzteres z. B. bei einer durchgebrannten Glühbirne, ebenso auch bei der Elektronenröhre mit großer negativer Gitterspannung. Im Fall nicht so hoher negativer Gitterspannung fließt ein wenig Strom durch die Röhre (dies ist ja gleichbedeutend mit der Fortbewegung von Elektronen zur Anode), die Röhre hat also noch einen relativ hohen Widerstand. Gibt man dem Gitter keine oder sogar positive Spannung, so daß es die Elektronen noch vermehrt aus der Kathode herauszieht, so fließt ein starker Elektronenstrom, die Röhre hat kleinen Widerstand (wie etwa eine intakte Glühbirne). Treibt man das noch weiter, so können Gitter und Anode der Röhre auf Rotglut, ja Weißglut kommen und schmelzen, die Röhre „brennt durch" genau wie eine zu hoch belastete Glühbirne. Dann hat die Röhre also fast den Widerstand Null, sie stellt einen Kurzschluß dar, — dabei pflegt es ja meist auch zum Durchbrennen von einem beteiligten Teil zu kommen. Die Röhre ist also ein Widerstand, den man durch Verändern der Gitterspannung von Unendlich bis Null steuern kann. Das ist offensichtlich eine für unendlich viele Anwendungen brauchbare Erfindung.

Schaltet man, um eine erste Anwendung zu erklären, zwischen Pluspol der Batterie und Anode der Röhre einen festen Widerstand (aus Draht oder Kohle), so verteilt sich die gesamte Spannung nunmehr auf diesen und die Röhre (genauso wie bei Besprechung der Widerstandsmeßbrücke S. 124 beschrieben). Die Anode der Röhre liegt an einer mittleren Spannung und zwar genau in der Mitte, wenn der Röhrenwiderstand gleich dem festen Widerstand ist. Sie liegt an einer unterhalb der Mitte liegenden Spannung, wenn der Röhrenwiderstand kleiner ist als der feste Widerstand, dagegen oberhalb, wenn er größer ist. Je negativer das Gitter ist, desto höher ist der Röhrenwiderstand und damit die Spannung der Anode, je positiver das Gitter, desto kleiner der Röhrenwiderstand, desto tiefer die Anodenspannung. Tieferer Gitterspannung entspricht also höhere Anodenspannung und umgekehrt. Das Durchrechnen der tatsächlichen Verhältnisse zeigt, daß die Änderung der Anodenspannung viel größer ist als die Änderung der Gitterspannung, mit anderen Worten: die Röhre hat die Spannungsänderung verstärkt. Das ist leicht vorzustellen, da das Gitter der Kathode näher liegt und daher größeren Einfluß auf die Elektronen hat, so daß man weniger Spannung zu einer bestimmten Änderung braucht, als wenn man diese durch eine Änderung der Anodenspannung erzielen wollte.

Nehmen wir nun eine ganz regelmäßige Änderung der Gitterspannung etwa in Form einer Sinusschwingung vor, so wird an der Anode (bei vorgeschaltetem festem Widerstand) eine verstärkte sinusförmige Änderung der Anodenspannung auftreten, aber, wie eben beschrieben, immer gegensinnig gerichtet, „gegenphasig". Die Röhre verstärkt also Sinusschwingungen formgetreu, kehrt aber die Phase um.

Nun wollen wir die verstärkte Anodenspannungsänderung dazu benutzen, die Gitterspannung einer zweiten Röhre zu steuern. Deren Anodenspannungsänderungen werden dann noch wiederum stärker sein, aber die Phase, nunmehr zweimal umgekehrt, ist wieder gleich der der ersten Gitterspannungsänderungen. Die Anodenspannungsänderungen der zweiten Röhre schalten wir nun zurück zur ersten Röhre auf deren Gitter. Wenn man jetzt das erste Gitter überhaupt nicht steuert, so könnte man vermuten, würde auch überhaupt nichts passieren. Aber die Anodenströme und -spannungen sind trotzdem nicht in Ruhe. Die Elektronenaussendung ist nicht regelmäßig, so daß in der ersten Röhre die zur Anode durchdringende Elektronenzahl schwankt. Damit entstehen also von selbst leichte Anodenspannungsänderungen an der ersten Röhre. Diese steuern das zweite Gitter, an der Anode der zweiten Röhre erscheinen sie verstärkt und werden so verstärkt ans Gitter der ersten Röhre mit der richtigen Phase zurückgeleitet. Nunmehr werden die Anodenspannungsänderungen der ersten Röhre sich verstärken, wieder die der zweiten, usw. Es erregt sich also von selbst eine Schwingung in zwei derart miteinander verbundenen Röhren. Eine solche Schaltung nennt man „M u l t i v i b r a t o r", da sie aus sehr vielen Oberschwingungen besteht.

Es kommt also darauf an, die Schaltung auf eine einzige Schwingungsfrequenz zu konzentrieren und auf sie zu stabilisieren, denn vorläufig hängt die Schwingung ja allzusehr von den Zufälligkeiten der jeweiligen Elektronenemission ab. Das läßt sich durch zusätzliche Einschaltung von Widerständen zu den in der Schaltung schon enthaltenen Kondensatoren leicht erreichen. Vom englischen resistance = Widerstand und englischen condenser = Kondensator heißt diese Schaltung R C - G e n e r a t o r (Abb. 22, s. Tafel 2). Die Frequenz guter moderner Geräte kann 1% unterbieten, der Oberwellengehalt ist sogar kleiner als $^1/_2$%.

Die für die Rückleitung auf das erste Gitter nötige Phasenumkehr der Anodenspannungsänderungen kann man statt durch eine zweite Röhre auch durch einen Transformator mit entsprechend richtigem Anschluß vornehmen. Die Stabilisierung der Frequenz erreicht man dann einfach durch Zuschalten eines Kondensators zur zweiten oder ersten Transformatorwicklung. Eine solche ist ja eine Spule, und eine Spule mit parallelem Kondensator ist ein Schwingkreis. Ein solcher ist für alle Schwingungen ein Kurzschluß mit Ausnahme einer einzigen, der „Resonanzfrequenz", bei der er einen unendlich hohen Widerstand hat. In der Rückleitung der Anodenspannungsänderungen auf das Gitter der Röhre wird mit diesem Kunstgriff erreicht, daß alle entstehen wollenden Schwingungen kurzgeschlossen werden, d. h. also nicht zustande kommen, mit Ausnahme der Resonanzfrequenz. Ganz ebenso werden im Eingang unserer Radioapparate durch die Schwingungskreise alle Wellen zur Erde kurzgeschlossen mit Ausnahme der einen gewünschten Resonanzfrequenz, die zum nächsten Gitter zu weiterer Verstärkung weitergeht. Ein Tongenerator der beschriebenen Art heißt R ü c k k o p p l u n g s - g e n e r a t o r oder R ü c k k o p p l u n g s s u m m e r. Ein Schwingkreis würde in einer solchen Schaltung also das leisten, was die Natur nicht kann, — nämlich Schwingungen nur einer einzigen Frequenz ohne Oberschwingungen erzeugen. Aber leider stört die Röhre hierbei, denn sie verstärkt nicht nur die eine Schwingung, sondern fügt beim Verstärken auch Oberschwingungen hinzu, da sie nicht so gerade wie eine Linie, nicht „linear", arbeitet. Ein bekanntes hervorragendes Gerät hat z. B. eine Frequenzgenauigkeit von 0,3%, aber einen Oberschwingungsgehalt von 2%. Die Frequenzsicherheit ist, wie man bemerkt, wesentlich größer als die des RC-Generators.

Für die Oberwellen des Rückkopplungssummers ist auch das Eisen des Transformators verantwortlich. Weiter ist die Variierung der Frequenz durch einen normalen Drehkondensator bei Zuschaltung an einen Transformator nicht sehr groß und reicht kaum bis zur Oktave. Das kann man durch Umschaltung von Kondensatoren ersetzen, was umständlich ist und Platz kostet. Beide Schwierigkeiten vermeidet man im S c h w e b u n g s - s u m m e r (Abb. 23, s. Tafel 3). Dieser besteht aus zwei Rückkopplungssummern, die auf einer höheren Frequenz schwingen, so daß die transformierenden Spulen kein Eisen benötigen. Auf einer höheren Frequenz kann man auch mit einem einfachen Drehkondensator eine genügende Frequenzänderung errei-chen. So erzielt man bei 100 000 Hz ohne weiteres eine Änderung bis zu 120 000 Hz. Variiert man den einen Summer in dieser Weise und läßt den anderen fest auf 100 000 Hz stehen — diese feste Schwingung kann man auch leicht sehr gut stabilisieren —, so erhält man als Differenz eine Änderung von null bis 20 000 Hz, also den ganzen Tonbereich fortlaufend mit einer Kondensatordurchdrehung. Nun bilden Radioröhren, wenn man sie mit zwei Frequenzen beschickt, tatsächlich deren Differenz, aber auch deren Summe. Filtert man diese mit einem Hochpaß weg, so kann man also die aus der „Frequenzmischung" (eine solche findet auch in jedem Superhet statt) entstehende Differenzschwingung aussondern und hat damit das ge-wünschte Resultat. Moderne Schwebungssummer haben durchschnittliche Fre-quenzgenauigkeiten bis zu 1% und in derselben Größenordnung liegende Oberwellengehalte.

Für Q u a r z g e n e r a t o r e n benutzt man Kurzwellensendeschaltungen. Der Quarz liegt meist zwischen Gitter und Kathode, der Schwingkreis in der Anodenzuleitung, die Rückkopplung vollzieht sich durch die „Eigen-kapazitäten" innerhalb der Röhre. Um das Eisen von vornherein zu ver-meiden, stellt man eine Schwingung von 100 000 Hz her, mit der man eine Kippschwingung von 10 000 Hz steuert, mit dieser wieder eine solche mit den gewünschten 1000 Hz u. ä. Daß die Kippschwingungen nicht aus dem Takt fallen, beobachtet man mit kleinen Oszillographenröhren. Damit die Kippschwingungen sicherer arbeiten, kann man auch über mehr Stufen gehen, also z. B. von 100 000 Hz über 20 000 Hz und 5 000 Hz zu 1 000 Hz, so daß die einzelnen Kippstufen nur höchstens im Verhältnis 1:5 untersetzt sind. Es gibt auch Niederfrequenzquarze, die Tonfrequenzen direkt (und ohne Transformator) herstellen. Sie lassen sich aber nicht mit derselben Genauigkeit herstellen wie Hochfrequenzquarze.

2. Die Tondauer

Man sollte meinen, daß die Tondauer eine so selbstverständliche Sache sei, daß man kein Wort über sie zu verlieren brauchte. Gewiß, die Feststellung, daß die Zeit in Sekunds gemessen wird, ist einfach, — die Frage der **Maßeinheit** der Tondauer ist damit schnell beantwortet. Aber selbst hier ist nicht alles so einfach, wie man es sich gewöhnlich vorstellt. Bei einer Sinuswelle freilich kann man die Zeitdauer ohne Schwierigkeiten definieren als die auf Sekunden umgerechnete Anzahl der Schwingungen. Bei einem aus vielen Einzelschwingungen zusammengesetzten Ton, wie er das Normale ist, geht das aber nicht mehr so ohne weiteres. Gewiß wird man hier die Anzahl der Schwingungen der Grundwelle, die ja auch die Tonhöhe angibt, als das den Gesamtklang Definierende betrachten. Aber es ist so, daß eine solche zusammengesetzte Wellenform gar nicht gleichmäßig einsetzt. Sie braucht zunächst eine gewisse Anlaufzeit, in der noch komplizierte Einschwingvorgänge stattfinden, erst danach stellt sich der stationäre Dauerzustand ein, den wir mit dem Begriff Ton meinen. Diese Einschwingzeit ist von der Tonhöhe abhängig: tiefere Töne schwingen langsamer ein, höhere schneller. In mittlerer Lage bildet sich der Ton etwa in $^1/_8$ Sekunde, in höheren Lagen in wesentlich weniger Zeit. Abb. 24 zeigt, wie das Einschwingen eines Geigentones in seinen Teilschwingungen im einzelnen vor sich geht.

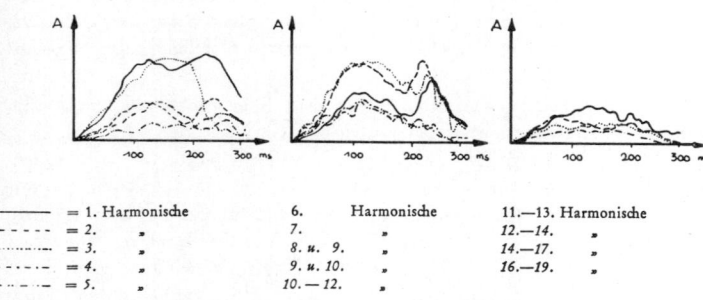

——— = 1. Harmonische	6. Harmonische	11.—13. Harmonische
- - - - = 2. „	7. „	12.—14. „
·········· = 3. „	8. u. 9. „	14.—17. „
-·-·-·- = 4. „	9. u. 10. „	16.—19. „
-··-··- = 5. „	10. — 12. „	

Abb. 24: Einschwingen eines Geigentones in seinen verschiedenen Teiltönen und Teiltonbereichen (aus H. Reinecke, Über den doppelten Sinn des Lautheitsbegriffes beim musikalischen Hören, Diss. Hamburg 1953, Abb. 4. mf)

So ist die Tondauer des stationären Tones in Wirklichkeit also gar nicht bis ins allergenaueste faßbar. Für musikalische Belange spielt das aber keine Rolle, denn der Rhythmus, der die im großen Kunstwerk der Dauer des Einzeltons entsprechende Seite darstellt, ist eine höhere Ordnung, in der dann alle Einheiten mit demselben Anschwung beginnen, so daß sie nicht in die Dimension der dort betrachteten Zeitverhältnisse fallen.

Es gehört zu den elementaren Aufgaben des Musikdiktats, Rhythmen, also Tondauern richtig zu bestimmen und nachzuschreiben. Das ist aber in der Praxis der Wissenschaft nicht immer so einfach wie in der normalen europäischen Musik. In der orientalischen Musik sind die Trommelrhythmen oft vollständig unabhängig von den übrigen Melodielinien und wir erhalten einen rhythmischen Kontrapunkt, der für den Europäer mit dem Ohr kaum mehr zu verfolgen ist. Aber auch unsere europäische Volksmusik kennt rhythmische Komplikationen (etwa die irrationalen Rhythmen), die nur durch exakte **Messung der Tondauer** einwandfrei festgestellt werden können. Um solche Messungen zu machen, braucht man — bei einstimmigen Melodien — die Töne oder Rhythmen nur mit dem Mikrophon aufzunehmen. Mit den elektrischen Strömen kann man dann z. B. einen Schleifenoszillographen steuern, indem man einer Schleife die zu messende Schwingung, einer zweiten Schleife eine Zeitmarke, etwa eine Schwingung von 10 Hz, zuführt. Auf dem vom Schleifenoszillograph geschriebenen Papierstreifen läßt sich dann nachträglich in Ruhe alles mit der größten Einfachheit auszählen. Steht kein Schleifenoszillograph zur Verfügung, so kommt man auch einfacher zum Ziel. Die Industrie hat zur dauernden Überwachung elektrischer Anlagen selbsttätig schreibende Meßinstrumente entwickelt (Abb. 25, s. Tafel 3). Mit einem von Hand aufzuziehenden Uhrwerk oder von einem kleinen elektrischen Motor wird eine Trommel oder Walze angetrieben, die das Registrierpapier voranzieht. Der Zeitmaßstab, der sich ja aus der Motorgeschwindigkeit leicht ergibt, ist am Rande des Papiers aufgezeichnet. Ein Zeiger bewegt sich transversal zur Fortbewegungsrichtung des Papiers und seine Ausschläge sind jederzeit klar zu lesen (Abb. 26, s. Tafel 3). Man kann Tintenschreiber benutzen, aber sehr viel leichter arbeiten die modernen Schreiber, die ihre Kurve elektrisch auf metallisiertes Papier schreiben.

Auch die **Erzeugung von Tondauern** oder, um es anders (umgekehrt) auszudrücken, von Dauertönen, ist keine selbstverständliche Sache. Die ersten „Musikinstrumente", die der Mensch erfunden hat, gaben nämlich keine dauernden Töne, sondern nur momentan an- und sofort wieder abklingende Laute. Wenn man etwa Stäbe gegeneinanderschlägt, die Saite eines Bogens zupft oder hohle Röhren auf die Erde stampft, so entstehen immer nur kurze Töne. Zur Erzeugung von Dauertönen mußte man den streichenden Bogen der Geigen oder den anblasenden Luftstrom der Flöten, Klarinetten, Trompeten usw. erfinden, ganz zu schweigen von der mechanisch hergestellten und wirkenden Anblaseluft der Orgel und des Harmoniums. Auch heute noch geben viele unserer Musikinstrumente nur einen Momentanton, die Schlaginstrumente, das Klavier u. a.

Das Wesen des Dauertons läßt sich erkennen an einer Instrumentenart, die bereits behandelt wurde, den Tongeneratoren. An der Röhre liegt über dem Arbeitswiderstand bzw. Schwingungskreis die Anodenbatterie. Der

Rückkopplungsmechanismus sorgt für die Aufrechterhaltung der Schwingungen, die ohne ihn viel zu schwach wären und immer wieder abklingen würden. Die Schwingungen selbst sind Schwingungen des Anodenstroms, und durch die Rückkopplung wird ihm ein kleiner Energieteil entnommen, der am Gitter wieder erneut den Anodenstrom steuert.

Auch bei den Streichinstrumenten ist der Erregungsvorgang leicht durchschaubar. Hier liefert der sich mit gleichmäßiger Geschwindigkeit vorwärtsbewegende Bogen die Energie, die die Saite immer wieder erneut mit sich fortreißt. Die mathematische Theorie zeigt dabei, daß sich die Saite gleichzeitig mit dem Bogen gleichmäßig vorwärtsbewegt und daß sie sich auch bei der Rückwärtsbewegung möglichst gleichmäßig rückwärts bewegt. Die

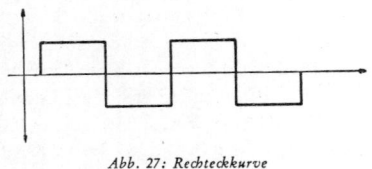

Abb. 27: Rechteckkurve

Geschwindigkeit der Saite ist also fast eine Rechteckkurve, die zwischen einem positiven und einem negativen Geschwindigkeitswert immer hin und her springt, vgl. Abb. 27. Doch ist die Rückwärtsbewegung der Saite keine so gleichförmige wie die Vorwärtsbewegung, so daß die angegebene Kurve nur eine Idealisierung darstellt.

Ähnlich liegen die Verhältnisse bei den Zungenpfeifen der Orgel und den Holzblasinstrumenten. Der Wind treibt die Zunge aus ihrer Richtung, bis deren eigene Kraft zum Zurückschnellen ausreicht. Darauf faßt er sie erneut usf. Bei den Holzblasinstrumenten mit Doppelrohrblatt (Oboe, Fagott) wirkt die Luft allseitlich auf das „Röhrchen", dessen beide Blätter gegenphasig schwingen. Ganz ähnlich vollzieht sich auch der Erregungsvorgang der Stimmlippen.

Schwieriger ist der Vorgang, der zur Ansprache einer Lippenpfeife der Orgel oder der Flöten führt. Hier bricht sich der Luftstrom an einer Schneide, so daß an Innen- und Außenseite dieser Schneide Luftwirbel gebildet werden. Dadurch entstehen Druckverschiedenheiten zwischen Innerem und Äußerem und diese gleichen sich periodisch aus. Der kontinuierliche Luftstrom sorgt wieder für die nötige Energienachfuhr.

In allen Fällen haben wir einen gleichmäßigen Vorgang, der die Energie liefert. Einmal, bei Elektronenstrom und Lippenpfeifen, führt der Energiestrom zu Schwingungen von sich selbst, zu Stromschwankungen und Luftwirbeln, im anderen Fall, bei Streichinstrumenten und Rohrblattinstrumenten etc., bringt er andere schwingungsfähige Gebilde, Saiten, Rohrblätter, Stimmlippen, zum Schwingen. Die Frequenz der entstehenden Schwingungen richtet sich dabei nie nach dem erregenden Vorgang, sondern nur nach dem schwingungsfähigen Gebilde selbst, dem eingeschalteten Schwingkreis, der angeschlossenen Luftsäule, der Länge der Saite usw. Solche Schwingungen heißen **selbsterregte** oder auch **selbststeuernde Schwingungen**. Es kann aber auch sein, daß der erregende Vorgang selbst ein dauernder Schwingungsvorgang ist, der den zweiten Schwingungsvorgang dann beeinflußt, und zwar so stark, daß der ausgelöste Schwingungsvorgang dem erregenden in der Frequenz genau folgt. Man spricht dann von einer **erzwungenen Schwingung**. So kann man etwa zwischen Magnetpolen schwingende Stahlstifte oder Spulen mit einer Pappmembran verbinden. Dann führt diese ebenfalls genau die Schwingungen des Stiftes oder der Spule aus. So etwas nennt man bekanntlich einen Lautsprecher. Ebenso wird der Körper der Violine von der Saite über den Steg zu erzwungenen Schwingungen angeregt, die sich wieder dem eingeschlossenen Hohlraum mitteilen, der seinerseits mit der Außenluft in Verbindung steht.

Abklingende Schwingung des nur momentan erregten Tones, selbststeuernder Dauerton und erzwungen schwingender Dauerton sind demnach drei physikalisch ganz verschieden funktionierende Vorgänge.

3. Die Lautstärke

Die Lautstärke ist die dritte Eigenschaft des Tones, die direkt mit meßbaren Bestimmungsstücken der objektiven Schwingung zusammenhängt. Freilich liegen die Dinge bei einer sich fortpflanzenden Luftschwingung nicht so einfach wie bei der reinen Sinuskurve. Die Stärke einer solchen in der Längsrichtung verlaufenden Schwingung (Longitudinalwelle) im Gegensatz zu der sich in der Querrichtung vollziehenden Schwingung etwa der Geigensaite (Transversalschwingung) ist einmal proportional dem Druck, den sie bei der Fortbewegung auf die nächsten Luftteilchen ausübt, zweitens aber noch der Geschwindigkeit, mit der sich das einzelne Teilchen bewegt und das nächste anstößt, der sog. Schallschnelle. Es ist also

Schallstärke = Druck × Schallschnelle

Man kann auch entsprechend den elektrischen Begriffen den analogen Begriff des Schallwellenwiderstandes bilden. Ein Teilchen schwingt dann um so schneller, je stärker das vorige, also die Welle, auf es drückt, aber um so langsamer, je stärkeren Widerstand es dem Druck entgegensetzt. Es ist also

Schallschnelle = Druck : Schallwellenwiderstand

Setzt man dies in die erste Beziehung ein, so sieht man, daß bei Verwendung des Begriffes des Schallwellenwiderstandes die Schallstärke gleich dem Quadrat des Druckes durch den Schallwellenwiderstand ist, in Buchstaben:

$$I = \frac{p^2}{z}.$$

Der Luftdruck wird, wenn man sich an den täglichen Wetterbericht erinnert, in mb, Millibar, gemessen. Das ist der tausendste Teil des Bar, ebenso wie das Millimeter der tausendste Teil des Meter ist. Aber für unsere Luftschwingungen ist auch das Millibar noch viel zu groß, denn der Druck einer Schallwelle läßt sich in keiner Weise mit dem der auf der Erde lastenden Luftmasse vergleichen. Der tausendste Teil des Millibar ist das Mikrobar, abgekürzt µb. Unser Ohr ist ein so empfindliches Organ, daß es noch Luftschwingungen mit einem Druck von 0,0002 µb gerade wahrnehmen kann, das ist also nur ein Fünftel Milliardstel Bar. Diesen Wert nennt man die Hörschwelle. Aber andererseits vermag es auch noch Wellen mit einem Druck von 200 µb aufzunehmen. Das sind schon 0,2 mb, — aber ein anständiges Schönwetterhoch hat immer seine 1020 mb und mehr. Freilich ist ein Druck von 200 µb dem Ohr kein reiner Genuß mehr, man fühlt mehr Schmerz als anderes und so bezeichnet man diesen Wert als Fühlschwelle. Der zwischen Hörschwelle und Fühlschwelle liegende Druckumfang, den das Ohr zu bewältigen vermag, ist gewaltig. Das Verhältnis der beiden Drucke beträgt nicht weniger als 1 : 1 000 000.

Auch die anderen Sinne des Menschen vermögen sehr große Bereiche von Reizstärken zu umfassen. Das Mittel, dessen sich der Organismus zur Bewältigung großer Stärkeunterschiede bedient, ist dabei immer dasselbe: die schon aus dem Frequenzbereich bekannte logarithmische Transposition. Dort wird ein Verhältnis der objektiven Schwingungen von rund 20 bis 20 000 Hz, also 1 : 1000, im Subjektiven auf eine Skala von 10 Oktaven gebracht. Ganz entsprechend ist das Prinzip des Verfahrens bei Lautstärken. Man hat genügend experimentelle Untersuchungen angestellt, die immer wieder folgendes ergaben. Wenn man versucht, einen Ton oder einen anderen Reiz so wenig stärker zu machen, daß man diesen Unterschied eben merkt — das ist die Unterschiedsempfindlichkeitsschwelle —, dann ist diese notwendige Zusatzdosis um so größer, je lauter und stärker der Reiz selbst ist. Wenn wir diese eben merkbare Intensitätsdifferenz mit ΔI bezeichnen, die Intensität selbst mit I, so bedeutet das also, daß das Verhältnis von $\Delta I : I$ stets dasselbe ist, also konstant bleibt. Dieses Gesetz bezeichnet man als das Webersche nach dem Psychologen Ernst Heinrich Weber, der es um 1830 fand.

Die Webersche Form des Gesetzes kann man noch weiter umbilden. Nehmen wir einen beliebigen subjektiven Ausgangspunkt und verstärken den Reiz so, daß er subjektiv in lauter gleichen Stufen immer ein wenig stärker wird. Die objektive Anfangsstärke sei etwa 20. Um die erste subjektive Verstärkung zu erzielen, möge man etw 1% objektive Verstärkung nötig haben, so daß die zweite Stufe objektiv $20 + 1\% = 20 + 20 \cdot \frac{1}{100}$ ist. Gehen wir zur dritten Stufe, so haben wir dem vorigen Wert wieder 1% hinzuzufügen, so daß sich ergibt $20 + 20 \cdot \frac{1}{100} + (20 + 20 \cdot \frac{1}{100}) \cdot \frac{1}{100} =$

$20 \cdot (1 + \frac{1}{100})^2$. Es ergibt sich also im Objektiven ganz allgemein die Reihe a, a · d, a · d², a · d³ usw., wenn man subjektiv in gleichen Schritten empor-steigt, — es ist die bekannte Reihe der Zinseszinsrechnung, an die sich der Leser noch aus der Schulzeit erinnern wird. Diese Reihe ist eine geometrische Reihe, die subjektive aber eine gleichmäßig additive, arithmetische. Es be-steht also wieder dasselbe Verhältnis zwischen objektiv und subjektiv wie bei der Frequenz, — nämlich das logarithmische. Man kann also allgemein sagen, daß die Empfindungsstärke sich logarithmisch zur Reizstärke ver-hält. Diese Formulierung des Weberschen Gesetzes bezeichnet man als das Weber-Fechnersche Gesetz, da sie von Gustav Theodor Fechner 1860 ange-geben wurde. In unserem Falle besagt sie, daß die subjektiven Lautstärken sich logarithmisch zu den objektiven Schallstärken verhalten:

Lautstärke = Logarithmus der Schallstärke

Die Bedeutung, die diesem Gesetz zuerst beigemessen wurde, war enorm. Man glaubte, daß man mit ihm die Beziehung unserer seelischen Erlebnisse zu den objektiven Vorgängen in einer mathematischen Formel erfaßt habe. Damit besaß — wenigstens im Prinzip — die Psychologie die Exaktheit der Naturwissenschaften, und so bedeutet dieses Gesetz tatsächlich den Beginn und die Rechtfertigung der Psychologie als moderner experimenteller Wis-senschaft. Aber so sehr die dem Gesetz zugrunde liegenden Beobachtungen einwandfrei sind, so wenig Bedeutung besitzen sie andererseits im ganzen Gebäude der modernen Psychologie, in der die Sinnespsychologie nur noch ein äußerst beschränkter Sektor ist. Das Gesetz, das das Körperliche in das Seelische überführt, hatte man aber erst recht nicht gefunden, denn diese zwei Welten sind durch eine Scheidewand getrennt, die sich nicht übersprin-gen läßt, — zudem dürfte auch hier ähnlich wie bei der Frequenz die logarithmische Transponierung nicht beim Sprung vom Körperlichen ins Seelische, sondern noch im körperlichen Bereich vollzogen werden.

Ähnlich wie bei der Frequenz definiert man neben der objektiven Skala auch bei der Lautstärke die entsprechende subjektive Reihe. Einen Laut-stärkeunterschied erhält man dann also als den Logarithmus des Schallstärkeverhältnisses. Da der Logarithmus eines Verhältnisses gleich der Differenz der Logarithmen von Zähler und Nenner ist, ergibt sich:

Der Lautstärkeunterschied ist die Differenz der Logarithmen der Schall-stärken, $\Delta L = \log I_2 - \log I_1$.

Dieses Maß wird in der Telephontechnik viel benutzt und trägt daher nach dem Erfinder des Telephons Alexander Bell (1876) den Namen Bel. Diese Einheit ist aber zu grob. Man teilt sie daher in Zehntel und bezeichnet die kleinere Einheit (wie beim Dezimeter) als Dezibel, abgekürzt db. Die obige Zahl ΔL (in Bel angegeben) ist dann mit 10 zu multiplizieren, ähnlich wie die Länge einer Strecke in mm 10mal größer ist als in cm. Also ist

$\Delta L_{db} = 10 \cdot (\log I_2 - \log I_1)$. Nun mißt man praktisch aber nicht die Schall-stärken oder Intensitäten, sondern viel einfacher den Druck. Die Schall-stärken standen zu den Drucken im quadratischen Verhältnis. Die Loga-rithmen von Quadraten sind aber die doppelten Logarithmen der Grund-größen. Benutzt man im Objektiven also Drucke, so sind die Lautstärke-zahlen mit 2 zu multiplizieren: $\Delta L_{db} = 20 \cdot (\log p_2 - \log p_1)$. In dieser Form wird die Formel in der Telephon- und Rundfunktechnik am meisten verwendet.

Die Musik nun benutzt unterschiedslos sehr viele verschiedene Tonhöhen, während die Telephontechnik im allgemeinen nur den Normalton von 1000 Hz verwendet. Es hat sich ergeben, daß das Ohr für verschiedene Frequenzen sehr verschieden empfindlich ist, — im mittleren Tonhöhen-bereich ist es am empfindlichsten, um nach oben und unten abzufallen. Will man daher die subjektive Lautstärke aus den objektiven Schallstärken oder den objektiven Drucken berechnen, so muß man auch dieses mitberücksich-tigen. Das macht man mit einem praktischen Vergleich, da die Berechnung zu kompliziert ist, weil man noch keine einheitliche Formel für die Fre-quenzabhängigkeit der Lautstärke gefunden hat. Man stellt einen Ton beliebiger Tonhöhe also mit einem 1000-Hz-Ton zusammen und verändert die Lautstärke des 1000-Hz-Tones so lange, bis er dem zu messenden Ton subjektiv gleich laut erscheint. Dann mißt man die Intensität oder den Druck des objektiven 1000-Hz-Tons bzw. bildet bei zwei Tönen die mit 20 multiplizierten Differenzen der Drucklogarithmen u. ä. Diese db des gleichlautenden 1000-Hz-Tons nennt man die Phon des zu messenden Tons. Die Phon sind gleich absolut definiert in der Art der absoluten Cents. An-schaulicherweise setzt man die kleinste wahrnehmbare Lautstärke als Anfang 0 Phon, sie entspricht also dem Druck von 0,0002 µb. Bei zehnfacher Er-höhung der Intensität erhöhen sich die Bel um 1 (es handelt sich ja um gewöhnliche 10er-Logarithmen), die db also um 10, bei Ausgehen von den Drucken also um 2 bzw. 20. So ergibt sich die folgende Tabelle der Zu-sammenhänge zwischen Phon und Mikrobar.

Lautstärke	Schalldruck
0 Phon	0,0002 µb
20	0,002
40	0,02
60	0,2
80	2
100	20
120	200

Nun haben diese Zahlen natürlich keinen Sinn, wenn man keine plastische Vorstellung mit ihnen verbindet. Es sei daher angegeben, daß 20 Phon etwa einem Flüstern entsprechen, 40 Phon gedämpfter Sprache, 60 Phon lautem Sprechen, 80 Phon sind bereits ein Schreien und 100 Phon kann man nur mit Motoren erzeugen, 120 Phon etwa mit Flugzeugpropellern o. ä.

Zur Erledigung einer Lautstärkemessung braucht man geeichte Schall-empfänger. Stets setzt man dem Schall eine Membran entgegen, auf die er einwirkt. In den Mikrophonen ist diese Membran dann in irgendeiner Weise mit einer elektrischen Schaltung verbunden, so daß die Membran-schwingungen als elektrische Schwingungen auftreten. Sie sind dann hörbar und meßbar. Im einfachsten Fall wirkt die Luftwelle durch ihren Druck auf die Membran. Wir haben dann einen Druckempfänger vor uns. Läßt man aber hinter der Membran ebenfalls Lufträume, in die Luft von hinten strömt, oder bringt Bohrungen so an, daß die von vorn kommende Luft-welle zugleich durch diese Kanäle in Lufträume hinter der Membran ein-dringt, so wird die Membran von beiden Seiten erregt. Dabei haben die die Membran von hinten beeinflussenden Wellen stets einen etwas längeren Weg zurückzulegen, ihre Druckschwankungen haben also eine Phasendiffe-renz gegenüber denen der von vorn direkt auf die Membran einwirkenden Wellen. Die Differenz zwischen vorderer und hinterer Welle wirkt nun auf die Membran ein, also die eben erörterte Druckdifferenz. Rechnet man die Verhältnisse genau durch (W. Reichardt), so zeigt sich, daß die Druck-differenz zwar die Membran in Schwingungen versetzt, daß die Bewegungen der Membran aber genau proportional der Schnelle der Luftteilchen sind. Entsprechend den beiden Bestimmungsstücken der Schallstärke, Druck und Schnelle, gibt es also auch zwei verschiedene Arten von Schallempfängern, Druckempfänger und Schnelleempfänger. Die moderne Technik hat auch Empfänger entwickelt, die gleichzeitig auf Druck und Schnelle ansprechen. Diese verschiedenen Mikrophontypen unterscheiden sich wesentlich in ihrer „Richtcharakteristik". Ein auf Druck ansprechendes Mikrophon ist gleich empfindlich für jeden Schall, aus welcher Richtung er auch komme, selbst von hinten. Der ganze Raum, in dem das Mikrophon steht, ist ja in jedem Punkt von Druckschwankungen erfüllt, und man kann das Mikrophon drehen wie man will, die Druckschwankungen wirken immer auf seine Membran ein. Anders dagegen die Schnelleempfänger. Die Teilchen bewegen sich ja nur in der Fortpflanzungsrichtung der Welle vor und zurück. Drehen wir das Mikrophon so, daß sie schräg auftreffen, so werden sie die Membran nicht mit ihrer vollen Stärke in Bewegung setzen. Steht das Mikrophon senkrecht zur Fortpflanzungsrichtung der Welle, so bewegen sich die Teil-chen an der Membran hin und her vorbei, ohne sie zu treffen, — während die Druckschwankungen natürlich genau so vor der Membran auftreten, sie aber nunmehr nicht erregen. Dagegen ist auch das Schnellemikrophon von vorn und hinten gleich stark erregbar. Während der Druckempfänger also in allen Richtungen gleich empfindlich ist — lediglich höhere Frequenzen

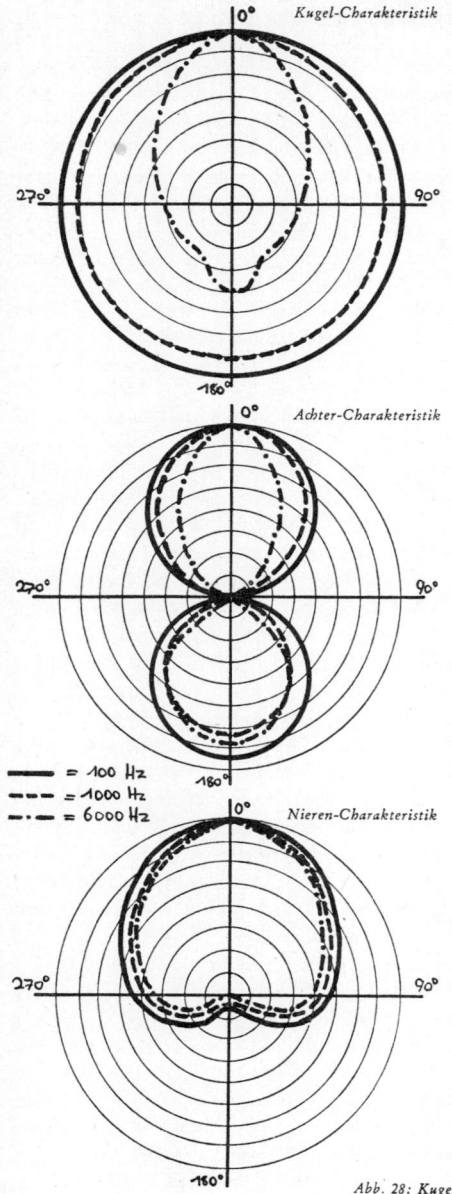

Kugel-Charakteristik

Achter-Charakteristik

—— = 100 Hz
--- = 1000 Hz
-·- = 6000 Hz

Nieren-Charakteristik

Abb. 28: Kugel-, Achter- und Nierencharakteristik

erregen von hinten schwächer —, ist der Schnelleempfänger vorn und hinten am empfindlichsten, in den Winkeln weniger empfindlich, in beiden Seitenrichtungen ganz unempfindlich. Zeichnet man ein räumliches Bild und schreibt in es nach Art der Isobaren der Wetterkarten Kurven, die angeben, wie weit man in jeder Richtung eine gleich starke Schallquelle vom Mikrophon wegstellen muß, damit sie von überall eine gleich starke Wirkung erzielt, so kann man sie in den empfindlichen Richtungen weiter wegstellen als in den weniger empfindlichen, und in den unempfindlichen kriecht sie ins Mikrophon hinein.

Beim Druckempfänger sind alle gleich lauten Flächen dann Kugeln, — er hat Kugelcharakteristik; beim Schnelleempfänger zeigt ein waagerechter Schnitt mit dem vorderen und hinteren Schallfeld, das sich links und rechts auf das Mikrophon zusammenzieht, die Figur einer 8, — er hat eine Achtercharakteristik. Druckschnelleempfänger haben hinter abgeschlossenen Luftkammern hinter der vorderen Membran eine zweite, rückwärtige Membran, die elektrisch nicht angeschlossen ist. So entsteht ein hinterer Abschluß, so daß das Mikrophon von vorn und hinten als Druckempfänger wirkt, gleichzeitig durch die Druckdifferenz zwischen vorderer und hinterer Membran als Schnelleempfänger. Durch Addition der beiden Wirkungen entsteht die sogenannte Nierencharakteristik.

Auch in der Art, wie die Membranschwingungen die elektrischen Schwingungen erzeugen, gibt es zwei verschiedene Möglichkeiten. Einmal kann die Größe der elektrischen Schwankungen der Schwingungsweite der Membran proportional sein, dann spricht man von Elongationsempfänger, oder aber sie kann der momentanen Geschwindigkeit der Membranpunkte parallel gehen, dann heißt der Empfänger Geschwindigkeitsempfänger. Die verschiedenen Möglichkeiten der Erregung der Membran durch die Luft sind mit den verschiedenen Arten der Beeinflussung des elektrischen Stromes durch die Membran beliebig kombinierbar.

Das einfachste Mikrophon ist das Kohlemikrophon. Die Membran besteht aus gepreßter Kohle, ebenso die rückwärtige Elektrode, dazwischen liegen feine Kohlekörnchen. Dadurch, daß die Mem-

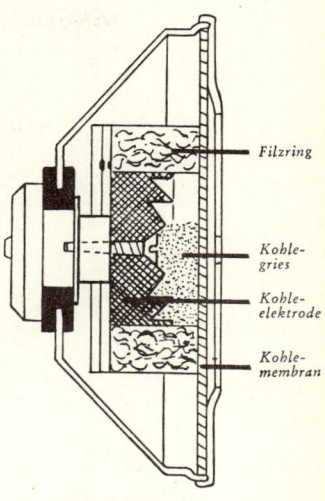

Filzring

Kohle-gries

Kohle-elektrode

Kohle-membran

Abb. 29: Querschnitt eines modernen Fernsprechmikrophons

bran die Körnchen mehr oder weniger zusammendrückt, haben sie kleineren oder größeren elektrischen Widerstand. In einen Stromkreis eingeschaltet, wird sich also auch der Strom entsprechend ändern, und diese Schwankungen kann man abhören oder messen. Abb. 29 zeigt schematisch den Bau eines Fernsprechmikrophons.

Man kann wie beim Fernsprechmikrophon gleich die Membran als den einen Strompol benutzen. Eine feinere Konstruktion zeigten die alten Rundfunkmikrophone, in denen zwei Kohlestäbe als Strompole in die Körnerschicht hineinragten, die Membran aber stromlos war und nur den Zweck hatte, die Kohlekörner mehr oder weniger zusammenzudrücken. Das Kohlemikrophon ist nach dem Gesagten ein Druckempfänger, denn die elektrischen Schwankungen sind den Ausweitungen der Membran proportional, so daß das Kohlemikrophon in dieser Beziehung also ein Elongationsempfänger ist.

Hängt man ein schmales Metallbändchen zwischen die Pole eines Magneten, so induziert der Magnet bei Bewegungen des Bändchens eine Spannung in ihm, die der Geschwindigkeit seiner Bewegungen proportional ist. Das

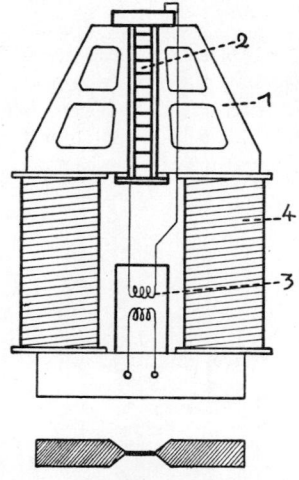

Abb. 30: Schematische Darstellung eines Bändchenmikrophons
1 = Polschuhe, 2 = Aluminiumbändchen, 3 = Transformator, 4 = Elektromagnet. Nach H. F. Olsow, Mass controlled electrodynamic Microphons (The Ribbon Microphone, Journ. Acoust. Soc. Amer. 1931, 56).

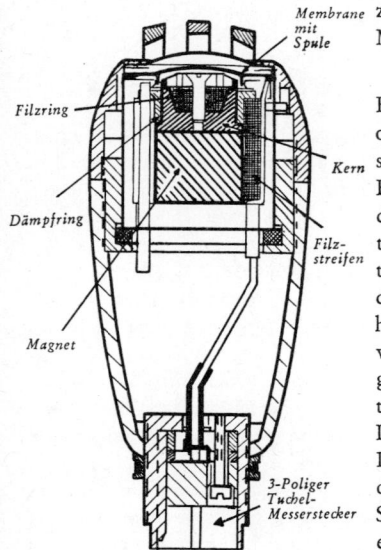

Membrane mit Spule

Filzring

Kern

Dämpfring

Filzstreifen

Magnet

3-Poliger Tuchel-Messerstecker

Abb. 31: Querschnitt eines Tauchspulenmikrophons der Firma E. Beyer, Heilbronn

Bändchenmikrophon ist also ein Geschwindigkeitsempfänger. Hängt das Bändchen vorn und hinten frei, so spricht es wieder auf die Druckdifferenz an, man erhält einen Schnelleempfänger; ist der Raum hinter dem Bändchen geschlossen, so arbeitet es als Druckempfänger. Abb. 30 zeigt die Konstruktion eines schnelleempfindlichen Bändchenmikrophons.

Dieselben Verhältnisse wie beim Bändchenmikrophon liegen auch beim Tauchspulenmikrophon vor. Hier taucht eine mit der Membran verbundene feinste Spule zwischen die Pole des Magneten. Hinter der Spule befinden sich Luftkammern, die mit der vorderen Luft in Verbindung stehen, so daß das Tauchspulenmikrophon als Schnelleempfänger wirkt, elektrisch als Geschwindigkeitsempfänger. Abb. 31 zeigt die Konstruktion eines solchen Mikrophons.

Das wertvollste Mikrophon ist das Kondensatormikrophon. Eine außerordentlich feine Metallmembran schwingt vor der robusteren zweiten Elektrode, an der sie befestigt ist. Beides zusammen bildet einen Kondensator, der in einen Stromkreis eingeschaltet ist. Trifft eine Luftschwingung auf die Membran — da die Luftkammer hinter der Membran abgeschlossen ist, wirkt das ganze als Druckempfänger —, so ändert sich auch die Kapazität des Kondensators im Takt der Luftschwingungen. Die an den beiden Polen liegende Batterie hat den Kondensator aufgeladen, je nach dem Schwanken seiner Größe entsteht also entsprechend eine Auf- oder Ent-

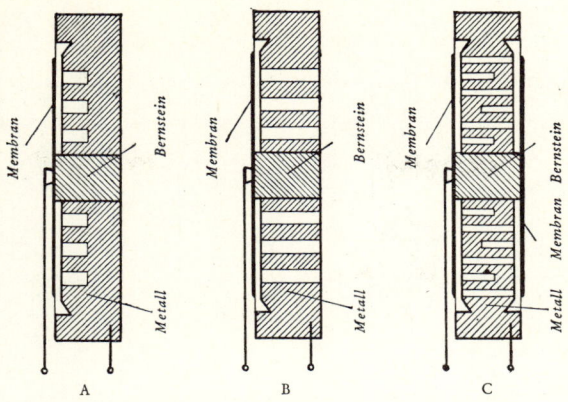

Abb. 32: Konstruktion eines Kugel-, Achter- und Nierenmikrophons

ladung und damit ein Schwanken des Stromes, das man weiter verstärkt und dann abhören oder ausmessen kann. Durch Anbringen einer zweiten Membran, die man auch noch elektrisch benutzen kann, so daß man ein Doppelmikrophon erhält, und durch entsprechendes Bohren von Löchern in die feste Elektrode erhält man alle Möglichkeiten von Richtcharakteristiken, die man sich nur denken kann, wobei ein und dasselbe Mikrophon auf verschiedene Funktionsarten umgeschaltet werden kann. Abb. 32 zeigt den schematischen Aufbau der drei geschilderten Typen der Kondensatormikrophone.

Durch einfache Konstruktion bei weitem Frequenzumfang zeichnen sich die Kristallmikrophone aus. Sie beruhen darauf, daß einige Kristalle elektrische Aufladungen erzeugen, wenn Druck auf ihre Oberflächen ausgeübt wird. Kristallmikrophone sind also Druckempfänger. Durch Benutzung zweier in geringer Entfernung befindlicher Kristallplatten kann man aber auch Druckdifferenzen als Anregung benutzen und ebenso wie beim Kondensatormikrophon Umschaltung von Druckempfang mit Kugelcharakteristik auf Druckdifferenzempfang mit Richtcharakteristik verwenden. Weiter hat man auch ein gekoppeltes Prinzip versucht, indem man den Schall zunächst auf eine Metallmembran fallen läßt, die durch einen Stift die Kristallplatte erregt.

Soll das Mikrophon nicht zu einfachem Hören, sondern zum Laut-stärkemessen verwendet werden, so muß es geeicht sein. Dazu hat man verschiedene Methoden erdacht. Offenbar muß man technisch einfachere Schallempfänger konstruieren, bei denen Druck und Anzeige durch eine mathematisch klare Beziehung verbunden sind, — was ja bei allen bisher behandelten Mikrophonen nicht der Fall ist. Ein solcher Schallmesser ist die

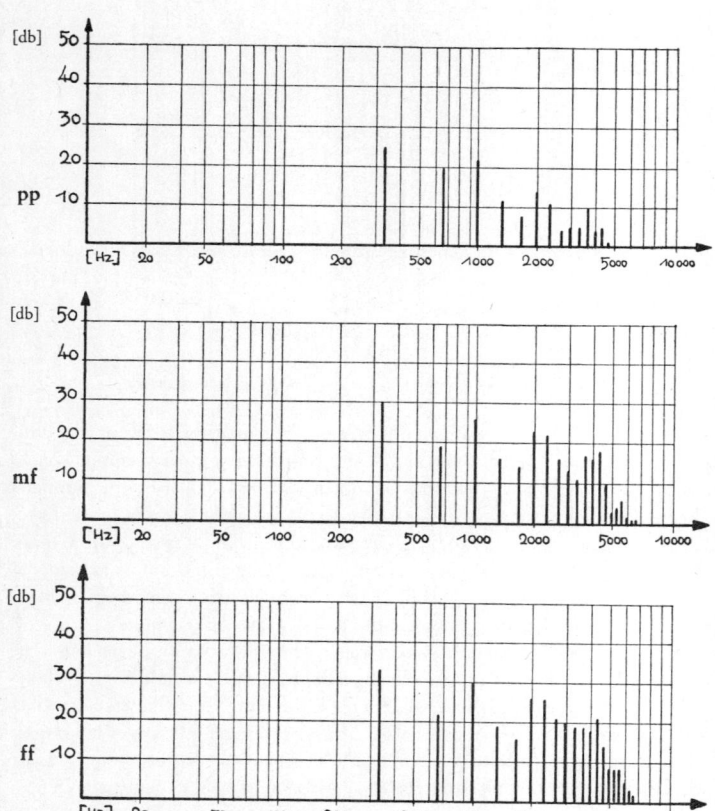

Abb. 33: Klangspektren einer Geige in pp, mf und ff (Quelle wie Abb. 24)

von dem bedeutenden englischen Akustiker Lord Rayleigh erfundene Scheibe. Ein kleines, an einem Faden aufgehängtes Scheibchen dreht sich immer in zum einfallenden Schall senkrechte Richtung. Je nach der Stärke der Schallwelle dauert es kürzer oder länger, bis sich seine Schwingungen beruhigt haben. Aus der Schwingungsdauer, dem Trägheitsmoment der Scheibe usw.

kann man die Intensität der Schwingung berechnen.

Andererseits hat man auch einen in seiner Leistung sehr exakt zu be-
rechnenden Schallsender gebaut, mit dem man daher ebenfalls die Eichung
von Schallempfängern durchführen kann, das Thermophon. Ein Widerstandsdraht wird mit Wechselstrom oder durch wechselstromüberlagerten
Gleichstrom geheizt, so daß seine entsprechenden Temperaturschwankungen
in der umgebenden Luft des ihn einschließenden Kästchens Verdünnungen
und Verdichtungen hervorrufen, — das heißt also eine Schallwelle.

Ehe die Klangfarbe besprochen werden soll, ist es noch wichtig, einzusehen, daß Lautstärke und Klangfarbe in unserer Wahrnehmung vergesell-
schaftet sind und daß insbesondere die Lautstärke nicht nur durch die
Schallstärke wahrgenommen wird, sondern ebenso durch die Klangfarbe.
Die Untersuchung der Klangfarben zeigt nämlich, daß die Klangfarbe unserer Musikinstrumente von der gespielten Lautstärke abhängig ist. Ein heute
von jedem leicht zu machendes und täglich gemachtes Experiment zeigt, daß
wir die Lautstärke auch durch die Klangfarbe ganz einwandfrei beurteilen.
Hören wir etwa in unserem Radiogerät ein fortissimo spielendes Symphonieorchester und haben wir zu laut eingestellt, so drehen wir das Radiogerät
leiser. Trotzdem wissen wir noch weiterhin ganz genau, daß das Symphonieorchester fortissimo spielt. Spielt umgekehrt eine Geige sehr leise, so drehen
wir lauter und haben dabei das Gefühl, uns der Geige zu nähern, aber
keineswegs die Meinung, daß die Geige nun stärker spielt. Die Abb. 33 gibt
Klangspektren der Amati-Geige aus Abb. 24, die deutlich zeigen, wie vom

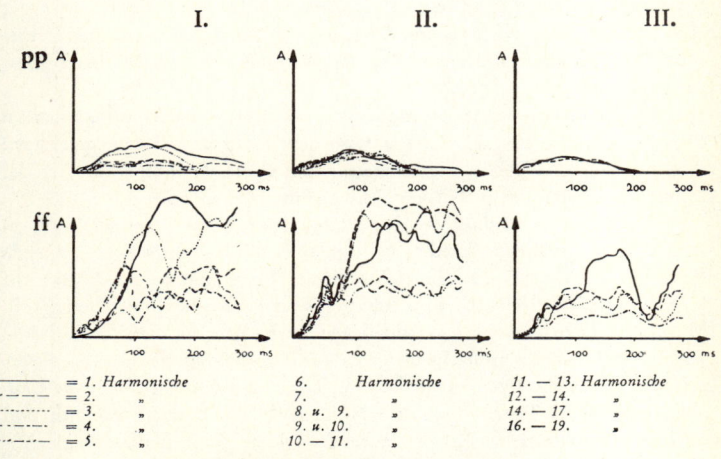

———————— = 1. Harmonische   6.   Harmonische   11. — 13. Harmonische
— — — — — = 2.   „   7.   „   12. — 14.   „
·············· = 3.   „   8. u. 9.   „   14. — 17.   „
— · — · — · = 4.   „   9. u. 10.   „   16. — 19.   „
— ·· — ·· — = 5.   „   10. — 11.   „

Abb. 34: Einschwingen der Geige aus Abb. 24 im pp und ff

pp über mf zum ff die Stärke der höheren Obertöne immer mehr zunimmt, der Klang dieser Geige dadurch immer schärfer wird.

Insbesondere bei Blasinstrumenten finden sich sehr ausgeprägte Klangunterschiede in den verschiedenen Stärkegraden.

Auch die Einschwingvorgänge verlaufen bei den verschiedenen Spielstärken verschieden. Abb. 24 zeigte das Einschwingen der herangezogenen Amati-Geige im mf, die folgende Abb. 34 bringt zum Vergleich nunmehr die entsprechenden Kurven des pp und des ff.

Die Kurven dieser Abbildungen erweisen deutlich, wie verschieden stationärer Klang und Einschwingvorgänge in den verschiedenen Stärkegraden des Spiels sind, und wie es uns damit möglich wird, auf Grund unserer musikalischen Erfahrung die Spielstärke eines Instruments schon an den Nuancierungen seiner Klangfarbe zu erkennen.

4. Die Klangfarbe

Die Klangfarbe ist etwas Besonderes am Ton. Sie ist vielleicht das Musikalischste an ihm, obwohl die Frequenz das für die Musik Fundamentale ist. Aber der Klang ist mehr mit der Tiefe unserer Seele verbunden, und es ist charakteristisch, daß wir ihn mit etwas ebenfalls ästhetisch so Bedeutungsvollem wie der Farbe vergleichen. Aus Farben — ganz ohne ausgesprochene Form — kann man bereits etwas machen, was das Attribut schön beanspruchen kann, ja in der Natur kann die Farbenkombination allein schon — etwa auf einer Wiese — als schön wirken. Ebenso kann etwa der Klang einer Oboe uns bezaubern, der Klang des Richard Strauss'schen Orchesters uns berauschen, von der betörenden Wirkung der menschlichen Stimme ganz zu schweigen.

Wie sehr diese seelische Verbundenheit des Begriffs Farbe nichts mit dem Physikalischen zu tun hat, sieht man an den wirklichen Zusammenhängen: die optische Farbe gehört zur Frequenz, die akustische Farbe zur Art der Zusammensetzung der objektiven Schwingung.

Wenn man so gemeinhin von d e r Klangfarbe etwa der Violine, von d e m Klang etwa des Horns spricht, so liegt auch darin bereits eine ordnende Funktion unserer höheren Bewußtseinsfunktionen, die jedem Instrument eine ihm typische Klangfarbe zuteilen. Denn genaugenommen besitzt ein Musikinstrument in seinen verschiedenen T o n l a g e n keinen einheitlichen Klang. Gewiß sind manche Instrumente verhältnismäßig gleichmäßig durchgebildet, etwa die Flöten. Aber die Holzbläser sind sehr vielseitig, etwa ein Fagott klingt in Tiefe, Mitte und Höhe jeweils sehr unterschiedlich und durchaus charakteristisch für die betreffende Lage. Auch unter den Streichinstrumenten finden sich Instrumente mit in allen Lagen gleichmäßigerem

Klang, wie die Bratsche etwa, während andere, wie die Violine und noch mehr das Violoncello, eine sehr viel breitere Variabilität besitzen.

Diese Verhältnisse erklären sich leicht, wenn man sich das physikalische Funktionieren eines Musikinstruments einmal im Prinzipiellen überlegt. Denken wir etwa an ein Register Orgelpfeifen! Die Länge der Pfeife bestimmt die Tonhöhe, die Gesamtproportionen der Pfeife, Länge, Breite, Aufschnittform und -breite usw., die Klangfarbe. Um einen einheitlichen Klang durch ein ganzes Register von der Tiefe bis zur Höhe hindurch zu bewahren, müßten alle Maße proportional geändert werden, tatsächlich aber variiert man den Durchmesser sehr viel weniger als die Länge, und mit ihm auch den Aufschnitt usw. Bei den Blasinstrumenten ist es aber noch viel schlimmer. Die schwingende Luftsäule ist bei verschiedenen Tönen jeweils verschieden lang, aber der Durchmesser des Instruments und der Anblaseteil bleiben immer unverändert. Ebenso ist es bei den Streichinstrumenten. Auch bei ihnen bleibt der Resonanzkörper immer unverändert, während die Saitenlänge beim Greifen wechselt. Hier kommt erschwerend noch hinzu, daß die vier verschieden hohen Saiten dieselbe Länge haben müssen, also aus anderem Material bzw. mit anderer Spannung angelegt sind, so daß sie von sich aus schon verschieden klingen müssen. So ist es also unvermeidlich, daß derart gebaute Musikinstrumente in ihren verschiedenen Tonlagen sehr unterschiedlich klingen müssen.

Dabei wird man aber vermuten, daß doch ein irgendwie gleichbleibender Gesamtcharakter vorhanden sein wird. Denn der Resonanzkörper bleibt ja derselbe. Er dürfte besondere Teiltöne im Gesamtklang stets verstärken, so daß also der Gesamtklang immer Regionen enthält, die in den verschiedenen Lagen des Instruments doch immer gleich ausgesprochen sind. Man wird also nicht nur erwarten, daß sich die ganze Teiltonzusammensetzung der Tonhöhe entsprechend proportional von unten nach oben gleichbleibend verschiebt, sondern daß darin zugleich Teiltöne in einer bestimmten Tonhöhe immer mit hervorstechender Stärke auf derselben absoluten Tonhöhe liegenbleiben. Das erstere müßte von der sich proportional verändernden Erregungsvorrichtung kommen, das zweite von dem sich gleichbleibenden Resonanzkörper.

Die Zusammensetzung eines Klanges veranschaulicht man so, daß man auf der waagerechten Grundlinie die Tonhöhen anschreibt, darüber immer an der Stelle eines Teiltones eine senkrechte Linie errichtet, deren Länge der Stärke des Teiltones entspricht. Es entsteht dann, dem optisch analogen Bild entsprechend, ein „Spektrum", also ein Teiltonspektrum.

Bleibt, wie zu erwarten, in den Spektren der verschiedenen Tonhöhen eines Instruments nicht nur die Zusammensetzung proportional einigermaßen erhalten, sondern finden sich auch Gegenden, die immer in derselben Tonhöhe prononcierte Obertöne aufweisen, so nennt man solche auf der-

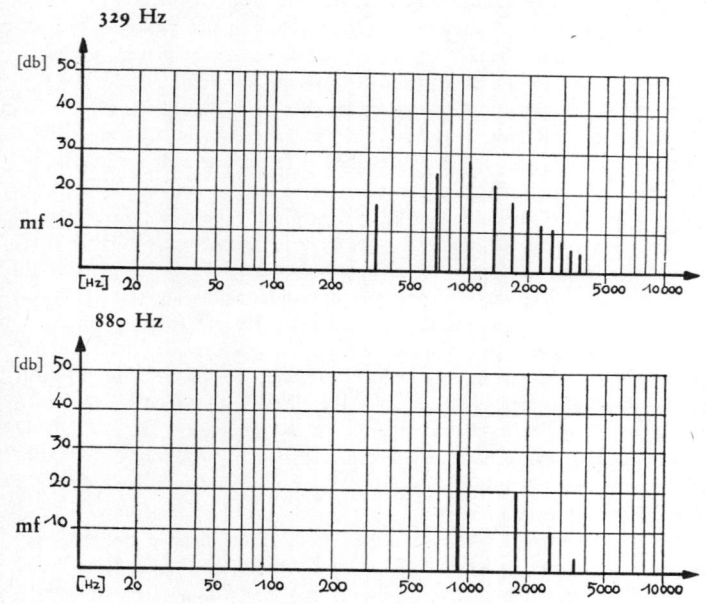

Abb. 35: Klangspektrum eines Hornes auf e und a¹

selben Tonhöhe liegenbleibende Resonanzgebiete „Formanten". Die folgende Abb. 35 zeigt die Klangspektren eines e und eines a¹ eines F-Horns. Die stärkste Region liegt hier zwischen 400 und 500 Hz. Auch in dem tieferen Klang liegt das Stärkemaximum in dieser Höhe, so daß nicht der Grundton, sondern der 3. Teilton der stärkste im Klang ist. Demgegenüber zeigt etwa die Violine der Abb. 33 keine ausgesprochenen Formantregionen, wie ein Vergleich mit Aufnahmen dieser Geige in anderen Tonhöhen ergibt.

Die ausgesprochensten Formanten zeigt die menschliche Stimme. Hier ist diese Erscheinung denn auch entdeckt worden. Die Resonanzräume im Kopf bleiben ja auch immer dieselben und die Einstellung des Mundes ist für die verschiedenen Vokale zwar eine andere, bleibt für die verschiedenen Tonhöhen eines Vokals aber auch im Prinzip stehen. Freilich liegen die Formanten wegen der individuellen Verschiedenheiten des Schädelbaus nicht genau auf einer eng begrenzten Tonhöhe, sondern variieren innerhalb eines größeren Bereiches. Nach den Untersuchungen Carl Stumpfs liegt der For-

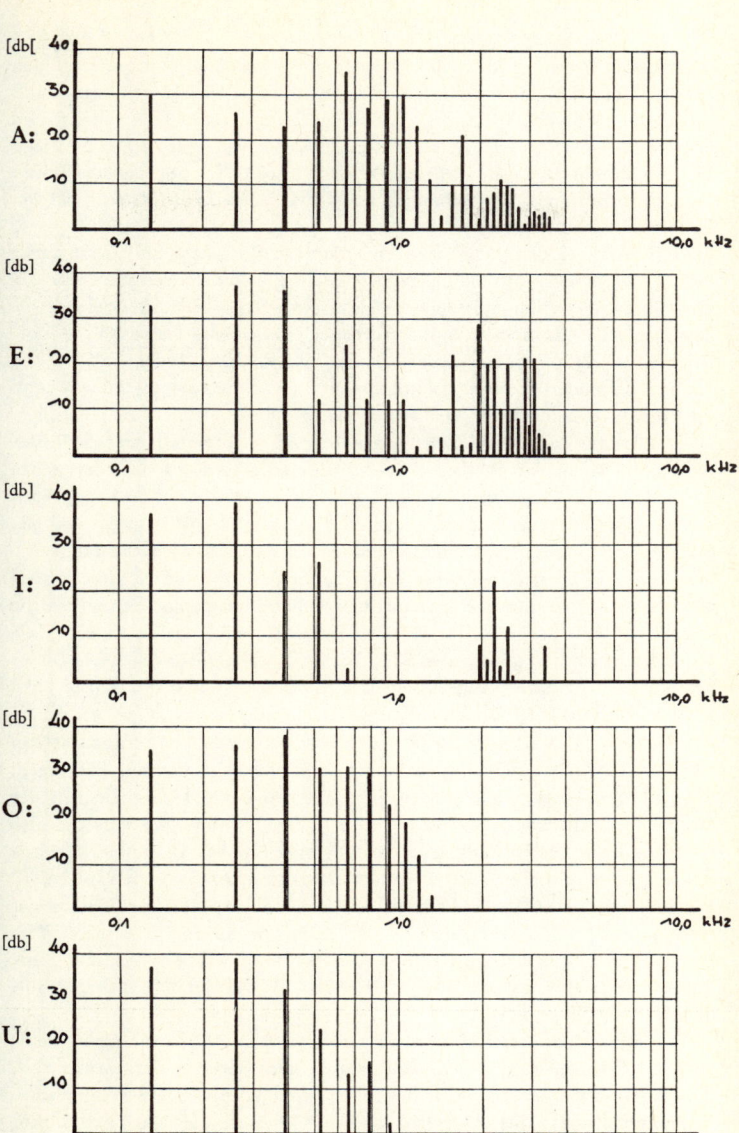

Abb. 36: Vokalspektren auf der Tonhöhe c (262 Hz)

mant des U zwischen 250—500 Hz, der des O um 600 Hz, der des A um 750 Hz. Die Vokale E und I haben einen tiefen Formanten, der bei E zwischen 250 und 500 Hz, bei I zwischen 250 und 400 Hz schwankt, und einen hohen Formanten, der bei E um 2500 Hz, bei I um 3000 Hz liegt. Die Abbildung 36 zeigt Spektren der auf c (262 Hz) gesungenen Vokale einer Baritonstimme, aufgenommen im Musikwissenschaftlichen Institut der Universität Hamburg.

Während bei der Messung von Frequenz, Tondauer und Lautstärke immer nur eine Größe zu bestimmen ist, liegen die Verhältnisse bei der Untersuchung der Klangfarbe wesentlich schwieriger. Hier ist einerseits die Tonhöhe jeder Komponente, andererseits deren Stärke festzustellen. Vorherzugehen aber hat zu diesem Zweck eine saubere Trennung der den Klang zusammensetzenden Teiltöne, also eine **Klanganalyse.** Für sie sind die oben beschriebenen Filter offenbar das gegebene Mittel.

Das T o n f r e q u e n z - S p e k t r o m e t e r nach E. Freystedt umfaßt 9 Oktaven, die wieder je in drei Bereiche unterteilt sind, so daß der ganze Bereich also mit 27 Filtern überdeckt ist. Der zu analysierende Klang wird auf alle 27 Filter gleichzeitig geleitet. Ein etwa 20mal in der Sekunde umlaufender Schalter tastet die Spannung an den Filtern nacheinander ab und leitet sie zu den y-Platten einer Elektronenstrahlröhre. Ein zweiter, mit dem ersten gekoppelter Schalter gibt den x-Platten eine Spannung, die den Strahl jedesmal ein Stückchen weiterbewegt und nach dem 27. Male wieder von vorn beginnt. Die 20 sich in der Sekunde ergebenden Bilder verschmelzen für unser Auge zu einem stehenden Bild, das sich nun bequem photographieren oder filmen läßt.

Noch einfacher ist es, eine sich drehende Trommel mit Photopapier zu verwenden. Mit der Ausgangsspannung der Filter geht man auf Lämpchen, die senkrecht übereinander angeordnet sind, — deren Helligkeit also der Stärke der Teiltonbezirke entspricht. Auf dem Photopapier entsteht also ein Bild, dessen Schwärzungsgrad an jeder Stelle die Stärke des betreffenden Teiltons angibt. Gibt man auf einen derartigen Analysator Sprache, so folgen immer wieder dieselben Bilder, die sich nach einiger Übung gut merken lassen. Als „v i s i b l e s p e e c h", „sichtbare Sprache", ist dieses Verfahren sowohl für wissenschaftliche Untersuchung wie zur Verständigung Taubstummer usw. glänzend bewährt. Abb. 37 (s. Tafel 4) zeigt einen solchen Filmstreifen.

Mit derartigen Bereichfiltern ausgerüstete Analysatoren können keine genauen Frequenzen angeben. Das erlaubt die Methode des S u c h t o n s, die M. Grützmacher erfunden hat. Hier wird wie beim Schwebungssummer vom Prinzip der Differenzbildung Gebrauch gemacht. Ein Motor dreht langsam den Drehkondensator eines Schwebungssummers durch. Dieser Ton wird mit dem zu analysierenden Klang gemischt und ebenso wie beim

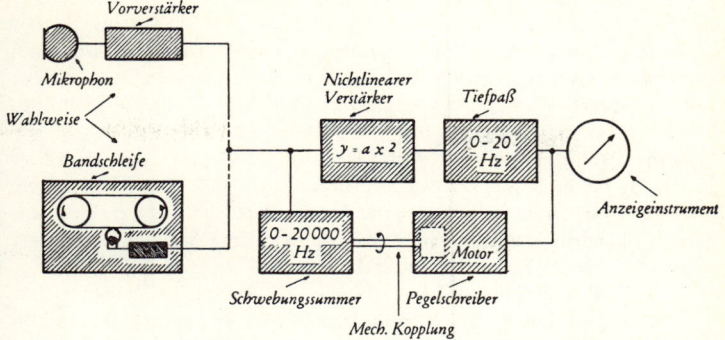

Abb. 38: Blockschaltbild eines Suchtonanalysators

Schwebungssummer die sich bildenden Differenzschwingungen durch einen Tiefpaß ausgesiebt, so daß die sich ebenfalls bildenden Summationsschwingungen vernichtet werden. Dieser Tiefpaß ist im Gegensatz zum Schwebungssummer aber sehr viel enger und läßt nur Schwingungen unterhalb einer bestimmten Grenze, z. B. unter 20 Hz, durch. Nehmen wir an, der zu analysierende Klang sei etwa wieder einmal das Kammer-a. Wenn der Schwebungssummer bei 0 Hz beginnt, so beträgt die Differenz 440 Hz, bei 20 Hz dagegen 420 Hz, bei 40 Hz aber 400 Hz usw. Auch diese Differenzschwingung kann das Sieb nicht passieren. Erst wenn der Schwebungssummer bei 420 Hz angelangt ist, bildet sich mit 20 Hz eine Differenzschwingung, die das Sieb passiert und an einem angeschalteten Meßinstrument oder einer damit gesteuerten y-Ablenkung einer Elektronenstrahlröhre einen Ausschlag ergibt. Diese Anzeige bleibt bestehen, bis der Schwebungssummer bei 460 Hz angekommen ist. Von da ab liegt die Differenzschwingung wieder oberhalb 20 Hz und kann das Sieb nicht mehr passieren. Erst wenn der Schwebungssummer bei 860 ankommt, erscheint wieder eine Anzeige, die von der Differenzbildung mit dem 1. Oberton von 880 Hz herrührt, und also bis 900 Hz bestehen bleibt. Da die Differenzschwingung der Stärke der sich bildenden Töne proportional ist, der Schwebungssummer aber eine stets gleiche Amplitude liefert, ist die Anzeige also der Stärke des zu messenden Teiltones direkt proportional. In dieser Weise tastet die Schaltung den ganzen zu analysierenden Klang ab. Benutzt man eine Elektronenstrahlröhre, so gibt man den x-Platten eine Spannung, die den Strahl genau dem Gang des Drehkondensators entsprechend von einer Seite zur anderen zieht. Der Strahl schreibt dann das komplette Spektrum auf den Leuchtschirm, wo es photographiert werden kann. Abb. 39 (siehe

Tafel 5) zeigt die Originalaufnahme des Vokals a, die der obersten Zeichnung von Abb. 36 zugrunde liegt.

Statt der tiefliegenden, große Spulen und Kondensatoren erfordernden Filter kann man auch hochliegende Bandfilter verwenden, die man dann insbesondere als Quarzfilter oder mechanische Filter (Tonpilze) ausbilden kann. Nimmt man etwa ein (möglichst enges) Bandfilter mit der Mittelfrequenz 50 000 Hz, so muß man die Abtastfrequenz von 50 000 Hz bis 70 000 Hz laufen lassen, um den Meßbereich 0—20 000 Hz zu überdecken. Hier kann man auch die Summenschwingung anstelle der Differenzschwingung verwenden. Dann muß man die Vergleichsfrequenz die Frequenzen von 50 000 Hz bis 30 000 Hz bestreichen lassen.

Alle diese Analysatoren lassen sich nur für stationäre Vorgänge verwenden. Jedes Filter braucht nämlich eine gewisse Zeit zum Einschwingen, die seiner Breite umgekehrt proportional ist, — ein Filter von 20 Hz Breite $1/20$ Sekunde usw. Zur Analyse von 20 000 Hz sind also 1000mal $1/20$ sec = 50 Sekunden erforderlich, bei mit Differenztonbildung arbeitenden Analysatoren sogar doppelt soviel, da in der Mitte des Filters, wenn die Differenz 0 erscheint, das Filter ein zweites Mal neu einschwingen muß. Kürzere Vorgänge als die Einschwingzeit des Filters beträgt, lassen sich jedenfalls überhaupt nicht analysieren. Insbesondere lassen sich also die Einschwingvorgänge mit diesen Vorrichtungen nicht analysieren. Aber auch bei breiteren Filtern ist ein solcher Analysator noch nicht das Ideal, da er ja nicht den zeitlich aperiodischen Verlauf der einschwingenden Teiltöne wiederzugeben vermag. Infolgedessen wird man die Teiltöne mit breiteren Filtern trennen bzw. möglichst geschickt herausfiltern und den ausgesiebten Teilton dann mit den y-Platten des Oszillographen verbinden, die x-Platten aber so ablenken, daß der Strahl langsam genug läuft, um den ganzen Vorgang zu erfassen. Die Einschwingvorgänge verlaufen in Bruchteilen einer Sekunde. Will man etwa eine halbe Sekunde erfassen, so hat man also die x-Ablenkung auf 2 Hz zu stellen, da nunmehr jede Schwingung $1/2$ sec dauert. Besonders günstig sind hier die Philips-Niederfrequenzoszillographen (Abbildung 40, s. Tafel 5), die bis 0,3, ja 0,25 Hz heruntergehen, d. h. also, Vorgänge von 3—4 sec Dauer durch den enorm langsamen Gang des Strahls noch zu beobachten gestatten. Es sei erwähnt, daß die oben abgebildeten Analysen von Einschwingvorgängen einer Geige mit einer Einstellung von 3 Hz gemacht wurden, die ja $1/3$ sec umfaßt, was hier vollkommen genügte. Als besonders interessant sei hier noch die Photographie eines Geigen-Pizzikatos mitgeteilt (Abb. 41, s. Tafel 6).

Haben wir unter dem Kapitel der Frequenz schon die Erzeugung von Sinusschwingungen behandelt, so müssen wir hier nunmehr die **Erzeugung von Klangfarben** anfügen, d. h. also, die Prinzipien diskutieren, nach denen unsere Musikinstrumente funktionieren.

Seit langem unterscheidet man in der volkstümlichen Anschauung Saiteninstrumente, Blasinstrumente und Schlaginstrumente. Diese schon aus dem
Altertum stammende Einteilung erscheint auf den ersten Blick unlogisch, da
sie einerseits nach dem Material, andererseits nach dem Erregungsvorgang
verfährt. Doch ist in der Geschichte der Musik beides eng miteinander verbunden: die Blasinstrumente benutzen als Material, das angeblasen wird,
fast nur Luft, die Schlaginstrumente entweder gespannte Häute oder Holz-
oder Metallplatten. Die volkstümliche Einteilung unterscheidet nun auch
Unterarten. Dabei werden die nach dem Material zu einer Gruppe zusam-
mengefaßten Saiteninstrumente nun nach dem Erregungsvorgang in Streichinstrumente und Zupfinstrumente unterteilt, während die nach dem Erregungsvorgang bestimmten Blasinstrumente gemäß dem Material in Holz-
und Blechblasinstrumente unterschieden werden. Letzteres ist nun peinlicher-
weise gar nicht das klingende Material, aber die Bestimmung der beiden
Arten hat doch darin ihren Sinn, daß Holz bzw. Blech auch in ihrer Wirkung als Umrandung der klingenden Luft noch einen entscheidenden Einfluß auf den Klang ausüben.

So konnte eine für die Wissenschaft brauchbare Einteilung auch sehr
leicht aus der populären entwickelt werden. Dieser Aufgabe haben sich 1914
Erich M. von Hornbostel und Curt Sachs unterzogen. Sie legten vor allem
Wert darauf, auch die Menge der außereuropäischen und insbesondere
primitiven Instrumente zu erfassen, um so eine gewisse Vollständigkeit zu
erreichen. Auch diese Einteilung ist nicht logischer als die übliche. Sie geht
strenger vom schwingenden Material aus und bezeichnet die Saiteninstrumente als Chordophone, die Blasinstrumente als Aerophone und die eine
Hälfte der Schlaginstrumente, die Trommeln, als Membranophone, was
Sachs in Saiteninstrumente, Luftinstrumente und Fellinstrumente ver-
deutschte. Den Rest der Schlaginstrumente benannten sie als Idiophone,
Selbstklinger, was reichlich problematisch ist, da an allen Musikinstrumenten
ein Teil selbst klingt. Gemeint ist also eigentlich, daß diese Instrumente
n u r selbst klingen, während die übrigen drei Gattungen sehr häufig den
klangerregenden Teil noch mit einem den Klang verstärkenden Teil, dem
Resonator, verbinden.

Innerhalb der Idiophone unterscheiden Sachs und von Hornbostel nach
dem Erregungsvorgang in Schlagidiophone, z. B. Glocken, Zupfidiophone,
wie die Maultrommel, Streichidiophone, so die Glasharmonika, und Blas-
idiophone, die aus seltenen Versuchen nicht herausgekommen sind. Bei den
Membranophonen erscheinen ebenso die geschlagenen, die geriebenen, wie
der Waldteufel, endlich die angeblasenen Mirlitons, die z. T. aber überhaupt
keine Musikinstrumente sind, sondern nur Vorrichtungen zum Beeinflussen
der Klangfarbe. Das Unterteilungsprinzip der Saiteninstrumente ist ein
anderes. Sie zerfallen in einfache und zusammengesetzte, je nachdem der

Resonanzkörper nur locker mit der klangerzeugenden Saite verbunden ist oder aber so fest — wie bei unseren europäischen Saiteninstrumenten —, daß bei einer Zerstörung des Resonators auch der Klangerzeugungsteil nicht mehr funktionsfähig ist. Die Unterscheidung dieser beiden Kategorien ist eine logische, da oben schon für die Absonderung der Idiophone die entsprechende Unterscheidung von resonatorlosen und mit Resonator versehenen Instrumenten benutzt wurde. Die Aerophone werden wieder nach einem anderen Prinzip, dem der Art des Erregungsvorganges, in Trompeten, Flöten und Rohrblattinstrumente eingeteilt.

Später entstanden sind dann noch die elektrischen Musikinstrumente, die man passend als Elektrophone bezeichnet hat, und die in rein elektrische und elektromechanische zerfallen. Bei den ersteren wird die Schwingung elektrisch erzeugt, wie etwa bei den oben beschriebenen Tongeneratoren, die auch stets die Kernzellen der anderen Typen dieser Art von elektrischen Musikinstrumenten sind. Bei den anderen dagegen wird die Schwingung mechanisch erzeugt, etwa wie beim Neo-Bechstein-Flügel, bei dem die Klaviersaite durch normalen Anschlag in Schwingung versetzt wird, und nun die entstandene Schwingung erst auf einen Magneten mit einer Spule einwirkt, in der die elektrische Schwingung sich aus der ursprünglich mechanischen ergibt.

Da also auch diese neuere Einteilung der Musikinstrumente noch erhebliche Schwächen besitzt, wollen wir sie hier, wo es auf eine nach wissenschaftlichen Gesichtspunkten unternommene Systematisierung ankommt, verlassen, um intensiver an die Gedankengänge anzuknüpfen, die die für die Klangerzeugung zuständige Wissenschaft, die Physik, entwickelt hat. Dann kann man zunächst die Musikinstrumente danach unterscheiden, ob sie aus einem Klangerzeuger bestehen, der die Schwingungen direkt an die Luft weitergibt, oder ob sie aus mehreren miteinander verbundenen schwingenden Teilen bestehen, deren letzter erst die Luft in Bewegung setzt. Wenn einer dieser Teile ein luftgefüllter Hohlraum ist, so haben wir wieder einen Resonator vor uns, aber von einem solchen wollen wir nur dann sprechen, wenn er auch wirklich auf den Instrumentalton selbst abgestimmt ist, — die Membranophone fallen als Hauptgattung daher sofort aus, da der Hohlraum einer Pauke nicht in diesem Sinn abgestimmt ist. Bei einer Geige z. B. aber sind nicht nur die Saite und der als „Resonator" funktionierende Hohlraum zu betrachten, — das letztere ist er für uns ohnehin nicht, da er nicht auf die Saitenschwingungen abgestimmt ist —, sondern das Wesentliche ist nächst der Saite das schwingende Holz des Geigenkörpers, also die Verbindung der Saite mit einer schwingenden Fläche, — ganz ebenso beim Klavier. So unterscheide ich einfache Schwinger, resonatorgekoppelte Schwinger und Verbundschwinger.

Für die Unterteilung der einzelnen Klassen hat die Physik bereits die entsprechenden Grundsätze geliefert. Es kommt darauf an, ob das Material in seiner natürlichen Beschaffenheit benutzt wird oder ob es gespannt werden muß, wie das bei Saiten und Membranen der Fall ist. Andererseits spielt die Zahl der Dimensionen eine Rolle: schwingende Gebilde, die sich mathematisch wie gerade Linien verhalten — wie die Saiten —, liefern einfachere Schwingungen als schwingende Flächen oder Körper. Diese Unterschiede zeigen sich aufs deutlichste in der vom Instrument erzeugten Klangfarbe. Die oben bereits behandelte Sinusschwingung ist dabei die einfachste Form, die sich ergeben kann. Dabei ist folgendes zu bedenken. An der Schwingung eines Musikinstrumentes ist zweierlei interessant: einmal der zeitliche Verlauf der Schwingung jedes einzelnen Teilchens, zweitens die räumliche Gesamtfigur des Klangkörpers. Der Schwingungsrhythmus der Teilchen ist es, der die umgebende Luft in Schwingungen versetzt, die sich dann zu unserem Ohr fortpflanzen. Diese zeitlichen Schwingungen der Teilchen und demzufolge auch der Luft sind nun bei sämtlichen noch so verschiedenen Schwingungsfiguren der Klangkörper stets sinusförmig. Die Schwingungen sind aber, wie oben schon auseinandergesetzt wurde, stets aus einer großen Zahl einfacher Schwingungen zusammengesetzt. Die Verhältnisse der Schwingungszahlen können nun einfache sein, im einfachsten Falle sind alle Oberschwingungen die vielfachen der Grundschwingung, oder aber die Verhältnisse können sehr viel kompliziertere sein, die sich aus schwierigen Gleichungen ergeben und zu irrationalen Zahlen führen.

Diese Art der Zusammensetzung der Schwingung aus einfachen Sinusschwingungen, d. h. eben die Klangfarbe im Subjektiven, ist nun bestimmt durch die Schwingungsfigur des Klangkörpers. Die einfachste Art der Zusammensetzung, die der vielfachen der Grundschwingung, zeigen die Saiten. Komplizierter sind die oben diskutierten Schwingungen eines Stabes. Die Schwingungsfigur besitzt nicht eine Sinusform, sondern eine, die mathematisch durch die sog. Hyperbelfunktionen (die sich aus den Sinusfunktionen — den sog. Kreisfunktionen — bei imaginären Argumenten ergeben) beschrieben wird. Die Obertöne der sich ergebenden Schwingung stehen z. B. beim oben betrachteten, an beiden Enden freien Stab in den Verhältnissen 4,73; 7,85; 10,9956; 14,14 usw., das ist eine Reihe, die zuerst wenig, dann kaum von der Verhältnisreihe 3, 5, 7, 9, . . . abweicht. Bei der kreisförmigen Membran kommt man zu noch wieder allgemeineren Funktionen, den Besselschen Funktionen oder Zylinderfunktionen, und bei den Platten wieder ähnlich wie eben zu denselben Funktionen im Imaginären, den sog. Hankelschen Funktionen. Die Teiltöne eines Trommelklanges haben als Beispiel die Verhältniszahlen 1; 1,59; 2,14; 2,3; 2,65; 2,92; 3,16, . . . Schwingende Luftsäulen bei Flöten, Orgelpfeifen, Resonatoren usw. haben die einfache Reihe 1, 2, 3, . . . oder, wenn sie gedackt sind, die Reihe 1, 3, 5, 7, . . . Letzteres ist sofort klar, wenn man nochmals Abb. 3 betrachtet. Die doppelte Schwingungszahl der Grundschwingung kann sich bei der gedackten Pfeife nicht ergeben, da die Teilchen stets am einen Ende in Ruhe bleiben, am andern dagegen in Bewegung sind. Es ergeben sich also die in Abb. 42 dargestellten Bewegungsfiguren, die zeigen, wie die entstehenden Wellenlängen tatsächlich die genannte Reihe herstellen.

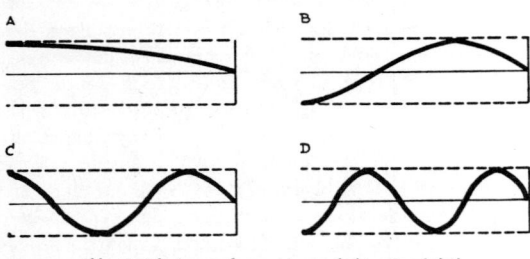

Abb. 42: Schwingungsfiguren einer gedackten Orgelpfeife
A) Grundschwingung, B) 3. Teilton, C) 5. Teilton, D) 7. Teilton

Dagegen sind die Schwingungen der Holzbläser komplizierter. Sie zeigen einerseits die eben geschilderten normalen Verhältnisse der schwingenden Luftsäulen, weisen aber außerdem auch noch unharmonische Teiltöne auf. Diese sind bisher bei der Klarinette nachgewiesen worden, neuerdings im Fortissimo auch bei der Pikkoloflöte. Es ist zu vermuten, daß sie auch noch bei weiteren Instrumenten gefunden werden. Freilich sind sie nur akzessorisch, nicht den Klang fundamental aufbauend wie bei den Stäben und Platten.

Neben den eben behandelten Schwingungen, bei denen die Teilchen senkrecht zur Oberfläche des Klangkörpers schwingen — Querschwinger oder Transversalschwinger —, sind in geringem Maß auch Schwingungen benutzt worden, die in der Längsrichtung des Klangerzeugers verlaufen — Längsschwingungen oder Longitudinalschwingungen. Solche Längsschwingungen sind stets Sinusschwingungen.

Offene und gedackte Flöten besitzen Klangspektren, deren Ordnungszahlen zwar verschieden sind, die sich aber doch aus denselben Schwingungsfunktionen ergeben. Ganz ähnlich liegen die Verhältnisse auch bei schwingenden elastischen festen Körpern. Auch ein Stab kann — ähnlich der beiderseits offenen Pfeife — so befestigt werden, daß er an beiden Enden frei schwingen kann, — man spricht dann von einem frei-freien Stab. Man kann ihn aber auch — ähnlich der gedackten Pfeife — an einem Ende einspannen: frei-fester Stab. Die wichtigste Schwingungsform ist die dritte, die beiderseitige Befestigung, — fest-fester Stab. Sie ist auch die der Saiten. In den Schwingungsfiguren der Pfeifen besitzt sie keine Parallele, da eine beiderseits geschlossene Pfeife ja weder erregt werden kann, noch ihre Schwingung an die Luft weiterzugeben vermag. Ganz entsprechend liegen die Verhältnisse bei schwingenden Flächen. Rechteckige Flächen können nach Analogie des Stabes an einer Seite eingespannt werden (frei-fest), runde Flächen am Rand oder in der Mitte usf.

Endlich ist der oben schon behandelte Unterschied momentan erregter, abklingender Schwingungen, selbststeuernder Dauerschwingungen und erzwungener Dauerschwingungen zu berücksichtigen.

Die verschiedenen im Lauf der Zeit realisierten Möglichkeiten der Kombination dieser Prinzipien sind in der folgenden Tabelle zusammengestellt.

A. Einfache Schwinger

I. Eindimensionale Schwinger

1. Natürliche Querschwinger (Hyperbelschwinger)
   a. Abklingende Schwinger
      frei-frei (z. B. Triangel)
      frei-fest (z. B. Gegenschlagstäbe)
   b. Selbststeuernde Schwinger
      frei-frei (z. B. Euphonium)
      fest-fest (z. B. Nagelgeige)

2. Sinusschwinger
   a. Natürliche Längsschwinger
      frei-frei (z. B. Klavizylinder)
   b. Gespannte Querschwinger
      abklingend (z. B. Musikbogen)

II. Zweidimensionale Schwinger

1. Natürliche Querschwinger (Imaginäre Besselsche Funktionen)
   a. Ebene Flächen
      Rechteckflächen (Zungen)
         Abklingend (z. B. Sansa)
      Kreisflächen
         Abklingend (z. B. Becken)
   b. Raumflächen
      Abklingend
         Rand fest (z. B. Gong)
         Mitte fest (z. B. Glocke)
      Selbststeuernd
         z. B. Glasharmonika
      Fremdgesteuert
         Mechanisch gesteuert (Grammophon)
         Elektrisch gesteuert (Lautsprecher)

elektrostatisch
piezoelektrisch
elektromagnetisch
elektrodynamisch
    elektrische Steuerschwingung aus anderen
    Schwingungen umgesetzt
        aus mechanischer Schwingung (z. B. Neo-
        Bechstein, Schallplatte)
        aus optischer Schwingung (z. B. Tonfilm)
    elektrische Steuerschwingung direkt erzeugt
        mechanisch erzeugt (z. B. Hammond-
        Orgel)
        elektrisch erzeugt (z. B. Trautonium)

2. Gespannte Querschwinger (Besselsche Funktionen)
    Abklingend
        Rand fest (z. B. Trommel)
    Selbststeuernd
        frei-fest (z. B. Singstimme)

III. Dreidimensionale Schwinger
    Keine Hochkulturinstrumente

B. mit abgestimmten Resonatoren gekoppelte Schwinger

    I. Eindimensionale Schwinger

        1. Natürliche Querschwinger
        Abklingend
            frei-fest (z. B. Maultrommel)

    II. Zweidimensionale Schwinger

        1. Natürliche Querschwinger

        a. Rechteckflächen
        Abklingend
            frei-frei (z. B. Xylophon)
        Selbststeuernd
            frei-fest (z. B. Rohrbläser)
            unbeweglich, aber Luftstrom beweglich (z. B. Flöten)
        b. Raumflächen
        Abklingend
            Rand fest (z. B. Gongspiele)
        2. Gespannte Querschwinger
        Selbststeuernd
            frei-fest (z. B. Blechblasinstrumente)

C. Verbundschwinger

    I. Saite und ebene Fläche
       Abklingend (z. B. Klavier, Zither)

    II. Saite und Raumfläche
       Abklingend (z. B. Laute)
       Selbststeuernd (z. B. Geige)

Die in dieser Zusammenstellung am Anfang rangierenden S t ä b e zählen tatsächlich zu den ältesten Musikinstrumenten überhaupt. Gegeneinander geschlagene Stäbe gehören zu den primitivsten Rhythmusinstrumenten. Hier sind Schlägel und Klangkörper noch eins, und die Stäbe erregen sich gegenseitig. Dagegen ist der an den Enden freischwingende Triangel eine bereits erheblich höherstehende Erfindung. In seine Nachbarschaft gehört auch die Stimmgabel. Ihre obertonarmen Klänge haben der Romantik besonders gefallen, und so haben sogar zwei Erfinder, der Physiker A. Appunn und V. Mustel, Stimmgabelklaviere gebaut. Einen fest-freien Stab zeigt auch — als Nachfolger der Gegenschlagstäbe — die Fastnachtsschnarre, bei der ein sich drehendes Zahnrad das freie Ende des Holzstabes immer erneut ablenkt und wieder zurückschnellen läßt. Dieses Prinzip der wiederholten, iterierten Anregung ist der Menschheit immer lieb gewesen, und im Tremolo der Mandolinen und im Vibrato der Streichinstrumente hat es sich bis heute erhalten. Die Versuche, Stäbe zu Dauerschwingungen anzuregen, haben zu keinen Erfolgen geführt. Der bekannte Physiker Ernst Chladni erregte 1790 in seinem Euphonium einen querschwingenden Stab, indem er ihn durch einen angeriebenen längsschwingenden Stab zum Schwingen brachte. Länger hat sich ein primitives Instrument, die Nagelgeige, gehalten, in der an beiden Enden umgebogene Nägel in einen hohlen Holzkörper geschlagen waren und die herausstehenden Mittelteile mit einem Violinbogen gestrichen wurden. Chladni war es auch, der Stäbe zu Längsschwingungen erregte. In seinem Klavizylinder ab 1799 vollziehen Stäbe Längsschwingungen, indem eine kolophonierte Walze sie in Längsrichtung anreibt oder angeriebene Längsstäbe sie in Längsrichtung reiben. Solche „Streichklaviere" sind in der Frühromantik oft konstruiert worden und sind noch heute in mehreren Museen in spielfertigem Zustand erhalten.

Eine für musikalische Zwecke brauchbarere erhöhte Elastizität erhält man, indem man das Material künstlich spannt. So werden aus „Stäben" die „Saiten". Als S a i t e n verwandte man zuerst schmale Baststreifen, die man in der Längsrichtung aus der Rinde losschnitt. An den Enden legte man ihnen kleine Klötzchen unter, wodurch sie angespannt wurden, — natürlich mußte man die Enden besonders umwickeln, damit sie nicht weiterrissen. Wird dabei der Stamm gebogen, so daß sich eine sehr starke Elastizität einstellt, so hat man den „Musikbogen" vor sich. Ob er aus dem Schießbogen entstanden ist, erscheint immer noch nicht gesichert. Löst man Streifchen im Kreise aus einem Stamm und höhlt ihn selbst aus, so erhält man die Vollröhrenzither (Sachs - v. Hornbostel), entsprechend die Halbröhrenzither. Auf der „Brettzither" liegen die Saiten auf einem flachen Brett. Hier sind die Saiten schon vorwiegend aus fremdem Material, oft Metall. Auch über flache Schalen, die den Klang etwas verstärkten, zog man Saiten „Schalenzither". Bei solchen Instrumenten vermag der Boden des Instrumentes schon etwas mitzuschwingen, — sie bilden damit einen Übergang zu den Verbundschwingern, in denen die Haltevorrichtung der Saiten ja direkt zum Mitschwingen eingerichtet ist.

Rechteckige Flächen mit natürlicher Elastizität verhalten sich noch verhältnismäßig einfach, insbesondere wenn sie lang-schmal sind. Dann haben sie also noch die Eigenschaft von Stäben. Solche Zungen kann man anzupfen, wie es etwa die Neger auf ihrer Sansa tun. Kreisflächen werden bei den Becken benutzt, bei denen man die unharmonische Zusammensetzung aufs deutlichste hört. Die Schwingungsform der Becken dürfte besonders interessant sein, da bei ihnen durch die besondere Art des Aneinandervorbeischlagens nicht nur Querschwingungen, sondern offenbar auch Längsschwingungen erregt werden. Ihre volle Bedeutung erhalten die schwingenden Flächen erst da, wo sie mit anderen schwingenden Gebilden kombiniert werden.

Ebenen Flächen kann man auch Schwingungen aufzwingen. Das machte man mechanisch im Grammophon, elektrisch im Telephonhörer. Die fortgeschritteneren Formen benutzen dagegen Raumflächen (vgl. dort).

Die Becken mit ihrer leicht geschwungenen Form bilden schon den Übergang zu den Musikinstrumenten, deren schwingende Fläche im Raum gekrümmt ist. Solche Raumflächen erregen die sie umgebende Luft natürlich besonders intensiv und so sind sie ausgezeichnet brauchbar insbesondere zur Erzeugung sehr lauten, intensiven Schalles. Dabei kann man die Flächen anschlagen, wobei sie abklingende Schwingungen erzeugen, man kann sie durch Anreiben aber auch zu selbststeuernden Schwingungen anregen, und endlich, und darin beruht ihre heute größte Verwendungsfähigkeit, vermögen sie ebenfalls erschwungene Schwingungen auszuführen, wenn sie aus genügend leichtem, schwingfähigem Material hergestellt sind.

Abklingende Raumflächen sind die Gongs und die Glocken. Der Unterschied zwischen beiden Instrumentenformen liegt in der Befestigungsart und damit in der Gestalt ihrer Schwingung: die Gongs sind am ganzen Rand oder an mehreren Punkten des Randes festgemacht und damit dort nicht schwingungsfähig, während ihre Mitte am meisten schwingt, so daß man sie hier auch anschlägt und die Anschlagstelle noch eigens durch einen hervorgehobenen Buckel verstärkt, während die Glocken in der Mitte aufgehängt sind und umgekehrt am Rand die stärksten Schwingungen ausführen, so daß man sie auch hier anschlägt. Wie kompliziert die Schwingungen solcher Raumflächen sind, zeigt sich besonders darin, daß sie häufig sogar überhaupt in mehreren Teilflächen schwingen und daher auch verschiedene Töne gleichzeitig erzeugen, was man bei den Glocken besonders leicht beobachten kann.

Selbststeuernde Raumflächen haben sich nicht bewährt. Lediglich die von dem berühmten Staatsmann und Physiker Benjamin Franklin (Blitzableiter, elektrischer Kondensator) 1763 erfundene Glasharmonika war in der schwärmerischen Romantik ein beliebtes Instrument, für das schon Mozart komponiert hat. Hier sind Glasglocken in der Mitte durchbohrt und alle auf einer sich drehenden Achse aufgereiht. Mit dem befeuchteten Finger werden sie am Rand berührt, so daß sie also „angerieben" werden. Der ätherische Klang ist von hoher Schönheit.

Die fremderregten Raumflächen sind vor allem zu Wiedergabezwecken, aber auch als Musikinstrumente vielseitig verwendbar. Den Anfang machte das mechanisch erregte Grammophon, das ursprünglich eine runde flache Scheibe als „Membran" benutzte dann aber zu komplizierteren Flächen überging. Die Fläche enthält in der Mitte einen Stift, der die Rillen der Schallplatte abtastet. Dieselbe Entwicklung nahm auch der Fernhörer des Telephons.

Wenn man eine Raumfläche von der Schwingungsfigur etwa der Gongs in der Mitte erregt, so folgt sie den erregenden Schwingungen naturgemäß um so leichter, je feiner sie selbst ist. Dann aber ist die mechanische Erregungsart wieder zu robust. Deshalb hat sich die Benutzung der qualitativ besseren Raumflächen aus feinerem Material erst voll entwickeln können, nachdem man die elektrische Erregung eingeführt hatte. Als „Lautsprecher" ist diese Konstruktion dann das verbreitetste „Musikinstrument" der heutigen kultivierten Welt geworden. Der Name „Lautsprecher" kommt aber nicht von der eben gekennzeichneten Eigenschaft der Raumflächen, die Luft besonders stark anzuregen — diese Lautsprecher nennt man „Großlautsprecher" —, sondern bezieht sich darauf, daß man vorher nur den Kopfhörer als elektromagnetisch erregte Kreisfläche kannte und mit dem Übergang zu Raumflächen dem Kopfhörer gegenüber sofort eine wesentlich lautere Wiedergabe erzielte.

Dieselben Prinzipien, die sich zum Bau der Mikrophone eignen, liefern auch die Verfahren zur Herstellung der Lautsprecher. Dazu braucht man nur die Richtung des Erregungsvorganges umzukehren, — während man beim Mikrophon die Luftschwingung auf eine Membran wirken läßt, die sodann einen elektrischen Strom steuert, hat man beim Lautsprecher als Primäres den elektrischen Strom, der die Membran in Schwingungen versetzt, die sich sodann der Luft mitteilen.

Die Umkehrung des Kondensatormikrophons ist der elektrostatische

Lautsprecher. Er ist im Augenblick nur für höhere Schwingungen brauchbar und ist daher nur als zuschaltbarer Hochtonlautsprecher erhältlich.

Ebenso ergeht es dem piezoelektrischen Lautsprecher, der ebenso als Hochtonlautsprecher, vor allem aber auch für Ultraschall verwendbar ist. Dazu kombiniert man mehrere Kristallelemente, die unter dem Einfluß des elektrischen Feldes sich dehnen oder zusammenziehen und damit die Membran steuern.

Sehr viel verwandt wurde früher der elektromagnetische Lautsprecher. In der ältesten Form des Telephons wurde überhaupt nur eine flache eiserne Kreismembran vor einen mit Spule versehenen Magneten gesetzt. Der Strom beeinflußt die Stärke des Magneten, dadurch wird die Eisenplatte mehr oder weniger stark in Schwingungen versetzt. Die heutigen Fernhörer dagegen benutzen eine Raummembran, die in der Mitte eine kleine Eisenscheibe trägt, die von dem Magneten in Bewegung versetzt wird. In vergrößerter Form ist dies dann das Erregungsprinzip des elektromagnetischen (kurz: „magnetischen") Lautsprechers, wie es in der Abb. 43 dargestellt ist.

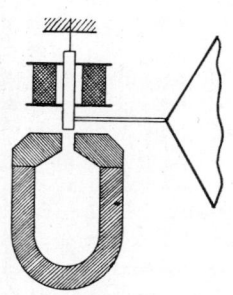

Der qualitativ wesentlich überlegenere ist dagegen der elektrodynamische Lautsprecher, der dem Tauchspulenmikrophon entspricht. Die Spule sitzt auf der Spitze der Lautsprechermembran und taucht in den Magneten ein, wie es Abb. 44 zeigt.

Einen sehr hochwertigen Magneten erhält man, wenn man weiches Eisen nimmt und dieses mit einem durch eine es umgebende Wicklung, die „Feldspule", gehenden Gleichstrom magnetisiert. Ein solcher Magnet heißt fremderregt und der Lautsprecher im engeren Sinne „dynamisch". Einfacher und daher heute fast einzig verwandt wird der permanente Magnet, der keine Erregung braucht, aber für die größeren Lautsprecher nicht wirkungskräftig genug ist. Ein „permanent-dynamischer" befindet sich heute in jedem Radiogerät und in jedem elektrischen Musikinstrument. Die auf der Lautsprechermembran sitzende, sie in Bewegung versetzende Spule ist in beiden Fällen dieselbe.

Abb. 43: Aufbau eines elektromagnetischen Lautsprechers

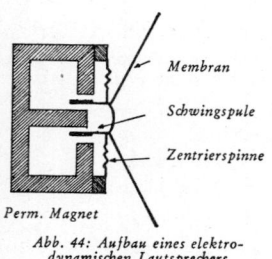

Membran

Schwingspule

Zentrierspinne

Perm. Magnet

Abb. 44: Aufbau eines elektrodynamischen Lautsprechers

Das nächst Wichtige ist nun die Art und Weise, wie man die elektrische Schwingung herstellt, mit der man die Lautsprechermembran steuert.

Nehme ich eine S c h a l l p l a t t e zur Hand, um sie abzuspielen, so ist der die Rillen der Schallplatte abtastende „Tonabnehmer" wieder nach dem Prinzip des Mikrophons gebaut. Nur wird die kleine Membran nicht von der Luft erregt wie beim Mikrophon, sondern von dem Stift, der an ihr befestigt ist und der den Aussteuerungen der Rillen folgt. Ich kann also elektromagnetisch, elektrodynamisch und piezoelektrisch abtasten. Heute sind die piezoelektrischen „Kristallabnehmer" das Gewöhnliche und nur für extreme Ansprüche sind elektromagnetische Konstruktionen im Handel. Elektrodynamische Systeme aber sind überhaupt nur in den hochwertigen Anlagen der Rundfunksender benutzt worden. Mit denselben Systemen kann man übrigens auch umgekehrt Schallplatten schneiden.

Die Umsetzung einer mechanischen Schwingung in eine elektrische wird ebenso bei den elektrischen Flügeln benutzt. Diese gelten auch in der allgemeinen Auffassung schon als e l e k t r i s c h e M u s i k i n s t r u m e n t e. Aber vom Technischen gesehen ist die Schallplatte nicht schlechter. Denn vergegenwärtigen wir uns den ganzen Vorgang. Am Anfang steht ja auch etwa der Klavierspieler, der Chopins cis-moll-Prélude gespielt hat. Er spielt ins Mikrophon, die elektrischen Ströme steuern die Schallplattenschneidedose, die Schallplatte wird wieder elektrisch abgetastet und die elektrischen Ströme über einen Verstärker einem Lautsprecher zugeführt. Beim Neo-Bechsteinflügel oder dem Förster-Elektrochord spielt derselbe Künstler dasselbe Stück, kleine Magneten über den Saiten nehmen die Schwingung der Saiten ab und verwandeln sie in eine elektrische Schwingung, die über Verstärker in den Lautsprecher geht. Man sieht, daß der Vorgang genau der gleiche ist (denn ob ich über Mikrophon oder über Magnet entnehme, ist kein prinzipieller Unterschied, — beim Mikrophon ist zwischen Saite und elektrische Aufnahme noch die Luftschwingung dazwischengeschaltet), der Unterschied liegt nur darin, daß im ersten Fall noch die Schallplattenschneide- und -abspielvorrichtungen dazwischengeschaltet sind, die das öftere Wiederholen des Abspielvorganges ermöglichen. Der mechanische und elektrische und wieder mechanische Umsetzungsvorgang ist aber in beiden Fällen der gleiche. In ganz ähnlicher Weise kann man auch von Geigen, Lauten, Mandolinen, Gitarren usw., wenn sie Stahlsaiten haben, die Schwingungen der Saiten direkt magnetisch abnehmen und über Verstärker Lautsprechern zuführen, wovon heute in größeren Räumen häufig Gebrauch gemacht wird. Abb. 45 zeigt das allgemeine Schema dieser Vorgänge ohne und mit Schallplattenherstellung.

Man kann die den Lautsprecher versorgende elektrische Schwingung auch aus einer optischen Schwingung herstellen. Dieses Verfahren wird bei dem Abspielen des T o n f i l m s verwandt. Dazu gebraucht man die Photozelle, die Caesium o. ä. Metalle enthält, die ihren elektrischen Widerstand je nach der Größe des sie bescheinenden Lichtes verändern. Wir kennen die Photozelle alle, wenn sie etwa Rolltreppen auf diese Weise automatisch einschaltet, weil der auf sie fallende Lichtstrahl unterbrochen wird, wenn wir durch den Eingang der Treppe gehen. Der Gesamtvorgang, den Abb. 46 zeigt, ähnelt dem des Schallplattenaufnahme- und -abspielverfahrens im Prinzip bis ins kleinste, — nur die Einzelheiten der Konservierungsvorgänge sind andere.

Am Anfang steht wieder die Umwandlung der mechanischen Schwingung

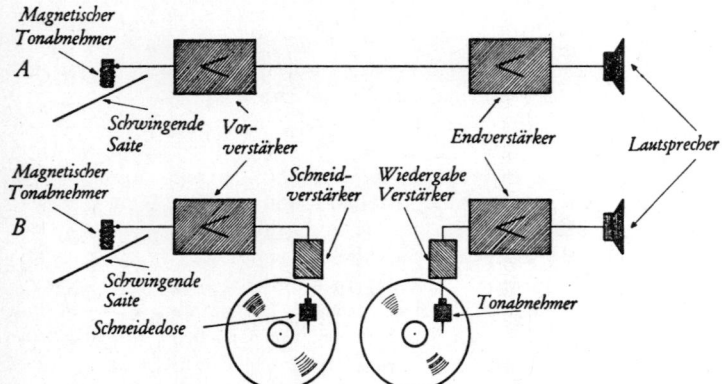

Abb. 45: Vorgänge bei A) dem Spiel eines Elektroflügels, B) Aufnahme und Abspielen einer Schallplatte

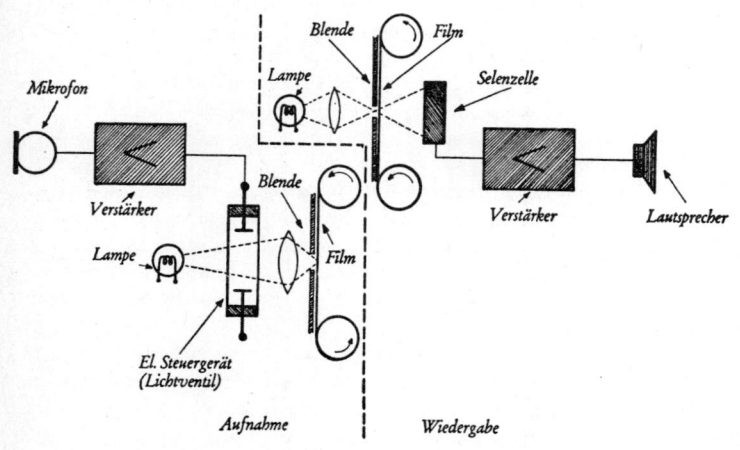

Abb. 46: Vorgänge bei Aufnahme und Abspielen eines Tonfilms

durch ein Mikrophon in eine elektrische Schwingung. Diese steuert über Verstärker einen veränderlichen schmalen Spalt, durch den Licht dringt, das die „Sprossenschrift" oder die „Zackenschrift" auf dem Filmband schreibt, je nachdem der Spalt breiter oder schmaler oder kürzer oder länger ist. In der Tonfilmwiedergabeapparatur beleuchtet eine Lampe den Film und das je nach der Spaltbreite hellere oder dunklere Licht fällt auf eine Photozelle, die einen elektrischen Strom steuert, dessen entsprechende Schwankungen über Verstärker auf die Lautsprecher gehen.

Sehr viel eleganter kommen sich die elektrischen Musikinstrumente vor, die ihre Schwingungen selbst auf elektrische Weise erzeugen. Dabei gibt es aber auch wieder solche, die die Stromschwankungen mechanisch erzeugen. Läßt man etwa ein Zahnrad vor einem mit einer Spule versehenen Magnet umlaufen, so wird der Magnetismus und damit der induzierte Strom im Takt der an dem Magnet vorbeikommenden Zähne des Rades schwanken. So arbeiten die Frequenzmaschinen der Fernsprechämter zum Teil, und auf diesem Prinzip beruht auch die Funktionsweise der Hammond-Orgel. Sie hat für alle zwölf Halbtöne je ein Frequenzrad und man hat so den gewaltigen Vorteil, daß wenn die Geschwindigkeit der einen Achse, auf der alle Räder sitzen, einmal schwankt, die Geschwindigkeit aller Räder sich im selben Verhältnis ändert. Es schwankt also zwar die Tonhöhe der ganzen Orgel in sich ein wenig, aber die Intervalle bleiben sich gleich, die Orgel kann sich also nie verstimmen und bleibt in sich stets rein. Bemalte Glasscheiben kann man sich ebenso drehen lassen und von hinten mit Lämpchen durchleuchten und nun nach dem Prinzip des Tonfilms weiterverfahren, — so das Prinzip der Welte-Lichtton-Orgel. Auch eine solche Orgel stimmt also immer.

Demgegenüber haben es die elektrischen Musikinstrumente schwerer, die ihre Schwingungen in einer rein elektrischen Schaltung nach Art der Rückkopplungssummer (o. ä.) erzeugen. Sie benötigen für jeden Halbton einen Generator und es ist durchaus so, daß diese zwölf Generatoren sich bei Stromschwankungen nicht gleichmäßig verstimmen, so daß die Intervalle unrein werden. Orgeln dieser Art werden in Liebhaber- und technischen Zeitschriften öfter zum Selbstbau beschrieben, haben sich in der Praxis aber nicht durchsetzen können.

Dagegen sind elektrische Instrumente sehr verbreitet, die alle Töne in einer einzigen Röhrenschaltung erzeugen. Man muß dann ein Element der Schaltung variabel machen, um durch diese Variation die verschiedenen Tonhöhen zu erzeugen. Dazu eignet sich am besten ein langer Widerstandsdraht, mit dem man eine Vorspannung der Röhre regelt. Auf einen solchen Draht kann man eine Tastatur setzen und durch entsprechende Verzerrungsschaltungen läßt sich die Klangfarbe des Instruments regeln. Abb. 47 zeigt die Prinzipschaltung eines solchen Instrumentes.

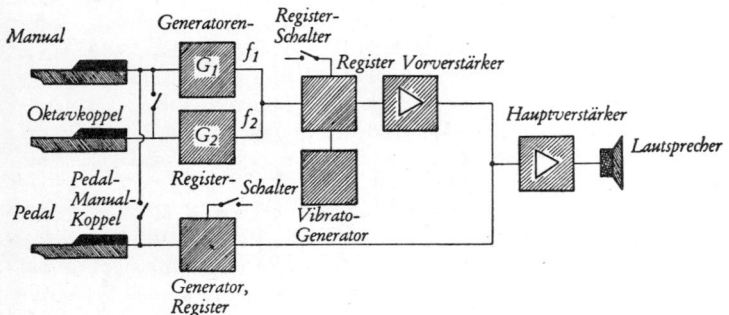

Abb. 47: Schaltung eines elektrischen Musikinstruments

Solche Instrumente können naturgemäß nur einstimmig spielen. Deshalb gebraucht man sie nur als Zusatzinstrumente, indem man sie z. B. an Klavieren und Flügeln montiert, wo man mit der rechten Hand auf ihnen Solo spielen kann, während die linke die Begleitung auf dem Flügel ausführt. Diese Symbiose hat sich sehr schön bewährt.

Das vollendetste aller dieser elektrischen Musikinstrumente ist das von Friedrich Trautwein erfundene Trautonium. Auf ihm liegt der die Tonhöhe bestimmende Widerstandsdraht frei. Der den elektrischen Kontakt mit seinem Druck herstellende Finger des Spielers ist also an keine durch Tasten u. ä. bestimmte Abstände gebunden, sondern kann z. B. Vierteltonintervalle oder Glissandi herstellen. Dadurch ermöglicht das Instrument ein hochkünstlerisches Spiel und ist denn so auch schon von einer Anzahl angesehener Komponisten, vor allem Harald Genzmer, mit anspruchsvollen Kompositionen bedacht worden. Durch Oskar Sala, den Meisterspieler des Instruments, wurde es dann mit harmonischen Untertönen versehen. Dieses subharmonische Mixtur-Trautonium ist die neueste Entwicklung auf dem Gebiet der elektrischen Musikinstrumente.

Endlich sei noch der Thereminschen Ätherwellenmusik gedacht. Das Gerät bestand aus einem Kästchen, das die Röhrenschaltung enthielt und aus dem eine Metallstange ragte. Durch mehr oder weniger großes Annähern der Hand des Spielers änderte sich die Tonhöhe der erzeugten Schwingung, so daß man tatsächlich durch den mysteriösen physikalischen Äther hindurch die Schwingung des Instruments beeinflußte. Technisch lag das Geheimnis der Schaltung darin, daß der Stab zur Kapazität des Schwingkreises gehörte, so daß die Abstimmung des Schwingkreises geändert wurde, wenn durch die Hand des Spielers die durch sie zusätzlich zur Erde bestehende Kapazität variiert wurde.

Allen Instrumenten, die natürliche ebene oder im Raum gekrümmte Flächen benutzen, stehen die gegenüber, die Flächen künstlich einspannen. Die damit erhöhte Elastizität schafft für die Schwingungsfähigkeit des Gebildes einfachere Verhältnisse, so daß die bei Trommeln usw. entstehenden Schwingungen wesentlich einfacher sind als etwa diejenigen der Glocken. Natürlich gibt es hierbei auch keine gekrümmten Raumflächen mehr, (so daß auch diese besonders komplizierten Schwinger wegfallen), — denn eine gespannte Fläche ist ja immer in einer ebenen Fläche ausgespannt.

Derart ge s p a n n t e F l ä c h e n lassen sich eigentlich nur durch Anschlag erregen. Gewiß, man kann auch einen kolophonierten Stock hindurchstecken oder mit ähnlichen Seltsamkeiten „Dauerschwingungen" erzeugen, aber der Waldteufel ist von einem Zauberinstrument zum Kinderinstrument herabgesunken und Musik kann man keine auf ihm machen.

So liegt es nahe, den schnell abklingenden Ton der klingenden Membranen durch Hohlkörper unbestimmt zu verstärken, — denn von einem Resonator kann man nicht sprechen, weil der Eigenton des Hohlkörpers in diesem Fall und in allen ähnlichen Fällen tiefer liegt als die vom Klangerzeuger erregten Klänge (die sonst bei bestimmten Frequenzen auftretende stark hervorstechende Klangverstärkung würde die Gleichmäßigkeit des Instruments erheblich stören). Während die primitivsten Trommeln, die Tamburins oder die Zaubertrommeln der sibirischen Schamanen, ihr Fell nur in einen Holzrahmen einspannen, haben die meisten afrikanischen Trommeln den Rahmen zu einem Hohlraum verlängert. Dann ist es sogar möglich, auch auf die andere Seite des Hohlkörpers eine zweite Haut zu spannen. Mit Wachsklumpen kann man die Felle auch abstimmen. Die entwickeltesten Vertreter dieser Instrumentengattung sind die Pauken, die im Mittelalter von Arabien nach Europa kamen und vom kriegerischen Instrumentarium später in das friedliche Symphonieorchester hinüberwechselten.

Während die Membranen der Trommeln am ganzen Rand eingespannt sind, vermag unser Körper auch zwei kleine Membranen, die S t i m m - b ä n d e r, an drei Seiten zu befestigen und an der vierten frei schwingen zu lassen. Dadurch besteht die Möglichkeit, mit dem „hindurchstreichenden" Luftstrom Dauerschwingungen zu erregen. Durch die stärkere und schwächere Anspannung der Stimmbänder läßt sich ihre Tonhöhe verändern, so daß sie zu den feinsten Nuancen der Sprache und auf einer höheren Kulturstufe auch der Musik fähig sind. Auch hier sind natürliche Hohlräume in Form der Mundhöhle und der im Kopf eingelagerten kleineren Hohlräume vorhanden, die die charakteristische Prägung der Stimme ergeben.

Noch kompliziertere Schwingungen als die im vorigen behandelten ein- und zweidimensionalen Schwinger erzeugen naturgemäß d r e i d i m e n s i o - n a l s c h w i n g e n d e K ö r p e r. Deshalb hat man sie von jeher zur Musik als ungeeignet befunden, so daß es keine Musikinstrumente gibt, die im ganzen schwingende Körper verwenden. Man könnte vielleicht etwa an die Rasseln denken, in denen kleine Kugeln durch Schlagen an die Wand des Hohlkörpers prallen. Hier haben wir also eine raffinierte Vereinigung von einem Hohlraum, einer schwingenden Raumfläche — nämlich der ihn umgebenden kugeligen Wand — und den dreidimensionalen Kügelchen. Aber offenbar ist die kugelige Raumfläche die Fläche, die ihre Schwingungen an die Luft abgibt und daher die Natur des Instruments bestimmt, wenn möglicherweise die Schwingungen der Kügelchen sich auch durch die Luft des Hohlraumes der Wand wiederum mitteilen und daher den Klang mit beeinflussen. Jedenfalls aber gibt es keine Hochkulturinstrumente, die von diesen oder ähnlichen Prinzipien der dreidimensionalen Klangerzeugung Gebrauch machen.

Die Töne einfacher Schwinger sind von Natur aus nur sehr schwach. Meist sind sie im Verhältnis zur umgebenden Luft sehr klein und vermögen diese daher nur zu schwachen Druckwellen zu erregen. Dem kann man schon dadurch abhelfen, daß man den Klangerzeuger auf einen nichtabgestimmten Hohlraum montiert, so daß hier zunächst eine kleinere Luftmenge zu konzentrierteren Schwingungen angeregt wird, die sich dann erst der sie umgebenden „großen" Luft mitteilen. Eine wesentlich bessere Wirkung erzielt man aber noch, wenn man den Hohlkörper in seinem Eigenton — denn auch die eingeschlossene Luftmenge hat ja einen bestimmten Ton, in dem man sie zu starken Schwingungen erregen kann — zum Schwingen bringt. Dann braucht man aber für jeden Ton des Musikinstruments einen anderen Resonator. Solche a b g e s t i m m t e n   R e s o n a t o r e n   erscheinen also im Moment nur verwendbar für Musikinstrumente, die ihre Töne ebenfalls aus jeweils einzelnen Tonerregern entstehen lassen, wie es z. B. bei den Xylophonen der Fall ist. Hier wird jeder Ton des Instruments mit einer eigenen, abgestimmten Platte erregt, und man kann unter jede Platte einen auf denselben Ton abgestimmten Resonator hängen. Aber man hat auch entdeckt — und zwar schon in der Steinzeit —, wie man die Resonatoren auf verschiedene Töne abstimmen kann. Bohrt man in den Flötenkörper Löcher, so schwingt die eingeschlossene Luft immer nur bis zu dem ersten unteren Loch, das geöffnet ist, denn hier tritt sie ja schon in Verbindung mit der Außenluft. Aber bei solchen abstimmbaren Resonanzkörpern macht nunmehr wieder die Abstimmung des Klangerzeugers um so größere Schwierigkeiten. Man hilft sich hier damit, daß man sehr biegsame Materialien verwendet, die aus Pflanzenrohr bestehenden „Rohrblätter" der Rohrblasinstrumente, wie etwa der Oboe oder des Saxophons, oder Membranen, wie die Lippen des Menschen, oder endlich das biegsamste überhaupt, die Luft selbst.

Der einfachste abstimmbare Resonator ist die Mundhöhle des Menschen. Durch verschiedene Einstellung des Kiefers, durch abweichende Lage der

Zunge und durch Vergrößerung der Lippenöffnung läßt sich dieser Resonanzkörper in weiten Grenzen abstimmen. Es fragt sich, mit welchem Klangerzeuger man ihn am besten kombiniert. Man würde denken, am natürlichsten doch selbstverständlich mit der Stimme selbst, für die er der direkt anschließende Resonanzraum ist. Aber die Klangfarbe der Vokale ist so ausgesprochen, daß man im täglichen Sprachgebrauch auf ihre Eigenart genau achten muß, um die Verständlichkeit der Sprache zu bewahren, daß man im Gesang aber ebenso auf eine gerade in den verschiedenen Tonlagen gleichbleibende Klangfarbe Wert legt, um sozusagen ein einheitliches Musikinstrument zu besitzen, das nicht in seinen verschiedenen Lagen allzu verschieden klingt. Die Klangfarbe der Stimme bzw. der Vokale liegt aber in erster Linie an der Einstellung der Mundhöhle und der übrigen Hohlräume, und sowohl bei Sprache wie bei Musik ist die praktische wie künstlerische Forderung eben die, den klangfarbebestimmenden Hohlraum gerade möglichst wenig zu verstellen. Nimmt man aber etwa eine schwingende Zunge, die in einem Bügel befestigt ist, wie es bei der Maultrommel der Fall ist (vgl. Abb. 48, s. Tafel 6), so ist diese Zunge fähig, nicht nur in ihrem Grundton zu schwingen, sondern auch in ihren Obertönen, wenn der Resonator ihr das besonders erleichtert. Stellt man mit der Zunge also verschiedene Mundraumgrößen ein, so kann man in der Region der höheren, sehr nahe beieinander liegenden Obertöne enger begrenzte Melodien ausführen. Dieses in der Welt unter Naturvölkern weitverbreitete Instrument, heute in Europa auch noch in den Alpen bekannt, ist soziologisch so etwas wie ein Vorläufer der Mundharmonika.

Schwingende Flächen lassen sich am einfachsten mit Resonatoren ausrüsten. In Afrika, in Hinterindien und Indonesien sind Xylophone und Metallophone hochgeschätzte Instrumente. Unter jeder Taste des Instruments ist eine Röhre aufgehängt, die sorgfältig auf die richtige Tonhöhe abgestimmt ist. Von Afrika über Mittelamerika führt der Weg des Instruments dann auch in unsere europäischen Jazzkapellen und Zirkusvorstellungen. Als Vibraphon ist es hier mit einem Elektromotor versehen worden, der die Luft mit einem Vibrato versieht.

Selbststeuernde Schwingungen von resonatorgekoppelten Flächen erhält man, wenn man diese Flächen elastischer gestaltet. In den Rohrblasinstrumenten unseres Orchesters verwendet man Schilfrohr, das nach dem Trocknen gerade die richtige mittlere Elastizität besitzt. Man kann oben in das Mundstück des Instruments ein Loch bohren und dieses mit einem einfachen Rohrblatt verschließen. So erhält man das Klarinetten- und Saxophonmundstück. Das Blatt schwingt dann vor der Öffnung hin und her, — durch die Öffnung schwingt es aber nicht hindurch, da es etwas größer als die Öffnung ist. Solche Blätter heißen „aufschlagende Zungen“. Man kann auch ein geschlossenes, längs eingeschnittenes Röhrchen verwenden, das oben in das dort geschlossene Instrument gesteckt wird. Die beiden seitlichen Blätter dieses Röhrchens schwingen dann zusammen und auseinander. Ein solches Doppelrohrblatt bildet das Mundstück unserer Oboen, Englischhörner und Fagotte.

Macht man das schwingende Blatt ein wenig kleiner als die Öffnung im Mundstück, so schwingt das Blatt durch die Öffnung hindurch, soweit, bis seine Kraft stark genug ist, dem anblasenden Wind zu trotzen und zurückzuschwingen (vgl. oben), worauf der Wind diese „d u r c h - s c h l a g e n d e   Z u n g e" wieder erneut faßt usf. Solche Metallzungen benutzt man vor allem in indischen Blasinstrumenten (die in Europa dann fälschlich zumeist als Klarinetten bezeichnet werden, von denen sie im Mundstück aber eben prinzipiell unterschieden sind) und in der chinesischen und hinterindischen Mundorgel, in der mehrere

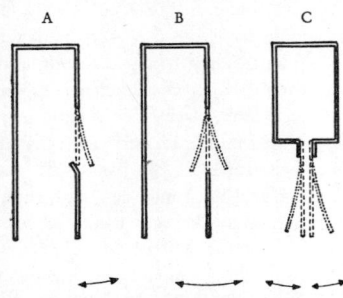

Abb. 49: Rohrmundstücke. A) Aufschlagende Zunge, B) Durchschlagende Zunge, C) Gegenschlagzunge

solcher Pfeifen auf einem Windkörper sitzen, in den hineingeblasen wird. Die in ihrer Länge verschiedenen Pfeifen dieses Instruments besitzen an einer raffiniert ausgesuchten Stelle ein Loch so, daß die entstehenden Schwingungen der ganzen Röhre und des unteres Teiles sich gegenseitig auslöschen. Erst wenn der spielende Finger das Loch schließt, erklingt die Pfeife. Bei einem solchen Instrument mit Pfeifen, die jede nur einen Ton erzeugen, kann man den einzelnen Zungen auch eine etwas verschiedene Ausbildung geben. Das geht nicht bei den Instrumenten, die nur über eine einzige Luftsäule verfügen, die durch Öffnen und Schließen von Löchern verlängert oder verkürzt wird. In diesem Fall muß das Rohrblatt elastischer sein, so daß es sich nach der entstehenden Schwingung des Resonanzkörpers richten kann. Es handelt sich aber trotzdem nicht etwa um eine von der Röhre erzwungene Schwingung des Rohrblatts, sondern dieses bildet den primär schwingenden Teil, aber er ist in seiner Tonhöhe so labil, daß sich diese nach dem Resonanzkörper zurechtrückt. Je nach dem Maß der Beeinflussung durch den Resonanzkörper ist also die Elastizität der Zunge verschieden zu wählen, bei veränderlich abstimmbaren Röhren muß sie nachgiebig sein, bei Instrumenten, die für jeden Ton eine eigene Pfeife verwenden, kann die Zunge selbständig schwingen und gleichberechtigt mit der Resonanzröhre koppeln wie die Platten der Xylophone.

Eine besonders schöne Rolle spielen die aufschlagenden Zungen in den sog. Z u n g e n r e g i s t e r n unserer Orgeln. Als „Regal" hat man früher sogar

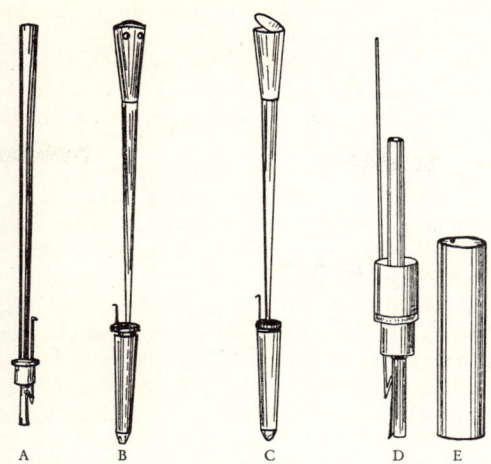

Abb. 50: Moderne Zungenpfeifen (nach Christhard Mahrenholz)
A) Krummhorn, B) Oboe, C) Schalmei, D) Rankett (äuß. Becher abgezogen), E) Rankett, äuß. Becher

kleine Orgeln gebaut, die überhaupt nur aus Zungenpfeifen bestanden. Die „Rohrwerke" baut man mit passend langen „Bechern", wie man ihre Resonanzkörper nennt. Den Klang kann man weitgehend durch die Form des Bechers beeinflussen. Die Länge des Bechers ist nur die Hälfte der einer offenen Flöte, entspricht also einer gedackten Pfeife, offensichtlich, weil die Verbindung zwischen Zunge und Pfeife sehr eng ist und als Abschluß wirkt, ähnlich wie bei der Klarinette. Der Klang besteht dann vorwiegend aus den ungeraden Oberschwingungen des Grundtones.

Unter den Rohrwerken mit abgestimmten Bechern sind die schönsten die Zungenstimmen der Orgel. Zylindrische Becher besitzen Krummhorn, Dulcian, Klarinette, Zink. Die Zungen mit konischen Bechern ergeben die majestätischen Trompeten- und Posaunenstimmen der Orgel. Besonders weite Becher besitzt das Hornregister. Engere Becher bilden den typischen Oboenklang nach. Kurze enge Becher verwendet man für die Schalmeiregister.

Verkürzt man die Becher erheblich, so erhält man die typischen näselnden Klänge der Regale. Da hier die Pfeife nicht abgestimmt ist, ist wieder die Frage der Wechselwirkung zwischen Zunge und Becher entscheidend. Es ist kennzeichnend, daß man hier die Zunge so kräftig baut, daß sie sich mit ihrer Eigenfrequenz durchsetzt, so daß der Becher also nur zur näheren Beeinflussung der Klangfarbe dient.

Benutzt man als Becher nur kurze Röhrchen, die man mit darüber gestülpten Zylindern dackt, so erhält man Rankett, Sordun, dackt man sie mit umgekehrten Trichtern, Singend Kornett und Trichterregal. Abb. 50 zeigt einige Haupttypen der Zungenpfeifen.

Demgegenüber benutzen wir in Mundharmonika, Akkordeon usw. und Harmonium durchschlagende Zungen. Versuche, durchschlagende Zungen auch in der romantischen Orgel zu verwenden, haben dagegen nicht zu größerer Nachahmung geführt.

Bei den Rohrbläsern war die Zunge schwingungsfähig, der Luftstrom war ein starrer Luftstrom, der die Zunge hin und her lenkte. Dieses Erregungsprinzip kehrt man in den Flöten um. Wenn man die Zunge festhält, indem man sie etwa als feste, scharfe Kante baut, und den Luftstrom durch einen schmalen Spalt auf diese Schneide lenkt, so bricht sich der erregende Luftstrom an der Kante und kommt selbst ins Schwingen. Man hat festgestellt (vgl. Abb. 51, s. Tafel 7), daß sich an der Kante oder „Lippe" Luftwirbel bilden und zwar abwechselnd auf beiden Seiten der Schneide, so daß also periodische Druckunterschiede zwischen der Außenseite und der Innenseite der Lippe entstehen. Dadurch aber treten am Anfang der inneren Luftsäule periodische Druckvariationen auf, die sich nun durch das ganze Innere der Pfeife fortpflanzen bis ans vordere Ende und von hier aus in die die Pfeife umgebende Luft. Es gerät also das Innere der Pfeife ins Schwingen und damit wird diese für die Frequenz des entstehenden Tones bestimmend. Der Erregungsvorgang kann hiergegen nichts ausrichten, er ist im Gegenteil so empfindlich, daß er sich auf die Eigenschwingungen der Luftsäule einstellt (vgl. die Darstellung über selbststeuernde Schwingungen, S. 15 f.).

Das einfachste ist offenbar die Methode, den zum Anblasen nötigen feinen Spalt mit dem Mund selbst zu bilden. Man kann dann ein oben angeschliffenes Rohr ohne weiteres anblasen. So haben wir alle als Kinder auf einem Schlüssel gepfiffen. Verbindet man mehrere verschieden große Pfeifen dieser Art miteinander, so erhält man die Panflöte. Bohrt man Löcher in die Flöte, wie man es schon mit den Knochenflöten der Steinzeit tat, so erhält man die „Längsflöte".

In einem fortgeschrittenen Stadium der Flötenentwicklung stellt man den Anblasespalt nun künstlich her. Dadurch wird er genauer und die Flöte funktioniert sicherer. Zuerst hat man Grashalme außen auf die Flöte gebunden („Außenspaltflöte"), wie es heute noch im indonesischen Archipel üblich ist. Sicherer ist es aber, aus dem Mark des Weidenrohres innen einen feinen Spalt herauszulösen, durch den man direkt auf die Schneide bläst. Dieser innen stehen bleibende Block ist das Kennzeichen der Blockflöte. Wenn man das Mundstück noch schön geschweift herstellt, wie man es in Europa im Barock besonders ausbildete, so erhält man die Schnabelflöte (Flûte douce). Der leichten Art der Tonerzeugung wegen eignet sie sich vorzüglich als Anfangsinstrument für den Musikunterricht, — das musizierende Kind kann sein Hauptaugenmerk auf die Musik richten und ist nicht zu sehr durch die Technik des Instruments mit Beschlag belegt. Aber auch im Verein mit dem Cembalo hat sie sich wieder als barockes Soloinstrument eingeführt.

Offenbar ist es auch sehr leicht, einfach in die Wand der Flöte ein Loch zu schneiden und auf dessen geschärfte Kante zu blasen. Da man die Flöte beim Blasen dann quer halten muß, nennt man diesen Flötentyp die Querflöte. Der Blockflöte gegenüber ist sie aber stets sehr viel schwerer anzublasen, denn hier haben sich keine Vorrichtungen konstruieren lassen, mit denen man dem eigenen Mund das Formen des engen, flachen Luftstroms hätte abnehmen können.

Die Blockflöte läßt sich auch ohne weiteres mechanisch anblasen. Dieser Art als „Lippenpfeife" bildet sie das Grundkorpus der Pfeifen der Orgel. Dabei ist von entscheidendem Einfluß auf den Klang der Pfeife das Verhältnis von Weite zu Länge des Klangrohres. Je weiter die Pfeife ist, um so weicher und sanfter klingt sie, je enger sie ist, desto schärfer wird ihr Klang. Weiter muß man bedenken, daß, wenn man ein ganzes Flötenregister berechnet, man durch das ganze Register hindurch dasselbe Verhältnis von Weite zu Länge aufrechterhalten muß, um denselben Klang durch alle Lagen hindurch zu behalten (vgl. S. 15 f.). Das hat man früher nicht immer gemacht, sondern nur die Länge der Pfeifen verändert, die Weite aber durchgehend beibehalten. Es ist klar, daß man dann ein Register erhält, das in der Tiefe als verhältnismäßig eng sehr scharf, in der Höhe als verhältnismäßig weit dagegen sehr weich klingt. Aber auch heute läßt man dieses Verhältnis — die sog. „Mensur" — nicht ganz gleich, sondern läßt die Weite nach der Höhe zu langsamer zurückgehen, — denn hohe Töne klingen ja von allein schon schärfer als tiefe und so ist es ganz erwünscht, wenn die Pfeifen der Höhenlage im Verhältnis etwas weiter sind als die der tieferen Lagen, — jede Oktave besitzt nicht $^1/_2$, sondern $^3/_5$ der Weite der tieferen Oktave.

In der Orgel benutzt man zur Erzeugung verschiedener Klangfarben Flöten verschiedener Mensur und auch verschiedener Form des Körpers. Das Vorbild liefern auch hier die einfachen Flöten, denn die Blockflöte ist konisch gebohrt, und zwar ist sie vorn an der Öffnung enger als an der Lippe, sie ist „verkehrt-konisch", während die Querflöte genau zylindrisch gebohrt ist. Konische Bohrung ergibt einen obertonreicheren, schärferen Klang als die zylindrische Bohrung. So baut man in der Orgel zylindrische, konische und verkehrt-konische Register.

Das zylindrische Normalregister der Orgel heißt Prinzipal. Die tiefste Pfeife C hat bei einer Länge von 263 cm eine Weite von 15,55 cm. Da ein Fuß in fast allen Längenmaßen rund 30 cm ist, sieht man, daß diese Pfeife also 8 Fuß, geschrieben 8′, lang ist. Die Orgel kennt nicht nur Register, die in ihrer natürlichen Höhe klingen, wie sie die gedrückte Taste angibt, sondern auch solche, die 1 oder 2 Oktaven tiefer klingen, also 16′- und 32′-Register, ebenso solche, die 1 Oktave, Duodezime, Doppeloktave usw. höher klingen, also 4′, 2²/₃′, 2′ u. ä. Es gibt auch Mixturen, die auf jedem Ton eine ganze Reihe einen Mischklang ergebender Pfeifen besitzen. Pfeifen, die weiter als die Prinzipale sind, heißen meist Flöten o. ä. mit Zusätzen. Engere Register sollen den Klang der Streichinstrumente nachahmen und nennen sich entsprechend Viola, Violoncello etc. Ein Register, dessen Pfeifen gleich in die Oktave überblasen, heißt meist Querpfeife.

Die meisten Register, die Namen wie Blockflöte, Spitzflöte u. ä. tragen, sind auch tatsächlich verkehrt-konisch gebaut, oben also spitz. Kegelförmig auseinandergehende Pfeifenformen bilden Register, die Dulzian, Schalmei, Zink usw. heißen.

Endlich gibt es noch die oben geschlossenen Register, gedackte. Eine Zwischenform sind die Halbgedackten, die oben eine sehr kleine Öffnung besitzen.

Abb. 52 gibt eine Auswahl von Lippenpfeifen in den genauen Maßen, wie sie Michael Praetorius in seiner Organographia von 1619 mitgeteilt hat.

Schwingende Raumflächen haben wir schon in Gongs und Glocken kennengelernt. In Indonesien verbindet man sie mit darunter aufgehängten, abgestimmten Resonatoren. Die Bronzekessel stehen dabei mit ihrem Rand auf gekreuzten Schnüren, während der Buckel in der Mitte angeschlagen wird, — es handelt sich also um „Gongspiele".

Gespannte Membranen mit nicht abgestimmten Lufthohlräumen trafen wir schon bei den Pauken und bei der menschlichen Stimme. Auch die Lippen kann man einspannen und ähnlich wie die Stimmbänder anblasen. Dann setzt man ihnen abstimmbare Resonanzröhren voraus, die zumeist aus Blech bestehen.

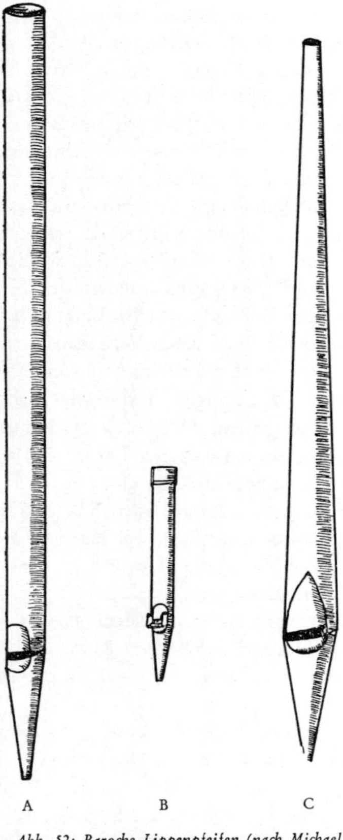

A   B   C

Abb. 52: Barocke Lippenpfeifen (nach Michael Praetorius, 1619) A) Prinzipal, B) Nachthorn, C) Gemshorn

Das ergibt die Blechblasinstrumente, zu denen Trompete, Horn und verwandte Instrumente gehören. Die Bohrung ist stets mehr oder weniger konisch, bei den Trompeten enger, beim Waldhorn sehr eng, bei Kornetten, Tuben etc. weit bzw. sehr weit. Die Verlängerung oder Verkürzung des Instruments stellt man dadurch her, daß man das Instrument aus mehreren ineinandersteckenden Teilen baut, die man mehr oder weniger auseinanderziehen kann. Dann spricht man von Zugtrompete, Zugposaune usw. Später dagegen hat man verschiedene Rohrbögen an das Instrument gesetzt, die sich durch Ventile zusätzlich einschalten lassen und entsprechend ihrer Länge den Ton um ½ Ton oder 1 Ton, wenn beide gedrückt sind, um 1½ Ton vertiefen. Man spricht dann von Ventilhörnern usf.

Im Barockzeitalter hat man auch Trompeten aus Holz, die Zinken, — mit sehr enger Bohrung — gebaut.

Die kompliziertesten Musikinstrumente sind diejenigen, die mehrere schwingungsfähige Gebilde miteinander kombinieren. Wir haben schon gesehen, wie sich die primitivsten Saiteninstrumente zu mehrsaitigen Instrumenten entwickeln, die mehrere Saiten nebeneinander auf einen Saitenträger aufspannen. Wenn dieser z. B. eine Schale ist, die etwa auf den Tisch gestellt wird, so kann diese Schale keine nennenswerten Schwingungen ausführen. Wenn man aber einen Resonanzboden aus leichtem Holz nimmt, der nur an den Seiten mit Füßchen oder schmalen Leisten aufgesetzt ist, so hat man schon ein Verbundinstrument — die Zither —, dessen Resonanzboden sehr intensive Schwingungen auszuführen vermag. Diese werden ihm nicht etwa durch die Luft mitgeteilt, — denn dazu sind die Schwingungen der aufgespannten Saiten viel zu schwach —, sondern durch den Steg, der auf ihm ruht und über den die Saiten hinlaufen. Der schwingende Resonanzboden gibt dann die Saitenschwingungen sehr viel intensiver an die Luft weiter, als es die Saiten jemals allein könnten. In der Romantik hat man in der Äolsharfe auch eine Zither durch den Wind anblasen lassen. Merkwürdig ist, daß die entstehenden Schwingungen aber quer zur Windrichtung verlaufen.

Wird die Zither vergrößert und in ihren Teilen noch stabiler gebaut, auch der Leichtigkeit des Spielens halber mit einer Tastatur versehen, so erhalten wir die Klavierinstrumente. Der Unterschied der Zithern und der verschiedenen Typen der Klaviere liegt also gar nicht in ihrem Aufbau, der im Prinzip gleich ist, sondern nur in der Art, wie die Saite erregt wird. Bei der Zither geschieht dies durch Zupfen, entweder direkt mit dem Finger oder mit einem Plektron. Auch das Klavier kennt einen Typ, der die Saiten anzupft, das Cembalo, wenn das Instrument flügelförmig gestaltet ist, oder Spinett, wenn es kleiner ist. Hier sitzt an einer beweglichen Docke ein Kiel, der, wenn die Taste ihn hochdrückt, die Saite mit hochnimmt und anreißt. Beim Heruntergehen der Docke geht diese dagegen

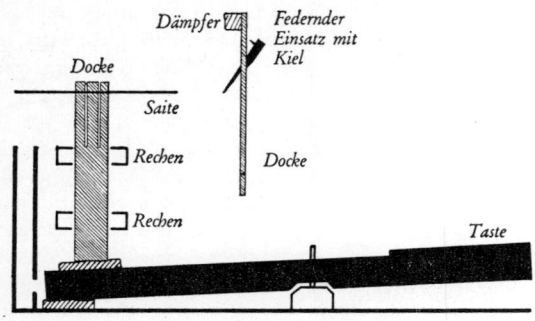

Abb. 53: Mechanik des Cembalos

lautlos an der Saite vorbei, da sie drehbar ist und auch der Kiel sich leicht nach oben ausbiegt. Abb. 53 zeigt diesen Mechanismus.

Noch einfacher ist die technische Ausrüstung des Klavichords. Hier sitzt auf dem hinteren Ende der Taste ein oben zurechtgeklopfter Stift, der von unten an die Saite herankommt. Er erregt die Saite sehr leise, — aber leider nicht in einer, sondern in zwei Schwingungen, denn in dem Augenblick, in dem er an die Saite kommt, teilt er ja zugleich die Saite in zwei Hälften, von denen nunmehr jede schwingt. Um die eine Saitenhälfte zu dämpfen, sind alle oberen Saitenhälften mit einem Samtband umwickelt. Das Klavichord hat den großen Vorteil, daß der spielende Finger in direkter Verbindung mit der schwingenden Saite steht und diese daher dauernd beeinflussen kann. Insbesondere ist es so möglich, einen bebenden Vibrato-Ton zu erzeugen. So ist das Klavichord das geborene Instrument der Empfindsamkeit. Abb. 54 zeigt uns seine Mechanik.

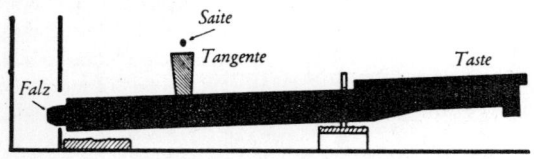

Abb. 54: Mechanik des Klavichords

Von beiden Instrumenten unterscheidet sich das Klavier dadurch, daß für jede Saite ein Hammer vorhanden ist, der sie anschlägt, — daher „Hammerklavier". Bei der sogenannten „deutschen" oder „Wiener" Mechanik sitzt dieser Hammer in einer Öse rückwärts auf dem Ende der Taste, — wie Abb. 55 zeigt. Sein Ende geht am Auslöser vorbei, so daß der vorn befindliche Hammerkopf zunächst nach oben an die Saite geschnellt wird, da er zuerst an der vorspringenden Nase des Auslösers hängenbleibt, dann aber herunterfällt, wenn sein Ende an der Nase des Auslösers vorbeigekommen ist.

Diese Mechanik wurde vor allem von ihrem Erfinder Johann Andreas Stein seit 1773 an seinen Hammerflügeln gebaut, die Mozart so geschätzt hat. Seine Tochter Nanette Stein heiratete 1794 den bekannten Freund Schillers, Andreas Streicher, und beide verlegten die Fabrik dann nach Wien.

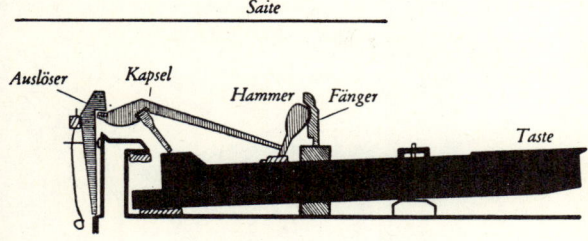

Abb. 55: Deutsche Hammermechanik

Ganz anders arbeitet die sog. englische oder Stoßmechanik. Hier sitzt der nach vorn zeigende Hammer mit seinem hinteren Ende in einer Leiste. Auf der Taste befindet sich der Stößer, der den Hammer nach oben treibt und dann dessen Auslösung besorgt. Abb. 56 zeigt diese Mechanik, die dann die Mechanik der zentralen Romantik ist.

Es ist erstaunlich, daß diese vollendete Mechanik zugleich die Mechanik der Hammerflügel des Erfinders des Hammerklaviers selbst, Bartolomeo Cristofori (seit 1709) ist. Man hat daher immer wieder vermutet, daß diesen ersten Instrumenten doch noch andere Vorläufertypen vorausgegangen sind, die wir nicht mehr besitzen.

1823 erfand dann Sebastian Erard die Repetitionsmechanik. Hier ist

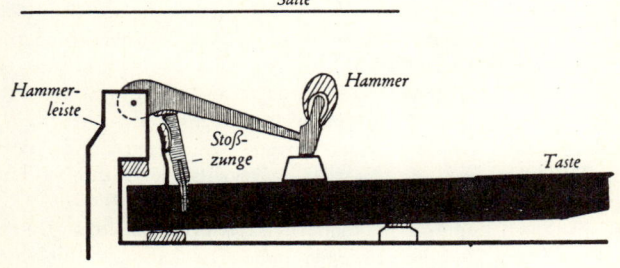

Abb. 56: Englische Hammermechanik

zwischen Stößer und Hammer noch ein Hebeglied eingeschaltet, das vom Stößer hochgetrieben wird und selbst mit einer Stoßzunge wieder den Hammer hochstößt. Auch die Auslösung geht entsprechend in zwei Phasen vor sich. So geht der Hammer bei der ersten Auslösung nur bis zum Fänger des Hebegliedes zurück und erst bei der weiteren Auslösung des Hebegliedes fällt dieses zusammen mit dem Hammer in Ruhestellung. Das hat den großen Vorteil, daß man nun sehr schnell repetieren kann, denn da der Hammer erst halb zurückgefallen ist, kann man ihn sofort von hier aus wieder an die Saite zurückschnellen. Abb. 57 zeigt eine solche Mechanik.

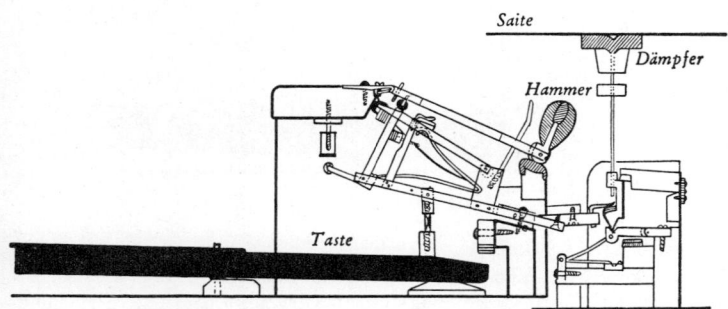

Abb. 57: Erardsche Repetitionsmechanik

Während für Zithern und Klaviere der ebene Resonanzboden charakteristisch ist, verwenden andere Instrumente im Raum gekrümmte Flächen. Damit erreichen sie wiederum einen konzentrierteren Wirkungsgrad. Denn der große flache Resonanzboden eines Flügels vermag seine Schwingungen der Luft naturgemäß intensiv mitzuteilen, ein Instrument von der Größe der Laute oder Geige aber besitzt nicht diese Möglichkeit. Hier hilft eine Raumfläche. Bei der G e i g e wird erst die Schwingung von den Saiten durch den Steg auf die Decke des Geigenkörpers übertragen. Neben dem einen Fuß des Steges steht im Innern des Geigenkörpers die Stimme, die die Schwingungen der Decke wiederum direkt auf den Geigenboden überträgt. Damit überträgt die Geige ihre Schwingungen von den beiden in der Mitte nach außen gekrümmten Flächen — die, da sie am nichtschwingenden Rand fest eingespannt sind und in der Mitte also am meisten schwingen, nach Art eines Gongs funktionieren — von vorn und von hinten auf die sie umgebende Luft und wirkt also fast wie ein Kugelstrahler nach allen Raumrichtungen gleichzeitig.

Ähnlich gebaut sind auch Mandolinen, Lauten und andere Instrumente. Wenn diese Instrumente einen großen Innenraum haben, so funktioniert dieser auch als nicht abgestimmter Hohlraum. In diesem Fall verzichtet man dann wohl auch auf die Schwingungen des Rückens und auf die Stimme, die die Schwingungen der Decke auf ihn überträgt.

Endlich sei hinzugefügt, daß man die zarten Schwingungen der Saiten auf diesen hochgezüchteten Instrumenten auch noch dadurch zu verstärken versucht hat, daß man Resonanzsaiten aufgespannt hat, die sympathetisch mitschwingen, wenn gerade der entsprechende Ton gespielt wird. Dieses Prinzip ist insbesondere bei den indischen Streichinstrumenten beliebt. Von dort ist es im Barockzeitalter über die englisch-indischen Handelsbeziehungen zuerst nach England und von dort auf den europäischen Kontinent gekommen. Die Viola d'amore ist der europäische Vertreter dieses Instrumententyps.

Überblickt man zum Schluß noch einmal die Entwicklung der Musikinstrumente in der ganzen Geschichte der menschlichen Kultur, so bemerkt man, daß sie nicht lediglich ein Fortschreiten von einfacheren zu komplizierteren Typen ist, sondern daß hinter der technischen Vervollkommnung das sinnvolle Prinzip der Herausarbeitung charakteristischer, aber zugleich harmonischer Klänge steht. Deshalb verwendet der Orient solche Mühe auf die Gestaltung der Metallophone, — als schwingende Platten haben sie die denkbar komplizierteste Klangzusammensetzung, aber die Kombination mit abgestimmten Resonatoren, die harmonisch schwingen, mildert, indem sich nunmehr nur die harmonischen Teiltöne im gekoppelten System entwickeln können. Der Vorgang des Spannens von Häuten und Saiten ist außerordentlich sinnreich: in beiden Fällen werden die entstehenden Klangbilder wesentlich vereinfacht; die die Verhältnisse mathematisch ausdrückenden Funktionen gehen vom Imaginären ins Reelle zurück, wobei im zweiten Fall sogar die harmonische Klangzusammensetzung herausspringt. Die Bevorzugung der Saiten bringt dabei zugleich die Reduktion vom Zweidimensionalen ins Eindimensionale, die mathematischen Funktionen vereinfachen sich von den Zylinderfunktionen zu den Kreisfunktionen. Die Ausbildung der Blasinstrumente bringt nicht nur den variablen abgestimmten Resonator, sondern mit ihm die Zurückdrängung des unharmonischen Klanges der schwingenden Zungen durch den bestimmenden Einfluß der harmonisch schwingenden Luftsäule, wobei wieder die imaginären Kreisfunktionen ins Reelle zurückweichen. Die Harmonisierung unharmonischer Klänge und die Erzeugung harmonischer Klänge sind die Leitfäden der Weltgeschichte der Musikinstrumente, die Reduzierung der Zylinderfunktionen auf die Kreisfunktionen und das Zurückgehen vom Imaginären ins Reelle sind die mathematische Formulierung dieser Entwicklung.

5. Die Schichtung der Eigenschaften

Die vier Eigenschaften Höhe, Dauer, Stärke und Klang des Tones sind diejenigen, die für die Musik das Fundament bilden. Von ihnen sind Höhe, Dauer und Stärke in besonders einfacher Weise mit den Bestimmungsstücken der physikalischen Schwingung verbunden. So wie die Frequenz der Schwingung ansteigt, bewegt sich auch der Ton in die Höhe, so wie deren Amplitude zunimmt, wird auch der Ton lauter, — daß dabei das Übersetzungsverhältnis in beiden Fällen ein logarithmisches ist, spielt für das Prinzip keine Rolle. Ebenso ist der momentane Einschwingvorgang bedeutungslos innerhalb des größeren direkten Zusammenhanges, der zwischen der Dauer des objektiven Reizes und der subjektiven Empfindung besteht. Ähnlich, aber nicht so ausgesprochen ist die Verbindung zwischen Teiltonzusammensetzung des objektiven Tons und der Klangfarbe des subjektiven Erlebnisses. Da — vgl. S. 57 f. — jedem Ton und damit auch jedem Teilton eine Maximalerregung entspricht, das objektive Schwingungsgemisch also hier in seine einzelnen Komponenten analysiert vorliegt, geschieht in einer höheren Hirnsphäre notwendigerweise ein Auffassen der Gesamtgestalt dieser Erregungen, — und erst mit dieser ist die Klangfarbe verbunden. Auch der einzelne Sinuston hat einen Klang, — offenbar den einfachsten, den es gibt (daß auch er nicht nur eine, sondern unter Umständen eine ganze Reihe von Erregungsstellen auf der Basilarmembran hervorruft, wird weiter unten besprochen). Es kann auch sein, daß die Zusammenfassung nicht gelingt, der Ton zerfällt dann in mehrere gleichzeitige Töne, ja man kann u. U. auch einzelne Teiltöne für sich „heraushören". Der zusammengefaßte Klang enthält im subjektiven Erlebnis auch die Eigenschaften laut und hoch. Wenn der Klang zerfällt, besitzen die Teile Stärke und Höhe. Der Klang ist dem Ton sehr viel enger verbunden als Stärke und Höhe, — so sehr, daß er selbst dinghaft werden kann und laut und hoch als seine Eigenschaften erscheinen. So sagt man nicht nur: „das klingt schön", sondern auch, dies ist „ein schöner Klang", und so wie es im Optischen dinghaft helles und dunkles Blau gibt, kennt das Akustische leisen und lauten Klang. Und auch im Optischen sitzt die Farbe fester am Gegenstand als die Helligkeit der Farbe. Wenn der Klang sich in dieser Weise verselbständigt, kommt ihm naturgemäß auch die Eigenschaft der Dauer zu.

Wie sich die Lautstärke eines Klanges aus der Erregungsstärke seiner Teiltöne ergibt, ist noch nicht errechenbar. Einfacher verhält es sich mit der Tonhöhe. Sie ist im allgemeinen die des tiefsten Teiltons, — der (vgl. etwa S. 57) nicht unbedingt auch der stärkste zu sein braucht. Das ist auch leicht verständlich: beim Einzelton mit einem Maximum liegt dieses ja an der Spitzenseite der Schnecke und zum ovalen Fenster hin klingt die Ausbiegung ab, die Tonhöhe wird also an den Anfang des Erregungsgebietes

verlegt. Daran wird sich prinzipiell nichts ändern, wenn in der Gesamt-
ausbuchtung noch einige Teilton-Buckel eingelagert sind, und wenn auch
sogar der erste Buckel nicht unbedingt der stärkste ist.

Eine andere Gruppe von Eigenschaften, die man häufig die Masseeigen-
schaften nennt, spielt keine prinzipielle Rolle in der Musik, trägt aber doch
zum Eindruck auch des musikalisch verwerteten Tons wesentlich bei. Tiefe
Töne erscheinen uns auch als dick, breit, schwer, groß, dumpf, dunkel, —
hohe umgekehrt als dünn, schmal, leicht, klein, fest, hell. Mit Recht hat man
(anscheinend vor allem seit Erich Waetzmann) darauf hingewiesen, daß man
die physiologische Entsprechung dieses Eigenschaftskomplexes ebenfalls auf
der Basilarmembran finden kann. Denn tiefe Töne erregen eine lange
Strecke, die tiefsten sogar die ganze Basilarmembran, während die höheren
immer kleinere Gebiete bedecken. Es würde also auch die Größe des Erregungsgebietes in der Tonempfindung mit zum Ausdruck kommen.

Auch eine weitere Eigenschaft der Töne hat nur indirekt mit der Musik
zu tun: die Töne erscheinen uns zugleich lokalisiert. Diejenigen Töne, die
wir als von außen kommend empfinden, können wir nicht sehr genau auf
ihre Entfernung schätzen, wobei wir uns anscheinend auf Klangfarben-
urteile stützen, dagegen vermögen wir aufs genaueste die Richtung anzugeben, aus der sie kommen. Die Erklärung hat man in verschiedenen Erscheinungen gesucht. Zunächst sprechen gewichtige Gründe dafür, daß die
Bogengänge des Innenohres, die schon das Gleichgewichtsgefühl vermitteln,
auch für die Erkennung der Richtung eine Bedeutung besitzen. Andererseits
hat man einwandfrei zeigen können, daß die Richtungswahrnehmung auf
dem Zusammenwirken beider Ohren beruht, die von einem und demselben
Schall ja in etwas verschiedener Weise erregt werden, da der Weg zu beiden
Ohren verschieden lang ist. Mir scheint, daß möglicherweise beides zusam-
menwirkt, daß die Bogengänge eine primitive Richtungsandeutung geben,
während der binaurale Vergleich als spätere Errungenschaft die exakte Win-
kelbestimmung hinzufügte. Ähnlich gibt am Auge ja auch die Erscheinung
mit ihrer Schärfe oder Unschärfe usw. schon ungefähr die Entfernung mit
an, während der exakte Raumsinn ja erst durch den binokularen Vergleich
entsteht. Und ähnlich, glaube ich, scheint es sich auch mit der genauen Ton-
höhenbestimmung zu verhalten. Denn die Medizin hat festgestellt, daß das
Erregungsmaximum selbst auch schon so breit ist, daß nicht die Unzahl von
Tonhöhen unterscheidbar sein kann, die wir tatsächlich unterscheiden können. Man hat angenommen, daß zu diesem Zweck in der weiteren Fortlei-
tung der Nerven die Erregungsbreite verschmälert wird. Ich möchte aber
darauf hinweisen, daß auf der Basilarmembran zwei verschiedene Arten
von Nervenzellen eingebaut sind, so daß auch hier die zweite vielleicht eine
spätere Erwerbung ist, die eine exaktere Bestimmung des Maximums vornimmt.

Bei der Beurteilung psychologischer Theorien ist auch zu berücksichtigen, daß Störungsvorgänge im Ohr nicht nach außen lokalisiert werden, sondern daß wir sie als im Ohr klingend empfinden. Das gilt zum Beispiel für Kombinationstöne (vgl. unten). Es trifft ebenso für die Töne des Ohrenklingens zu, die ja überhaupt vollständig subjektiv erzeugt werden.

Einige Forscher weisen (im Anschluß an Wolfgang Köhler) dem Ton auch eine Vokalität als Eigenschaft zu. Nun wird niemand bestreiten, daß selbst einfache Töne in bestimmten Lagen etwa u-artig usw. klingen. Aber ich würde denken, daß damit eine Ähnlichkeit der Klangfarben vorliegt, die in einer genaueren Untersuchung der Dimensionen der Klangfarbe sich in ihrem Wesen erklären ließe. Keineswegs jedoch ist hierin eine neue, und sogar noch fundamentale Eigenschaft zu sehen.

Ebensowenig vermag ich die von manchen Forschern postulierte Tonigkeit als selbständige Eigenschaft anzuerkennen. So wie bei der Vokalität handelt es sich auch hier nicht um eine Eigenschaft des einzelnen Tones, sondern um eine Relation, in die man ihn mit anderen Erscheinungen, diesmal mit anderen Tönen, setzen kann. Die Tonigkeit ist nämlich nur ein neuer Name für das, was die Musik seit jeher als tonale Funktion, Tonalität usw. bezeichnet und was auch wir hier unter diesem üblichen Namen weiterführen wollen. Aber daß ein g ein g ist, das liegt nicht allein an seiner Tonhöhe, sondern das entsteht erst, wenn man es mit einem c vergleicht. Die Dominantfunktion erhält das g erst im Zusammenhang des C-dur, — es handelt sich also um eine Gestalteigenschaft, die Teilen einer Gesamtgestalt erst im Verband des Ganzen zukommt. Heinrich Schole und etwas später Gerhard Albersheim haben das bereits 1930 bzw. 1939 ganz einleuchtend klargestellt.

Nicht zu den Eigenschaften des Tones endlich gehören auch die Assoziationen, die sich mit ihm im Lauf der Menschheitsgeschichte verbunden haben. Daß diese Tonart traurig ist, jene die Jugend verdirbt, andere Feuer und Unglück bringen, einige männlichen Charakter, andere weiblichen haben, das sind Dinge, die an außermusikalischen Zusammenhängen liegen. Sie stammen aus der Epoche, in der die Musik mit der Harmonie der ganzen Welt kosmisch verbunden war, — und dort werden wir sie auch genauer betrachten. Aber sie ergeben keine Basis einer Tonpsychologie, sondern gehören in die Musikästhetik.

BILDTEIL

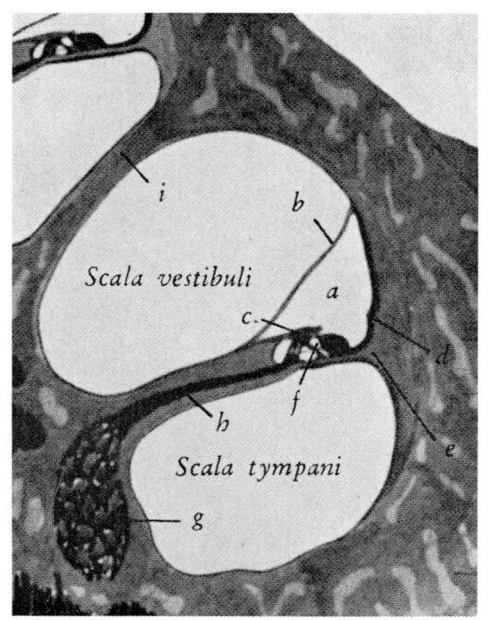

Abb. 6. Axialer Schnitt durch die entkalkte zweite Schneckenwindung eines neugeborenen Kindes.

a = Ductus cochlearis
b = Membrana vestibularis
c = Membrana tectoria
d = Stria vascularis
e = Lig. spirale cochlea
f = Organon spirale
g = Ganglion spirale cochlea
h = Lamina spiralis ossea
i = Zwischenwand

(Aus: Toldt, Anatomischer Atlas, durchgesehen und hrsg. von Prof. Dr. F. Hochstetter, Bd. III, S. 951, Abb. 1477, Berlin und Wien 1928, Urban & Schwarzenberg.)

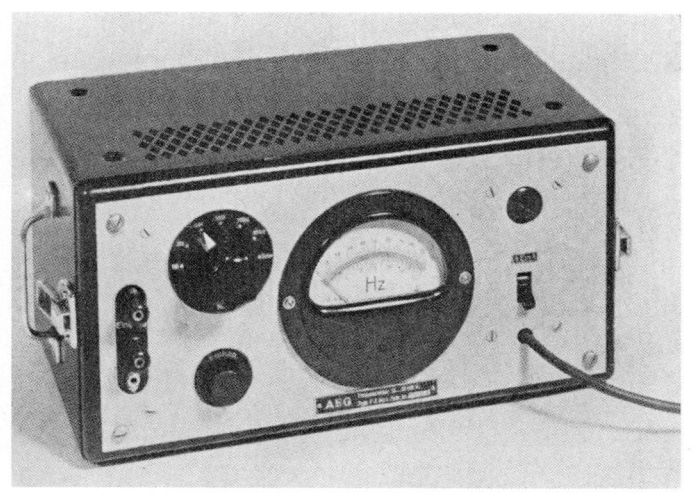

Abb. 7: Frequenzzeiger der Firma AEG, Frankfurt

Abb. 11. Frequenzmeßgerät der Firma Wandel & Goltermann, Reutlingen

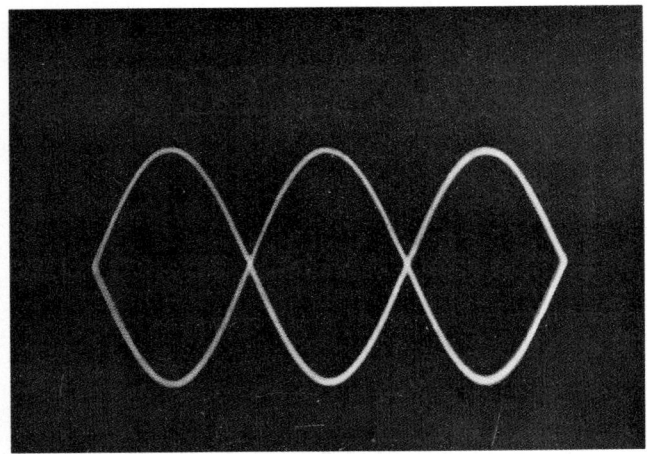

Abb. 19. Schwingungsfigur der Quinte 3:2 bei Synchronisierung mit Kippschwingung

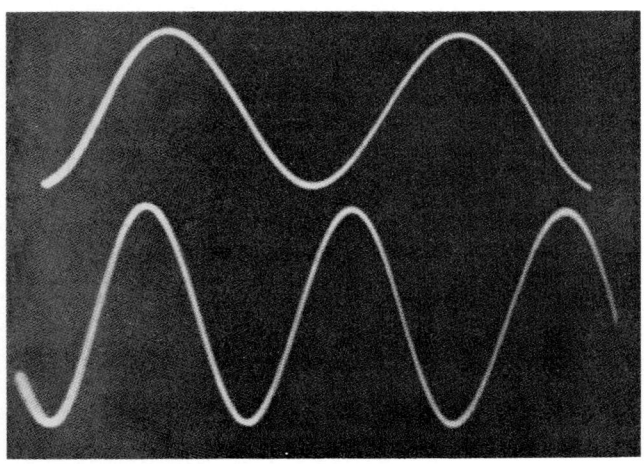

*Abb. 20. Schwingungsfigur der Quinte auf einem Doppelstrahloszillographen
bei Generatoreinstellung auf die Unteroktave*

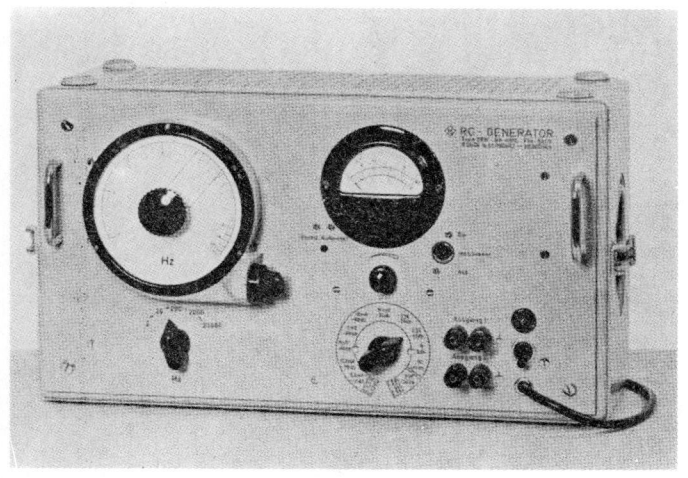

Abb. 22. RC-Generator der Firma Rohde & Schwarz, München

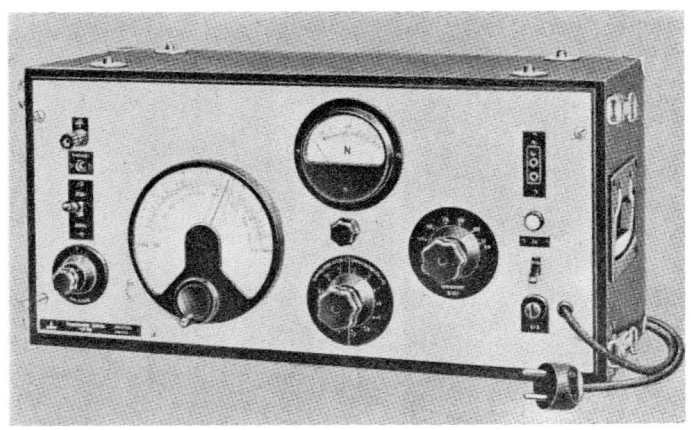

Abb. 23. Schwebungssummer (Pegelsender) der Firma Siemens & Halske, München

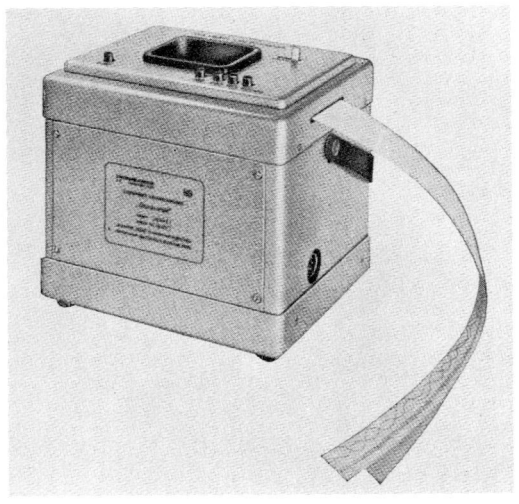

Abb. 25. Tragbarer Kleinschreiber der Firma Hartmann & Braun, Frankfurt

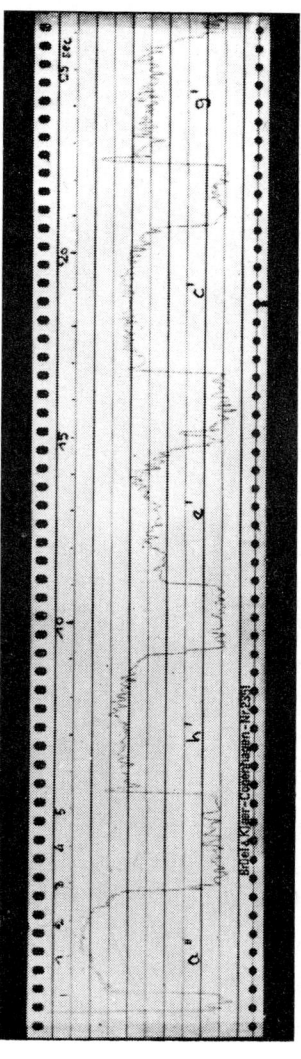

Abb. 26: Lautstärkekurve einer Violinfigur

Tafel 4

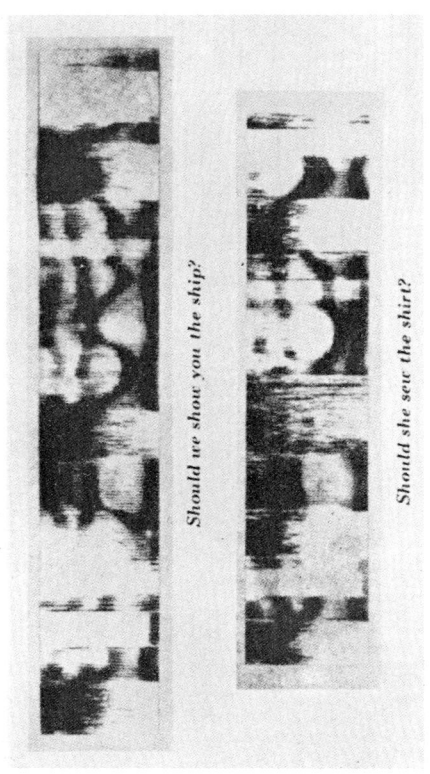

Should we show you the ship?

Should she sew the shirt?

Have you cash to buy the shirt?

We should pay cash to save

Be casual about it

Abb. 37. Sätze in visible speech

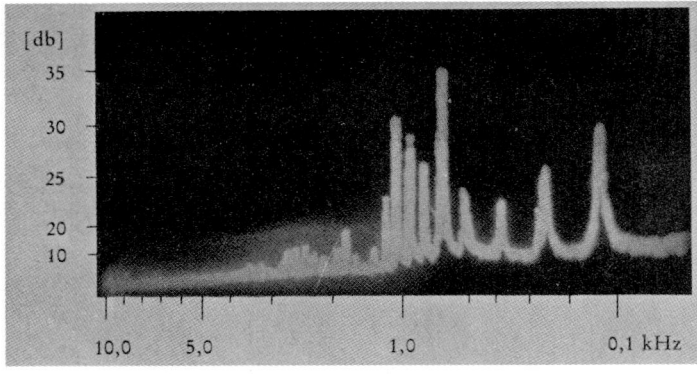

Abb. 39. Originalaufnahme der Suchtonanalyse des Vokals a von Abb. 36

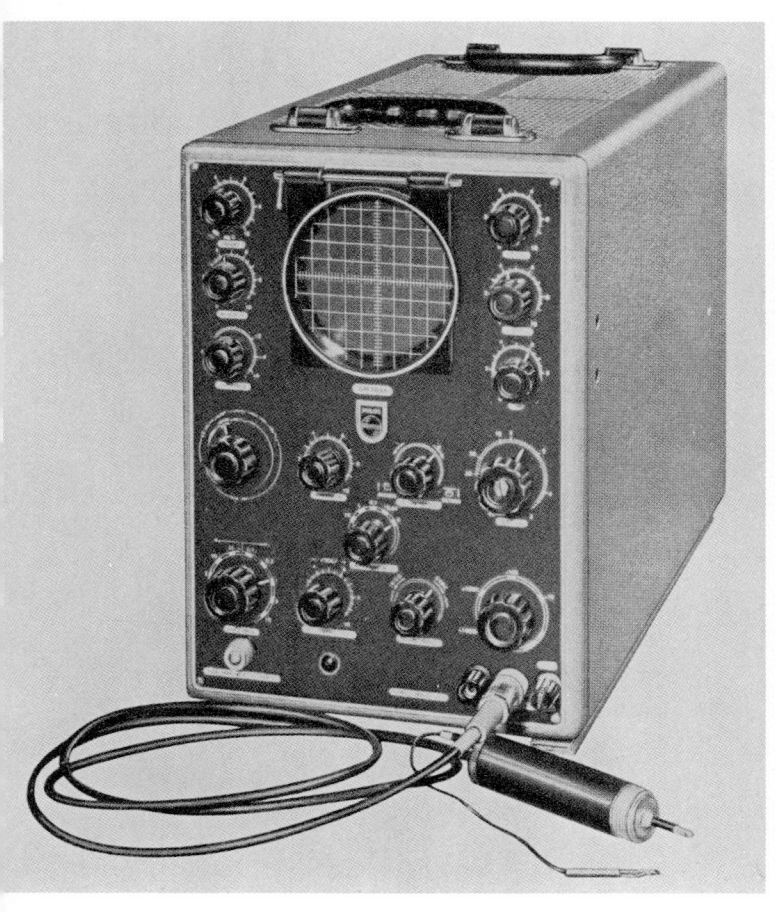

Abb. 40. Niederfrequenz-Oszillograph der Firma Philips, Eindhoven

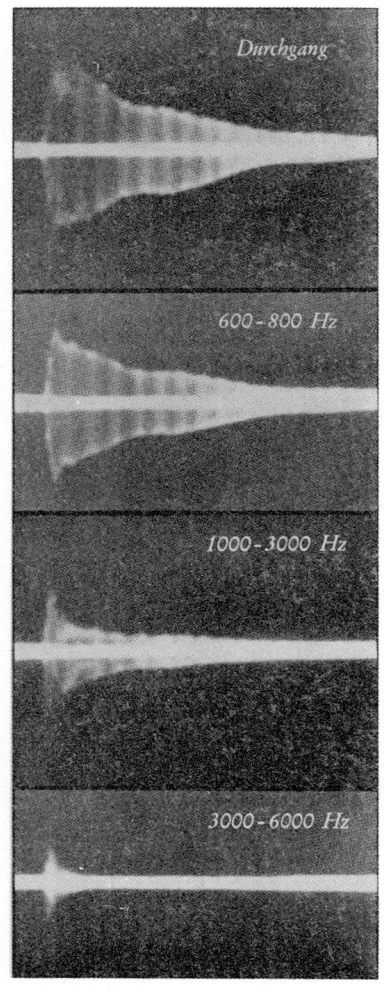

Abb. 41. Oszillogramm eines Geigenpizzikatos auf g₁

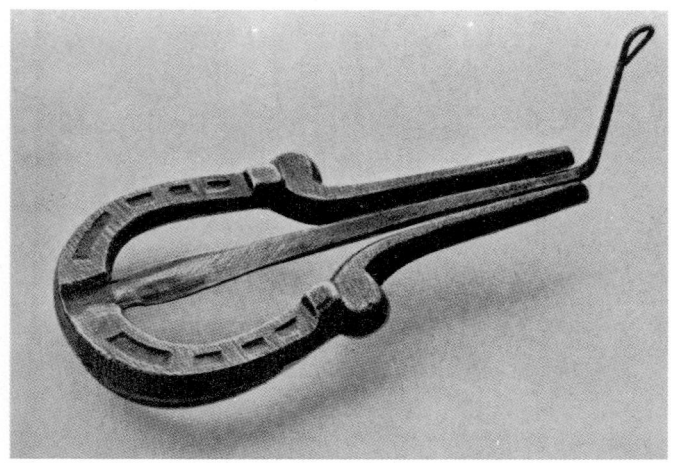

Abb. 48. Maultrommel

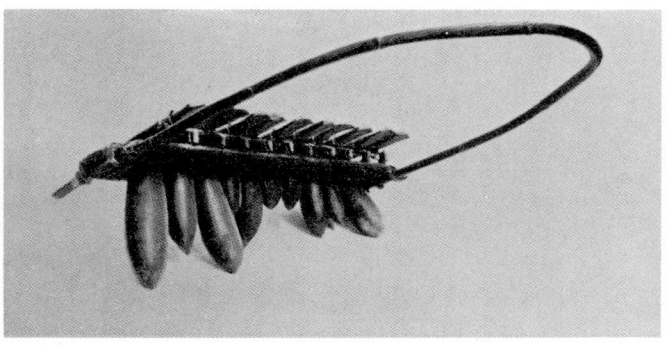

Abb. 60.

Xylophon der Azande (mit Genehmigung des Musée-Royal du Congo Belge, Tervuren)

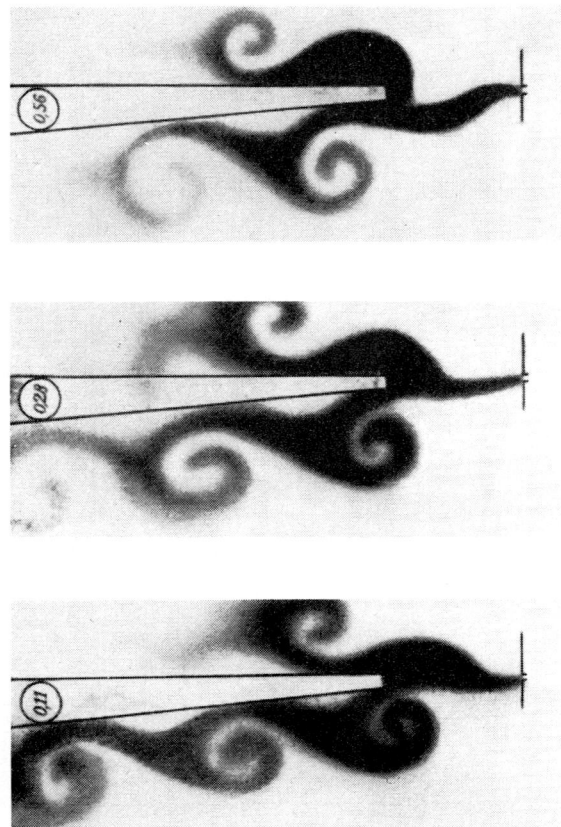

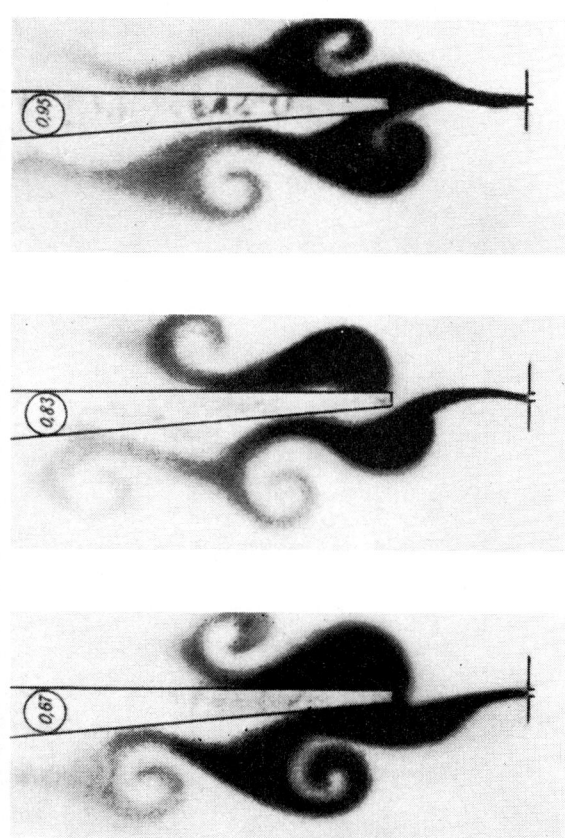

Abb. 51. Wirbelbildung an der Lippe einer Orgelpfeife (nach Carrière)

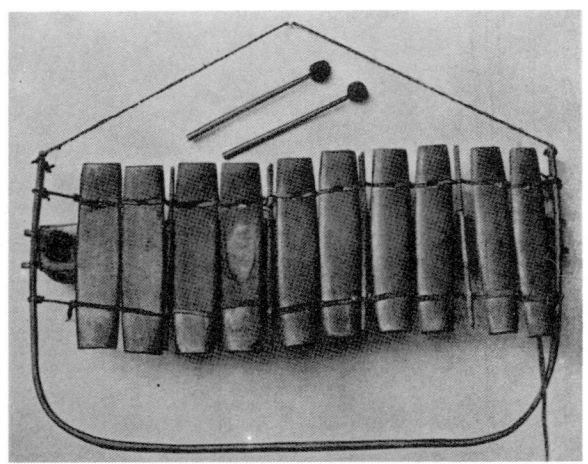

Abb. 61. Xylophon aus Portug. Ostafrika (Museum für Völkerkunde Hamburg Nr. C 2444)

Abb. 62. Südostafrikanische Sansa (Museum für Völkerkunde Hamburg Nr. 18. 44 : 7)

II. DAS KUNSTWERK UND SEINE BESTIMMENDEN SEITEN

Einleitung: Kunstwerk und Ton

Es ist zu erwarten, daß auch das Kunstwerk verschiedene Dimensionen aufweist, die mit den Eigenschaften parallel laufen, die den einzelnen Ton charakterisieren. So kann ich die Tonhöhe des einzelnen Tones als variables Element benutzen und erhalte dann eine Melodie. Ich kann weiter die Dauer der einzelnen Töne dieser Melodie genau aufeinander abstimmen und komme so zur Rhythmik. Die Lautstärke erlaubt eine Schattierung nach wieder einer anderen Seite. Und endlich vermag auch die Klangfarbe eine letzte Ebene zu geben, auf der eine reiche Auswahl von Möglichkeiten eine Unzahl künstlerischer Effekte herzustellen erlaubt.

Freilich sind das nicht alle Möglichkeiten. In der Geschichte der musikalischen Kunst hat man entdeckt, daß die Tonhöhe noch eine zweite Kombinationsmöglichkeit zuläßt. Zur Formung von Melodien kann man beliebige Tonhöhen aneinanderreihen, wenn man sich aber auf bestimmte zueinander passende Tonhöhen beschränkt, dann kann man diese sogar gleichzeitig verwenden. Es ist verständlich, daß die Menschheit zur Entdeckung dieses Prinzips länger gebraucht hat und daß die mehrstimmige Musik daher erst in einer hochentwickelten Stufe der musikalischen Geschichte auftaucht. Eine rein technische Voraussetzung war ja schon die, daß sich die oben geschilderte Entwicklung der Musikinstrumente so weit vollzogen haben mußte, daß man die Herstellung harmonischer Klänge beherrschte, — denn die volle Harmonie des Klanges tritt erst auf, wenn sowohl die Teiltöne der Musikinstrumente wie die Einzeltöne der mehrstimmigen Akkorde zusammen harmonieren. So ist die Melodik also auch in der historischen Entwicklung ebenso wie im prinzipiellen Aspekt früher als die Harmonik. Deswegen ist sie an erster Stelle zu behandeln und ihre Ordnungsprinzipien sind als die älteren anzusehen. Diese bezeichnet man als m o d a l e , während die Richtlinien, nach denen sich der Aufbau der mehrstimmigen Harmonien und demzufolge dann auch der Aufbau der Melodien in diesen Kunstwerken vollzieht, als t o n a l e bekannt sind.

Überblickt man die verschiedenen Seiten des Kunstwerks nochmals, so ist die Harmonik also jünger. Aber auch Besetzungspraxis und Instrumentation sind neueren Datums, denn erst mußte man Instrumente ausgesprochener Klangfarben besitzen, ehe man diese einander gegenüberstellen konnte (freilich besitzt die Singstimme mit dem Falsett schon eine zweite abweichende Klangfarbe). Ebenso waren die ältesten Instrumente nicht imstande, verschiedene Stärkegrade zu erzeugen (man denke etwa an die Flöten), was freilich wiederum die Singstimme kann. Jedenfalls sind in der Instrumentalmusik Melodie und Rhythmus die ältesten Seiten. Das noch weiter zu diskutieren und dann etwa mit Hans v. Bülow festzustellen, daß „am Anfang der Rhythmus war", sei jedoch dem Leser überlassen.

1. Die Melodie

Die Prinzipien des rein melodischen Aufbaues, d. h. also die Prinzipien der Modalität, wird man erst betrachten können, wenn man zuvor das Urelement der Melodie, das nur aus zwei Tönen bestehende Intervall, untersucht hat. Wenn man von seiner harmonischen Eignung absieht, also nur seine melodische Funktion im Auge hat, dann kommt dem Intervall offensichtlich nur eine einzige Eigenschaft zu, seine **Größe** oder **Distanz**.

Das Intervall kann ein Tonschritt sein, wenn es über eine gewisse Größe nicht hinausgeht. Ist das Intervall dagegen erheblich viel größer, so spricht man von einem Sprung. In unserem technischen Zeitalter hat man sich auch vorgestellt, daß zur Ausführung eines Sprunges eine Kraft und eine hinter dieser stehende Energie stecken muß, und so ist die Melodie zu einem „dynamischen Kräftespiel" geworden. Heinrich Schole hat mit besonderer Betonung darauf hingewiesen, daß die reine psychologische Betrachtung des Intervalls von alledem nichts entdeckt, und daß die musikalische Energetik, wie sie etwa Ernst Kurth ganz ausgesprochen vertreten hat, von hier aus nicht gestützt werden kann. Es handelt sich also offenbar wieder um Assoziationen, die ein technisch und physikalisch denkendes Zeitalter in die Musik hineinprojiziert, so wie magisch und kosmisch eingestellte Epochen der Menschheit die Töne mit Göttern und Sternen verbanden und Melodien mit Zauberkräften versahen, die die Welt in Brand setzen und die Sonne verdunkeln konnten.

Aber Tonschritt und Sprung sind auch nur regional begrenzte Formulierungen. Die Griechen sprachen von diastema, was ebenso wie diastasis den „Abstand" bedeutet, genauer „das Auseinandergestellte", wiederum dasselbe wie das moderne „Distanz", das im Lateinischen „das Auseinanderstehende" bedeutet. Noch anschaulicher bezeichnet „intervallum" des Lateinischen den Zwischenraum „zwischen Zaunpfählen" (vallus und vallum = Pfahl). Aber auch wenn alle diese Ausdrücke etwas verschieden in der Nuancierung sind, eines ist ihnen doch gemeinsam: sie beziehen sich alle auf etwas Räumliches und diese räumliche Vorstellung ist stets eine horizontale: Schritt und Sprung vollziehen sich ebenso auf einer waagerechten Geraden, wie der Abstand zwischen zwei gleich hohen Gegenständen, insbesondere Pfählen, gedacht wird. Es ist also außerordentlich bezeichnend, daß hier nicht mehr von der Tonhöhe und von einer Melodie„bewegung" herauf und herunter die Rede ist, sondern von einem Schreiten zwischen mehreren verschiedenen, aber in einer Ebene befindlichen Punkten.

Demgegenüber streuen die Ausdrücke für die Tonhöhe mehr. Der Grieche spricht von topos, Ort, statt „hoch" sagt er oxys, „scharf", statt „tief" barys, „schwer". Ebenso redet der Lateiner von acutus, „scharf" und „gravis" schwer. Wo der Grieche von hoch und tief in seinem Notensystem spricht, sind ausgerechnet die Bezeichnungen den unseren gegenüber vertauscht, weil auf der Kithara bzw. dem Instrument, an dem die Terminologie der Tonleiter entwickelt wurde, die tiefen Saiten zuoberst und die hohen zuunterst lagen. Man sieht, wie wenig die Töne selbst als hoch und tief vorgestellt wurden, wenn eine solche umgekehrte Bezeichnung möglich war. Bei Erhöhungen und Vertiefungen spricht noch das Mittelalter von durum und molle, hart und weich, und dies führt auch zu den modernen Bezeichnungen wie englisch sharp, scharf und flat, platt. Alle diese Bezeichnungen für die Tonhöhe entspringen also der geschilderten primitiveren Masseeigenschaft des Tones, die der mehr oder weniger großen Erregungsfläche auf der Basilarmembran entspricht, — lediglich das griechische topos phones, „Stimmort", bezieht sich auf eine Lage, und zwar kennzeichnenderweise wieder eine horizontale. Ob das „hoch" der germanischen Sprachen unbedingt eine senkrechte Richtung meint, erscheint übrigens auch nicht ganz sicher. Im Mittelhochdeutschen bedeutet „hoch" und „hohe" beides im Akustischen „laut", — auch ein „hohes" Fest ist eigentlich ein laut prunkendes und „hochklunge" bedeutet „von erhabenem Klang". Unsere moderne Interpretation der „hohen" Töne als räumlich höherliegend scheint also überhaupt vielleicht eine sehr späte Umdeutung zu sein.

Nach alledem kann man aus der Etymologie der Tonbezeichnungen entnehmen, daß die Töne nicht in einer senkrechten Richtung übereinanderliegen (wie es die moderne Tonpsychologie so gern wahrhaben möchte, um sich ihre senkrechten Oktavspiralen konstruieren zu können), sondern daß das für den einzelnen Ton Charakteristischste seine Reizwirkung, spitz oder schwer, ist. Das ist ganz genau so der Unterschied zwischen dem Effekt eines „spitzen" Nadelstiches und dem eines „schweren" Hammerschlages. Ein Tonraum läßt sich aus der angeblichen Tonhöhe also erst recht nicht aufbauen.

In dem Augenblick aber, wo wir von einem Ton zu einem anderen übergehen, tritt also zwar keine Raumvorstellung auf, — denn dazu gehören drei Dimensionen —, wohl aber eine eindimensionale Linie, auf der sich die Töne waagerecht nebeneinander gruppieren. Auf dieser „Tonlinie" kann man „schreiten" und „springen". Es wäre daher besser gewesen, man hätte nicht von „Tonhöhe" gesprochen, sondern — ähnlich dem Griechischen — etwa von „Tonlage". Aber dieser ja tatsächlich existierende Begriff be-

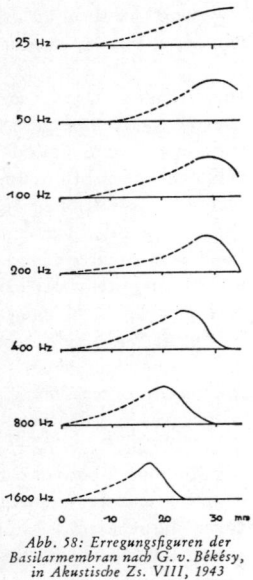

Abb. 58: Erregungsfiguren der Basilarmembran nach G. v. Békésy, in Akustische Zs. VIII, 1943

zeichnet nur die ungefähre Tonlage, Sopran Baß, hoch, tief, — übrigens so auch vor allem im Griechischen. Analog spricht man ja allgemeiner auch von „Stimmlage".

Diese seelische Auffassung von der Tonhöhe als einer geraden Linie hat bereits, wie oben ausgeführt, ihre Begründung im Physiologischen. Abb. 58 zeigt nach Georg von Békésy für verschiedene Frequenzen die Erregungsfigur der Basilarmembran nach Versuchen an Leichenohren.

Haben wir oben für die Tonhöhe und ihre exakte Festlegung die Lage des Amplitudenmaximums in Anspruch genommen, so ist damit eben gesagt, daß das Ohr eigentlich ein Lagesinn ist, wie wir ihn auch auf unserer Haut besitzen und wie er auch im Innern unseres Körpers vorhanden ist. Wenn die Töne nun aber in dieser Weise durch ihre Lage auf einer Tonlinie bestimmt sind, so ist es außerordentlich verständlich, wenn ein Intervall als Zwischenraum empfunden wird. In dem Augenblick, in dem ein Ton verklingt und ein anderer neu ertönt, erlischt ja ein Reiz an einer bestimmten Stelle der Basilarmembran und dafür tritt an einer anderen Stelle ein neuer auf. Es ist tatsächlich so, als ob der Reiz von der einen Stelle zur anderen geschritten oder gar gesprungen sei. Genau so können wir uns etwa auf unserer Hand an zwei verschiedenen Stellen stechen, es erscheint uns, als ob der Stich, den wir ja auch mit einem Urheber verbinden, von der einen Stelle zur anderen gesprungen sei. Und dabei haben wir ebenfalls ein recht genaues Abstandsgefühl. Ebenso wie beim Hören sind auch hier die Genauigkeiten sehr viel größer, wenn die Reize nacheinander folgen, als wenn sie gleichzeitig auftreten. Und noch eine weitere Analogie ist außerordentlich bemerkenswert: So wie bei der Erregungsfigur der Basilarmembran das Erregungsmaximum am Ende liegt, genauso scheint so hat man vermutet (M. v. Frey, a. a. O., S. 99), die Umrandung einer größeren Reizfläche auf der Hand o. ä. den maßgebenden Reiz auszulösen. Und man darf vielleicht darauf hinweisen, daß auch der Tastsinn insbesondere in seiner Verstärkung als Schmerz durchaus den Übergang zum Musikalischen vollzieht, — denn wenn unsere Zähne schmerzen, „singen" sie bekanntlich, sogar in durchaus verschiedenen Tonlagen.

Bei Behandlung der Tonhöhe haben wir schon gesehen, daß die Lage der

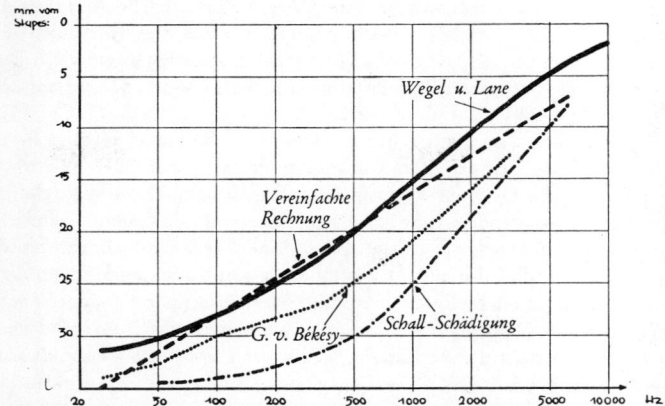

Abb. 59: Genauigkeit der logarithmischen Tonlage (gestrichelt) im Verhältnis mit den Versuchen von Wegel und Lane, G. v. Békésy und nach Schallschädigungsversuchen, zusammengestellt von O. F. Ranke (a. a. O., S. 92)

Erregungsmaxima auf der Basilarmembran in logarithmischem Verhältnis zu den objektiven Frequenzen steht. Wieweit in den verschiedenen Tonlagen das logarithmische Verhältnis tatsächlich stimmt, hat Otto F. Ranke genau herausgearbeitet. Seine Zusammenstellung folgt hier als Abb. 59.

Diese Kurven zeigen, daß sie im mittleren Bereich einigermaßen gerade hochlaufen, an den Enden sich aber krümmen. Das bedeutet, daß wir im mittleren Hörbereich eine genauere und gleichmäßigere Lokalisierung besitzen wie an den Randgebieten, und das wird durch musikalische Tonversuche jederzeit sofort bestätigt. In der Mitte aber ist die Entsprechung ganz genau logarithmisch.

Mit dieser recht guten logarithmischen Abhängigkeit der maximalen Erregungsstellen auf der Basilarmembran von den objektiven Frequenzen ist nun erreicht, daß gleiche objektive Verhältnisse subjektiv als gleiche Intervalle auftreten. D. h., gleiche objektive Intervalle erscheinen auf der Basilarmembran als gleiche Abstände. Gleichgültig, ob eine Quinte mit dem Schwingungsverhältnis 3:2 also eine Quinte in der hohen Lage 2100:1400 Hz oder eine Quinte in der tiefen Lage 300:200 Hz ist, sie markiert auf der Basilarmembran immer denselben „Sprung" von demselben mm-Abstand. Damit kann man nun wirklich sagen, daß demselben Reizabstand auf der Basilarmembran subjektiv derselbe Intervalleindruck entspricht und daß die Empfindung des musikalischen Intervalls nicht nur psychisch in einer Abstandsempfindung auf einer Tonlinie besteht, sondern auch tatsächlich die Empfindung eines Abstandes auf einer Linie ist, nämlich des Reizabstandes auf der langgestreckten Basilarmembran. Das will ich die „Abstandstheorie des Intervalls" nennen und mir scheint, daß diese Theorie imstande ist, den (logarithmischen) Zusammenhang des musikalischen Intervall-Phänomens mit dem physikalischen Verhältnis zweier Schwingungen durch den Rekurs auf die Lage- und Abstandsverhältnisse bzw. -empfindungen auf der Basilarmembran einleuchtend zu erklären.

Wenn das Intervall somit durch einen Abstand bestimmt wird, so ist es das einfachste Verfahren, in die unendlich große Anzahl der möglichen Abstände dadurch Ordnung zu bringen, daß man nach Möglichkeit gleiche Intervalle zu verwenden trachtet. Dieses Konstruktionsprinzip erfordert naturgemäß keine irgendwie gearteten Beschränkungen, denn rein theoretisch wäre es möglich, daß sich aus irgendwelchen musikalischen oder außermusikalischen Gründen ein bestimmter Abstand normalisiert hätte ,— das könnte in verschiedenen Kulturen dann auch ein ganz verschiedener Abstand sein. Wenn dieses Stadium der Ausbildung von Standardintervallen existiert hat, so ist es jedenfalls nur ein Übergang gewesen. Denn in allen großen Musiksystemen der Erde ist ein Grundintervall stets als Basis benutzt worden, das der Oktave. Sie entstand (darüber im nächsten Abschnitt Genaueres) nicht durch Zufall, sondern sie ist von Natur aus unter allen beliebigen Intervallen besonders bevorzugt: sie ist oft sogar überhaupt kein Intervall, sondern wird als Einklang angesehen und direkt mit ihm verwechselt. Wenn Männer- und Frauenstimmen in Oktaven singen, so empfinden wir auch heute noch darin weniger den Oktavabstand, als vielmehr die Tatsache, daß beide Stimmen dasselbe, etwa in abweichender Klangfarbe, ausführen. Wenn die Oktave also von vornherein als normbestimmendes Intervall feststeht, so kann es nicht mehr darum gehen, beliebige Intervalle zu normieren, sondern es kommen jetzt nur noch solche Intervalle in Betracht, die in der Oktave aufgehen. Das Prinzip, musikalische Intervalle so zu bemessen, daß sie in einem anderen Normintervall aufgehen, nennt man das der **musikalischen Temperatur**. In diesem Fall geht es also darum, temperierte Intervalle so zu finden, daß sie in die Oktave passen. Es gibt aber auch Temperaturen, die andere Grundintervalle verwenden, — so benutzt die sog. mitteltönige Temperatur die Terz als Normalintervall, in das sie die Quinten hineinsetzt.

Im einfachsten Fall der temperierten Systeme könnte man die Oktave in zwei Teile zerlegen, — aber das so entstehende Intervall wäre noch zu groß, da man ja Intervalle zu erhalten wünscht, die auch sangbar sind. Bei Dreiteilung erhält man große Terzen (in Cents: $1200:3 = 400$ C), bei Vierteilung kleine Terzen ($1200:4 = 300$ C). Damit ist man schon in eine einigermaßen befriedigende Größenordnung gekommen.

Aber trotzdem sind alle diese Intervalle in der weltgeschichtlichen Entwicklung der Musik nicht zum Aufbau von Tonleitern herangezogen worden. Dies ist vielmehr erst mit der Fünfteilung der Oktave geschehen. Man erhält dann ($1200:5 = 240$ C) Intervalle, die zwischen kleiner Terz und

Ganzton liegen und fast die Größe des ⁵/₄-Tons (250 C) haben. Dieses Musiksystem ist von der größten Bedeutung gewesen und herrscht noch heute in großen Teilen Afrikas und Indonesiens. Unter dem javanischen Namen Slendro ist es ein Standardbegriff der Musikwissenschaft geworden.

Die nächste Temperatur, die sechsstufige, führt zum Ganzton (1200:6 = 200 C), aber die Ganztonleiter ist nur eine Spielerei des Impressionismus, unser europäisches Musiksystem beruht nicht auf dem Ganzton, sondern ist aus Ganz- und Halbtönen gemischt und daher als Auswahl aus einer zwölfstufigen Temperatur aufzufassen.

Dagegen ist die siebenstufige Leiter wieder ein System von fundamentaler Bedeutung, — das Grundintervall (1200:7 = 171 C) hat etwa die Größe des ⁷/₈-Tons (175 C). In diesem System wird aber bevorzugt nur mit fünf Tönen musiziert, — hier scheint sich anzudeuten, daß das fünfstufige System vielleicht das ältere ist und seine Praxis in einem moderneren System noch weiterbewahrt worden ist.

Die weiteren Temperaturen sind keine selbständig entstandenen Gebilde. Das siebenstufig/fünfstufig arbeitende javanische Pelog ist noch reichlich problematisch. Die javanische Zehnteilung ist nur eine Halbierung des fünfstufigen Slendro. Die europäische zwölfstufige Leiter ist eine nachträgliche Temperierung des reinen harmonischen Systems. Die arabische siebzehnstufige und die indische zweiundzwanzigstufige Leiter endlich sind ebenfalls Angleichungen an reine Systeme.

Autochthon sind also nur die fünfstufige und die fünfstufig musizierende siebenstufige Leiter. So entsteht die Fundamentalfrage der vergleichenden Musikwissenschaft: Wie ist es zu verstehen, daß nur die fünf- und siebenstufige Temperatur entstanden, während alle übrigen sekundär aus reinen Systemen herauswuchsen? Offenbar muß neben der Oktave noch ein weiteres Grundprinzip existieren, das die Auswahl dieser Leitern bewerkstelligt hat. Es war die Idee Erich Moritz von Hornbostels, hierzu die Quinte heranzuziehen.

Nun ergibt die Einbeziehung der reinen Quinte aber keine Temperatur, sondern ein reines System, das sogenannte phytagoreische. Daher griff v. Hornbostel auf die Tatsache zurück, daß Blasinstrumente von Natur aus unreine Intervalle ergeben. Wenn man ein Blasinstrument überbläst, so sind die entstehenden Intervalle normalerweise zu klein. Ebenso wenn man die Löcher eines Blasinstrumentes in gleiche Abstände legt, — es bleibt ja die Weite bei veränderter Länge gleich, wobei sich nicht nur die Klangfarbe ändert (s. oben), sondern auch die Mündungskorrektur eine andere wird, so daß man auch hier vertiefte Intervalle erhält. Die beim Überblasen gedackter Flöten, die ja direkt in die dritte Teilschwingung die Duodezime überblasen, entstehenden Quinten nannte v. Hornbostel Blasquinten, die sich auf Instrumenten mit gleich „gemessenen" Grifflochabständen ergebenden

Maßquinten. E. M. v. Hornbostel nahm an, daß beide Quintenarten denselben Mittelwert von etwa 678 C besitzen. Quinten dieser Größe ergeben nun automatisch einen temperierten Quintenzirkel. Denn es kommen 23 Quinten dieser Größe (23 · 678 = 15 594 C) genau in 13 Oktaven (13 · 1200 = 15 600 C) aus. Dieser von v. Hornbostel sogenannte B l a s q u i n t e n z i r k e l ist eines der meist umstrittenen Probleme der Ethnomusikologie geworden. Vor allem Manfred Bukofzer hat zwei entscheidende Argumente beigebracht. Erstens einmal liefert ein 23stufiger Zirkel, wenn man alle 23 Töne in eine einzige Oktave projiziert, wie man es bei Interpretationen außereuropäischer Tonleitern tut, eine Folge von 23 Vierteltönen (1200 : 23 = 52,2 C). Hat man nun etwa ein siebentöniges javanisches Musikinstrument in seiner Tonleiter zu erklären, so muß man naturgemäß eine gewisse Spanne von Verstimmung zulassen, — denn es ist dort ebensowenig wie in Europa anzunehmen, daß die beabsichtigte Skala mit absoluter Genauigkeit getroffen worden ist. Dann ist dieser Zirkel aber methodisch unbrauchbar, weil sich, wenn man Verstimmungen von ⅛ Ton zuläßt, für jede beliebige Tonhöhe unter den 23 Tönen einer findet, der um weniger als ⅛ Ton von dieser Tonhöhe absteht.

Dieses Argument, das in der Literatur immer wiederholt wird, ist im Prinzip falsch. Denn gewiß ist die rein theoretische Konstruktion eines solchen Zirkels methodisch anfechtbar. Damit ist aber nichts darüber gesagt, daß ein solcher Quintenzirkel in der Praxis nicht doch existieren könnte. Denn die Existenz solcher Zirkel ist überhaupt nicht zweifelhaft, da Indien einen 22stufigen Vierteltonzirkel benutzt, der vordere Orient einen 24stufigen Vierteltonzirkel. Java stand aber unter größtem Einfluß von Indien und Arabien während ganzer Epochen seiner Geschichte. Es wäre nicht im geringsten verwunderlich, wenn in Java ein entsprechender 23stufiger Zirkel entwickelt worden wäre, etwa unter Einfluß eines der beiden anderen Zirkel oder als Vermittlung zwischen den beiden anderen Zirkeln. Das gegen v. Hornbostel anzuführende Argument ist daher ein ganz anderes. Die beiden indischen und arabischen Zirkel sind dadurch tatsächlich belegt, daß sie zu theoretischen Grundanschauungen dieser musikalischen Kulturen gehören, die in allen Lehrbüchern ebenso erörtert werden, wie wir in den unseren unser 12stufiges System den musikalischen ABC-Schützen erklären. Der 23stufige Zirkel aber ist durch keine mündliche oder schriftliche Überlieferung gestützt, sondern eine reine Hypothese. Wenn dieser Zirkel existiert hätte, müßte er in Vergessenheit geraten sein. Das ist aber sehr unwahrscheinlich, da so entscheidende Grundtatsachen einer musikalischen Kultur insbesondere im konservativen Orient auf das sorgfältigste weiterüberliefert werden. Ein entscheidendes Argument ist das aber nicht.

Der These Bukofzers liegt auch noch eine andere stillschweigende Voraussetzung zugrunde. Es wird nämlich angenommen, daß so große Verstimmungen wie die um einen Achtelton in der Praxis nicht vorkommen und daher auch methodisch nicht in Betracht kommen. Mehrere Forscher glauben sogar, daß man bei der Erklärung fremder Tonleitern überhaupt nur sehr kleine Differenzen zulassen dürfe, etwa 3 C oder ähnlich. Wie unmöglich eine solche Anschauung ist, sieht man allein schon daraus, daß das menschliche Gehör selbst im Laboratoriumsversuch nur Unterschiede von höchstens etwa 8 C feststellen kann. Im praktischen Musizieren nehmen wir aber weit mehr in Kauf. Unser temperiertes europäisches System benutzt eine Terz von 400 C anstelle der reinen Terz von 386 C. Das ist ein Unterschied von 14 C, den wir andauernd unserm musikalischen Ohr zumuten. Es ist aber auch interessant, einmal zu sehen, ob unsere europäischen Musikinstrumente tatsächlich überhaupt so gut gestimmt sind, wie manche Forscher es glauben. Gewiß, die wenigen Konzertflügel der Welt, die von sog. „Meisterstimmern" dauernd gepflegt werden, weisen wirklich eine solche Genauigkeit auf. Aber die orientalischen Instrumente, an denen sich der Blasquintenzirkel entwickelt haben soll, sind ja keine Saiteninstrumente, sondern Blasinstrumente, und es fragt sich, ob Blasinstrumente im allgemeinen mit solcher Genauigkeit gebaut werden. Zur Demonstration seines Zirkels benutzte v. Hornbostel außerdem noch Xylophone und Metallophone, — es ist bekannt, daß diese Instrumente aber zum Teil heilig sind und überhaupt nicht nachgestimmt werden dürfen.

Um die Exaktheit üblicher europäischer Blasinstrumente zu prüfen, hat der Verfasser dieses Buches einmal etliche Blockflöten nachgemessen. Eine zur Zeit im Handel befindliche einfache Blockflöte in c besaß folgende Tonhöhen

| Hz: | 524 | 594 | 648 | 689 | 768 | 862 | 965 | 1013 |

anstelle von:

| Hz: | 524 | 588 | 660 | 698 | 784 | 880 | 988 | 1046 |

Die miserable Oktave 524—1013 Hz beträgt nur 1142 C, und ist um fast 60 C, also fast um einen Drittelton zu tief. Im einzelnen besitzen die Intervalle folgende Größen:

| C: | 217 | 151 | 106 | 188 | 200 | 195 | 85 |

anstelle von:

| C: | 200 | 200 | 100 | 200 | 200 | 200 | 100 |

Der Halbton ist einmal um 6 C (also 6%) zu groß, einmal um 15 C (also um 15%) zu klein. Die Ganztöne haben mit Abweichungen von + 17, — 49, — 12,0 und — 5 Abweichungen von 8,5; 24,5; 6,0 und 2,5%. Katastrophal ist die Stimmung des zweiten Ganztones, der mit 151 C die Größe eines $^3/_4$-Tones hat und damit in der Mitte zwischen Halbton und Ganzton steht. Man kann nach den Methoden der mathematischen Statistik das geometrische Mittel der Fehler bilden und erhält dann den sog. mittleren Fehler. In diesem Fall besitzt das Instrument dann einen mittleren Fehler von 12%.

Teure Solisteninstrumente sind naturgemäß auch wesentlich sorgfältiger hergestellt. Hier die Skala eines solchen Meisterinstrumentes.

| Hz: | 512 | 572 | 645 | 684 | 772 | 870 | 975 | 1024 |

Dieses Instrument ist anscheinend nach dem älteren Kammerton a = 435 Hz gestimmt, obwohl es ein modernes Instrument war, das in jedem erstklassigen Musikaliengeschäft geführt wird. Möglicherweise hat auch die abweichende Raumtemperatur eine Rolle gespielt. Dann sind die richtigen Vergleichszahlen:

| Hz: | 518 | 580 | 654 | 690 | 776 | 870 | 976 | 1034 |

Die Grundoktave 512—1024 Hz war mit 1200 C bewundernswert genau. Im einzelnen betrug die Größe der betreffenden Intervalle:

| C: | 192 | 208 | 101 | 210 | 207 | 197 | 85 |

Interessant, wie auch hier der oberste Halbton h-c um 15⁰/o zu klein ist, d. h. also h um ebenso viel zu hoch ist. Offenbar hängt das mit unserer bekannten Gewohnheit, die Leittöne „scharf" zu nehmen, zusammen.

Die prozentualen Abweichungen der einzelnen Intervalle sind 4, 4, 1, 5, 3,5, 1,5 und 15. Diese Abweichungen sind also wesentlich geringer als bei der billigeren Flöte, und tatsächlich beträgt die mittlere Fehlerstreuung nur 6⁰/o gegenüber 12⁰/o der anderen Flöte.

Weitläufige Untersuchungen zeigen, daß auch die orientalischen Musikinstrumente durchaus mit denselben Genauigkeiten gestimmt werden. Wir können sie also auch nach denselben Gesichtspunkten beurteilen. Wenn man dann bedenkt, daß handelsübliche europäische Musikinstrumente um Vierteltöne verstimmt sein können, wird man die v. Hornbostelsche Annahme, daß orientalische Musikinstrumente um ¹/₈-Töne verstimmt sein könnten, kaum mehr als methodisch nicht angängig bezeichnen dürfen. Daß Musikinstrumente bis auf wenige Cents genau gestimmt sind und entsprechend bei der Untersuchung orientalischer Musikinstrumente verfahren werden muß, ist aber völlig unsinnig.

Das zweite Argument Bukofzers ist gewichtiger. Bukofzer hat eine größere Anzahl Flöten angeblasen. Es zeigte sich, daß nicht nur die Mündungskorrektion die Tonhöhe verschiebt, sondern daß auch die Richtung des Anblasestromes von wesentlichem Einfluß auf die Höhe des entstehenden Tones ist. Auch v. Hornbostel hatte angenommen, daß außer der Mündungskorrektion noch weitere noch nicht bekannte Einflüsse zu berücksichtigen seien. Während er aber glaubte, daß diese mit der Mündungskorrektion in derselben Richtung einer Vertiefung der Überblasquinte wirkten, zeigte Bukofzer, daß die entstehenden Quinten nach beiden Richtungen streuen und daß soundsovielen vertieften Quinten auch ebensoviele erhöhte Quinten gegenüberstehen. Die Größe der vertieften Quinten freilich ging durchaus bis auf die von v. Hornbostel angegebenen Werte zurück. Bei der Beurteilung des ganzen Problems der Entstehung der Temperaturen ist aber noch etwas anderes zu bedenken, was die Situation sowohl gegenüber v. Hornbostel wie gegenüber Bukofzer verändert. v. Hornbostel hatte als Grundlage seiner Berechnungen Tonmessungen benutzt, die Jaap Kunst in Java und Bali vorgenommen hatte. Dort sind Slendro und das sehr unregelmäßige und noch nicht in seiner Natur ganz geklärte Pelog die herrschenden Tonarten. Nun hatte Jaap Kunst weitere Musikinstrumente im Musée du Congo belge in Tervueren (bei Brüssel) gemessen. Diese Kongo-Instrumente zeigten einwandfrei ebenfalls Slendroleitern und daneben eine zweite Skala, die Jaap Kunst und mit ihm v. Hornbostel als Pelog deuteten. So kam es zu der These, daß Slendro und Pelog einstmals weite Bereiche der Erde bedeckt hätten, und um sie beide aus einer gemeinsamen noch älteren Stufe abzuleiten, entwickelte v. Hornbostel die Hypothese der Blasquintentheorie. Diese Position ist heute aber nicht mehr zu halten. Aus zum größten Teil im Moment noch nicht veröffentlichten Untersuchungen des Verfassers geht hervor, daß Slendro zwar tatsächlich in großen Arealen Afrikas vorkommt und im Verein mit dem indonesischen Verbreitungsgebiet wohl als eine zentrale Tonart der gesamten Weltgeschichte der Musik angesprochen werden darf, daß die als Pelog erklärten afrikanischen Leitern dagegen keineswegs Pelog sind, sondern im Gegenteil zu den siebenstufigen Tonsystemen gehören, die Carl Stumpf zum erstenmal 1900 so eindrucksvoll der Welt vorführte. Dieser meiner 1939 zuerst vorgetragenen Ansicht hat sich inzwischen auch Jaap Kunst angeschlossen und selbst inzwischen schon mehrfach auch indonesische Leitern nicht mehr als Pelog, sondern als siebenstufig temperiert erklärt. Nach alledem ist Pelog nur noch eine Spezialleiter, die überhaupt nur in Java und dem von ihm beeinflußten Bali auftritt. Das siebenstufige Temperatursystem dagegen ist in Siam, in Indonesien und in Afrika verbreitet und ist damit das zweite musikalische System, das an der Seite des Slendro eine universelle Bedeutung in der Weltgeschichte beanspruchen kann. Heute ist es also nicht mehr die Fragestellung, die Entstehung von Slendro und Pelog zu erklären, sondern nunmehr heißt das Problem, den Ursprung der fünf- und siebenstufigen Temperatur zu erhellen.

In dieser veränderten Situation scheint mir die Idee v. Hornbostels, daß sich die Temperaturen an Blasinstrumenten durch Überblasen entwickelt haben, trotzdem weiter von grundlegender Bedeutung zu bleiben. Freilich kann man nach den Ergebnissen Bukofzers, die aber an einem sehr viel größeren Material noch einmal erst eingehender zu begründen und vor allem zu begrenzen wären, annehmen, daß die Größe der Blasquinte wahrscheinlich in beiden Richtungen schwankt. Dann wäre die Idee v. Hornbostels, daß die Tonleitern an Blasinstrumenten durch Überblasen entstanden, richtig, nur die spezielle Größe der Blasquinte wäre noch festzustellen. Zu diesem Zweck der Korrektur der Blasquintentheorie kann man folgendes überlegen.

Dem Gedankengang v. Hornbostels liegt die Idee zugrunde, daß die Temperaturen keine Temperierungen anderer Systeme sind, sondern daß sie sogar älter als die reinen Systeme und ganz unabhängig von diesen entstanden sind. Das gilt nicht für alle temperierten Systeme, denn unser modernes zwölfstufiges System ist in der Tat eine Temperierung des vorher in Europa im Gebrauch befindlichen harmonischen Tonsystems. Wenn die Blasquinte aber von Natur aus 678 C beträgt, dann bedarf es überhaupt keiner temperierenden Funktion des musikalischen Gehörs, sondern es ergibt sich ohne eine solche ganz automatisch aus der Größe der Blasquinte der 23stufige Quintenzirkel, — da also 678 zufällig eine Zahl ist, die die Eigenschaft besitzt, daß eines ihrer Vielfachen mit einem anderen Vielfachen der Zahl 1200 übereinstimmt. Die Natur hätte sich hier dann einen beinahe boshaften Witz geleistet. Wenn man das nicht von ihr erwartet, sondern sich lieber auf die Fähigkeit des Gehörs verläßt, Intervalle zu beurteilen und auch praktisch auszugleichen, dann braucht man aber überhaupt keine Norm für die Blasquinte anzunehmen. Denn die Blasquinte kann dann ruhig in einem größeren Bereich differieren, die temperierende Funktion des Ohres legt den Normabstand fest, der in der Praxis genau so wenig genau realisiert sein muß, wie es die ideellen Intervalle eines Systems auf den wirklichen Instrumenten des praktischen Musiklebens sind.

Geht man nach diesen Gedankengängen vor, so kann man annehmen, daß die Quinten etwa aus rein statistischen Gründen oder, weil ein bestimmtes Volk etwa eine bestimmte Blasrichtung gewöhnt ist, meinetwegen im Durchschnitt alle zu klein ausfallen. Die Größe jeder einzelnen Quinte dagegen braucht durchaus nicht mit jeder anderen übereinzustimmen. Nehmen wir an, daß die Quinten i m M i t t e l etwa 680 C sind, — nur um eine runde Zahl zu nehmen —, so erhält man bei wiederholtem Überblasen 680 + 680 = 1360 C. Das kann man eine Oktav herunterlegen, so daß sich 160 C ergibt. Rechnerisch bequemer ist es, anzunehmen, daß man immer weiter in die Höhe bläst. Dann ist man nach sieben Schritten bereits bei einem Ton der Höhe 7·680 = 4760 C angekommen. Dieser Ton liegt nur 40 C, also noch nicht einen Viertelton, tiefer als 4800 C, d. h. also vier Oktaven, denn 4·1200 = 4800 C. Der Unterschied wird also als gar nicht so erheblich beurteilt werden und man wird der Meinung sein, daß sich hier eine siebenstufige Temperatur — und zwar automatisch — gebildet hat. Wenn man genauer hinhört, so wird man die Differenz korrigieren, indem man die Blasquinte ein bißchen in die Höhe treibt, was ja auf das leichteste möglich ist. Man braucht dabei nur auf 686 C zu kommen, — 7·685,7 ergibt genau 4800. Wenn die Blasquinte also nur überhaupt im Mittel tiefer ausfällt, so wird die temperierende Funktion des Gehörs die exakte Temperierung herstellen, wobei sich die siebenstufige Temperatur ergibt.

Nimmt man umgekehrt an, daß sich aus denselben Gründen, etwa bei

einer anders eingestellten Anblashaltung, die in einem bestimmten Kulturkreis herrschend geworden ist, in der Regel zu große Blasquinten entstehen,
so ergibt sich ganz genau eine zweite Temperatur. Die Quinten von 680 C
sind um 20 C zu klein gewesen. Nehmen wir an, sie fielen vielleicht jetzt
im Mittel um 20 C zu groß aus, was absolut im Bereich der von Bukofzer
gemessenen Werte liegt. Hat man nun nur fünfmal überblasen, so ist man bei
5 · 720 = 3600 C angelangt. Das sind genau drei Oktaven, da 3 · 1200
= 3600 ist. Wenn die Quinten also nur irgendwie etwas höher ausfallen, so
wird man doch immer nach fünf Quinten in die unmittelbare Nähe von
3600 C, d. h. drei Oktaven, kommen, und die temperierende, korrigierende
Funktion des Ohres wird die exakte fünfstufige Temperatur herstellen.

Damit aber ergeben sich die fünfstufige und die siebenstufige Temperatur
als gleich wahrscheinliche Temperaturen, die aus der Temperierung von
Folgen von entweder zu großen oder zu kleinen Blasquinten entstehen.

Möchte man auch überlegen, was geschieht, wenn die Quinten sowohl
nach oben wie nach unten streuen, so hat man zugrundezulegen, daß das
Mittel der Quinten dann etwa 700 C betragen wird, da die Überschreitun-
gen und die Unterschreitungen sich dann gegenseitig aufheben. Nach fünf
Quinten ist man dann bei 5 · 700 = 3500 C angekommen. Das wird die
Temperierung dann unschwer so erhöhen, daß sich 3600 C ergeben, d. h. drei
Oktaven. Damit wird die einzelne Quinte wieder 720 C groß und es ergibt
sich wieder die fünfstufige Slendroskala. Die fünfstufige Temperatur ist also
um einiges näherliegend als die siebenstufige: die fünfstufige ergibt sich
sowohl, wenn die Quinten zu groß, als auch, wenn sie gemischt sind, die
siebenstufige nur, wenn sie im Mittel zu klein sind.

Für die Priorität der fünfstufigen Leiter zumindest in Afrika
gibt es ein sehr schlagkräftiges Argument. Im Nordwesten des Belgischen
Kongo findet sich die fünfstufige Temperatur in einem weiten Gebiet, das
sich nach Westen fortsetzt und dort bis zur Elfenbeinküste hinzieht. Diese
Kultur pflegt besonders die Xylophone und ist also auch darin mit Indonesien eng verbunden. Die kunstvolleren Instrumente umfassen nun 2 Oktaven, und die Instrumente sind merkwürdigerweise so gebaut, daß auf jeden
Ton sein Oktavton folgt, ehe der nächsthöhere kommt. So hat etwa das
Xylophon 34566 des Belgischen Kongomuseums folgende Tastenlagerung
(gemessen von Jaap Kunst):

Hz: 349 698 399 806 460 920 525 1076 604 303

Die fünf Oktaven haben übrigens Werte von 1200, 1218, 1200, 1243
und 1194 C. Bei Museumsinstrumenten ist zu bedenken, daß Verstimmungen
nicht unbedingt auf das Konto des Instrumentenbauers und -stimmers zu
buchen sind, sondern daß sie in den meisten Fällen wohl erst in der langen
Lagerungszeit in den Museen entstanden sind. Hier ist lediglich eine Oktave
stark verstimmt, die von 1243 C um 43 C, also fast einen Viertelton (ebenso

wie die einfache europäische Blockflöte, s. oben). Die mittlere Oktavverstimmung beträgt 21 C, das sind 2%.

Diese merkwürdige Oktavlagerung faßt also immer zwei Tasten zusammen. Sie dient der Vereinfachung der Spielweise: der Spieler hat in jeder Hand zwei Schlägel, mit denen er die Oktaven gleichzeitig anschlägt. Wie es zu dieser Technik gekommen ist, läßt sich schwer sagen. Ich möchte aber vermuten, daß sie aus einer älteren Praxis entstanden ist, die sich heute noch in Ostasien findet. Hier legt man längliche Steinplatten schräg über zwei Schnüre und ordnet dann zwei Reihen solcher Platten übereinander an. Es wäre möglich, daß man von diesen übereinanderliegenden Reihen, die ja eine logisch verständliche Konstruktion sind, zu einreihiger Lagerung überging und hier die Oktaven dann zusammenliegen ließ.

In dem benachbarten Nordoststreifen des Belgischen Kongo gibt es bei den bekannten Azande ebenso zehntönige Instrumente, die dieselbe Oktavlagerung zeigen. Hier ist freilich die Tonleiter nicht Slendro, sondern eine sehr merkwürdige, gemischte Pentatonik, die wir weiter unten besprechen. Diese Instrumente zeigen eine eigenartige Konstruktion. Auf einem Längsbrett sitzen lauter hochstehende schmale Brettchen. In dem Brett befindet sich zwischen je zwei Brettchen ein großes Loch, in das der obere Hals der Kalebassen gepaßt ist. Über die Brettchen läuft eine Strickverschnürung, in die die Tasten eingebunden sind und zwar so, daß je eine von ihnen zwischen zwei Brettchen schwebte. So teilen die Brettchen also die Tasten voneinander ab. Abb. 60 (s. Tafel 6) zeigt ein solches Instrument.

Nun gibt es in Südostafrika ein großes Gebiet der siebenstufigen Temperatur. Die Xylophone dieser Kultur haben keine Oktavverdoppelungen. Dagegen haben sie auch genau zehn Tasten. Abb. 61 (s. Tafel 8) zeigt das Instrument C 2444 des Hamburger Völkerkundemuseums, das aus Portugiesisch-Ostafrika stammt.

Ist die Zehnzahl der Tasten schon etwas sehr Auffälliges, so ist noch um so verwunderlicher die Konstruktion der Instrumente, die je zwei Tasten voneinander durch senkrechte Brettchen trennen, die mit in die Schnüre eingebunden sind, die die Tasten tragen. Die Abtrennung je zweier Tasten ist in dieser vollkommen gleichmäßig aufgebauten siebenstufigen Leiter sinnlos. Sie ist dagegen äußerst praktisch in einer zehnstufigen Leiter, in der die Oktaven jeweils hinter den Grundtönen liegen. Da sich nun eine sehr ähnliche Brettchenkonstruktion im Norden des Kongo findet (freilich nach jeder Taste sinnloserweise ein Brettchen) an zehnstufigen Instrumenten in der Nachbarschaft des großen Slendrogebietes, liegt der Schluß sehr nahe, daß auch Südostafrika ursprünglich die fünfstufige Temperatur kannte, aus der bei der Umstimmung der Instrumente in die später eindringende Siebenstufigkeit die Zehnzahl der Tasten und ihre paarweise Abteilung durch Brettchen übernommen wurde. Die siebenstufigen Instrumente Westafrikas kennen keine Abtrennung der Tasten. Ebensowenig wird eine solche im Südwesten des Belgischen Kongo benutzt, wo es eine kleine Enklave eines siebenstufig musizierenden Gebietes gibt. Während die paarweise Abtrennung sich dann auf den siebenstufigen Instrumenten Südostafrikas erhalten hätte, wäre sie auf den pentatonischen Instrumenten der Azande ebenfalls erhalten geblieben, aber unter Abänderung in eine Haltevorrichtung und überflüssigerweise nunmehr jede Taste abtrennend, im Slendrogebiet selbst aber ausgestorben. Es paßt sehr gut zu den Anschauungen von dem Entwicklungsgang der langräumigen Geschichte, daß sich das Älteste gerade in einer fremden, unverstandenen Umgebung am längsten gehalten hat, während es in seiner eigenen Heimat verschwunden ist.

Wie die Intervalle eines fünfstufigen Instruments in bezug auf die G e n a u i g k e i t d e r S t i m m u n g aussehen, wollen wir am Beispiel des oben bereits beschriebenen Instruments 34 566 des Belgischen Kongomuseums erörtern. Ordnet man die Tasten von 303 Hz angefangen der Tonhöhe nach bis hin zu 1076 Hz, so besitzen die einzelnen Intervalle folgende Größen, wobei ich die sich in den beiden Oktaven entsprechenden Intervalle übereinanderschreibe.

$$C: \quad 250 \quad 250 \quad 229 \quad 271$$
$$244 \quad 232 \quad 247 \quad 228 \quad 243$$

Da die fünfstufige Temperatur die Oktave in fünf gleiche Teile teilt, muß jedes Intervall mithin 1200 : 5 = 240 C groß sein. Das ergibt dann folgende Differenzen:

$$C: \quad +10 \quad +10 \quad -11 \quad +31$$
$$+4 \quad -8 \quad +7 \quad -12 \quad +3$$

Wie minimal diese Differenzen sind, sieht man noch besser, wenn man sie als Prozentzahlen des Grundintervalls von 240 C ausdrückt. Man erhält dann folgende Werte:

$$^0/_0: \quad 4,2 \quad 4,2 \quad 4,6 \quad 12,9$$
$$1,7 \quad 3,3 \quad 2,9 \quad 5 \quad 1,25$$

Berechnet man wieder die mittlere Intervallstreuung und drückt sie ebenfalls in Prozenten des Grundintervalls aus, so ergibt sich, daß das Instrument eine mittlere Fehlerstreuung von 5⁰/o aufweist. Es ist also noch besser als die oben beschriebene Meisterblockflöte.

Ebenso betrachten wir gleich die Stimmung eines siebenstufigen Instruments. Da die Oktave hier in sieben gleiche Teile geteilt ist, so ist jedes Intervall 1 200 : 7 = 171,4 C groß. Als Beispiel wähle ich ein Instrument, das man früher als Pelog angesehen hat, etwa das Xylophon 15 862 des Belgischen Kongomuseums (gemessen von J. Kunst). Das Instrument ist nicht nur zehntönig, sondern um eine Oktave nach oben erweitert, also 17-tönig. Ich schreibe wieder alle Oktavtöne übereinander und ordne so, daß die (wahrscheinlichen) Haupttöne (s. darüber weiter unten) in den Reihen vorn stehen. Dann besitzt dies Instrument folgende Tonhöhen:

$$
\begin{array}{lrrrrrrr}
\text{Hz:} & 368 & 411 & 456 & 510 & 572 & 634 & 692 \\
 & 189 & 205 & 227 & 252 & 276 & 302 & 338 \\
 & & & & & 140{,}5 & 152{,}5 & 171{,}5
\end{array}
$$

Die zugehörigen Intervalle sind in Cents die folgenden:

$$
\begin{array}{lrrrrrrr}
\text{C:} & 192 & 179 & 194 & 199 & 178 & 152 \\
 & 140 & 177 & 181 & 157 & 156 & 195 & 147 \\
 & & & & 143 & 203 & 168
\end{array}
$$

Addiert man zunächst alle Intervalle, um einen Überblick zu erhalten, so ergibt sich, wenn man durch ihre Anzahl dividiert, als ihr arithmetisches Mittel 173 C. Die Intervalle sind im Mittel also um 1,6 C zu hoch ausgefallen, d. h. um 1%. Die Streuung der Intervalle dagegen geht recht weit. Das größte mit 203 C ist um 32 C größer als 171 C, das kleinste von 140 C um 31 C kleiner. Das sind maximale Abweichungen von immerhin 18%. Rechnet man die mittlere Streuung aus, so ergibt sich eine solche von 12%. Das Instrument besitzt also nur die Qualität der schon erwähnten Schulblockflöte.

Das in Abb. 61 abgebildete Hamburger Instrument ist noch schlechter. Es hat einen mittleren Fehler von sogar 15%. Aber es handelt sich um ein Instrument, das schon einige Menschenalter an sich vorübergehen gesehen hat und das in seiner Jugend gewiß auch einmal gut gewesen ist. Doch gibt es auch Instrumente, die selbst in Museen ewig halten. Das Hamburger Instrument C 357 wurde 1879 erworben. Es stammt von den Barotse des oberen Sambesi und hat folgende Tonhöhen (eigene Messung):

$$
\begin{array}{lrrrrrrr}
\text{Hz:} & 391 & 432 & 478 & 529 & 587 & 645 & 710 \\
 & & & & 290 & 321 & 354
\end{array}
$$

Das sind Intervalle von

$$
\begin{array}{lrrrrrrr}
\text{C:} & 173 & 175 & 176 & 180 & 163 & 166 \\
 & & & & 176 & 169 & 172
\end{array}
$$

Hier ist das größte Intervall mit 180 C nur 7 C zu groß und das kleinste von 163 C nur 8 C kleiner. Das sind maximale Abweichungen von 4 und 5% und das Instrument besitzt trotz seiner fast 80jährigen Lagerung im Museum immer noch den phänomenal kleinen mittleren Fehler von 3%. Offensichtlich hängen solche Unterschiede an der Qualität des Holzes.

Die Überzeugung von der Existenz temperierter autochthoner Leitern war von der größten B e d e u t u n g f ü r d i e P s y c h o l o g i e, ja für die europäische Wissenschaft, und, wenn man so will, für die europäische musikalische Weltanschauung. War es doch seit der Renaissance der Glaube der musiktheoretischen Denker gewesen, daß es nur ein natürlich fundiertes Musiksystem geben könne, daß dieses das harmonisch reine sei, und daß demnach das europäische Dur-Moll-System auf der Grundlage des reinen Systems die „natürliche" Musik verkörpere. Und verständlicherweise nahm man an, daß sich auch überall von selbst nur etwas „Natürliches" bilden und weiterentwickeln könne. Deshalb versuchte man auch stets, außereuropäische Leitern als verkappte Dur-Moll-Leitern aufzufassen und auch heute sind solche Tendenzen noch nicht ganz verschwunden. Der erste, der sich allen musikalischen Leitern gegenüber vollkommen objektiv verhielt, war Alexander Ellis. In seiner bahnbrechenden Untersuchung „Über die Tonleitern verschiedener Völker" von 1885 gibt er im Textteil bereits die richtige Erklärung des Slendro als einer fünfstufigen, gleichschwebend temperierten Leiter und im Anhang der gedruckten (aus einem Vortrag erweiterten) Abhandlung eine eingehende Diskussion des siamesischen Tonsystems, das er — sich stützend zugleich auf die Aussagen der siamesischen Musiker des Hoforchesters, das damals in London gastierte — richtig als siebenstufig gleichschwebend temperiert interpretierte.

Während Alexander Ellis als Ziel nur im Auge hatte, Material beizubringen, das als objektive Grundlage für weitere Forschungen benutzbar war, sah C. Stumpf mit klarem Blick den überragenden Wert, den Ellis' Beobachtungen für die Tonpsychologie hatten. Als daher 1900 eine siamesische Theatergruppe in Berlin gastierte, untersuchte er die Instrumente dieser Truppe genauestens und machte auch einfache musikalische Versuche mit den Musikern. Dabei wurden die Ansichten Alexander Ellis' glänzend bestätigt. Stumpf aber stellte weiter die prinzipielle Frage: „Wie konnte man ohne Wurzelausziehen und Logarithmenrechnung zu solchen Leitern gelangen?" Denn um das objektive Schwingungsverhältnis etwa des siebenten Teiles der Oktave zu berechnen, muß man die 7. Wurzel aus 2 (dem Schwingungsverhältnis 2:1 der Oktave) ziehen. Um das zu bewerkstelligen, benutzt man aber zumeist den Umweg über die Logarithmierung. Zur Beantwortung der von ihm gestellten Frage wies Stumpf mit vollem Recht auf die Tatsache hin, daß gleichen Schwingungsverhältnissen im Objektiven gleiche Intervallabstände im subjektiven Erleben entsprechen, daß wir also — wenigstens in der mittleren Tonlage — ein sicheres musikalisches Abstandsgefühl haben. Dies läßt sich in der oben geschilderten Art dann noch weiter physiologisch und anatomisch unterbauen. Stumpf fand es weiter notwendig, zu diskutieren, ebenfalls wieder mit vollstem Recht, warum ausgerechnet nur fünfstufige und siebenstufige Leitern entstanden sind. Hier glaubte er allerdings, doch wieder auf das andere Prinzip der Konsonanz zurückgreifen zu müssen und die Temperaturen durch Temperierung reiner Quintensysteme erklären zu sollen. Es ist das große Verdienst v. Hornbostels, diesen Schritt dadurch überflüssig gemacht zu haben, daß er zeigte, daß die Blasinstrumente von Natur aus keine reinen Quinten, sondern deformierte Quinten ergeben, für die das Prinzip der Konsonanz nicht in Frage kommt, sondern ebenfalls das der

Temperatur, insbesondere, wenn man seine Blasquintentheorie in der oben entwickelten Weise korrigiert.

Mit diesen Erkenntnissen ist schrittweise eine fundamentale Einsicht gewonnen, diejenige, daß das Prinzip der Konsonanz, das man bisher für das einzige zur Begründung der musikalischen Gesetze geeignet hielt, nur einen Teil der musikalischen Systeme erzeugt, daß eine ebenso große Zahl musikalischer Kulturen ein zweites, von ihm unabhängiges Prinzip benutzt, das des gleichen Abstandes, also der „Äquidistanz". Diese ist eine autonome Fähigkeit der Seele, nicht eine nachträgliche „Temperierung" von Intervallen, die auf dem angeblich einzig möglichen Prinzip der Konsonanz beruhen. Damit ist die Vorherrschaft der europäischen Musik gebrochen, — sie mag gewiß auf einem „natürlichen" Prinzip beruhen, aber dieses ist nicht das e i n z i g e natürliche Prinzip. Gleichberechtigt treten ihr an die Seite die Musikkulturen Afrikas und des Orients. So hat sich mit der fortschreitenden Erforschung der außereuropäischen Musikprinzipien zugleich die prinzipielle Einsicht in die psychische Natur dieser Prinzipien im wesentlichen Punkte geändert.

Tatsächlich besitzen die äquidistanten Systeme eine Bedeutung, die der der konsonanten Systeme in nichts nachsteht. Das f ü n f s t u f i g e S l e n d r o findet sich in Westafrika an der Elfenbeinküste, im Hochvoltagebiet, in Togo, Nigeria, wahrscheinlich in Kamerun, woher nur sehr schlecht gestimmte Instrumente stammen, so daß die Natur dieser Stimmungen nicht ganz klar ist, und geht endlich hinüber in den nordwestlichen Streifen des Belgischen Kongo, bis hin zu den westlichen Azande, den „Abandja". Alle diese Verbreitungsgebiete lassen sich mit Ausnahme des kamerunischen einwandfrei behaupten, da sie an Xylophonen festgestellt sind, die nicht zu große Fehlerstreuungen aufweisen. Das ist etwas anders mit einem weiteren afrikanischen Verbreitungsgebiet des Slendro, das sich im Süden des ehemaligen Deutsch-Ostafrika findet. Hier wurden die Slendro-Leitern nur an Sansen festgestellt. Die Sansa benutzt Pflanzen- oder Metallzungen, die nebeneinander über ein Brett oder einen primitiven hölzernen Klangkörper eingespannt sind. Diese einfache Klemmvorrichtung arbeitet oft nicht sonderlich fest und dauerhaft, und Messungen an Sansen sind daher nicht immer unbedingt zuverlässig auszuwerten. Abb. 62 (s. Tafel 8) zeigt eine Sansa aus Südostafrika.

Die Sansen des Ostflügels von Ostafrika sind also wahrscheinlich fünftönig, — sie kommen immerhin auf einen mittleren Fehler von nur $9^0/o$, liegen zumeist aber bei $15—20^0/o$. Mehr kann man freilich von Sansen, die jahrelang in Museen gelegen haben, nicht erwarten.

Diese Sansen (und gewiß wird es auch Xylophone und andere Instrumente geben, die in derselben Weise gestimmt sind) sind dann die letzten Zeugen eines dort ursprünglich in einem viel weiteren Areal verbreiteten

Slendro. Denn dasselbe Gebiet ist der nördliche Ausläufer des großen Bereichs der siebenstufigen Temperatur, der sich beiderseits des Sambesi hinzieht und im Süden bis Transvaal und Natal geht. Aus der Zehntönigkeit der Xylophone dieser Region und der paarweisen Abteilung ihrer Tasten hatten wir schon geschlossen, daß dort ursprünglich die fünfstufige Slendroleiter geherrscht haben muß.

In Asien ist Slendro verbreitet in Java und Bali, ebenso in dem Teil Borneos, der einmal eine Zeitlang zu Java gehörte. Aber auch Indien scheint ein Gebiet zu sein, in dem früher einmal Slendro verbreitet war. Im klassischen indischen 22stufigen System gibt es eine Umstimmungsart, die Sādhārana heißt. Sie ergibt, auf die Grundtonart Pañcamī angewendet, eine fünfstufige Leiter mit Intervallen, die aus 5, 4, 4, 5 und 4 kleinen Grundintervallen (Śruti) bestehen. Da eine Śruti (1200 : 22 =) 54,5 C groß ist, ergeben sich also Intervalle in folgenden Centsgrößen

$$C: \quad 273 \quad 218 \quad 218 \quad 273 \quad 218$$

Mir scheint, daß diese sehr merkwürdige Umstimmungsart, die in den ältesten indischen Traktaten schon eingehend beschrieben wird, den Zweck hat, das 22stufige System fähig zu machen, das Slendrosystem (neben dem reinen System) darzustellen. Die Abweichungen betragen

$$C: \quad +33 \quad -22 \quad -22 \quad +33 \quad -22$$

Das sind Prozentzahlen von

$$\%: \quad 14 \quad 9 \quad 9 \quad 14 \quad 9$$

Das ist eine mittlere Abweichung von 27 C, bei dem Grundintervall von 240 C, also ein prozentualer mittlerer Fehler von 11 %, der durchaus im Rahmen der Güte der üblichen Instrumentenstimmungen liegt. Die engmaschige 22stufige Temperatur Indiens aber könnte dann zu dem Zweck erfunden sein, sowohl das Slendro wie auch das reine System darzustellen. Da das reine Tonsystem das originale der arischen (und mongolischen) Völker ist, so könnte man vermuten, daß die ursprüngliche dunklere Bevölkerung Indiens im Slendro musizierte, während die arische Einwanderung das reine System brachte, worauf eine engere Temperatur entwickelt wurde, die beide Systeme in sich vereinigte. Die Karte der Abb. 63 zeigt nunmehr das ganze Verbreitungsgebiet des Slendro.

Die s i e b e n s t u f i g e T e m p e r a t u r zeigt ein recht ähnliches Verbreitungsgebiet, so daß anzunehmen ist, daß beide Temperaturen verschiedene Entwicklungen innerhalb einer einzigen großen zusammenhängenden Kultur waren. Das ließ sich ja schon daraus vermuten, daß beide Tonsysteme aus ziemlich gleich wahrscheinlichen Quintenstreuungen erwuchsen.

In Afrika besitzt die siebenstufige Temperatur zunächst im Westen vielleicht ein großes Areal, das von der Westküste der Sahara, Senegambien, Sierra Leone durch den Sudan sich hinzieht über die Goldküste und Nigeria bis nach Kamerun. Von der Goldküste bis Kamerun überschneidet sich dieses

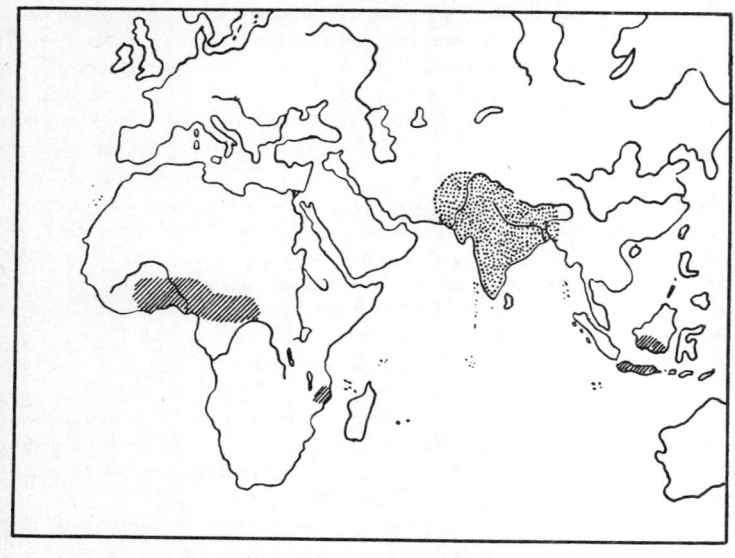

Abb. 63: Verbreitungsgebiet des Slendro
schraffiert ///////// *heutiges Slendrogebiet, punktiert* ::::::::: *zusätzliches ehemaliges Slendrogebiet*

Gebiet also mit dem des Slendro, und wir haben hier ein ähnliches Aufein-
anderstoßen zweier Systeme wie in Java. Tatsächlich nimmt die Ethnologie
in diesem Gebiet besonders enge Berührung mit asiatischen, besonders indischen Kulturen an. Ein kleiner, engumgrenzter Fleck der siebenstufigen
Temperatur findet sich dann im Südwesten des Belgischen Kongo. Dies ist
das Gebiet, aus dem die oben erwähnten Instrumente des Belgischen Kongomuseums stammen, die erst für Pelog gehalten wurden und heute als siebenstufig anerkannt sind, — die Skala eines solchen wurde ja bereits analysiert.
Ein drittes, wiederum sehr großes Verbreitungsgebiet der Siebenstufigkeit
findet sich im Osten Afrikas. Vom Süden des einstigen Deutsch-Ostafrika
über Rhodesien und Portugiesisch Ostafrika geht dieses Areal bis nach
Transvaal und Natal herunter. Es umfaßt in seinem Kern also das Gebiet,
in dem sich die berühmten Ruinen von Simbabwe befinden. Ob hier ein
tatsächlicher Zusammenhang besteht, läßt sich nur vermuten. In Asien ist
die temperierte Siebenstufigkeit die Skala Birmas, Assams, Siams, Laos',
Französisch Indochinas, — Jaap Kunst stellte sie dann an einem Instrument Sumatras fest und ich glaube, daß ausgegrabene Instrumente aus dem
javanischen Mittelalter ebenfalls diese Skala besitzen und daß sie anscheinend auch in Bali heute noch vorkommt.

Auch hier gibt es wieder ein Gebiet, von dem man vermuten kann, daß es früher vielleicht einmal von der gleichstufigen Siebentönigkeit Gebrauch gemacht hat. Das ist der Vordere Orient. Hier ist das reine System so modifiziert worden, daß es praktisch aus einem 12stufigen System sich durch Halbierung der Intervalle zu einem 24stufigen System verfeinerte. Die Grundskala des dortigen Musizierens besitzt in dieser Form dann Intervalle von

$$C: \qquad 200 \quad 150 \quad 150 \quad 200 \quad 200 \quad 150 \quad 150$$

Dies ist sozusagen eine teiltemperierte Leiter. Man kann sie wiederum so auffassen, daß in diesem Gebiet ursprünglich die gleichstufige Siebenstufigkeit herrschte, daß dann, wiederum mit dem Eindringen von Ariern sowohl in Kleinasien (Hethiter!) wie in Persien ein reines System hereinkam, das man in dieser Weise dem älteren temperierten System anglich.

Dann muß dieser Vorgang sich aber auch noch woanders und vielleicht überhaupt in einem viel größeren Areal vollzogen haben. Dieselbe Tonleiter findet sich nämlich auch als Standardtonleiter des schottischen Dudelsacks. Diesem wieder verwandte Instrumente besitzen auch die Basken und die Völker des Kaukasus. So scheint es, als ob der Zusammenstoß der beiden

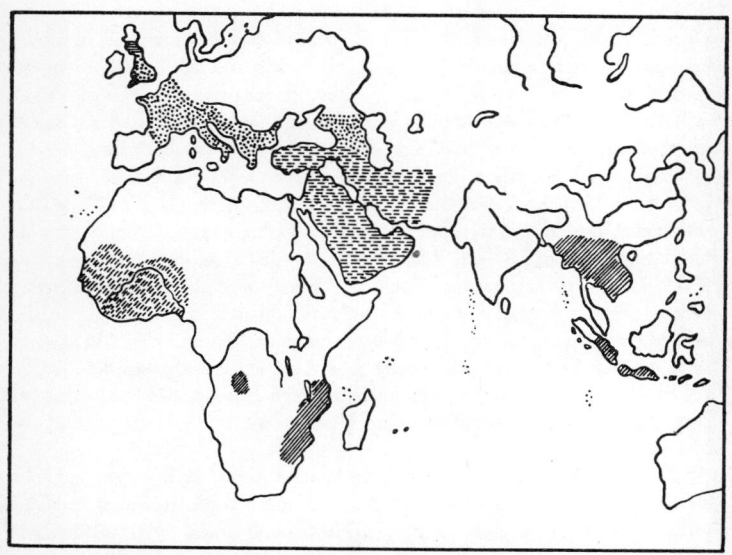

Abb. 64: Verbreitung der siebenstufigen Temperatur
schraffiert ////// heutiges Verbreitungsgebiet ;////; nicht ganz sicher; gestrichelt ☰☰☰ heutiges Verbreitungsgebiet der ³/₄-Ton-Kompromißskala; punktiert ⠿⠿⠿ vermutliches zusätzliches prähistorisches Verbreitungsgebiet der Kompromißleiter

Systeme auch schon im alten Europa stattgefunden hat, daß also das temperierte System auch die Leiter des vorarischen Mitteleuropa gewesen ist. Daß die $^3/_4$-Ton-Leiter Kleinasiens als „enharmonisches System" mit dem Aulos und dem Dionysoskult auch nach dem antiken Griechenland kam, zeigt, wie eng Abendland und Orient in der Antike verbunden waren. Die Verbreitung sei wieder an Hand einer Karte (Abb. 64) vor Augen geführt.

Die Kompromißskala sei noch kurz mit der siebenstufigen Leiter verglichen. Die Differenzen betragen in Cents bzw. %:

C:	+ 29	— 21	— 21	+ 29	+ 29	— 21	— 21
%:	17	12	12	17	17	12	12

Das ergibt einen mittleren Fehler von 25 C, bezogen auf das Grundintervall von 171 C eine Streuung von 15%. Das ist schlechter als die indische Slendro-Annäherung. Trotz der feineren 24 Stufen ist hier ein kleineres Intervall, 171 C, anzugleichen, bei dem ein bestimmter Fehler daher prozentual mehr in die Waagschale fällt als ein ebensolcher bei dem schon wesentlich größeren Intervall von 240 C.

Mit der Ausbildung fester Intervalle ist die Grundlage der musikalischen Kunst geschaffen. Mit ihr hat sich die Musik von der Sprache gesondert. Schon die antiken griechischen Musiktheoretiker betrachteten es als den Grundunterschied zwischen Musik und Sprache, daß die eine feste Tonhöhen benutzt, die andere gleitende. Tatsächlich ändert sich die Tonhöhe der gesprochenen Laute ja fortwährend, ja selbst innerhalb eines einzigen Vokals vollzieht sich oft eine Erhöhung oder Vertiefung, oft beides, ganz wie es der Ausdruck des Sinnes des Gesprochenen erfordert. Die Sprache ist mithin eine Kunst des Glissando. Demgegenüber baut die Musik ihre Kunstwerke aus festen Tonhöhen. Wenn wir auf die Fähigkeit des Gehörs, Abstände wahrzunehmen, zurückkommen, so kann die Festlegung von Tonhöhen wohl überhaupt beliebig erfolgen. Man kann sich vorstellen, daß eine bestimmte Zahl Töne auf bestimmten Tonhöhen durch irgendein Abkommen als Norm eingeführt wird und die betreffende Musikkultur von nun an mit diesem Tonsystem arbeitet. Es ist also weder das Prinzip der Äquidistanz noch das der Konsonanz notwendig. Die Auswahl dieser besonderen Prinzipien erfolgt schon wieder nach einem anderen Prinzip, nämlich nach dem, besonders einfache Verhältnisse im Melodischen oder Harmonischen zu schaffen.

Die getroffene Auswahl fester Tonhöhen ist nun keineswegs ein rein mathematisches Gebilde bloßer Abstände, sondern regelt sich nach **modalen Ordnungsprinzipien**. Die einzelnen Töne eines solchen Systems sind von sehr verschiedenem Wert und stellen eine Gesamtheit dar, die sehr gern mit einem Staatswesen verglichen wird. Selbst noch in unserer europäischen Kultur sprechen wir von der Quinte einer Tonart als der „Dominante", der

„Herrscherin". Auch im Sprachlichen haben sich noch einzelne derartige Ausdrücke erhalten: ein Verbum „regiert" sein Objekt u. ä.

Nehmen wir als Standardbeispiel etwa die klassische indische Musikauffassung, so gibt es dort vier verschiedene A r t e n v o n T ö n e n. Der die Tonart kennzeichnende Hauptton ist derjenige, der „spricht oder vorschlägt", das ist nur das Recht des Königs. Der zweitwichtige ist der, der damit „zusammenstimmt", das sind die Minister. Die, welche „folgen, übereinstimmen", sind die Diener. Endlich gibt es auch einen Feind, der „widerspricht". Diese Funktionen können durchaus wechseln und so entstehen aus der begrenzten Zahl der sieben Töne eine Unzahl von verschiedenen Tonarten. Aber ursprünglich war wohl für jeden Ton alles ein für allemal festgelegt. Das ersieht man aus den verschiedenen Beziehungen, in denen ein Ton mit der übrigen Welt steht. Die Töne sind aus bestimmten Dynastien entstanden, entstammen ihnen. Von den sieben Tönen stammen drei von den Göttern, zwei von den Weisen, einer von den Toten und einer von den Dämonen. Sie stehen in Beziehung zu den Kasten: drei gehören zur Priesterkaste, zwei zu König und Adel, zwei zu den Bauern. Sie ähneln bestimmten Farben: lotusfarbig, rotgold, goldgelb, jasminfarbig, dunkel, gelb und der dämonische ist gefleckt. Sie gehören der Reihe nach zu unserer Erde und den übrigen sechs Weltinseln, hinter deren letzter sich der Milchozean ausdehnt, — noch die Griechen ordneten die Töne den Planeten und den zu diesen wieder gehörenden Göttern zu. Ehe sie waren, wurden die einzelnen Töne von verschiedenen Weisen gesehen. Sie gehören zu den einzelnen Göttern. Es ist bezeichnend, daß sie auch fest den dichterischen Metren und ebenso den Strophenformen zugeordnet sind. Endlich sind sie auch einzelnen in der Mythologie eine Rolle spielenden Tieren an die Seite gestellt: dem Pfau, dem Cataka, einem Fabeltier, das auf der Unterseite des Halses Löcher hat und dem daher das getrunkene Wasser dort wieder herausläuft, das aber so schlau ist, sich im Regen auf den Rücken zu legen, so daß das hineinregnende Wasser nicht herauskann, dem Widder, dem Reiher, dem Kuckuck, dem Frosch und endlich dem Elefanten. Die 22 Töne, aus denen die sieben Haupttöne genommen sind, haben nicht so viele Beziehungen und stammen offensichtlich aus einem anderen Kulturzusammenhang. Sie haben folgende Kennzeichnungen: wild, erleuchtet, seerosenähnlich, ausgedehnt, langsam, sanft, metrisch, mittel, dankbar, gefallend, zärtlich, schrecklich, zornig, donnernd, ausgebreitet, glücklich, reinigend, irdisch, geliebt, leuchtend, singend, berauschend, aufsteigend, bezaubernd, mächtig, antreibend. Zu jedem Ton gehören jeweils zwei dieser Prädikate, wobei einige also mehrmals vorkommen. Die hier benutzten Zuordnungen sind größtenteils anderer Art als die mit den sieben Grundtönen verbundenen, — sie stammen fast alle aus der Gefühlssphäre.

Die T o n a r t e n werden durch eine sehr viel größere Anzahl Stücke bestimmt als bei uns. Das für die Tonart Kennzeichnende, nach dem die sieben Grundtonarten auch den Namen haben, ist der Schlußton, die Finalis. Auch die Endtöne der einzelnen Abschnitte einer Komposition sind festgelegt und müssen zur Schlußfinalis passen. Der Herrscher der Melodie ist der in ihr häufigste Ton. Er regelt zugleich Höhe und Tiefe des Melodieumfanges in einer bestimmten Tonart, und seine Verwandten oder Minister sind in einzelnen Abschnitten am häufigsten. Er ist es auch, der die Schönheit der Tonart bedingt. Weiter ist der Anfangston der Melodie festgelegt. Kennzeichnend sind sodann Umfang nach oben, Umfang nach unten, die Finalis des ersten Abschnitts, die Unterteilung der Abschnitte, besondere Häufigkeit oder Seltenheit von Tönen entweder in Wiederholung oder als Übergangstöne, der innere Aufbau der Abschnitte, endlich die Art, wie die Tonart sich nur sechstönig oder nur fünftönig aufbaut. Die bisher aufgezählten Eigenschaften sind für die uralten Tonarten Indiens, die Jātis, die definierenden. Zu ihnen treten noch einige weitere, die nicht definierender, sondern beschreibender Natur sind. Hier steht an erster Stelle das, was in unserer Auffassung überhaupt an der ersten Stelle der definierenden Merkmale steht, nämlich der Oktavausschnitt: C-dur, a-moll sind durch den Oktavaufbau zusammen mit dem Hauptton definiert, — in Indien ist der Oktavausschnitt nur sekundär zugeordnet. Weiter verlangt eine bestimmte Tonart auch einen bestimmten Rhythmus, eine bestimmte metrische bzw. taktische Einteilung, bestimmte Melodieformeln (Rāgas), bestimmten Melodieaufbau und ist auch in ihrer Verwendung im Drama in bestimmter Weise festgelegt. Als Beispiel seien die Eigenschaften des ersten Jāti, des Ṣādjī, mitgeteilt. Als Haupttöne können alle außer c und e fungieren. Er tritt auch in sechstöniger Form auf, — dann fällt c aus. In voller siebentöniger Form wird gern c zu cis erhöht. Besonders kennzeichnend sind Sprünge d—f und d—h. Immer sehr häufig ist f; wenn es Hauptton ist, kann c nicht ausfallen (es ist dann also die sechstönige Form nicht möglich). Der Rhythmus ist sechstaktig. Jeder Takt ist achtschlägig. Die Finalis ist d, der Ṣadja, nach dem die Tonart auch benannt ist. Die Abschnitte müssen in f oder a enden. Der zugehörige Rāga ist Varāṭi. Der Melodieaufbau hat folgendes Modell zugrunde zu legen.

Das zwölftaktige Stück besteht tatsächlich aus zwei Perioden, die je sechstaktig sind. Die $^8/_8$-Takte sind achtschlägig. Der Text umfaßt vier auf -am reimende Zeilen, die je drei Takte füllen. Alle Zeilen enden auf d, die erste und die vierte mit derselben Melodieformel. f und h spielen tatsächlich eine besondere Rolle, so daß das Ganze mit seiner Organisation d—f—h—d durch den Tritonus und den verminderten Dreiklang für unsere europäischen Ohren einen fremden, unbefriedigenden Eindruck erhält. Der Normalumfang des Ṣādjī wird mit h—h angegeben, aber bereits das angegebene Melodiemodell zeigt, daß es selbst in allen vier Zeilen diesen Umfang bis c, in der zweiten Zeile sogar bis d überschreitet.

Notenbeispiel 1: Melodiemodell des Ṣādjī

Von besonderem Interesse ist die Grundstruktur der orientalischen Melodiebildung, wie sie sich in dem Verhältnis der Hauptfinalis zu den **Abschnittfinales** äußert. Als Beispiel seien auch hier wieder die indischen Jatis herangezogen. Den sieben Tönen entsprechen sieben Grundtonarten. Der Ṣādjī mit der Finalis d (Ṣadja) legt seine Abschnittfinales auf f und a. Ārṣabhī mit der Finalis e (Riṣabha) in der Mitte seines Umfanges a—a beendet seine Abschnitte mit der unter der Finalis Terz c oder Quart h. Gāndhārī mit dem Umfang h—h (also wie Ṣādjī) verwendet als Hauptfinalis f (Gāndhāra), als Abschnittfinales d und a, so daß sich dieselbe Konstellation wie beim Ṣādjī ergibt. Der Unterschied ist aber dadurch ein bedeutender, daß im Ṣādjī der Schritt d—f 5 Śruti beträgt, der Schritt f—a 8 Śruti, im Gāndhārī das letztere Intervall dagegen nur 7 Śruti groß ist. Das Intervall von 5 Śruti beträgt (5 · 54,5 =) 273 C, ist also eine kleine Terz, die ganz erheblich zu klein ist. Der Schritt d—a mit 12 Śruti ist 709 C groß und das ist eine Quinte, die nur 7 C zu groß ist, die reine Quinte also bis auf eine gar nicht wahrnehmbare Differenz annähert. Im Gāndhārī dagegen ist d—a um einen Viertelton zu klein, so daß die Quinte d—a hier also offenbar von keiner die Melodie fundierenden Bedeutung ist. Dagegen ist der Schritt f—a nunmehr mit 7 Śruti = 382 C eine reine Terz, die nur 4 C unter dem richtigen Wert von 386 C liegt. Die Quart c—f ist in beiden Tonarten mit 9 Śruti = 491 C um 7 C zu klein, natürlich denselben Betrag, den die Quinte zu groß ist. Mit Berücksichtigung der großen Unterschiede kann man zur Verdeutlichung doch vielleicht darauf hinweisen, daß Ṣādjī mit der Anlage d—f—a unserem d-Moll analog gebaut ist, während man Gāndhārī mit der Struktur (c)—d—f—a dann als F-Dur aufzu fassen hätte. Die Anlage der Tonleitern mit hochgestimmtem a bezeichne man als Ṣadja—Grāma, die derjenigen mit tiefgestimmtem a als Madhyama —Grāma, da sie in der zweiten Haupttonart Madhyamā benutzt wird. Diese benutzt als Finalis g (Madhyama), beschränkt den Umfang normalerweise auf die Oktave e—e und beschließt die Abschnitte der in ihr komponierten Melodien in allen Tönen außer f und c. Der Sinn der Tieferstimmung von a wird in dieser Tonart deutlich: es soll offensichtlich die Quart e—a (mit nunmehr 9 Śruti = 491 C) reingestimmt sein. Dasselbe liegt in dem sehr ähnlich gebauten Pañcamī vor, der dieses tiefergestimmte a (Pañcama) als Hauptfinalis besitzt, denselben Umfang wie Madhyamā benutzt, als Abschnittfinales aber nur c und e kennt. Die kleine Terz a—c ist hier 6 Śruti = 327 C groß, kommt der reinen kleinen Terz von 316 C also sehr nahe. Da auch die Quinte a—e rein ist, könnte man diesen Aufbau schon einmal eher mit unserem Moll vergleichen. Die beiden letzten Tonarten verwenden wieder die Höherstimmung des a. Dhaivatī mit der Finalis h (Dhaivata) und wiederum dem Umfang e—e beendet die Abschnitte in e und g, wobei Terz e—g (mit 6 Śruti) und Quinte e—h rein gestimmt sind. Naiṣādī hat die Hauptfinalis c (Niṣāda) und die Abschnittfinales e und f in einen Umfang f—f eingefügt. Terz c—e und Quarte c—f sind rein.

Überblickt man die Anordnung der Abschnittfinales im ganzen, so treten Naiṣādī und Ārṣabhī zusammen. Mit ihren reziproken Gliederungen c—e—f und h—c—e haben sie Tongefüge, die innerhalb einer Quarte liegen. Die andere Gruppe bevorzugt weiträumigeren Bau, der eine Quinte zugrunde legt. Ṣādjī, Pañcamī und Dhaivatī benutzen in dieser Art die „Moll-Dreiklänge" d—f—a, a—c—e und e—g—h (bei diesem letzteren fällt die unreine Quarte —a— aus), die also in Quintenabständen stehen, während Madhyamā das bis zur Sext reichende kompaktere Gebilde e—g—a—h—c benutzt. Innerhalb dieser zweiten Gruppe bildet Gāndhārī eine zweite Untergruppe, die nicht einen „Moll-Dreiklang", sondern den „Dur-Dreiklang" zugrunde legt, nämlich die Anordnung (c)—d—f—a. In diesen Schlußtonsystemen sind in der ersten Gruppe reine Quart und reine Terz fundamental, in der ersten Untergruppe der zweiten Tonartengruppe ist dagegen nur die Quinte systembildend, da die kleine Terz im Ṣādjī um eine Śruti zu klein ist, im Dhaivatī der Tonleiterschritt a zum Abschnittsschluß e um eine Śruti zu groß ist. Beide Abweichungen zeigen, daß es sich also nicht um Dreiklänge in unserem Sinne handelt, sondern nur um konsonant geregelte Beziehungen zwischen den Tönen einer Melodie. Ebenso haben wir im Gāndhārī zwei miteinander verbundene reine Intervalle, Quarte und große Terz, aber nicht einmal die wirklich fundamentale kleine Terz ist rein und die Quarte entsteht nur, wenn man den nicht als Schluß wirkenden Ton c mit einbezieht. So steht hier wieder ein äquidistantes Intervall (von 5 Śruti) neben einem konsonanten, ebenso wie schon bei Ṣādjī und Dhaivatī. Man kann sich daher wieder vorstellen (s. oben), daß dieses Musiksystem

aus der Einwirkung eines konsonanten auf ein temperiertes System entstanden ist.

Es sei gleich hier angefügt, daß, was hier für die Beziehungen der Finales
entwickelt wurde und oben bei dem Verhältnis zu Slendro schon angedeutet
wurde, auch bei der Diskussion der 22stufigen Temperatur selbst
heraustritt. Rechnet man die Centswerte aller 22 Stufen aus, so ergeben sich
folgende Werte:

Śruti	Cents	Śruti	Cents
1	54,5	12	654,5
2	109	13	709
3	164	14	764
4	218	15	818
5	273	16	873
6	327	17	927
7	382	18	982
8	436	19	1036
9	491	20	1091
10	545,5	21	1145,5
11	600	22	1200

Diese Zusammenstellung zeigt deutlich, daß die meisten Intervalle, die
sich hier bilden, keine Beziehungen zu konsonanten Intervallen haben. Dagegen sind die konsonanten Intervalle auch hier in der 22stufigen Temperatur mitenthalten und zwar zum Teil mit einer bewundernswerten Genauigkeit. Die Quinte mit 709 C ist um 7 C größer als die reine Quinte, die
Quarte 491 C um ebensoviel zu klein. Die große Terz mit 382 C weicht nur
um 4 C von der reinen großen Terz 386 C ab, während unsere europäische
12stufige Temperatur die reine Terz mit 400 C um ganze 14 C zu hoch
stimmt. Die kleine Terz von 327 C ist um 11 C größer als die reine kleine
Terz 316 C. Der Ganzton mit 218 C ist um 14 C zu groß (da ja zwei
Quinten den Ganzton ergeben, muß der Fehler der doppelte des Quinten-
fehlers sein). Wie merkwürdig die Idee einer 22stufigen Temperatur auch
sein mag, sie stimmt Quinten und Terzen gemeinsam mit einer Reinheit,
wie wir sie in unserer Temperatur nicht erreichen. Das würde schon fast zur
Erklärung einer solchen Temperatur hinreichen, — man müßte dann allerdings annehmen, daß man die 12stufige Temperatur vielleicht schon eher
benutzt hätte und als nicht ausreichend hätte verbessern wollen. Aber eine
andere Erklärung scheint mir noch näherzuliegen. Die Slendroleiter benutzt
die Tonhöhen 240, 480, 720, 960 und 1200 C. Die zu tiefe Quarte von 491 C
ermöglicht also zugleich, den Slendroschritt von 480 C mit nur 11 C Fehler
darzustellen, ebenso bei der Quinte 709 C, die die Slendroquinte von 720 C
ebensogut annähert. Die Śruti 5 mit 273 C aber läßt sich als eine — übrigens
im Bereich des bei Instrumentenstimmungen übliche — Annäherung des

Grundintervalls von 240 C auffassen, ebenso die Śruti 18 mit 982 C als die des Slendrotons 960 C. Tatsächlich besteht die Umstimmung Sādhāraṇa darin, daß, wenn wir gleich die fünftönige Skala nehmen, in Madhyamā und Pañcamī die Töne Madhyama und Pañcama um eine Śruti vertieft werden. Damit ergibt sich genau die angegebene Skala

$$C: \quad 273 \quad\quad 491 \quad\quad 709 \quad\quad 982 \quad\quad 1200$$

Im Vergleich zu Slendro:

$$C: \quad 240 \quad\quad 480 \quad\quad 720 \quad\quad 960 \quad\quad 1200$$

ergeben sich Differenzen von:

$$C: \quad +33 \quad\quad +11 \quad\quad -11 \quad\quad +22 \quad\quad 0$$

in Prozenten:

$$\% \quad 14 \quad\quad 4,5 \quad\quad 4,5 \quad\quad 9 \quad\quad 0$$

Berechnet man das Mittel der fünf Werte, so ergibt sich, wenn man nur die vier abweichenden Töne nimmt, eine mittlere Abweichung von 21 C bzw. 9%, wenn man aber alle fünf Fehler betrachtet eine mittlere Fehlerstreuung von 19 C bzw. 8%. Der mittlere Fehler ist also so klein, daß man einem vorliegenden Musikinstrument nicht anhören könnte, ob die eine oder die andere Skala beabsichtigt ist, — und damit genügt die bezeichnete Annäherung wohl allen praktischen Ansprüchen.

Legt man nun Madhamā und Pañcamī zugrunde, in denen diese Umstimmung eintritt, so erhält man zwei Slendro-Modalitäten. Nehmen wir als Bezeichnung der Slendrotöne die Centszahlen

$$C: \quad 0 \quad\quad 240 \quad\quad 480 \quad\quad 720 \quad\quad 960,$$

so ergibt sich aus Madhamā ein Slendro, in dem 240 die Hauptfinalis innerhalb des Umfanges 0—1200 ist und alle übrigen Töne als Abschnittfinales fungieren. Aus dem Pañcamī ergibt sich eine zweite Slendro-Tonart, in der die Quarte 480 die Hauptfinalis ist und die beiden Randtöne 0 und 1200 die Abschnittfinales darstellen. Im ersten Fall ist 240, im zweiten 480 der die Tonart charakterisierende Ton und darin zeigt sich deutlich, wie als ursprünglichstes Melos wohl dasjenige anzusehen ist, das sich um einen Haupton in der Mitte nach beiden Seiten hin herumgruppiert. Daß sich die Ausweitung dann nach oben und unten hin gleich weit (Pañcamī-Slendro) oder weiter nach oben hin (Madhyamā-Slendro) vollziehen kann, ist leicht verständlich.

Im Slendrosystem sind die Wertabstufungen also nach rein melodischen, „modalen" Gesichtspunkten erfolgt. Genau dieselben Verhältnisse finden sich ebenso in den musikalischen Kulturen, die die siebenstufige Temperatur verwenden. Ein zweites, späteres Stadium der temperierten Systeme basiert zwar ebenfalls noch auf rein modalen Beziehungen der Töne untereinander, ordnet diese zum Teil aber schon nach Intervallen, die sich in harmonischer Musik ergeben. Hierzu gehören die indische 22stufige und die (im nächsten Kapitel erst zu besprechende) arabische 17stufige Temperatur.

2. Die Harmonie

Solange man nur Töne nacheinander setzt, also Melodien nur rein vom Melodischen aus schafft und empfindet, solange ist es möglich, die Tonhöhen, mit denen man arbeiten will, beliebig festzusetzen, — sie lassen sich stets mit unserem musikalischen Abstandsgefühl kontrollieren. Das ändert sich grundlegend, wenn man die Töne gleichzeitig erklingen läßt. Die primitivste Mehrstimmigkeit ist schon sehr alt. Sie ist bevorzugt entwickelt worden an Musikinstrumenten, die Zusammenklänge sehr leicht ergeben, — so etwa an Streichinstrumenten, bei denen sogar unbeabsichtigt zwei Saiten häufig genug zusammen erklingen. Sie ist aber ebenso möglich im Gesang, wo die natürliche Differenzierung der Männerstimmen, der Frauenstimmen und der Kinderstimmen von allein zur Idee führen mag, diese auch melodisch gegeneinander abzusetzen. Wenn diese dann freilich sehr selbständig behandelt werden, etwa sogar in kanonischer Form o. ä., so führt das zwar schon zu kontrapunktischen Praktiken, aber noch nicht zu harmonischen Gesetzen.

Zu diesen leitet eine andere musikalische Technik, die die Intervalle in ihrem Klangwert gut vernehmen läßt, die des Borduns. Sie lebt noch heute fort in den Orgelpunkten, die große Chorsätze oder weiträumige Orgelfugen beenden. Sie war im Mittelalter charakteristisch für das Organum, — in ihm waren ganze Partien (Abschnitt = punctus) enthalten, in denen die Unterstimme unbeweglich auf einer Tonhöhe liegenblieb, während die melodische Bewegung der Oberstimme für die Diskantus genannte Praxis kennzeichnend war. Deswegen hieß eine solche Partie „punctus organicus", „organaler Abschnitt", woraus in volkstümlicher Etymologie dann „Orgelpunkt" wurde. Die Entstehung der Bordunpraxis ist leicht zu begreifen. Auch in der rein modal aufgefaßten Melodie werden ja alle wichtigen Töne auf die Finalis bezogen. Dieser Bezug ist aber nur möglich, wenn das ganze Gerüst der Finales, vor allem die Hauptfinalis, dauernd ideell vorhanden ist. Wenn sie also weiter im Gedächtnis behalten wird, so liegt es sehr nahe, sie auch wirklich fortwährend mitzusingen. Diese Praxis ist auch heute noch in großen Teilen des Orients und Afrikas lebendig. Als „ison" ist sie in der byzantinischen Kirche noch in Übung. Naturgemäß ist sie dem Streichinstrument am meisten angepaßt, — hier ist es besonders sinnvoll, auf der obersten Saite die Melodie zu spielen und die nächstuntere oder alle unteren Saiten zugleich anzustreichen. Es ist ja gerade erst eine spätere, vollendetere Stufe des Streichinstrumentenbaus, auf der der Steg der Instrumente so gerundet wird, daß es möglich wird, die Saiten einzeln anzustreichen.

In dieser Borduntechnik wird demnach jeder erklingende Ton in Verbindung zu dem dauernd weitertönenden Grundton gesetzt und so bildet sich ein feines Gehör für den Klang der Intervalle aus. Dann läßt sich aber sehr bald erkennen, daß es unter diesen einige gibt, die eine ausgezeichnete Stellung besitzen, durch die sie aus allen übrigen Intervallen heraustreten. Insbesondere sondern diese sich auch noch dadurch von den andern ab, daß sie an beiden Seiten von einer Tonregion besonders schlechten Klanges umgeben sind, ehe man zwischen ihnen auf das Gebiet mäßig schlechten oder neutralen Klanges kommt. Diese Eigenschaft tritt vor allem sehr deutlich beim Stimmen der Instrumente zutage. Die wenigen ausgezeichneten Intervalle heißen konsonant, die übrigen dissonant, die nur wenig dissonanten wohl auch neutral.

Die bevorzugten k o n s o n a n t e n I n t e r v a l l e sind nun alle durch eine gemeinsame Eigenschaft gekennzeichnet: sie alle besitzen besonders einfache Schwingungsverhältnisse. So stehen die beiden Schwingungen des Oktavintervalls im Verhältnis 1:2, d. h. der höhere Ton des Oktavintervalls hat genau die doppelte Frequenz wie der untere. Entsprechend sind die Verhältnisse der Quinte 2:3, der Quarte 3:4, der reinen großen Terz 4:5, der reinen kleinen Terz 5:6. Diesen konsonanten Intervallen folgen die neutralen der Siebenergruppe, das Intervall 6:7, um etwa einen Viertelton kleiner als das vorige, um einen Sechstelton nochmals kleiner 7:8. Von da ab erscheinen die Dissonanzen 8:9, 9:10, der sogenannte große und kleine Ganzton, und in der europäischen Musik dann erst wieder der Halbton 15:16. Die Größe dieser Intervalle beträgt in Cents: 1200, 702, 498, 386, 316, 267, 231, 204, 182 und 112 C.

Alle diese einfachen Zahlenverhältnisse stehen in besonderen Beziehungen zueinander. Es gehen nämlich immer je zwei aus einem einfacheren hervor. Nehmen wir zuerst das Verhältnis 1:2 der Oktave, so können wir diesen Bruch erweitern zu 2:4, was dasselbe bedeutet. Bilden wir aus diesem einfachen Verhältnis das doppelte 2:3:4, so erhalten wir als Teile die Quinte 2:3 und die Quarte 3:4. Eine solche Teilung heißt in der Mathematik eine h a r m o n i s c h e T e i l u n g. Durch harmonische Teilung der Quinte 2:3 erhält man aus dem gleichbedeutenden 4:6 das Doppelverhältnis 4:5:6 und damit die große Terz 4:5 und die kleine Terz 5:6. Aus der Quarte 3:4, also 6:8, ergeben sich die beiden Siebenerintervalle 6:7 und 7:8. Aus der großen Terz 4:5, d. h. 8:10, entstehen die beiden Ganztöne 8:9 und 9:10. Aus 7:8 endlich gewinnt man über 14:16 die beiden Halbtöne 14:15 und 15:16. Der ganze Stammbaum der gebräuchlichen harmonischen Intervalle sieht dann so aus, wie Abb. 65 zeigt.

Die heute nicht mehr in Übung befindlichen Intervalle 10:11 und 11:12 usw. wurden in der griechischen Antike benutzt (s. unten), die ebenfalls noch weitere kleinere Unterteilungen verwandte.

Zwischen den musikalischen harmonischen Intervallen und der entwickelten arithmetischen harmonischen Teilung einerseits besteht nun ein enger Zusammenhang mit der h a r m o n i s c h e n S t r e c k e n t e i l u n g der Geometrie andererseits. Teilen wir eine Strecke mit den Endpunkten A und B

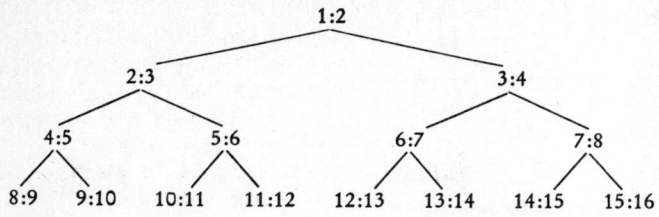

Abb. 65: Stammbaum der harmonischen Intervalle

(vgl. Abb. 66) durch einen Punkt C etwa so, daß die Teilstrecke AC doppelt so groß ist wie CB. Dann ist also das Verhältnis von AC:BC = 2:1. In der Geometrie bringt man es nun auch fertig, Strecken durch einen außerhalb liegenden Punkt zu „teilen". Das Verhältnis der Entfernungen des außerhalb teilenden Punktes von den Endpunkten der Strecke nennt man wieder sein Teilungsverhältnis. AD:BD ist dann das Teilungsverhältnis des Außenpunktes D. Wenn ein Innenpunkt C und ein Außenpunkt D eine Strecke AB in demselben Verhältnis teilen, spricht man wieder von harmonischer Streckenteilung und nennt die Punkte-

paare A und B bzw. C und D harmonische Punktepaare. Für das entstehende Doppelverhältnis gilt dann die Beziehung AC:BC = AD:BD. Im Fall der Oktave muß also BD so groß wie

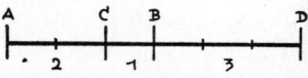

Abb. 66: Harmonische Oktavteilung

AB gemacht werden. Dann ist AD:BD = 2:1, also ebenso groß wie AC:BC. Stellt man sich nun vor, daß AD die Saite eines Saiteninstrumentes, etwa einer Geige ist, daß der Punkt A das obere Ende des Griffbrettes, den „Sattel" bezeichnet, der Punkt D den Steg des Instruments, so entsteht, wenn man den Finger in der Mitte der Saite beim Punkt B aufsetzt, beim Anstreichen der Saite die Oktave desjenigen Tones, den die leere Saite AD erzeugt. Denn bei den Saiteninstrumenten gehen die enstehenden Schwingungszahlen den schwingenden Saitenlängen genau parallel, — und zwar umgekehrt. Die halbe Saitenlänge erzeugt also die doppelte Schwingungszahl, d. h. die Oktave. Nun liegt weiter der Punkt C vom Steg D um DB + BC entfernt, BC ist aber ein Drittel von AB und dieses ist gleich BD. BD ist also auch gleich dreimal BC. Die ganze Saite AD ist sechsmal so groß wie CB. Also verhalten sich CD:AD = 4:6 = 2:3. Setzt man den Finger also bei C auf die Saite, so bringt der schwingende Teil CD der Saite die Quinte der leeren Saite hervor. Das Greifen bei A und B erzeugt also Grundton und Oktavton, der AB harmonisch teilende Punkt C ergibt die die Oktav harmonisch teilende Quinte.

In derselben Weise bringt die harmonische Teilung der klingenden Quinte

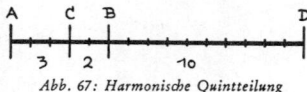

Abb. 67: Harmonische Quintteilung

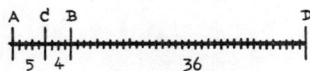

Abb. 68: Harmonische Teilung der Terz

die sie harmonisch teilende Terz hervor und die harmonische Teilung der klingenden Terz den sie harmonisch teilenden Ganzton. Abb. 67 zeigt die Verhältnisse bei der Quinte.

C teilt AB so, daß AC:BC=3:2 ist. BD ist doppelt so lang wie AB. AB ist dann fünfteilig, BD zehnteilig, BC zweiteilig, AC dreiteilig. Greifen bei D erzeugt die Quinte der leeren Saite, da BD:AD = 2:3 ist. Greifen bei C läßt die die Quinte harmonisch teilende Terz ertönen, da CD:AD = 12:15 = 4:5 ist.

Abb. 68 veranschaulicht die harmonische Teilung nunmehr der Terz.

Hier ist BD viermal so lang wie AB, so daß BD:AD = 4:5 ist und beim Greifen auf B mithin die Terz der leeren Saite erklingt. Teilt man AB in 9 Teile, so enthält BC vier davon, BD aber 36, so daß CD : AD = 40 : 45 = 8:9 wird und Greifen bei C also tatsächlich den die Terz harmonisch teilenden Ganzton erzeugt.

Wenn man die harmonischen Intervalle in dieser Weise auseinander durch harmonische Teilung hervorgehen läßt, so ist wenig verständlich, warum Konsonanz und Dissonanz Gegensätze sein sollen. Es ist doch vielmehr zu erwarten, daß der physikalischen Eigenschaft, da die Frequenzen eines Intervalls ein sehr einfaches Verhältnis bilden, auch im Seelischen nur eine einzige Besonderheit entspricht, die, je nachdem das objektive Schwingungsverhältnis mehr oder weniger einfach ist, auch mehr oder weniger ausgeprägt ist. Wir wollen hier daher unter Konsonanz nur die seelische Eigenschaft verstehen, die der Ausdruck des objektiv einfachen Schwingungsverhältnisses ist. Dann enthält etwa der scharf dissonante Halbton 15:16 doch noch etwas Konsonanz nach unserer Definition, wenn vielleicht auch schon sehr wenig, da das Zahlenverhältnis reichlich kompliziert ist. Der ausgesprochen dissonante Charakter des Halbtons müßte dann also an etwas ganz anderem liegen, — er könnte z. B. von der Kleinheit des Intervalls herrühren. Dissonanz ist für uns also eine Erscheinung, die wesensmäßig ganz anderer Art ist als Konsonanz. Man kann sich das sofort klarmachen, wenn man sich vorstellt, daß der Halbton um weniges geändert sei und daß seine Größe nicht 15:16 = 240:256 betrüge, sondern daß er um ein wenig auf 243:256 verkleinert sei. Dieser Halbton, von nur 90 C Größe, unterscheidet sich von dem vorigen um 240:243 = 80:81, das sogenannte syntonische oder didymische Komma von 22 C, und ist in der griechischen Antike als Limma sehr stark verwendet worden. Beide Halbtöne sind in ihrer dissonanten Natur nicht um das geringste verschieden, aber der eine hat ein sehr einfaches, der andere ein außerordentlich kompliziertes Schwingungsverhältnis,

— offenbar hat die Einfachheit oder Kompliziertheit des Zahlenverhältnisses nichts mit der Dissonanz des Halbtones zu tun.

Noch eine weitere Eigenschaft wird in diesem Zusammenhang immer wieder hinzugezogen. Carl Stumpf ging von der Tatsache aus, daß Oktavintervalle sehr häufig nicht als Intervalle gehört werden, sondern für einen einzigen Ton, also das „Intervall" des Einklangs, gehalten werden. Stumpf sagt, die beiden um eine Oktav abstehenden Töne „verschmelzen" zu einem einzigen Ton, und spricht daher von Verschmelzung. Zuerst glaubte er, daß die Verschmelzung die wahre Natur der Konsonanz sei. Später berichtigte er seine Auffassung und glaubte, daß die Verschmelzung eine die Konsonanz notwendig begleitende Eigenschaft, aber nicht ihr eigentliches Wesen wäre. Trotzdem ist seine Definition der Verschmelzung von der größten Bedeutung und bezeichnet eine sehr kennzeichnende Eigenschaft der Konsonanzen. Für sie gilt aber dieselbe Kritik wie für den üblichen Begriff der Dissonanz. Wenn Verschmelzung dem Zahlenverhältnis parallel geht, ist nicht einzusehen, warum etwa der Halbton gar nicht verschmilzt. Auch Dissonanzen wie der reine Halbton 15:16 haben ein noch verhältnismäßig einfaches Schwingungsverhältnis und müßten deshalb noch sehr wenig verschmelzen, — offenbar kommen die widerstrebenden Elemente ganz woanders her. Verschmelzung ginge also mit der Konsonanz nach unserer Definition parallel, die ganz andersartige Dissonanz veränderte bzw. überwände sogar die Konsonanz und Verschmelzung schwach konsonanter Intervalle.

Für die Dissonanz hat schon v. Helmholtz die richtige Erklärung gefunden. Sie ist darin begründet, daß die Töne des Intervalls zu eng beieinanderliegen, oder daß sich in den Obertönen oder Kombinationstönen Stellen finden, in denen diese eng beieinander liegen. Nehmen wir zuerst an, wir haben ein Intervall aus zwei reinen Sinustönen vor uns. Beide Töne sollen sehr eng beieinander liegen, es seien etwa die Töne 250 und 254 Hz. Man hört dann, da die beiden Töne in diesem Fall ja so nahe beieinanderliegen, daß das Ohr ihre Differenz nicht wahrnehmen kann, nur einen einzigen Ton, dessen Tonhöhe zumeist etwa in der Mitte von 250 und 254 Hz, also etwa 252 Hz, liegt. Dieser Ton ist aber nicht ruhig, sondern ändert seine Lautstärke periodisch und zwar so oft, wie die Differenz der Schwingungszahlen der Primärtöne angibt, — in unserem Beispiel wird er also viermal in der Sekunde lauter und leiser. Man sagt, der Ton „schwebt" mit der „Schwebungsfrequenz" 4 Hz. Wenn die Töne etwas weiter auseinanderliegen, hört man eventuell neben diesem schwebenden Mittelton auch schon leiser die Primärtöne, diese aber glatt und nicht schwebend. Bei noch weiterem Abstand vernimmt man zwei schwebende Töne. All das aber geschieht in dieser Form nur, wenn die Primärtöne gleiche Lautstärke haben. Bei ungleicher Stärke der Primärtöne sind die entstehenden Schwebungserscheinungen noch komplizierter. Liegen die Primärtöne weiter auseinander, so erscheint das

Ganze zerhackt und durchlöchert, bei noch weiterer Entfernung empfindet man nur noch eine gewisse Rauhigkeit. Alle diese Erscheinungen werden von verschiedenen Beobachtern etwas abweichend beschrieben und sind also offensichtlich individuell leicht verschieden. Eines aber ist allen Feststellungen gemeinsam: Je näher zwei Töne einander liegen, um so stärkere gegenseitige und gemeinsame Störungen erzeugen sie.

Betrachten wir nun eine Oktave aus den beiden Tönen 250 und 500 Hz. Beide Töne werden, wie in der Natur stets, mit Obertönen versehen sein. Der tiefere Ton 250 Hz wird also mindestens seine erste Oberschwingung von 500 Hz enthalten. Sie fällt mit dem oberen Ton des Oktavintervalls zusammen. Ist die Oktave aber nun ein wenig verstimmt, so erscheinen sofort Schwebungen dieses Obertones mit dem oberen Intervallton. Ist etwa 250 Hz nach 248 Hz oder nach 252 Hz verstimmt, so lautet der erste Oberton jetzt 496 oder 504 Hz und kollidiert nun erheblich mit dem oberen Intervallton von 500 Hz. Ist umgekehrt der Ton 500 Hz etwa nach 496 oder 504 Hz verstimmt, so kollidiert er mit dem auf 500 Hz liegenden Oberton von 250 Hz. Jedenfalls kommt stets der obere Oktavton aus seiner Lage und beginnt zu schweben. Auch die übrigen Obertöne erzeugen ähnliche Unregelmäßigkeiten. Nehmen wir an, es sei der untere Ton nach 252 Hz verstimmt. Dann beeinflussen sich also sein 1. Oberton 504 Hz mit dem oberen Intervallton 500 Hz. Aber auch der 3. Oberton 1008 Hz von 252 Hz mit dem 1. Oberton 1000 Hz von 500 Hz zusammen, der 5. Oberton 1512 Hz von 252 Hz mit dem 2. Oberton 1500 Hz von 500 Hz usw. Es wird also j e d e r Oberton von 500 Hz ebenso wie 500 Hz selbst durch Obertöne von 252 Hz beeinflußt. Der glatte Klang des Oktavintervalls ist damit restlos zerstört worden. Spielt man etwa auf der Geige eine leicht verstimmte Oktave, so stellt man diese Schwebungen bei gutem Hinhören sofort mit bloßem Ohr als tatsächliche Ursache des „dissonanten" Klanges fest. Sehr eindrucksvoll ist folgender Versuch. Man spiele die leere d-Saite, dazu cis auf der a-Saite. Hat man nach einiger Übung gelernt, genau gleiche Lautstärken herzustellen, so hört man cis äußerst effektvoll mit der Geschwindigkeit eines sehr schnellen Zungen-r schweben. Bei der großen Sept von d^1 = 293 Hz und cis^2 = 554 Hz bilden sich Schwebungen zwischen dem 1. Oberton 586 Hz von 293 Hz mit cis^2 = 554 Hz, die demnach eine Schwebungsfrequenz von 32 Hz haben. Geht man von cis^2 auf c^2 mit 523 Hz, so hört man die Schwebungen mit einer Schwebungsfrequenz von 63 pro Sekunde immer noch sehr deutlich. Bei der Sext d—h (494 Hz) schwirrt der obere Ton nur noch leise, — die Schwebungsfrequenz ist hier mittlerweile auf 92 gestiegen. Die reine Quinte d—a ist dann glatt, aber bei genauem Hinhören spürt man noch das unterirdische Zittern, — hier ist die Schwebungsfrequenz von 147 also zu groß, um noch verfolgt werden zu können.

Nimmt man jetzt eine Quinte, etwa, um besonders einfaches Rechnen zu haben, die Quinte 200:300 Hz, so fallen in ihr die Obertöne 600, 1200, 1800 Hz usw. des Tones 200 Hz mit an derselben Stelle liegenden Obertönen des Tones 300 Hz zusammen. In dem Augenblick, wo man die Quinte nach oben oder unten verstimmt, treten an diesen Stellen Reibungen auf. Erhöht man 300 etwa zu 302 Hz, so trifft 604 auf 600, 1208 auf 1200, 1812 auf 1800 Hz usw. Immerhin sind die Störungen nicht so eingreifend wie bei der Oktave, — tatsächlich ist die Oktave das gegen Verstimmung empfindlichste Intervall, und mit abnehmendem Konsonanzgrad wird auch die Empfindlichkeit gegen Verstimmung entsprechend kleiner. Bei der Quarte 300:400 Hz treffen nur noch an den Stellen 1200, 2400 usw. Hz gemeinsame Obertöne zusammen. Dafür beginnen nun um so mehr die Primärtöne selbst zu schweben. Bei der Quarte 300:400 Hz treten (leichte) Schwebungen von 100 Hz auf, bei der Terz 300:375 Hz solche von 75 Hz, bei der kleinen Terz 300:360 Hz solche von 60 Hz, beim Ganzton 300:337,5 Hz solche von 37,5 Hz, beim Halbton 300:320 Hz solche von 20 Hz.

Betrachtet man dieselben Intervalle etwa eine Oktave höher, so liegen alle Schwingungszahlen, mithin auch alle Schwebungsfrequenzen, doppelt so hoch. Daraus folgt, daß der Dissonanzcharakter in den verschiedenen Lagen des Tonbereiches nicht gleich ist. Man erkennt mit vollster Deutlichkeit, daß die Dissonanz also auch nicht im entferntesten etwas mit dem Konsonanzcharakter eines Intervalls zu tun haben kann, — denn die Konsonanz als das dem Schwingungsverhältnis des Intervalls subjektiv Entsprechende muß etwas in allen Tonlagen vollkommen Gleiches sein.

Auch für die Verschmelzung läßt sich eine plausible Erklärung finden. Sie ist ebenfalls schon von v. Helmholtz entwickelt worden und vor allem von Felix Krueger prononziert vorgetragen worden. Allerdings wollte er mit ihr die Konsonanz erklären, wozu sie nicht geeignet ist. Betrachtet man wieder die Oktave 250:500 Hz von eben, so besitzt 250 Hz die Obertöne 500, 750, 1000, 1250, 1500 usw. Hz. 500 Hz trägt über sich noch 1000, 1500, 2000 usw. Hz. Es fallen also 500 Hz und alle seine Obertöne zusammen mit Obertönen von 250 Hz. Wenn 500 Hz nicht zu laut ist, so wird es also in 250 Hz überhaupt ganz aufgehen. Man hört dann, wie im praktischen Leben häufig, nur einen einzigen Ton. 500 Hz ist dann mit 250 Hz vollständig „verschmolzen". Unter Verschmelzung verstand Stumpf das Bestreben der Konsonanzen, wie ein einziger Ton aufgefaßt zu werden. Offenbar hat nach dieser Definition die Oktave den höchsten Verschmelzungsgrad. In vielen Versuchen zeigte sich, insbesondere bei Unmusikalischen oder Ungeübten, daß sie sehr häufig nur als Einklang aufgefaßt wurde. Da in unserem Beispiel 500 ganz in 250 aufgeht dadurch, daß es mit seinen Obertönen in den Obertönen von 250 verschwindet, scheint mir das Zusammenfallen der Obertöne die sachgemäße Erklärung des Begriffs Verschmelzung bei der Oktave zu geben.

Dann müßte die Verschmelzung abhängig sein vom Grad der Besetzung eines Tones mit Obertönen. Darauf hat schon v. Helmholtz bei einer ähnlichen Gelegenheit geantwortet. Wenn nämlich objektive Töne keine Oberschwingungen besitzen, so fügt das Ohr sie hinzu, — sind welche vorhanden, so verstärkt oder ergänzt und vervollständigt es sie. Unser Mittelohr und vielleicht auch unser Innenohr sind nämlich, als technische Konstruktion gesehen, für ihre Aufgaben glänzend gebaut, aber nicht unbedingt ebensogut angelegt nach absoluten mathematisch-ästhetischen Prinzipien. Wir erinnern uns, daß wir einmal lernten, daß, wenn ein Brötchen 5 Pfennig kostet, zwei Brötchen 10 Pf., drei Brötchen 15 Pf. usw. kosten. Trägt man das in ein Koordinatensystem ein, wie es Abb. 69 zeigt, so ergibt sich als Verbindung der verschiedenen Punkte eine gerade Linie.

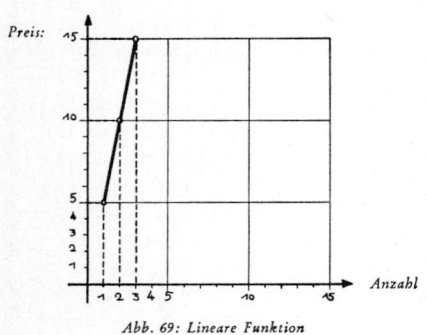

Abb. 69: Lineare Funktion

Der Mathematiker sagt: Der Preis der Brötchen ist eine „Funktion" ihrer Anzahl, und zwar eine „lineare" Funktion, weil sich bei graphischer Darstellung der Beziehungen eine gerade Linie ergibt. Alle komplizierteren Beziehungen heißen „nichtlineare Funktionen". Auch unser Mittelohr arbeitet nichtlinear. Die darstellende mathematische Funktion enthält dann außer dem linearen Glied noch weitere Summanden, Quadrat, Kubus, 4. Potenz usw. Fällt eine Sinusschwingung auf einen nichtlinear arbeitenden Übertragungsmechanismus, so entstehen also Sinus-Quadrat, Sinus-Kubus, Sinus-4. Potenz usw. Nach bekannten mathematischen Sätzen läßt sich das Quadrat eines Sinus aber ebensogut auffassen als ein einfacher Sinus, aber der doppelten Frequenz. Die 3. Potenz eines Sinus läßt sich zerlegen in einen einfachen Sinus und einen Sinus dreifacher Frequenz. Die 4. Potenz eines Sinus ist äquivalent einem Sinus doppelter Frequenz plus einen Sinus vierfacher Frequenz. Bei allen geraden Potenzen tritt weiter ein nichtschwingendes konstantes Glied hinzu, bei einer Luftschwingung also ein gleichbleibender Dauerdruck. Fällt eine Sinusschwingung auf unser Ohr, so erzeugt das nichtlineare Mittelohr einen Dauerdruck, die doppelten, dreifachen, vierfachen usw. Frequenzen, d. h. die komplette Reihe der Obertöne. Wie weit die Reihe dieser „subjektiven" Obertöne reicht, ist noch nicht bis ins letzte untersucht, bestimmt aber bis zu den 8. und 9. Gliedern, — dürfte nach dem individuellen Bau des Ohres wohl auch bei verschiedenen Personen verschieden sein.

Fällt also eine Oktave aus zwei Sinustönen auf unser Ohr, so ergänzt das Ohr zu beiden Sinustönen die Reihen ihrer Obertöne. Wir haben denselben Fall, als wenn wir zwei objektive Töne haben, bei denen die Grundtöne besonders stark sind. Dann wird der obere Oktavton nicht mehr vollständig im unteren untergehen, aber es wird doch eine Gesamterregungsfigur entstehen, die nur in den Stärkeverhältnissen von der Erregungsfigur eines einfachen Tones abweicht, der 1. Oberton, die Oktave, ist besonders stark.

Gibt man zwei Schwingungen auf ein nichtlinear arbeitendes Organ, wie es bei einem Intervall der Fall ist, so entstehen nicht nur die Obertöne der beiden Töne, sondern außerdem auch, sozusagen, Kreuzungsprodukte. Nehmen wir etwa das quadratische Glied als Beispiel. $(a+b)^2$ ist ja $a^2 + 2 \cdot a \cdot b + b^2$. a^2 und b^2 sind die beiden Glieder, die die beiden ersten Oberschwingungen mit der doppelten Frequenz der beiden Grundschwingungen erzeugen. $2 \cdot a \cdot b$ aber ist das Produkt zweier Sinusse. Ein solches Produkt läßt sich nun ebensogut auffassen als die Summe zweier Sinusse, von denen der erste als Frequenz die Summe der Frequenzen der Grundschwingungen, der zweite deren Differenz hat. Da unser Ohr die Klänge analysiert, bevorzugt es stets die Summenformen anstelle der Potenzformen. Im quadratischen Glied entstehen also Summen- und Differenzfrequenz. Man spricht von Summations- und Differenzton, beide zusammen heißen Kombinationstöne. Im kubischen Glied ergibt a^3 und b^3 die dreifachen Frequenzen, aber aus $a^2 b$ und ab^2 kommen Töne, deren Frequenzen, wenn man die Frequenzen der Grundtöne als p und q bezeichnet, gleich $2p + q$, $2p - q$, $p + 2q$ und $p - 2q$ sind. Im quadratischen Glied entstand $p + q$ und $p - q$. Denkt man sich vor den einfachen p und q eine 1 stehend, so ergibt die Summe der Faktoren im quadratischen Glied $1 + 1 = 2$, im kubischen $2 + 1 = 1 + 2 = 3$, die Summe der Koeffizienten ist also in jedem Glied gleich der Ordnungszahl der Potenz.

Im Fall der Oktave entsteht im quadratischen Glied als Summationston S_{11} $250 + 500 = 750$ Hz, als Differenzton D_{11} $500 - 250 = 250$ Hz. Beide fallen mit Obertönen zusammen. Im kubischen Glied ergibt S_{21} $2 \cdot 250 + 500 = 1000$ Hz, D_{21} $2 \cdot 250 - 500 = 0$ gar nichts, S_{12} $250 + 2 \cdot 500 = 1250$, D_{12} $2 \cdot 500 - 250 = 750$ Hz. Wieder fallen alle Kombinationstöne mit Obertönen zusammen. Ebenso geht es in allen weiteren Potenzen.

Das ist klar. Wir betrachten die Oktave 1:2. Wenn man ganze Zahlen kombiniert, müssen immer wieder ganze Zahlen herauskommen. Die Obertöne von 1 und 2 liefern aber schon alle ganzen Zahlen, alle zusätzlichen Kombinationen müssen also in ihnen enthalten sein.

Bei der Oktave verstärken die Kombinationstöne also die Obertöne nur. Das ist bei den übrigen Intervallen anders. Etwa bei der Quinte entstehen zunächst wieder alle Oberschwingungen der Grundfrequenzen, auch da, wo sie nicht im Klang objektiv enthalten sind. Aber die Kombinationstöne fallen nicht mehr alle mit Obertönen zusammen. Etwa gleich im quadratischen Glied entstehen als Summationston, wenn wir die Quinte als 2:3 ansetzen, $2 + 3 = 5$, als Differenzton $3 - 2 = 1$. Im kubischen Glied erscheinen als S_{21} $2 \cdot 2 + 3 = 7$, als D_{21} $2 \cdot 2 - 3 = 1$, als S_{12} $2 + 2 \cdot 3 = 8$ und endlich als D_{12} $2 \cdot 3 - 2 = 4$. Die Kombinationstöne fallen also in einigen Fällen mit Obertönen zusammen, ergänzen aber die lückenhafte Obertonreihe zu einer vollständigen Serie. Insbesondere entsteht mit dem Differenzton D_{11} aus dem stärksten quadratischen Glied der Ton 1. Damit ergibt sich also das Erregungsbild eines Klanges, wie es auch ein einzelner Ton liefert, nur sind diesmal die 2. und 3. Teilschwingung stärker als der Grundton. Aber auch das kommt in natürlichen Klängen oft genug vor. Damit erklärt sich einerseits die Verschmelzung der Quinte, andererseits die Tatsache, daß sie nicht so gut verschmilzt wie die Oktave.

Bei der Quarte liegen die Verhältnisse ähnlich wie bei der Quinte. Die Kombinationstöne ergänzen wieder die Obertöne zu einer kompletten Reihe. Wieder entsteht als stärkster und allererster Kombinationston mit dem D_{11} aus $4 - 3 = 1$ der Grundton, auf den sich der ganze Klang aufbauen kann. Aber die Lautstärkeverhältnisse im Erregungsbild sind jetzt etwas ungünstiger als bei der Quinte: Jetzt sind in dem einheitlichen Klang auf dem Grundton 1 die Oberschwingungen 3 und 4 die stärksten und damit wird der Klang doch schon recht unnatürlich und im allgemeinen kaum mehr als zu einem wirklichen Einklang verschmelzbar.

Bei den Terzen liegen die Hauptstärken im entstehenden Ober- und Kombinationstongebilde an den Stellen 4 und 5, bzw. 5 und 6.

Beim Ganzton sind die Grundtöne 8 und 9 schon drei Oktaven höher als der fiktive Grundton 1, die Zusammenfassung zu einem Klang ist hier schon an der Grenze des Möglichen und die Verschmelzungsfähigkeit des Ganztons sehr klein.

Allgemein läßt sich sagen, daß die Intervalle mit einfachem Schwingungsverhältnis ihrer Primärtöne durch nichtlineare Bildung von Obertönen und Kombinationstönen eine vollständige Frequenzreihe 1, 2, 3, 4 usw. herstellen, so daß hier im Prinzip der Klangaufbau des Einzeltons vorliegt. Die einfachen Schwingungsverhältnisse haben dementsprechend die Tendenz, zu einem Gesamtklang zu verschmelzen. Je komplizierter das Schwingungsverhältnis ist, um so mehr werden die Stärkeverhältnisse in diesem Gesamtklang aber dadurch unnatürlich, daß die Grundtöne als die stärksten immer mehr in die Höhe rücken, während sich unter ihnen nur subjektiv wesentlich schwächere Töne befinden. Die Verschmelzungsfähigkeit nimmt mit komplizierter werdendem Schwingungsverhältnis also entsprechend ab.

Die Verschmelzung liegt nach dieser Anschauung im Grunde daran, daß erst unser Mittelohr das Intervall so ergänzt hat, daß es für die empfindende Seele einem Einzelton ähnlich ist. Diese Ergänzung tritt aber nur ein, wenn

auch beide Töne des Intervalls gleichzeitig über einen oder beide Mittelohr-
apparate laufen. Sie muß in dem Moment ausfallen, in dem man die beiden
Töne des Intervalls trennt und auf beide Ohren verteilt. Wenn es sich um
natürliche Töne mit einer Anzahl Obertöne handelt, so werden diese durch
die Nichtlinearität wieder verstärkt, — wenn keine Obertöne vorhanden
sind, so werden sie erzeugt. Aber da beide Töne in verschiedenen Ohren
sind, können sich keine Kreuzungsprodukte bilden, so daß keine Auffüllung
durch tiefere Kombinationstöne eintritt. Es fragt sich also, ob bei diesem
„binauralen" Hören erstens, wie zu erwarten, die Verschmelzung wegfällt,
zweitens die K o n s o n a n z bestehen bleibt oder nicht, d. h. ob die Intervalle
mit einfachen Schwingungsverhältnissen vor den anderen heraustreten oder
nicht. Macht man diese Versuche — und zu Experimenten ist man ja ge-
zwungen, da uns das Leben die hier erforderlichen Bedingungen nicht liefert — zunächst mit obertonhaltigen Tönen, so erscheint das Intervall klarer
und reiner und von herrlicher Schönheit. Aber der Zusammenhang der beiden Töne ist ein sehr viel lockerer geworden. Das liegt nicht nur daran,
daß die Kombinationstöne fehlen, sondern es tritt ein anderer, sehr viel
wichtigerer zweiter Effekt hinzu: es wird erkannt, daß beide Töne aus
verschiedenen Richtungen kommen. Sie werden also ganz verschieden in die
Außenwelt lokalisiert, im allgemeinen in beide Ohren (da man naturgemäß
mit Kopfhörern arbeitet), und allein damit ist ja nun schon die Möglichkeit
zerstört, sie zu einem einzigen Ton zusammenfassen zu wollen. Die Konsonanz aber bleibt vollkommen erhalten, ja sie wird fast erhöht, zumindest
irgendwie gereinigt, da Verschmelzung und Dissonanz nicht mehr von ihr
ablenken.

Besonders instruktiv werden die Versuche, wenn man sie mit Sinustönen
unternimmt. Durch die ungewohnten Bedingungen der verschiedenen Lokalisierung bei Wegfall des die Intervalle im gewöhnlichen Leben stark charak-
terisierenden Verschmelzungsphänomens wird der Hörer zunächst so hilflos,
daß er nicht einmal mehr die Größe der Intervalle beurteilen kann, sie
also nicht mehr wiedererkennt. Macht man jetzt Versuche so, daß man den
unteren Grundton des Intervalls in dem einen Ohr auf derselben Tonhöhe
fest liegen läßt, aus dem Einklang heraus den oberen Ton des Intervalls im
anderen Ohr aber langsam ansteigen läßt, so erscheinen alle Intervalle als
von gleichmäßiger Widerstrebigkeit, nur die wenigen Intervalle mit einfachen Zahlenverhältnissen besitzen den Charakter leuchtender, glücklicher
Zwischenmomente in dem allgemeinen désastre und zwar fühlt man immer
noch deutlich, wie man plötzlich in sie hineingleitet und an der anderen
Seite wieder aus ihnen herausgeht. Auch der Ganzton ist vollkommen klar
von seiner Umgebung abgehoben, und es zeigt sich also mit voller Deutlichkeit, wie er im binauralen Hören tatsächlich eine Konsonanz ist, deren
konsonanter Charakter im normalen Hören nur eben durch die starken

Reibungen der Dissonanz überlagert wird. Macht man diese Versuche längere Zeit, so bekommen die Intervalle einfacher Schwingungsverhältnisse wieder ihren bekannten Charakter und man hört in der Welt dieser aparten Klänge wieder wie in der trüben Natur, die uns immer umgibt.

Wenn die Auszeichnung der einfachen Schwingungsverhältnisse im binauralen Hören noch erhalten bleibt, so lassen sich nunmehr die Erscheinungen abgrenzen, auf denen die Konsonanz nur noch beruhen kann. Es sind ja nur noch die beiden Primärtöne mit ihren subjektiven oder objektiven Obertönen vorhanden. Daß die Obertöne von entscheidendem Einfluß sind, ergibt sich sofort daraus, daß bei objektiven Obertönen der Konsonanzeindruck dieselbe Prägnanz besitzt wie im normalen Hören, daß bei nur schwachen subjektiven Obertönen die Konsonanz nur undeutlicher ist und erst klar hervortritt, wenn man die konsonanten Intervalle mit den sie umgebenden nichtkonsonanten vergleicht, daß, wenn man sich im Lauf der Versuche auf die schwachen subjektiven Obertöne eingestellt hat, auch die Konsonanz wieder plastisch ist. Weiter ist selbstverständlich, daß die Konsonanz des Intervalls erst in einem Teil des Gehirns erlebt wird, nachdem die von den beiden Ohren kommenden Nerven bereits zusammengetroffen sind, so daß ein Vergleich der getrennt von den beiden Ohren kommenden Reize möglich ist. Wiederum aber kann dieser Vergleich auch nicht in der letzten Station des Gehirns stattfinden, denn dort sind Grundton und Obertöne schon zu einem einheitlichen Klangeindruck verschmolzen, so daß hier die Obertöne bereits wieder in der Gesamterscheinung untergetaucht sind. Nun sind die Nervenbahnen, die von den Ohren zur Gehirnrinde führen (vgl. Abb. 70), fast auf dem ganzen Wege immer wieder durch Querverbindungen miteinander in Beziehung gesetzt. Aber es scheint, als ob diese Querzüge vor allem einer einheitlichen Abstimmung des Funktionierens in den beiden Hörzweigen dienen. Ein Vergleich des Inhalts, der in den Bahnen dem Gehirn zugeführt wird, tritt sicher erst in einem höheren Teil des Gehirns ein. Nach der Analogie der Sehbahn kann man annehmen, daß hierfür am ehesten der mittlere Kniehöcker in Frage kommt, der der vorgebaute Teil des Thalamus ist, in dem die akustischen Eindrücke ankommen, so wie der äußere Kniehöcker der entsprechende Teil des Thalamus ist, in dem die optischen Eindrücke eintreten. Der äußere Kniehöcker ist gut untersucht, er besteht aus mehreren Schichten, in denen die von den beiden Augen kommenden Seheindrücke abwechselnd liegen. Es ist dieses Organ also so gebaut, als ob es direkt zu einem Vergleich der von links und rechts einlaufenden Reize dienen soll. Ein solcher Vergleich tritt auch tatsächlich im Optischen ein: aus dem Unterschied der ein wenig voneinander abweichenden Seheindrücke entsteht bekanntlich der stereoskopische Raumeindruck. Aber auch im Akustischen kommt aus dem Vergleich des an beiden Ohren zu etwas verschie-

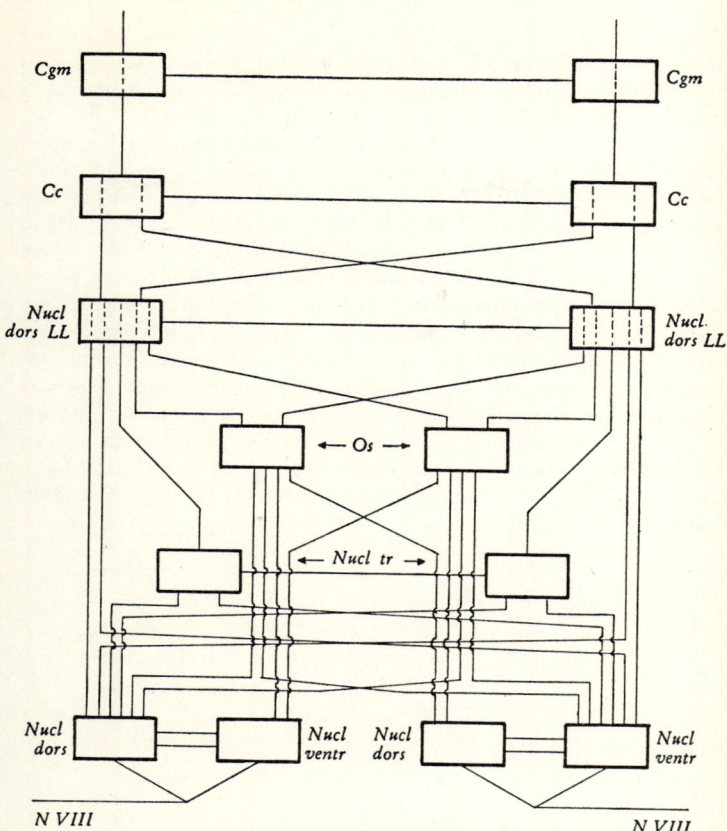

Abb. 70: Schematischer Verlauf der Hörbahnen
(nach H. Husmann, Vom Wesen der Konsonanz, Heidelberg, Müller-Thiergarten, 1953, Abb. 6)

N VIII   Nervus octavus, 8. Nerv, sein Hörzweig der Nervus cochleae, Hörnerv
Nucl VII   Nucleus terminalis nervi cochleae, Endkern des Hörnerven, Kochleariskern
Nucl dors   (alis)
              dessen rückseitiger Teilkern
Nucl ventr   (alis)
              dessen vorderer Teilkern
Nucl tr   Nucleus trapezoïdes, Trapezkern
O s   Oliva superior, obere Olive
LL   Lemniscus lateralis, laterale (seitliche) Schleife
Nucl dors LL deren rückwärtsliegender Kern
Nucl ventr LL deren vorwärtsliegender Kern
Cc   Colliculus caudalis, kaudaler (hinterer) Zweighügel oder Vierhügel
Cgm   Corpus geniculatum mediale, medialer (mittlerer) Kniehöcker
R   Hörsphäre der Hirnrinde

dener Zeit und in etwas verschiedener Stärke ankommenden Schalles der Richtungseindruck eines Tones. Auch im Akustischen muß daher irgendwo ein Organ vorhanden sein, das einen solchen Vergleich vornimmt, und es ist wahrscheinlich, daß dieses Organ der mittlere Kniehöcker ist.

Wenn man sich vorstellt, daß im mittleren Kniehöcker stets sich entsprechende Punkte der Basilarmembran einander gegenüber in zwei oder mehreren Schichten abgebildet werden ähnlich wie in den Schichten des äußeren Kniehöckers sich parallele Punkte der beiden Netzhäute gegenüber liegen, so ist der Einfluß der Obertöne leicht deutbar. Bei einem normalen Klang liegen in allen Schichten die Teiltonreize dann an denselben Stellen gegenüber, — sie werden nur auf zeitliches Eintreffen und gegenseitige Stärke verglichen. Im binauralen Experiment aber liegen die Grundtöne an verschiedenen Stellen auf den sich gegenüberliegenden Schichten. Aber an den Punkten, an denen beide Töne gemeinsame Obertöne besitzen, wie es ja bei allen Intervallen mit einfachen Schwingungsverhältnissen der Fall ist, treffen von beiden Seiten Reize ein, die damit einen Vergleich der beiden Seiten erlauben und ein Verbinden der beiden Seiten herstellen. Nehmen wir etwa eine Quarte als Beispiel (vgl. Abb. 71), die aus den Primärtönen

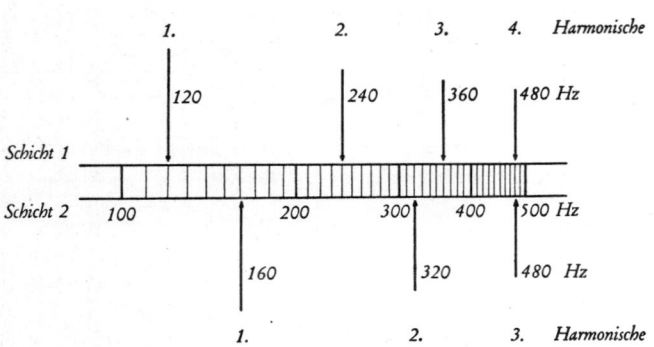

Abb. 71: *Binaurales Konsonanzerlebnis der Quarte*
(nach H. Husmann, a. a. O., Abb. 3)

120 und 160 Hz gebildet wird, so treffen auf den Schichten der einen Seite die Reize an den Frequenzen 120, 240, 360, 480 Hz usw. ein, während auf den Schichten der anderen Seite die Reize an den Stellen ankommen, die 160, 320, 480 Hz usw. entsprechen. Bei 480 Hz ist der 1. Berührungspunkt, der damit eine erste Brücke zwischen den beiden Klängen schafft. Da für die Konsonanz somit das Zusammenfallen gemeinsamer Obertöne verantwortlich wäre, hat der Verfasser seine Theorie als K o i n z i d e n z t h e o r i e der

Konsonanz bezeichnet. Die Koinzidenz von Obertönen wäre dann das letzte, was noch einen Vergleich verschieden hoher, von beiden Ohren getrennt kommender Töne ermöglichte, und sie müßte auch in normal einfallenden Tönen dasjenige sein, was die konsonanten Klänge als bevorzugt einheitlich erscheinen läßt. Es ist die größere Harmonie des sich über den Grundtönen erhebenden Obertonaufbaus der Intervalle mit einfachen Schwingungsverhältnissen, die sie als konsonant erscheinen läßt, während ihre Fundamentierung durch unter den Primärtönen liegende Kombinationstöne sie zu einzeltonähnlichen Gebilden verschmelzen läßt.

Da bei den binauralen Versuchen neben den Obertönen nur noch die Primärtöne selbst vorhanden sind, läßt sich nicht die Annahme ausschließen, daß die Konsonanz auch schon in den Primärtönen allein begründet sei, — und dann wohl auch ebenfalls die Verschmelzung. Aber dazu müßte die Seele zählen können oder aber wenigstens Zahlen vergleichen können. Insbesondere müßte die Schwingungszahl eines Tones auch bis ins Gehirn hinein erhalten bleiben. Aber das ist nach heutigen Ansichten nicht der Fall, da bereits die Nerven nur auf einem engbegrenzten Frequenzgebiet Impulse aussenden, die freilich in gewissen Grenzen in einfachen Vielfachen der Reizfrequenz stehen. Doch auch der Parallelismus mit dem Tastsinn zeigt, daß die Transponierung der Frequenz in einen Ort (nämlich auf der Basilarmembran) das Wesentliche ist, — daß die Frequenz dann noch weitergeleitet werden und noch zur Feststellung weiterer Effekte dienen soll, ist sehr unwahrscheinlich. Offensichtlich wäre dann die ganze Lagetransposition des Innenohres überflüssig. So hat die Ansicht, daß die Frequenzen selbst für die Konsonanz das auslösende Moment sind, wie sie etwa von Lipps oder v. Hornbostel vertreten worden ist, wenig Wahrscheinlichkeit für sich.

Jedenfalls ist es eine Tatsache, daß die Intervalle mit einfachen Schwingungsverhältnissen selbst im binauralen Experiment unter den so sehr erschwerten Hörbedingungen immer noch eine ausgezeichnete Stellung besitzen. Im normalen Hören sind sie darüber hinaus noch durch die Verschmelzung besonders hervorgehoben und mit den sie umgebenden besonders scharf dissonanten Verstimmungen von den Nachbarintervallen abgesondert. So ist es verständlich, daß sie bei mehrstimmigem Musizieren, vor allem in der Praxis des Burdonierens, von Anfang an in der Geschichte der Menschheit auffielen und bald bevorzugt, ja oft ausschließlich benutzt wurden. Dabei kann man versuchen, mit wenigen Intervallen auszukommen und aus ihnen das ganze Tonsystem aufzubauen. Dann kann man sich darauf beschränken, nur die Quinte zugrunde zu legen, — so erhält man das pythagoreische System. Man kann aber auch noch die Terz mit hineinnehmen. Beide Intervalle lassen sich vereinigen, wenn man, wie in Indien, eine 22stufige Temperatur unterlegt. Sonst aber muß eins der beiden Intervalle sich dem anderen angleichen, in unserem 12stufig temperierten

System die Terz der Quint und Oktav, in der mitteltönigen Temperatur der Renaissance umgekehrt die Quint der Terz.

Beschränkt man sich auf die Quinte als fundamentales Intervall, wie es die Anhänger des Pythagoras taten — von diesem selbst ist nichts bekannt —, so kann man eine sehr einfache Konstruktion der siebenstufigen Leiter erreichen. Nehmen wir die moderne Form der Dur-Skala als Beispiel — sie entspricht dem griechischen Lydischen —, so kann man c d e f g a h c ganz aus Quinten aufbauen. Man muß dann die Quintenfolge

$$f — c — g — d — a — e — h$$

zugrunde legen. Wenn man hierin c = 1 ansetzt und alle Töne in eine Oktave hineintransponiert, wobei man beim Heruntertransponieren das entstandene Schwingungsverhältnis durch 2 dividieren, beim Herauftransponieren dagegen mit 2 multiplizieren muß, so erhält man für f eine Quinte abwärts (wenn wir die höhere Schwingung immer zuerst nehmen) $1 : \frac{3}{2} = \frac{2}{3}$ dies eine Oktave aufwärts also $\frac{4}{3}$, usw. Im ganzen ergeben sich folgende Verhältnisse

c	d	e	f	g	a	h	c
1	$\frac{9}{8}$	$\frac{81}{64}$	$\frac{4}{3}$	$\frac{3}{2}$	$\frac{27}{16}$	$\frac{243}{128}$	2

Naturgemäß sind in dieser Tonleiter alle Ganztöne gleich, nämlich gleich 9 : 8, da sie sich sämtlich aus zwei Quinten 3 : 2 (um eine Oktav vermindert) ergeben. Der Halbton ist das schon besprochene Limma, da zwischen e und f als Beispiel der Schritt 4 : 3 dividiert durch 81 : 64, tatsächlich 256 : 243 besteht.

Wenn man diese Tonleiter chromatisch ergänzt, so erhält man eine zweite Art des Halbtons, die Apotome. Fis errechnet sich ja als Quinte von h. Multipliziert man 243 : 128 mit 3 : 2 und dividiert durch 2, um wieder in die Oktave c—c zurückzukommen, so erhält man für fis 729 : 512. Von fis nach g ist dann ein Limma 256 : 243, wie man leicht nachrechnet, von fis nach f ein Halbton des Verhältnisses 2187 : 2048, eben die Apotome. Während das Limma 90 C groß ist, enthält die Apotome 114 C. Der Unterschied von Apotome und Limma, 24 C, hat das Verhältnis 531 441 : 524 288 und heißt das pythagoreische Komma. Geht man weiter chromatisch in die Höhe, so erhält man cis, dis, gis, ais, die alle eine Apotome über c, d, g, a bzw. ein Limma unter d, e, a, h liegen. Geht man dagegen von f quintenweise nach unten, so erhält man zuerst b, dann es, as, des und ges. Wie in der Aufwärtsrichtung der Schritt von fis nach g usf. ein Limma beträgt, so ist in der Abwärtsrichtung nunmehr ges—f ein Limma u. ä. Umgekehrt beträgt in der Aufwärtsrichtung der chromatische Schritt f—fis eine Apotome, in der Abwärtsrichtung stellt g—ges den chromatischen Schritt von der Größe der Apotome dar. Da die Apotome der größere Schritt ist, liegt fis näher an g und ges näher an f, das heißt fis ist höher als ges, und zwar, da der Unterschied von Apotome und Limma das pythagoreische Komma ist, eben um dieses, — vgl. Abb. 72.

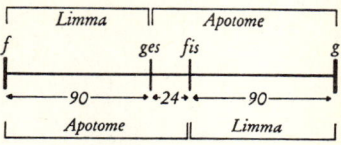

Abb. 72: Apotome und Limma

Das vollständige chromatische pythagoreische System umfaßt dann folgende Töne mit den entsprechenden Tonhöhen, in Cents angegeben.

c	des	cis	d	es	dis	e	f	ges
0	90	114	204	294	318	408	498	588

fis	g	as	gis	a	b	ais	h	c
612	702	792	816	906	996	1020	1110	1200

Das sind insgesamt also die sieben ursprünglichen diatonischen Töne, vermehrt einerseits um fünf Kreuz-Töne, andererseits um fünf b-Töne, die um das pythagoreische Komma tiefer liegen als die entsprechenden Kreuz-Töne. Dieses 17stufige, doppelt erweiterte chromatische System pythagoreischer Berechnung war anscheinend das System des späten Hellenismus, da die Theoretiker ganz allgemein die Apotome als den chromatischen Halbton bezeichnen, also wohl mit einer größeren Anzahl von Halbtönen rechnen. Von hier aus ist dieses System dann nach Arabien gekommen und vom 9. Jahrhundert ab das herrschende arabische Tonsystem gewesen.

So sehr das einleuchtend ist bei der damals in großem Umfang einsetzenden Übernahme griechischen Geistesgutes in die klassische arabische Kultur, so kompliziert werden die Dinge doch dadurch, daß dieses 17stufige System auf die eigene arabische Praxis nicht paßte. Die Araber benutzten als Grundskala eine solche mit den Tonhöhen

C: 0 200 350 500 700 900 1050 1200

der Einfachheit halber in temperierten Zahlen angegeben, in Wirklichkeit z. T. rein (204, 498, 702, 906), z. T. temperiert (353 o. ä. und 1053 o. ä.) gestimmt. Diese Dudelsackskala (vgl. oben) wird mit dem 17stufigen System dadurch verbunden, daß man 350 und 1050 C noch in dieses eingliedert. Das Ganze wird sodann durch ein 17stufiges temperiertes System angenähert. Teilt man die Oktave in 17 gleiche Teile, so hat jeder die Größe von 1200 : 17 = 70,588 C. Ich stelle nebeneinander die Ordnungszahl des Tones in der Tonleiter, seine temperierte Messung im temperierten 17stufigen System und seine pythagoreische Messung im doppelt-chromatischen System.

Nr.	temp.	pyth.	Nr.	temp.	pyth.
1	71	90	10	706	702
2	141	180	11	776	792
3	212	204	12	847	882
4	282	294	13	918	906
5	353	383	14	988	996
6	424	408	15	1059	1086
7	494	498	16	1129	1176
8	565	588	17	1200	1200
9	635	678			

Man sieht, daß das 17stufige temperierte System den arabischen Ansprüchen ebenso genügt wie das 22stufige temperierte den indischen. Denn einmal nähert auch die 17stufige temperierte Skala die diatonischen Stufen recht gut an. Die Quarte von 494 C und die Quinte von 706 C sind von den reinen Intervallen nur um 4 C, also einen überhaupt nicht wahrnehmbaren Betrag verschieden. Die Ganztöne 212 und 918 C sind naturgemäß um das Doppelte, also 8 C, verschieden, immer noch ein sehr kleiner Betrag. Bei der pythagoreischen Terz von 424 C ist der nochmals verdoppelte Fehler von 16 C schon merkbar und entspricht den 14 C, die wir mit unserer temperierten Messung von 400 C anstelle der reinen von 386 C überhören. Weiter aber liefert die Temperatur die ³/₄-Ton-Intervalle an den Stellen 141 C, 353 C, 847 C und 1059 C, ebenso die zu ihnen passenden kleinen Terzen von 282 C (statt 292 C) und 988 C (anstelle von 996 C). Damit ist die Möglichkeit gegeben, die Quartenteilungen 200 150 150, 150 200 150 und 150 150 200 sowohl auf c wie auch auf g durchzuführen, ebenso auf f. Die 17stufige Temperatur erlaubt es also, pythagoreische Messung und ³/₄-Ton-Ganzton-Skala mit großer Genauigkeit zu vereinigen. Sie ist damit der Versuch, die heimische ³/₄-Ton-Ganzton-Skala durch eine temperierte Teilung zu erklären, wobei der ³/₄-Ton zwei temperierte Schritte, der Ganzton deren drei enthält. So darf man vermuten (vgl. oben), daß bereits der ³/₄-Ton-Ganzton-Leiter ursprünglich eine 7stufig temperierte Skala vorausging und daß man die 17stufige temperierte Tonleiter erfand, um die späteren Systeme mit dem älteren Mittel der Temperatur verstehen und erfassen zu können.

Eine zweite Temperatur, die das pythagoreische System recht gut annähert, aber nur dieses und nicht zugleich andere Skalen, ist die 12 s t u f i g e T e m p e r a t u r. Sie macht beim Ganzton 204 C nur einen Fehler von 4 C, die Sext von 900 C statt 906 C ist um 6 C zu niedrig, die Terz mit 400 statt 408 C um 8 C zu niedrig, die Sept mit 1100 statt 1110 C um 10 C zu niedrig. Am besten sind Quinte und Quarte, die mit 500 statt 498 C und 700 statt

702 C nur Fehler von 2 C aufweisen. Weiter beseitigt die 12stufige Temperatur einen großen Schönheitsfehler des pythagoreischen Systems, das Aus-
einanderfallen der chromatischen Töne. Diese Divergenz wird ja dadurch
hervorgerufen, daß die Quinte von 702 C in der Oktave von 1200 C nicht
aufgeht. Gehe ich sechs Quinten in die Höhe nach fis = 612 C, andererseits
sechs Quinten herunter nach ges = 588 C, so ist das pythagoreische Komma
bzw. der Unterschied zwischen Apotome und Limma nichts anderes als die
Differenz zwischen den zwölf Quinten ges—fis, vermindert um die sieben
Oktaven, die diese Töne annähernd auseinanderliegen. Da sieben Oktaven
gleich 7 · 1200 = 8400 C ist, andererseits zwölf Quinten gleich 12 · 702 =
8424 C, ergibt sich wieder ganz richtig das pythagoreische Komma zu 24 C.
Um die Quinten nach den Oktaven zu temperieren, muß man, da die zwölf
Quinten ja um diesen Betrag größer sind als die sieben Oktaven, jede einzelne Quinte um ein Zwölftel dieses Betrages verkleinern, d. h. um nur 2 C
von 702 C auf 700 C. Dann wird richtig 7 · 1200 = 12 · 700 = 8400 C. Da
die 12stufige Temperatur also Quinten temperiert und dann nur mit diesen
Quinten weiterbaut, verfährt sie also genau nach dem Prinzip des pythagoreischen Systemaufbaus und ist daher wesensmäßig eine Temperatur des
pythagoreischen Systems.

Wenn man in dieser Weise das pythagoreische Komma verteilt, so erreicht man damit nicht nur, daß die Quinten nunmehr in den Oktaven aufgehen, sondern es entsteht eine weitere, prinzipiell wichtige Folge. Da das
pythagoreische Komma verschwindet, fallen die verschiedenen chromatischen
Töne jeweils zusammen. Tatsächlich tritt anstelle von 90 und 114 jetzt
100 C, anstelle von 294 und 318 C jetzt 300 C, anstelle von 588 und 612 C
nunmehr 600 C, anstelle von 792 und 816 jetzt 800 C und endlich anstelle
von 996 und 1020 C nunmehr 1000 C. Damit haben wir anstelle chromatisch
divergenter Töne nunmehr enharmonisch verwechselbare Stufen.

So ist das 12stufig temperierte System eine Austemperierung des pythagoreischen Systems und ist denn auch ganz folgerichtig schon in der Antike
entwickelt und angewandt worden. Dieses Verdienst gebührt Aristoxenos,
dem Schüler des Aristoteles. Es setzt die Quinte gleich Quarte plus Ganzton
und die Quarte gleich Ganzton, Ganzton, Halbton. „Halbton" bezeichnet
wirklich die Hälfte des Ganztones, nicht wie im reinen System ein reichlich
weit davon differierendes Intervall. Seine Nachfolger differenzierten das
System dann noch weiter. Aristoxenos selbst scheint immer nur den Ganzton
als die Einheit zu betrachten. Er rechnet mit Halbtönen, Dritteltönen, Vierteltönen und ³/₈-Tönen, je nachdem es die verschiedenen Spielarten des
chromatischen und enharmonischen Geschlechtes erfordern. Seine Fortsetzer
dagegen teilten den Ganzton in 12 Teile, die Oktave also in 72 Teile. Der
Halbton umfaßte dann 6 Teile, der ³/₈-Ton 4¹/₂ Teile, der Viertelton 3 Teile.
Die die Grundlage der griechischen Theorie bildende Quarte enthält dann 30

solcher Teile in sich. In dieser Form wird das System etwa bei Kleonides dargestellt.

Die Existenz der arabischen und aristoxenischen Temperatur ist oft diskutiert worden. Man hat dann stets bestritten, daß die betreffenden Autoren tatsächlich Temperaturen gemeint haben. Bei Aristoxenos ist klar, daß er die Quarte temperiert. Bis zur Oktave rechnet er nicht weiter. Aber die Art, wie die Quinte aus Quarte und Ganzton besteht, zeigt doch, daß die Quinte additiv zusammengesetzt ist und die Oktave ergibt sich dann wieder aus Quinte und Quarte. Auch die Verfeinerung der Nachfolger des Aristoxenos zeigt, daß man temperiert dachte, wenn man die Quarte in 30 gleiche Teile zerlegte. Und endlich zeigt auch die Polemik seiner Gegner, etwa des Ptolemäus, daß der Halbton die wirkliche Hälfte des Ganztons war.

Was die 17stufige Temperatur betrifft, so hat man darauf hingewiesen, daß ja z. B. die Quarte wie überhaupt die aus der griechischen Theorie stammenden Intervalle an der Laute durch Streckenteilung, d. h. also durch Schwingungsverhältnisse, dargestellt wurden. Trotzdem ist das nicht entscheidend. Denn die arabischen Theoretiker und Praktiker modulierten in dem pythagoreisch berechneten 17stufigen griechischen System schrankenlos so, als ob die Stufen dieses Systems gleich wären. Sie vermeinten absolut, ein temperiertes System vor sich zu haben und waren überzeugt, daß sie es mit ihren Berechnungen erfaßt hatten. Die Differenzen sind ja, wie oben gezeigt wurde, tatsächlich auch unerheblich.

Das 17stufige temperierte System ist ein sehr feiner Versuch, das pythagoreische System unter Beibehaltung der Divergenz der chromatischen Töne anzunähern, während das 12stufige diesen so charakteristischen Zug des pythagoreischen Systems vernichtet. Die griechische Antike hat andererseits zahlreiche weitere Versuche unternommen, nicht durch Temperatur, sondern durch Berechnung komplizierterer Zahlenverhältnisse die in der Praxis gebrauchten Tonstufen zu erfassen. Dabei unterteilte man die in der praktischen Musikübung offensichtlich dem einzelnen Spieler und Sänger überlassene Schattierung der Tonhöhen in drei große Klassen, die man Geschlechter nannte. Das enharmonische Geschlecht benutzt Intervalle, die kleiner als der Halbton sind. Das chromatische „genos" umfaßt die Möglichkeiten, die um den Halbton herumliegen. Das diatonische Geschlecht endlich bezeichnet die Nuancen des Ganztons. Dabei ist für alle Geschlechter kennzeichnend, daß das größte, ja sogar die beiden größten Intervalle stets oben liegen. In der Temperatur des Aristoxenos sehen diese Tongeschlechter dann so aus, in Teilen des Ganztons nach seiner Art bezeichnet:

Enharmonisch	$1/4$ $\quad$ $1/4$	2
Weich-chromatisch	$1/3$ $\quad$ $1/3$	$1^1/_6$
Hemiolisch-chromatisch	$3/8$ $\quad$ $3/8$	$1^3/_4$

Ganztönig-chromatisch	$^1/_2$	$^1/_2$	$1^1/_2$
Weich-diatonisch	$^1/_2$	$^3/_4$	$^5/_4$
Gespannt-diatonisch	$^1/_2$	1	1

Man sieht deutlich, wie sich die beiden tiefen Intervalle von Viertelton-größe immer mehr bis zu Halbton und Ganzton erweitern.

Demgegenüber nehmen andere Theoretiker nur eine einzige Form für jedes Geschlecht an, wobei sie versuchen, die praktische Musikübung in möglichst einfache Zahlenverhältnisse zu fassen. So schlägt der älteste, Archytas, folgendes vor, wobei ich seine Zahlenverhältnisse zugleich in Cents umge-rechnet beifüge, damit die unanschaulichen Zahlen doch zu plastischer An-schauung kommen.

enharmonisch	28 : 27	36 : 35	5 : 4
	63	49	386
chromatisch	28 : 27	243 : 224	32 : 27
	63	141	294
diatonisch	28 : 27	· 8 : 7	9 : 8
	63	231	204

Es ist offensichtlich der Witz dieses Systems, das unterste Intervall in allen drei Geschlechtern gleich anzusetzen. Sonst treten schon die reine Terz 5 : 4, das Siebenerintervall 8 : 7 und der Ganzton 9 : 8 auf, während 32 : 27 die pythagoreische chromatische kleine Terz (etwa c—es) ist.

Anders schlägt Eratosthenes folgendes vor:

enharmonisch	40 : 39	39 : 38	19 : 15
	44	45	409
chromatisch	20 : 19	19 : 18	6 : 5
	88	94	316
diatonisch	256 : 243	9 : 8	9 : 8
	90	204	204

Während das diatonische Geschlecht hier pythagoreisch gemessen wird, basieren die beiden anderen auf harmonischer Intervallteilung. Die reine kleine Terz läßt den kleinen Ganzton 10 : 9 übrig, der als 20 : 18 harmo-nisch durch 19 geteilt wird, und im enharmonischen wird 20 : 19 als 40 : 38 harmonisch durch 39 weiter unterteilt, wobei für die pythagoreische Terz die nur um 1 C differierende einfachere Form 19 : 15 gefunden wird, — eine einfach geniale Darstellung des enharmonischen Geschlechts in pytha-goreischer Messung.

Die Krone gebührt aber zweifellos Didymos. Er mißt:

enharmonisch	32 : 31	31 : 30	5 : 4
	55	57	386

chromatisch		16 : 15	25 : 24	6 : 5
		112	71	316
diatonisch		16 : 15	10 : 9	9 : 8
		112	182	204

Das ist die vollendetste Form des reinen Systems. Im enharmonischen Geschlecht die reine große Terz, ebenso im diatonischen, im chromatischen die reine kleine Terz! Im Chromatischen wird der reine Halbton übernommen, wobei sich für den zweiten Halbton zwangsläufig das weniger hübsche, aber auch harmonische 25 : 24 ergibt. Im Enharmonischen ist der reine Halbton 16 : 15 als 32 : 30 harmonisch durch 31 geteilt.

P t o l e m ä u s , der berühmte Geograph, war auch Mathematiker und Musiktheoretiker. Hier faßte er alle bisherigen Bestrebungen zusammen und versuchte insbesondere, auch die Aristoxenischen Unterteilungen der Geschlechter in Zahlenverhältnissen zu erfassen. Sein System sieht folgendermaßen aus.

enharmonisch	46 : 45	24 : 23	5 : 4
	38	74	386
weich-chromatisch	28 : 27	15 : 14	6 : 5
	63	119	316
gespannt-chromatisch	22 : 21	12 : 11	7 : 6
	80	151	267
weich-diatonisch	21 : 20	10 : 9	8 : 7
	85	182	231
ganztönig-diatonisch	28 : 27	8 : 7	9 : 8
	63	231	204
doppelganztönig-diatonisch	256 : 243	9 : 8	9 : 8
	90	204	204
gespannt-diatonisch	16 : 15	9 : 8	10 : 9
	112	204	182
gleichmäßig-diatonisch	12 : 11	11 : 10	10 : 9
	151	165	182

Im enharmonischen Geschlecht benutzt Ptolemäus die reine Terz, teilt den reinen Halbton aber merkwürdigerweise nicht harmonisch. Die beiden chromatischen Unterarten benutzen zwar die Namen des Aristoxenos, ergeben aber doch recht verschiedene Intervalle insbesondere durch die zu kleinen Terzen. Das weiche Diatonon gibt das entsprechende aristoxenische recht gut wieder. Das ganztönige diatonische stammt von Archytas, das doppelganztönige ist das pythagoreische, das gespannte das des Didymos mit Vertauschung der Ganztöne. Das gleichmäßige, „geebnete, gemäßigte"

Diatonisch ist, wie das Wort (homalon) angibt, offenbar das „temperierte". Die Quarte 4 : 3 ist als 12 : 9 harmonisch durch 11 und 10 geteilt, die ganz großartige Idee sozusagen eines Dreifachverhältnisses. Die Aufnahme dieses Geschlechtes beabsichtigt die Einbeziehung der temperierten Dreiteilung der Quarte und scheint mir in Beziehung zu stehen zu den arabischen Skalen, in denen ebenfalls ein, freilich noch großer, Ganzton erhalten bleibt und nur die restliche kleine Terz temperiert geteilt wird. Das homalon dürfte daher noch einleuchtender als das arabische System zeigen, daß hier ein gleichmäßig die Oktave siebenstufig teilendes System zugrunde lag, das nunmehr durch Quinte und Quarte reguliert wurde, oder das die Griechen, unter Beibehaltung der für sie fundamentalen Quartenbegrenzung, in ihr System aufnehmen wollten.

An dieser Stelle ist das indische System anzufügen, das teilweise schon besprochen wurde. Die melodische Struktur der einfachen Jātis ergab sich dort schon. Hier ist zu zeigen, wie sich verschiedene Tongeschlechter in seinem Aufbau widerspiegeln. Das ersieht man aus dem fünftönigen (pentatonischen) und sechstönigen (hexatonischen) Aufbau der Skalen. Abb. 73 zeigt die betreffenden Verhältnisse bei den Tonarten des Ṣadja-Grāma.

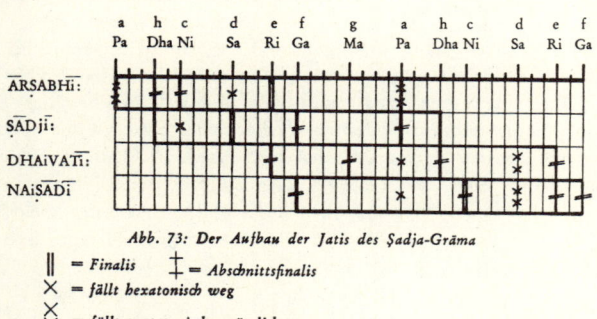

Abb. 73: Der Aufbau der Jatis des Ṣadja-Grāma

‖ = *Finalis*   ⌠ = *Abschnittsfinalis*
X = *fällt hexatonisch weg*
X̶ = *fällt pentatonisch zusätzlich weg*

Da die siebenstufigen Leitern auch hier noch wie schon in der siebenstufigen Temperatur vorwiegend fünftönig benutzt werden, erweisen sich die drei Tonarten Ārṣabhī, Dhaivatī und Naiṣādī als zum selben Tongeschlecht gehörig. Sie unterscheiden sich nur durch ihre Lage innerhalb des Systems, — der Umfang ist ja aber im Indischen nur ein beschreibendes, kein definierendes Merkmal. Damit haben sie alle drei den folgenden pentatonischen Aufbau:

e f g   h c   e

Der maßgebende Unterschied der drei Leitern ist dann nur noch die Lage des Finaltones, der auf e, h und c liegen kann, und seine oben geschilderten

Verhältnisse zu den Abschnittfinales. Das zugrunde liegende pentatonische System aber ist dasjenige, das die beiden Halbtöne beibehält, das „hemitonische". Es findet sich ebenfalls voll entwickelt in der japanischen Musik und spielt eine ausschlaggebende Rolle in Indonesien, wo es als Melog bezeichnet wird. Wie sehr beide Kulturen auch in vielen anderen und bedeutenden Seiten mit Indien zusammenhängen, ist bekannt.

Die Jatis des Madhyama-Grāma zeigen zwei weitere pentatonische Möglichkeiten (vgl. Abb. 74).

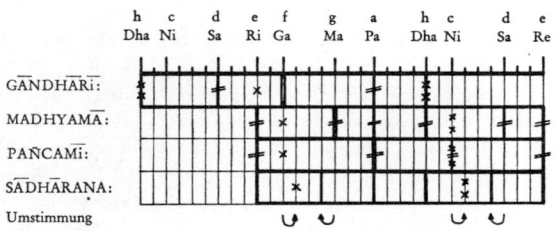

Abb. 74: Der Aufbau der Jatis des Madhyama-Grāma-Zeichen wie in Abb. 73

Von diesen Skalen weisen Madhyamā und Pañcamī denselben Ausschnitt auf, ebenso dieselbe Art der Pentatonik, die die beiden Töne über den beiden Halbtonintervallen ausläßt und damit die Halbtöne beseitigt. Diese halbtonlose, „anhemitonische" Pentatonik benutzt ebenso wie die drei herausgehobenen Leitern des Ṣadja-Grāma e als Abschnittsfinalis, im Pañcamī sogar als einzige. So ist es berechtigt, den Umfang hier als maßgebender anzusehen, insbesondere da, wie oben auseinandergesetzt, der melodische Aufbau sich auf die reine Madhyamā-Quarte e—a gründet, und diese Art der Pentatonik daher folgendermaßen zu schreiben:

e   g a h   d e

Die beiden Quarten e—a und h—e sind genau gleich aufgebaut und so haben wir hier den Doppelquartenaufbau vor uns, wie er auch für die griechische dorische Leiter kennzeichnend ist. Interessanterweise steht — in der siebenstufigen Form der Skala — der große Ganzton zuunterst, der kleine Ganzton darüber. Ganz ebenso lagen die Verhältnisse bei den Tetrachordberechnungen des Archytas und des Ptolemäus, — die des letzteren stimmt sogar genau mit dem indischen System überein. Der Grund der Plazierung der Ganztöne ist leicht einzusehen: wenn der kleine Ganzton nach oben gelegt wird, so ergibt sich unten, wenn der Halbton in der Pentatonik ausfällt, eine reine kleine Terz.

Im griechischen dorischen System ist a als Mese sicher als Hauptton und Finalton empfunden worden. Quartenaufbau und Finalis lassen danach das indische Pañcamī und das antike Dorisch als identisch erscheinen. Wenn man von dem Umfang absieht, der im antiken Phrygischen auf d—d heruntergeht, sondern nur die Lage der Finalis g betrachtet, kann man analog vermuten, daß das antike Phrygisch wohl gleich dem indischen Madhyamā ist.

Ghāndhārī benutzt einen Umfang, der eine Quarte unter dem der beiden anderen Jātis des Madhyama-Grāma liegt, — aber das ist nicht entscheidend, da die Randoktave bei pentatonischer Praxis gerade wegfällt. Grundlegend ist vielmehr der übrige Aufbau, der auf der reinen großen Terz f—a basiert und die reine Quinte c hinzufügt. So ist der Aufbau dieses Systems der folgende:

c d f g a c

Diese Dur-Pentatonik ist wieder von einem großen Bereich der Erde bekannt. Sie ist für China kennzeichnend und in Japan ebenso wichtig wie die dortige halbtönige Pentatonik. Sie ist wieder in Indonesien sehr verbreitet, wo sie Angklung heißt. Und endlich, wenn man wieder vom Umfang absieht und die Quart auch im Griechischen (nach Analogie des Dorischen) als Hauptton betrachtet, so ist die dritte griechische Haupttonart, das Lydische, mit dem Gāndhārī (wenn man wieder die volle siebenstufige Form nimmt), wesensgleich.

Dann hat sich das verblüffende Resultat ergeben, daß die drei griechischen Grundtonarten mit den drei Jātis des Madhyama-Grāma identisch sind.

Daß die Leitern des Madhyama-Grāma die älteren sind, geht auch daraus hervor, daß sie es waren, die auf das ältere Slendro (vgl. oben) stießen, so daß an ihnen der Umstimm-Mechanismus des Sādhāraṇa entwickelt wurde, der sie in Slendro überführt.

Endlich bleibt Ṣāḍjī übrig. Er kommt nicht fünftönig vor. Daraus kann man vielleicht entnehmen, daß er kein so fundamentales Geschlecht wie die bisher behandelten ist, sondern daß wir hinter ihm womöglich eine Vereinigung mehrerer Arten zu suchen haben. Auch im Ṣadja-Grāma nimmt er eine Sonderstellung dadurch ein, daß er nicht das a ausfallen läßt, das mit dem in Dhaivatī sogar als Abschnittsfinalis fungierenden f keine reine Terz gibt, sondern um eine Śruti zu hoch ist. Man sieht aber bald, daß die Hochstimmung des a eine reine Unterquarte zur Finalis d ergibt, so daß die Quarten g—c, a—d, h—e (mit der besprochenen Lage der Ganztöne), c—f, d—g rein sind, nicht dagegen mehr e—a. So ist die untere Quarte h—d—e eine typische Quarte des Madhyama-Grāma, die nach unten und nach oben durch weitere Quarten ergänzt wurde, wobei die Ergänzung nach unten durch die nötige Höherstimmung des a in den Ṣadja-Grāma hineinführte. Der Ṣāḍjī zeigt also Züge beider Grāmas und kann daher mit Recht als repräsentativ angesehen werden.

Eine zum Ṣāḍjī gehörende Leiter findet sich auch in einem anderen Teil der Welt wieder. Das große Reich der Balunda in Nord-Rhodesia und im Südosten und Süden des Belgischen Kongo benutzt eine sechsstufige Leiter, die innerhalb einer siebenstufig-temperierten Umgebung um so mehr auffällt. Sie hat anscheinend folgenden Aufbau

a h c d e g a

Auch in Kamerun scheint die Tonleiter in dieser Form verbreitet zu sein. Doch sind die Instrumente zu schlecht erhalten, als daß sich diese Leiter mit voller Sicherheit behaupten ließe.

Ein gemischtes, pentatonisches System findet sich im Nordosten des Belgischen Kongo bei den Azande. Die zehntönigen in Oktaven abgestimmten Xylophone sind schon behandelt worden. Dieses Tongeschlecht verbindet ein hemitonisches und ein anhemitonisches Tetrachord miteinander und hat die Form

h d e f a

Dieses System wäre also das zu dem hexatonigen Ṣādjī gehörige pentatonische System, — freilich ist hier eine reine Quarte e—a anzunehmen. Aber das System kommt auch als

d e f a h

vor, die dem Ṣādjī direkt entspricht. Zudem spielt die Frage der Umstimmung des a ja erst eine Rolle nach der Entwicklung der 22stufigen Temperatur, — und diese scheint nur in Indien gebräuchlich gewesen zu sein.

Das pythagoreische System dürfte auch das gesamte europäische Mittelalter hindurch in Gebrauch gewesen sein. Aber die liturgische Musik der christlichen Kirche kam direkt aus dem Orient und so ist es nicht zu verwundern, daß sie auch die typischen Züge der orientalischen Melodik und insbesondere des orientalischen Melodieaufbaus zeigte. Das sogenannte System der Kirchentonarten kannte ursprünglich keine Definition der verschiedenen Modi durch ihren Umfang. Die Praxis des Systems beruht vielmehr auf dem Gegeneinanderspiel von Finalis, Confinales, die den indischen Abschnittfinales entsprechen, und einem Hauptton. Die Gestaltung ist insofern aber etwas freier, als auch der endgültige Schluß nicht unbedingt immer auf der Hauptfinalis eintreten muß, sondern auch auf den Confinales geschehen kann. Von besonderer Bedeutung ist naturgemäß, wie im Orientalischen, der Hauptton. Während er in melodischen Gesängen (concentus) nicht so sehr direkt hervortritt, ist er in den deklamierenden Formen der Bibellesung (accentus) das dem Ganzen das Gepräge Gebende, — als Reperkussion, Tuba oder Tenor bezeichnet. Den Anfang bildet das Initium („Anfang"), eine für jeden Lektionston typische Einleitungsformel; in der Mitte steht die Mediatio, die den Halbschluß herbeiführt. Die zweite Satzhälfte kann in wichtigen Bibelabschnitten auch mit einem neuen Initium beginnen (während sie gewöhnlich sofort auf der Reperkussion einsetzt), den Schluß bildet die Terminatio („Beendigung") oder Differentia („Unterscheidung"), so genannt, weil sie sehr verschiedene melodische Formeln zur Auswahl bereit hält, deren Anwendung sich nach dem Zeilenanfang richtet, — denn der Schluß soll möglichst geschickt in den Anfang der nächsten Zeile über- leiten. Ein Psalmvers im 1. Kirchenton mag das verdeutlichen.

Lau - da - te do - mi - num om - nes gen - tes lau - da - te e - um om - nes po - pu - li

Notenbeispiel 2: Rezitationsformel des 1. Tons

Merkwürdig ist der Tonus peregrinus, der „Fremdling", der in der zweiten Vershälfte die Reperkussion g benutzt, während er in der ersten auf a deklamiert, vgl. das nächste Beispiel.

In ex - i - tu Is - ra - el de Ae - gyp - to do - mus Ja - kob de po - pu - lo bar - ba - ro

Notenbeispiel 3: Rezitationsformel des Tonus peregrinus

Im 8. Jahrhundert, vielleicht am Hofe Karls des Großen, wurde dann die Theorie der griechischen Tonarten mit ihrem Aufbau aus Quarten auf die „gregorianische" Kirchenmusik übertragen. Jeder Kirchenton hat seine Finalis, je zwei die gleiche. Der authentische Ton benutzt als Umfang eine Oktave über seiner Finalis, die Reperkussion liegt auf der Quinte (statt h tritt c ein), der plagale Ton, auch Hypo-Tonart genannt, geht eine Quinte nach oben, eine Quart nach unten und verwendet die Oberterz als Reper- kussion. Da dann viele Gesänge in diesen Schematismus nicht hineinpaßten, versuchte man mit Ausnahmeregeln (Confinales, Modulation usw.) zu er- klären. Während die klassischen griechischen Tonarten nur mit Quarten konstruierten, ist hier also die hellenistische Form übernommen, nach der die Oktave aus Quinte + Quarte besteht (der die Quarten trennende Ganz- ton ist zur einen Quarte mit hinzugezogen worden).

Das Mittelalter entwickelte dann auch eine Mehrstimmigkeit im pytha- goreischen System. Da hier nur mit der Quinte als Basis des Systems ge- arbeitet wird, galt im Mittelalter auch nur die Quinte als konsonant. Sie ist daher die einzige Konsonanz, die auf dem schweren Taktteil stehen kann. Auf den leichten Taktzeiten können dann beliebige Klänge eintreten, da dem mittelalterlichen Ohr ja alle anderen Klänge gleich dissonant erschienen, — und in der Tat ja auch waren, weil man die pythagoreische und nicht die reine Terz benutzte. Das mögen einige Takte aus der Messekomposition „Viderunt omnes" (Graduale der Weihnachtsmesse) des großen Komponisten Perotin der Pariser Notre-Dame-Kathedrale (um 1200) zeigen.

Notenbeispiel 4: Anfang von Perotins „Viderunt omnes"

Es ist verständlich, daß der Klangsinn allmählich immer feiner wurde und daß man begann, auch die übrigen Taktteile stärker mit Konsonanzen auszugestalten. Als Beispiel eines solchen Satzes sei der Beginn der Messe Guillaume de Machaults zitiert, die nach der Mitte des 14. Jahrhunderts komponiert wurde.

Notenbeispiel 5: Beginn von Machaults Messe (nach der Gesamtausgabe Fr. Ludwigs, Bd. 4)

Von nun ab verfestigte sich der harmonische Aufbau der europäischen Musik dadurch, daß die melodischen Führungen in die nächste Konsonanz formelhaften Charakter annahmen, — es bildeten sich die „Kadenzen" aus. So wurde der Satz immer wohlklingender. Den einschneidensten Schritt tat dann die Renaissance. Sie war absolut auf den vollkommenen Klang eingestellt und so kam sie nach den instrumental-vokal gemischten Besetzungen des späten 13., 14. und 15. Jahrhunderts wieder auf die rein vokale „a cappella"-Ausführung der Perotinschen Zeit zurück. Hier fällt die größere oder kleinere Konsonanz der Klänge naturgemäß am deutlichsten ins Ohr und so kommt man dazu, unterstützt durch das Studium der griechischen Musiktraktate, die Terz mit dem Verhältnis 5 : 4 zu messen. Es ist das Zeitalter des Palestrinastils und der italienischen Madrigale, das die Vollendung dieser Klangkultur bringt.

Auch die Theorie des zugrunde liegenden Tonsystems wurde genauer entwickelt. Das pythagoreische System basierte auf der reinen Quinte. Man erkannte aber sofort, daß reine Quinten und reine Terzen ebensowenig zusammenpassen wie reine Quinten und Oktaven. Nimmt man etwa die reine große Terz mit dem Verhältnis 5 : 4, so erhält man nach drei Terzschritten einen Ton des Verhältnisses $5^3 : 4^3$. Dies von der Oktave $2 : 1$ abgezogen, ergibt $2 \cdot 4^3 : 5^3 = 128 : 125$, die kleine Diësis, um die drei große Terzen hinter der Oktave zurückbleiben. In Cents geht die Rechnung noch einfacher: $3 \cdot 386 = 1158$ C sind um 42 C weniger als die Oktave mit ihren 1200 C. Die Benennung ist der antiken nachgebildet, — Aristoxenos bezeichnete die Intervalle unter dem Halbton als „Diësis".

Bei der kleinen Terz liegen die Dinge umgekehrt. Vier kleine Terzen $6 : 5$ führen zu einem Punkt $6^4 : 5^4$, davon die Oktave abgezogen, d. h. durch 2 dividiert, ergibt die große Diësis von $648 : 625$, um die vier kleine Terzen höher auskommen als die Oktave. In Cents ergibt $4 \cdot 316 = 1264$ C, was um 64 C größer ist als die Oktave.

Die Terzen gehen also nicht in der Oktave auf. Mit der Quinte kommen sie ebenfalls nicht aus, denn das didymische Komma beruht ja schon darauf, daß zwei große Ganztöne die pythagoreische Terz aufbauen, dagegen ein großer und ein kleiner Ganzton die reine Terz, daß also reine und pythagoreische Terz eben diesen Unterschied haben, da das didymische Komma $81 : 80$ oder 22 C der Unterschied des großen und des kleinen Ganztons ist

$$\left(\frac{9}{8} \cdot \frac{10}{9} = \frac{81}{80} \right)$$

Man kommt also mit vier Quinten hinauf zur pythagoreischen Terz, die über der zweiten Oktave liegt:

c g d a e

Da man nunmehr die Konsonanz der Terz sogar noch für begehrenswerter hält als die der Quinte, so kommt man auf die Idee, die Quinten zu temperieren und zwar so, daß sie in der reinen Terz auskommen. Da die Differenz das didymische Komma ist, muß man dieses also auf vier Quinten verteilen, und zwar muß man sie darum vermindern, da ja die pythagoreische Terz um diesen Betrag größer ist. Man muß also die Quinten um ein Viertel des didymischen Kommas vermindern, dann erhält man Quinten, die mit der reinen großen Terz auskommen. Diese Temperatur heißt die mitteltönige, da der Ganzton in ihr in der Mitte der Terz liegt (das tut er freilich im pythagoreischen System auch). Denn da vier mitteltönige Quinten auf die reine Terz führen, ergibt sich der Ganzton nach zwei mitteltönigen Quinten als genaue Hälfte der großen Terz. Um es so auszudrücken: im Pythagoreischen ist die Terz das Doppelte des reinen Ganztons, im Mitteltönigen ist der Ganzton die Hälfte der reinen Terz. In Zahlen ist die mitteltönige Temperatur bezaubernd hübsch. Zwei Oktaven hinauf, das ist $2 \cdot 2 = 4$, dazu eine reine Terz $5 : 4$, das ist also 5, dies in vier gleiche Teile geteilt, ist demnach $\sqrt[4]{5}$. In Cents sind zwei Oktaven 2400 C, dazu die reine Terz, ergibt 2786 C, dies durch vier dividiert, ergibt die mitteltönige

Quinte von 696,6 C, den mitteltönigen Ganzton daraus zu 193 C.

Um das System chromatisch zu vervollständigen, ging man die Quinten herunter bis es, die Quinten herauf bis gis. Das ist also folgende mitteltönige Quintenkette (die in der Oktave dis nicht aufgeht, da ja auch die drei reinen Terzen es—g—h—dis nicht in der Oktave aufgehen, so daß die kleine Diësis sozusagen das „mitteltönige Komma" ist):

es   b   f   c   g   d   a   e   h   fis   cis   gis

In dieser Reihe gibt es aber immer nur je drei Terzen, die zueinander passen, und zwar die folgenden, in Quinten angeordnet:

es — g — h
b — d — fis
f — a — cis
c — e — gis

Nur innerhalb dieser Terzen erhält man daher reine Dreiklänge, d. h. in diesem Fall Dreiklänge mit reinen Terzen und mitteltönigen Quinten. In dem Augenblick, wo man über es nach unten oder über gis nach oben hinausgehen will, ergeben sich Töne, die von den enharmonischen um die kleine Diësis verschieden sind.

So ging man vor 1700 dazu über, den mitteltönigen Zirkel so zu temperieren, daß er in die Oktave hineinpaßte. Das ergibt die z w ö l f s t u f i g e g l e i c h s c h w e b e n d e T e m p e r a t u r , für die Johann Sebastian Bachs „Wohltemperiertes Klavier" von 1722 das erste imposante Werk ist. So entstand die zwölfstufige Temperatur zweimal unabhängig voneinander, einmal durch Temperierung der reinen Quinten des pythagoreischen Systems bei Aristoxenos, das zweite Mal durch Temperierung der mitteltönigen Quinten um 1700.

Notenbeispiel 6: Anfang des Cis-dur-Präludiums des 1. Teils von J. S. Bachs „Wohltemperiertem Klavier"

Aber auch in der zwölfstufigen Temperatur hielten sich noch immer die Reste orientalischer Denkweise, wenn die Töne nach ihren Funktionen betrachtet wurden. Es gibt immer noch eine Tonika, die die Rolle der Finalis spielt, und eine Dominante, die die Reperkussion des Mittelalters fortsetzt. Mit diesen Dingen bricht erst die moderne Musik. Sie versucht, das funktionale Denken auszuschalten und alle Töne gleichberechtigt nebeneinander zu stellen. Damit ist sie die logische Konsequenz der Entwicklung, die das Barockzeitalter angebahnt hat. Freilich ist damit nur eins beseitigt. Das Ernstnehmen der Temperatur bedeutet, daß man auf das reine System als das angeblich allein natürlich fundierte verzichtet. Man muß die neue Musik also auf das andere, rein melodische Prinzip des Abstandes gründen, wie es die orientalischen Temperaturen auch tun. Dann ist aber auch der letzte Schritt wieder logisch, den die neue Musik schließlich getan hat: Nachdem sie die harmonischen tonalen Beziehungen verlassen hatte, sah sie sich genötigt, rein melodisch fundierte, modale Ordnungsprinzipien einzuführen. So stehen wir denn wieder am Beginn des Ausbaus der temperierten Systeme und die jahrtausendealte Entwicklung kann wieder von vorne beginnen.

3. *Metrum und Rhythmus*

Da jeder musikalische Ton eine bestimmte Dauer besitzt, besteht die Möglichkeit, auch durch Variation der Tondauer künstlerische Entsprechungen und Wirkungen zu erzielen. Die sich hierbei ergebenden Verhältnisse faßt man als Rhythmik oder Metrik zusammen. Leider ist bis heute über die genaue Formulierung dieser Begriffe noch keine Einigkeit erzielt worden, so daß auch hier wieder zunächst die Terminologie klarzustellen und festzulegen ist.

Beide Begriffe stammen bereits aus der antiken griechischen Kunstlehre. „Metron" heißt „Maß" und bezeichnet daher eine Messung, und zwar die der kurzen und langen Silben des dichterischen Kunstwerks. Die Metrik behandelt dementsprechend Silbenlängen, Versfüße, Vers„maße" — wie auch wir uns ausdrücken —, Strophenformen usw. Sehr anschaulich sagt etwa Aristides Quintilianus: „Die Metrik ist die Lehre zunächst von den Buchstaben, weiter von den Silben, den Versfüßen, den Versmaßen, endlich von den Gedichten . . ." Mit den Buchstaben sind offensichtlich in erster Linie die Vokale gemeint, deren Kürze und Länge ja wiederum die Kürze und Länge der Silben bestimmt, — aber, wie sein Traktat zeigt, werden auch Konsonanten, Doppelkonsonanten usw. behandelt, denn z. B. Doppelkonsonanz macht eine Silbe mit kurzem Vokal „positionslang" usf. Daß er bis zu ganzen Gedichten fortschreitet, zeigt, daß tatsächlich die ganze formale Seite des dichterischen Kunstwerks von der Metrik erfaßt wird.

Demgegenüber läßt sich die Bedeutung von „Rhythmus" nicht so einleuchtend aus der Etymologie herleiten. Denn „Rhythmus" kommt von „rhyomai", „ziehen", oder (nach älterer Ansicht) von „rheo", „fließen", mit dem „rheuma" zusammenhängt, von dem wir „Rheumatismus" abgeleitet haben, und das mit unserem „Strom" in der Wurzel verbunden ist. „Rhythmus" würde also den dahinfließenden Strom des zeitlichen Kunstwerks bezeichnen, aber der Schönheitssinn des Griechen hat auch hier schon sofort alles in wohlausgemessenem Verhältnis gesehen und so bezeichnet „Rhythmus" das Maß („Zeitmaß") und den Takt des Zeitflusses. In übertragenem Sinn wird es überhaupt für „Verhältnis", „Proportion", ja allgemein „Form" verwendet. Ebenso sprechen auch wir noch von dem „Rhythmus" in dem „Fluß" eines Gewandes, etwa einer gotischen Figur. Nach alledem ist „Rhythmus" also etwas Abstraktes und bezeichnet die Proportionen der reinen Zeit, während „Metrum" sich nur auf etwas Reales und noch dazu sehr Spezielles bezieht, nämlich auf den zeitlichen Ablauf des sprachlich Geformten und Erfüllten. „Rhythmus ist ein System von Zeiten, die in einer bestimmten Ordnung vereint sind", sagt Aristides Quintilianus. Der Daktylus ist also ein Metrum, der $^3/_4$-Takt ein Rhythmus.

Von dieser Basis aus hat auch Hugo Riemann sein System der Rhythmik und Metrik konstruiert. Wie den Griechen ist ihm die Rhythmik ebenso die Lehre vom Takt, freilich ganz folgerichtig mit all dessen Komplikationen, Synkopen, Zusammenziehungen, Unterteilungen, Pausen. Aber Riemann betrachtet nicht nur diese elementaren Erscheinungen, sondern richtet sein Augenmerk vor allem auch auf das ihm vor Augen schwebende Ziel, die Erklärung der klassischen Achttaktperiode. Nun behandelte die griechische Rhythmik nur die Taktarten selbst und auch Riemann war der Meinung, daß dies eine besonders sinnvolle Abgrenzung sei. So glaubte er für die Diskussion der Achttaktperiode und der Verbindung von Achttaktperioden einen neuen Begriff nehmen zu sollen und deshalb wohl griff er auf die Metrik zurück, die ja nicht nur Versfüße, sondern auch ganze Verse und „Perioden" behandelt. So nannte er die Erweiterung der Rhythmik „musikalische Metrik". Aber offenbar ist dieser Schritt unlogisch. So wie Perioden und Verse Zusammensetzungen von Versfüßen sind, ganz ebenso sind Achttaktgruppen aus einfachen Takten sich zusammensetzende höhere Gebilde, — und auch die Verse sind ja ebensowenig reine Additionen von Versfüßen wie Achttaktgruppen reine Aneinanderreihungen von Takten sind. Ebenso unlogisch ist die Verwendung des Begriffs „Periode" in der Bezeichnung „Achttaktperiode", denn Perioden sind für den Griechen Zusammenfassungen von Versfüßen, während der Ausdruck „Achttaktperiode" für Gruppen von Takten benutzt wird. Ebenso wie die Metrik nicht nur die Einheiten, sondern auch die höheren Gebilde behandelt, ebenso steht der Rhythmik nicht nur das Recht zu, sondern sie hat sogar die Pflicht, nicht nur die einfachen Taktarten, sondern auch ihre Zusammensetzungen höherer Art zu behandeln. Die Erweiterung auf die übergeordneten Gebilde Thema und Satz war ein grundlegendes und bleibendes Verdienst Riemanns, aber es war eine Ausweitung, die durchaus im Bereich der Rhythmik blieb und keineswegs die Begründung einer zweiten, übergreifenden Wissenschaft darstellte.

Noch eine zweite Umänderung bzw. Erweiterung der Terminologie hat man versucht. Sie schließt sich an die Etymologie noch enger an, als die Begriffe selbst es tun. Metron ist „Maß", rheuma „Fluß", so möchte man Metrik gerade für die abstrakte Messung gebrauchen, den unwägbaren großen Zug und die gefühlsmäßige Charakteristik aber als Rhythmik defi-

nieren. Freilich dürfte man dann nicht von „Rhythmik" sprechen, da „rhyth-
mos" eben „Takt" bedeutet, sondern müßte wegen „rheuma" doch wohl
von „Rheumatik" reden. In der Musikwissenschaft ist Moritz Hauptmann
der Vertreter dieser Anschauung. Auch in der Literaturwissenschaft hat diese
Begriffsformulierung ihre Anhänger gefunden und etwa Wolfgang Kayser
vertritt sie in seinen meisterhaften Schriften. Aber auch diese Abweichung
von der antiken Auffassung scheint mir unnötig. Denn es ist keineswegs
eine Voraussetzung dieser Definitionen, daß Maß ein unbedingt rationales
Maß sein muß. Schon die Griechen sprachen von „alogoi", Versen, die „ohne
Verhältnis" waren, lat. „irrational". Auch ein Metrum, das sich unwägbar
und unmeßbar einer gleichbleibenden exakten zahlenmäßigen Erfassung
entzieht, bleibt — wie die epischen Hexameter — trotzdem ein Metrum,
und selbst die Prosa, die gar kein Metrum besitzt, gehört in dem Augenblick,
in dem wir sie unter dem Gesichtspunkt der — wenn auch gänzlich freien —
Anordnung von langen und kurzen Silben betrachten, unter die Metrik.

So scheint mir die antike griechische Formulierung der hierhergehörigen
Begriffe noch immer die einzig konsequente und logische zu sein und ich
glaube, daß sie auch in Zukunft brauchbar bleibt. Freilich wird sich der zu
behandelnde Stoff immer mehr ausdehnen, da seit der Antike rhythmische
und metrische Erscheinungen aufgetreten bzw. studiert worden sind, die den
Griechen noch unbekannt waren oder damals noch gar nicht existierten.
Aber Erweiterungen lassen sich stets sinnvoll einordnen und durchbrechen
das Prinzip nicht.

„Rhythmus" ist also die Zeitmessung der Musik, „Metrum" die der
Sprache. Die Sprache mißt in der Poesie in genauen Verhältnissen oder in
nicht einfachen Proportionen und in der Prosa anscheinend in überhaupt
nicht festgelegten, vollkommen freien „Maßen". Die Musik kennt ebenso
die genau in den Zeitverhältnissen bestimmten Takte, sie benutzt ebenso
kompliziertere Verhältnisse (etwa $^5/_4$ und $^7/_4$), und endlich kennt sie (wohl
in Nachahmung der Sprache) ganz freien Rhythmus (im Rezitativ sogar
auch rein instrumental, etwa in L. Spohrs „Konzert in Form einer Gesangs-
szene", usf.). Worin beruht aber dann überhaupt der Unterschied von
Rhythmik und Metrik, wenn sie in den Zeitmaßen, die sie verwenden, so
weitgehend übereinstimmen? Auch das haben die Griechen bereits richtig
erkannt. Die Musik benutzt nur genau festgelegte Tonhöhen, die die bereits
behandelten Tonsysteme aufbauen, die Sprache dagegen verwendet gleitende
Tonhöhen. Nimmt man als Beispiel etwa eine lange Silbe, so kann sogar
auf dieser einen Silbe schon die Tonhöhe wechseln. Der Akzent des Zirkumflexes verlangt so etwa für eine lange Silbe sogar eine ganz bestimmte
Variation der gleitenden Tonhöhe: die Stimme hat erst herauf-, dann
wieder herunterzugehen, so wie die Figur des Zirkumflexes es andeutet ∼.
Entsprechend bezeichnet der Akut steigende, der Gravis fallende Tonhöhe

auf langen und auch auf kurzen Silben. Dazu kann die Gesamttonhöhenkurve je nach dem beabsichtigten Ausdruck in den weitesten Grenzen hin und her schwanken. Aber auch hier gibt es Übergänge und Zwischenstufen. Das Glissando der Saiteninstrumente und auch einiger Blasinstrumente (etwa der Klarinette, vorzüglich in der Jazzmusik) ahmt die gleitende Tonhöhe der Sprache nach. Umgekehrt bleibt die Sprache in besonders pathetischen Augenblicken eindrucksvoll auf einer Tonhöhe stehen, — ja in vielen afrikanischen Sprachen ist die Tonhöhe ein wesentliches, den Sinn des lautlichen Gebildes entscheidend bestimmendes Element. Im großen und ganzen aber ist der angegebene Unterschied durchaus für die Kennzeichnung von Sprache und Musik, von Metrum und Rhythmus geeignet.

Aber noch ein anderer Umstand ist zu berücksichtigen. Man könnte annehmen, daß die Zeit ein ungegliedert gleichmäßig weiterfließendes Etwas ist und daß die Messung der Zeit daher auch unterschieds- und auszeichnungslos vor sich geht genau wie die cm eines Lineals. So wie wir hier die kleineren Unterscheidungsstriche nach dem 5., 15., 25. cm usw., die längeren nach dem 10., 20., 30. cm usw. haben, so könnte man die Takte mit ihren Zeiteinheiten diesen in sich geschichteten Einteilungen vergleichen. Solche Rhythmik gibt es tatsächlich, sie betrachtet alle Zählzeiten als vollkommen gleichwertig, und die Zusammenfassung zu Takten und höheren Einheiten dient lediglich einem rein gliedernden Zweck. In anderen Kulturen aber, etwa den europäischen, ergreift der Rhythmus den Menschen in tieferen, vitalen Sphären. Zur gliedernden Rhythmik tritt dann eine sie begleitende Gestik und diese kann ebenmäßig jeden Taktteil gleich ausgeprägt „schlagen", macht zumeist aber Bedeutungsunterschiede der Taktteile durch verschiedene Richtung deutlich: Heraufschlag, Herunterschlag, seitliche Bewegungen. Auch ob man mit den ganzen Händen oder nur mit den Fingern schlägt, kann Unterschiede der Taktzeiten ausdrücken. So verbindet sich die Rhythmik mit der Gestik zu einer höheren Einheit.

Bei einem noch stärkeren Stadium vitalen Mitschwingens kombiniert sich der Rhythmus nicht nur mit Gesten, sondern auch mit dynamischer Expression. Der richtunggebende Taktteil wird zugleich „schwer", der dazwischenliegende ein „Auftakt" und „leicht". Dabei wird der Herunterschlag als das Fundierende, Schwere empfunden, der Heraufschlag als die den folgenden Herunterschlag einleitende „leichte" Bewegung. „Schwer" bedeutet nun aber auch „stärker" und entsprechend „leicht" zugleich „schwächer". Eine Rhythmik oder Metrik, die nur mißt, also nur Längen und Kürzen, d. h. Quantitäten, kennt, nennt man gewöhnlich „quantitierend" (gleichgültig, ob sie von einer Gestik begleitet ist oder nicht), eine solche, die mit den Taktteilen zugleich dynamische Werte, also „Akzente", verbindet, heißt „qualitativ" oder „akzentuierend".

Der Herunterschlag heißt bei den Griechen „Thesis" — „Setzen", der

Heraufschlag „Arsis" — „Hebung", und so werden die Begriffe auch heute noch in der klassischen Philologie verwendet und so sollen sie auch hier benutzt werden. Leider bedient sich die Germanistik des umgekehrten Gebrauchs. Sie geht von der Tonhöhenbewegung aus und in den germanischen Sprachen ist der betonte Taktteil der höher gesprochene, der leichte versinkt in der Tiefe. So nennt sie „Arsis" bzw. „Hebung" den schweren Taktteil, „Thesis" bzw. „Senkung" den leichten. Gewiß soll jede Wissenschaft ihre Begriffe unabhängig entwickeln, aber sie sollte es vermeiden, schon vorhandene Begriffe in anderem, erst recht nicht in umgekehrtem Sinn zu verwenden.

Es kann auch Takte mit mehreren Thesen und Arsen geben. Die einzelnen Thesen und Arsen können dabei noch wieder verschieden schwer bzw. leicht sein, wenn es sich um akzentuierende Rhythmik handelt.

Thesis und Arsis sind naturgemäß Begriffe, die sich nur in „gestischer" und „dynamischer" Rhythmik verwenden lassen. Es versteht sich nach dem Gesagten, daß Gestik und Dynamik expressive Zutaten sind, die zu der die Grundlage bildenden Messung hinzutreten. Quantitierende und akzentuierende Metrik sind also keine Gegensätze, wie man immer wieder formuliert, sondern die akzentuierende Metrik fügt einer quantitierenden Basis nur einen Akzent hinzu, im Fundament sind beide quantitierend. Man deklamiere einen deutschen Vers und man wird sofort bemerken, daß auch ein regelmäßiges Zeitschema dabei eingehalten wird.

Betrachten wir nunmehr die verschiedenen rhythmischen Erscheinungen im einzelnen, so ist es das Nächstliegende, mit der frei fließenden, **ungemessenen Rhythmik** zu beginnen. Während die freie Metrik in der Prosa ein weites künstlerisches Feld hat, ist ungemessene Rhythmik eine Entwicklungsstufe, die sich nur in den Anfängen der Musik in Blüte befindet und in unseren heutigen Kulturen sich lediglich in engbegrenzten Gebieten gehalten hat, die aus diesen urtümlichen Quellen gespeist werden. Es ist der beschwörende Gesang des primitiven Zauberers, der hier am Anfang der Entwicklung steht. In ihm ist noch alles ungebändigt und ungeregelt. Und doch zeigt sich auch in ihm bereits die sich anbahnende Regulierung: viele Formeln, die sich dazu oft wiederholen, werden „eintönig", wobei sie bereits einen regelmäßigen, ja sogar gleichmäßigen Rhythmus annehmen. Es ist verständlich, daß wir hier noch vor einer musikalischen Erscheinung stehen, die im Grunde von der Sprache ausgeht und daher von einer gehobenen Sprache noch nicht sehr weit entfernt ist.

Auch in der weiteren Geschichte der Musik treffen wir die ungemessene Rhythmik immer wieder da an, wo die Musik die Funktion der Sprache erfüllt oder begleitet. So etwa in den Gebeten und Lesungen der Kirchenmusik haben wir eigentlich nur eine musikalisch verbrämte und stilisierte Sprache vor uns. Dabei ist einerseits eine musikalische Ausweitung, andererseits aber auch eine bewußte Vereinfachung zu beobachten. Im Notenbeispiel 2 (S. 15) ist die Rezitationsformel des 1. Kirchentons bereits angegeben worden. Dort wurde vor allem der harmonische Aufbau einer Kirchentonart an ihm klargemacht. Hier interessiert die Art, inwieweit die sprachliche Prägung in ihm noch zu erkennen ist. Die Hauptformeln, Initium (Anfang), Mediatio (Mitte) und Terminatio (Ende) oder Differentia sind dort schon erwähnt worden. Wir beobachten, daß unsere gesprochenen Sätze häufig nicht sofort mit dem bestimmenden Teil beginnen, sondern über Konjunktionen und andere Partikeln erst einen „Anlauf" nehmen. Dieser Vorgang drückt sich im Initium aus. In der einfachen Psalmodie tritt es nur am Anfang des Ganzen ein, — der zweite und die weiteren Verse beginnen gleich auf dem Rezitationston. Die Mediatio bezeichnet den Abschluß der ersten Vershälfte — jeder Psalmvers besteht ja aus zwei Hälften, die sich in gewisser Weise entsprechen, „parallel" sind („Parallelismus membrorum") —, ist also etwa dem syntaktischen Einschnitt eines Strichpunktes zu vergleichen. Ist die erste Vershälfte länger und demzufolge auch noch unterteilt, syntaktisch durch ein Komma dargestellt, so tritt an dieser Kommastelle gern noch eine weitere Figur ein, die Flexa, eine einfache Stimmsenkung um einen Ton oder eine Terz. Die zweite Vershälfte beginnt in der einfachen Psalmodie gleich auf dem Rezitationston und endet ohne Unterbrechung durch eine Flexa in der je nach dem Anfang der Antiphon verschieden ausgebildeten Terminatio, die damit dem grammatischen Punkt entspricht.

Dieser einfachen Form steht eine reicher ausgebildete entgegen, die für feierlichere Gesänge der Bibel, die Cantica, gewählt wird. Als Beispiel folge hier wieder der 1. Psalmton, nunmehr aber in seiner kunstvolleren Form,

Notenbeispiel 7: 1. Psalmton der Canticumspsalmodie

wie sie etwa für den Vortrag des Magnificat Verwendung findet. Das folgende Beispiel bringt auch Vers 2, da Vers 1 des Magnificat so kurz ist, daß er keinen Mitteleinschnitt erhält. Diese Psalmodie unterscheidet sich von der einfachen also durch die Tatsache, daß auch die folgenden Verse mit einem, freilich einfacheren, Initium beginnen. Diese Cantiumspsalmodie wird an den hohen Festen nun noch weiter ausgesponnen und dieser Ton

V.1 Ma - gni - fi - cat a - ni - ma me - a do - mi - num

V.2 Et ex - ul - ta - vit spi - ri - tus me - us in de - o sa - lu - ta - ri me - o

Notenbeispiel 8: Feierliche Form der Canticumspsalmodie

heißt dann der „feierliche", „solemnis". Auch er soll als Beispiel der nunmehr nächsthöheren Stufe der Sprachstilisierung hier folgen.

Dieser Tonus solemnis der Canticumpsalmodie benutzt in allen Versen dasselbe feierliche Initium und verwendet weiter eine außerordentlich schön geschwungene erweiterte Form der Mittelkadenz. Auch er läßt aber die zweite Hälfte des Verses in ihrer einfachen Psalmodieform bestehen.

Die vollendetste Form dieser Art Psalmodie findet sich in dem Psalm des Einleitungsgesanges, „Introitus", der Messe. Als Beispiel betrachte man den Vers (Ps. 118, V. 1) des Introitus *Etenim sederunt* des 2. Weihnachtstages (Hl. Stephanus), wiederum im 1. Ton.

V. Be - a - ti im - ma - cu - la - ti in vi - a qui am - bu - lant in le - ge do - mi - ni

Notenbeispiel 9: Introituspsalmodie des 1. Psalmtons

Hier treffen wir wieder das Initium und eine schön geformte Mediatio (von *-lati* ab). Aber nunmehr ist auch die zweite Vershälfte feierlich ausgestaltet. Sie zeigt ein eigenes, reicheres Initium und eine sehr kunstvolle Terminatio.

Alle bisher erörterten Formen der Psalmodie waren Formen der Chorpsalmodie. Das hatte naturgemäß zur Folge, daß sie auch in diesen feierlichsten Folgen doch immer noch verhältnismäßig einfach blieben. Für unsere speziell rhythmische Fragestellung aber ergibt sich, daß der Vortrag dieser Psalmodie nicht so frei erfolgen kann wie ihn ein Solist handhaben würde, sondern daß sich bereits ein möglichst gleichförmig deklamierender Rhythmus einstellen wird, in dem also alle Silben und Noten ungefähr dieselbe Länge erhalten, so daß sich de facto schon ein gemessener Rhythmus ergibt, auch wenn er nicht von vornherein beabsichtigt gewesen sein mag. Nur einige wenige, musikalisch bis ins letzte geschulte Ausnahmechöre tragen heute diese Psalmodien, wie auch den ganzen gregorianischen Choral, als eine gehobene Form der Sprache vor.

Die wirkliche ungemessene Rhythmik ist naturgemäß kennzeichnend nur für die von Solisten ausgeführte Psalmodie. Auch sie existiert wie die Chorpsalmodie in mehreren verschieden hoch entwickelten Formen, — die, so wird man vermuten, wesentlich höher gestaltet sind als die entsprechenden Chorformen. Die einfachste Solopsalmodie ist die der „kleinen Responsorien", des „Responsoriums breve", wie es in der Stunde des „vollendeten" Abends, der „Komplet", und den kleinen Tagesstunden, Prim, Terz, Sext und Non (theoretisch um 6, 9, 12 und 15 Uhr), gesungen wird. Freilich ist diese Psalmodie merkwürdig solistisch und chorisch gemischt: nur die erste Vershälfte wird solistisch vorgetragen, die zweite Vershälfte wird durch den Chorrefrain ersetzt. Als Beispiel möge die erste Vershälfte mit dem Chorrefrain des R. br. *In manus tuas* aus der Weihnachtskomplet dienen.

Notenbeispiel 10: Psalmodie eines Responsorium breve

Die erste Vershälfte zeigt ein Initium, weiter eine Zwischenkadenz (Flexa) auf *Domine,* darauf sogar ein eigenes Initium und endlich die Mediatio, besitzt also einen sehr reichgegliederten Aufbau. Die zweite, sehr viel kürzere, vom Chor gesungene Vershälfte, geht vom Initium gleich in die sehr weit ausgesponnene Terminatio über. Man sieht, daß dieser einfachste Aufbau einer Solopsalmodie bereits komplizierter ist als der der höchstentwickelten Chorpsalmodie.

Naturgemäß verwickelter sind die großen Responsorien, die den Nachtgottesdienst (Nocturn oder Matutin) charakterisieren. Hier der Vers des R. *Egredietur* vom 3. Adventssamstag, wiederum im 1. Psalmton, so daß ein Vergleich mit den obigen Chorpsalmodien möglich ist.

In diesem Vers, der eine besondere Länge besitzt und deswegen hier als Beispiel ausgewählt wurde, da er damit alle Einzelheiten zeigt, sind beide

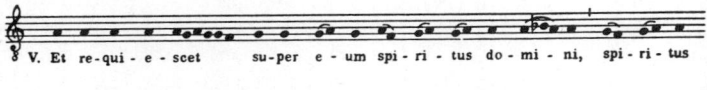

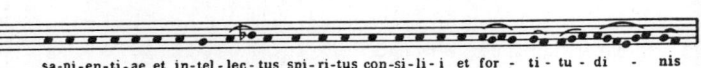

Notenbeispiel 11: Große Responsorialpsalmodie

Vershälften nochmals unterteilt. Dem Initium gehen — wie oft — noch einige auf dem Rezitationston deklamierende Silben voraus, in der Mitte der Deklamation (auf *e-*) steht eine kleine ausschmückende Figur, die, wie der Vergleich mit anderen Stücken zeigt, als Flexa, Kommaunterteilung, zu deuten ist, das Weitere ist die weit ausladende Mittelkadenz. Die zweite Vershälfte beginnt mit eigenem Initium, bringt eine Flexa (auf *intellectus*), deklamiert dann wie in der ersten Vershälfte ohne neues Initium weiter und läuft in die sehr melismatische Terminatio aus.

Noch höher entwickelt als die Psalmodie der Nocturnresponsorien ist die der Responsorialformen der Messe, des Graduale und des Alleluja, das in der Fastenzeit durch den Tractus ersetzt wird. Der Tractus hat heute nicht mehr die Gestalt eines Responsoriums, da er nur Verse aufweist, während die übrigen Responsorien auf jeden Vers einen Refrain, eben das Responsorium, folgen lassen. Aber möglicherweise hat einer der Verse eines Tractus früher als Refrain gedient, wie es in einigen Fällen zu verfolgen ist. Jedenfalls zeigen die Tractus die älteste Form der responsorialen Meßpsalmodie. Als Beispiel mögen hier Vers 5 (In te speraverunt) und Vers 6 (Ad te clamaverunt) des Palmsonntagstractus *Deus, deus meus, respice in me* (Ps. 21) folgen.

V.5 In te spe - ra - ve - runt pa - tres no - stri

spe - ra - ve - runt et li - be - ra - sti e - os

V.6 Ad te cla - ma - ve - - - - runt et sal - vi fa - cti sunt

in te spe - ra - ve - runt et non sunt con - fu - si

Notenbeispiel 12: Tractuspsalmodie

Der Vers *In te speraverunt* beginnt mit einem Initium der gewohnten Struktur, um dann in eine in ihrer Mitte sozusagen auf demselben Ton deklamierende Halbkadenz einzubiegen, — auch die Mittelkadenz zeigt dieselbe Rezitationswiederholung, ehe sie in die eigentliche Mediatio ausläuft. Die zweite Vershälfte läßt zweites Initium und Halbkadenz direkt ineinander übergehen, ihr zweiter Abschnitt verfährt ganz ebenso. Der Vers

Ad te clamaverunt beginnt ganz anders als der vorige und zeigt in seiner
ersten Hälfte auch eine abweichende Halbkadenz, ehe er nach kurzer Deklamation in dieselbe Mediatio einläuft wie der vorige Vers. Das zweite Initium
weicht wieder ab, aber die zweite Halbkadenz ist dieselbe, dagegen nunmehr
die Terminatio eine andere. Überprüft man den ganzen Tractus, so bemerkt
man, daß die Verse stets verschieden beginnen und sich dann erst in dieselbe
Mediatio hineinfinden, daß der Anfang der Verse also stets ein ganz frei
phantasierender ist. Auch die zweite Vershälfte beginnt frei, um aber regelmäßig in die zweite Halbkadenz einzulaufen, während die beiden Termin-
nationen größere Abschnitte abwechselnd bedienen. So sind hier also die
Kadenzen stabil, aber an die Stelle der Rezitation ist ein mehr oder weniger
weitschweifender, phantasierender Stil getreten. Aus der gehobenen Sprache
ist damit reine Musik, freilich noch mit Kadenzformeln durchsetzt, geworden.

Ganz entsprechend sind auch die Verse der Graduale gebaut. Doch sind
hier die phantasierenden Partien noch weiter ausgesponnen, so daß deklamierende Abschnitte nur noch ausnahmsweise einmal zu erkennen sind.
Auch die Kadenzmelismen sind im allgemeinen verschieden, doch läßt sich
eine ganze Menge von Melismen feststellen, die wenigstens einigen Stücken
gemeinsam sind. Sie werden daher gern als „Wandermelismen" bezeichnet,
als ob sie von einem Stück in das andere gewandert wären. In Wirklichkeit
sind sie also der letzte Rest der einstigen Psalmodie, die durch die freien
Partien völlig überwuchert worden ist.

In den Alleluja endlich finden wir auch derartige Kadenzmelismen nicht
mehr. Sie verlaufen, gerade in den ältesten Stücken, oft in einer ganz freien
Weise, deren prinzipiellen Aufbau wir noch nicht bis ins letzte auflösen
können. Zumeist dagegen läßt sich der Gang des Verses erklären als eine
mehrmalige Wiederholung einer psalmodischen Phrase, die nur verschieden
umspielt wird, und mit dem ebenfalls den Refrain bildenden Alleluja identisch ist. Als Beispiel sei hier ein altes Osteralleluja, *Angelus domini descendit*, mitgeteilt (nach der Handschrift Paris, Bibliothèque Nationale, fonds
latin 776; vgl. Notenbeispiel 13).

Das Alleluja selbst, das als Refrain nach jedem Vers des Psalms wiederholt wurde, als der Psalm noch mit seinen sämtlichen oder doch mehreren
Versen gesungen wurde, besteht aus der eigentlichen Allelujaphrase, die über
dem Wort Alleluja zur Quinte aufsteigt, und dem sich anschließenden
Jubilus. Dieser ist hier zweiteilig: der erste Teil senkt sich zum Grundton
herunter, während der zweite zunächst eine Wiederholung der Anfangsphrase bringt und im zweiten Teil — entgegengesetzt zum Abschluß des
ersten Teils — gerade in die Höhe steigt und auf der Quinte verweilt. Die
erste Zeile des Verses bringt nach der an ihrem Ende etwas erweiterten
Anfangsphrase gleich den Aufschwung in die Höhe, darauf den zweiten Teil
der Anfangsphrase und den Tonikaabschluß des ersten Teils des Alleluja.

Notenbeispiel 13: Alleluja Angelus domini descendit

Die zweite Zeile beginnt mit der am Ende in wieder anderer Weise umspielten Anfangsphrase und dem genauen Gang der ersten Allelujahälfte, um dann aber mit der Wiederholung der Anfangsphrase ohne den Höhengang sofort zu enden (vielleicht ist dieser in die tremolierende Note auf *et* zusammengezogen). Die dritte Zeile endlich ist, von der leichten Anfangsumspielung abgesehen, eine genaue Wiederholung der Allelujamelodie. So besteht der Vers also aus drei Teilen, die jeder dieselbe (in sich noch wieder wiederholte) Melodie variieren, die zugleich das Alleluja aufbaut. Man sieht, wie das Ganze die fortgesetzte Paraphrasierung eines einzigen kurzen Melodienmodells darstellt und im Grunde daher auch nichts anderes ist als eine Psalmodie, nur daß das Melodiemodell hier nicht einen ganzen Vers, sondern kleinere Teile umfaßt.

Interessant ist, daß in der Schlußzeile des Verses der Jubilus auch öfter erweitert wird. Die Wiederholung des Alleluja, die auf den Vers folgt, benutzt dann dieselbe erweiterte Melodie. Häufig auch ist nur der Jubilus des wiederholten Alleluja ausgeschmückt. Diese Erweiterungen des wiederholten Alleluja gehören zu den großartigsten Leistungen der paraphrasierenden Kunst. Sie finden sich im Bereich des gregorianischen und altrömischen Gesangs, ebenso im mailändischen Choral, wo auch doppelte Sequenzen vorkommen, eine schwächer und eine stärker erweiterte. Im Gregorianischen heißen sie Sequenzen, im Ambrosianischen „melodiae", — das übrigens als „melodia" auch in französischen Quellen vorkommt —, bei zwei Sequenzen „melodiae primae" und „melodiae secundae". Der erweiterte Schlußjubilus des Verses findet sich nicht nur im römischen und im mailändischen Gesang, sondern ebenso auch im mozarabischen. Man darf vermuten, daß auch die

Wiederholung des Alleluja dann entsprechend erweitert war, so daß die Sequenzen damit auch im Mozarabischen gebräuchlich gewesen wären. Sie stellten danach einen gemeinsamen Gebrauch der ganzen abendländischen Kirche dar.

Es ist erstaunlich, wie eine Kunst, die im Grunde nur hochstilisierte Sprache ist, sich — wenn auch in engbegrenzten Bezirken — bis in unsere hochrationale Zeit gehalten hat. Freilich hat sie dabei einige Änderungen ertragen müssen. Während im Orient und auch in den Ostkirchen Europas die liturgischen Gebete und Lesungen noch heute in freiem Sprachrhythmus vorgetragen werden — ebenso wie in der jüdischen Liturgie —, hat man in Europa in den höher entwickelten Kompositionen wie den betrachteten Responsorialversen und naturgemäß in der Chorpsalmodie die Zeitwerte genauer festgelegt und dabei sogar kürzere und längere Noten unterschieden. Die verschiedenen Notenschriften des gregorianischen Chorals zeigen in ihrer ersten Epoche — etwa 10. bis 12. Jahrhundert — eine deutliche Unterscheidung solch langer und kurzer Werte entweder in der Form der Note selbst (breitere horizontale Striche gegenüber kurzen runden Punkten) oder in Form von Zusatzzeichen (angefügten Längungsstrichen) oder Zusatzbuchstaben (t = tenetur = ausgehalten, c = celeriter = schnell). Die beiden letzten Methoden zeigen deutlich, daß diese Notenschriften ursprünglich nicht zur Darstellung rhythmischer Nuancen geschaffen waren, sondern daß sie erst später diesem Zweck dienstbar gemacht wurden.

Um 1100 tritt dann eine neuerliche Wandlung in den rhythmischen Verhältnissen des gregorianischen Chorals ein. Jetzt verschwinden die Unterschiede zwischen langen und kurzen Werten und an ihre Stelle tritt ein mittlerer Einheitswert. Damit ist der Choralrhythmus ganz „eben", „plan", geworden, und von nun ab heißt der gregorianische Choral „musica plana" im Gegensatz zur weltlichen, rhythmisch „gemessenen" „musica mensurata". In dieser Form wird der Gesang der katholischen Kirche noch heute im allgemeinen vorgetragen. Lediglich die Benediktiner von Solesmes haben nach dem Vorgang von Dom André Mocquereau eine eigene weitschichtige Theorie entwickelt, die versucht, die ursprünglichen rhythmischen Verhältnisse zu rekonstruieren. Die von ihnen redigierten Choralausgaben sind mit entsprechenden Zusatzzeichen versehen und haben sich vor allem in den romanischen Ländern weit verbreitet.

Aber auch auf dem Gebiet der weltlichen und geistlichen nichtchoralen Musik gibt es eine parallele Erscheinung aus der Sprache geborener freirhythmischer Musik. Oper und Oratorium verwenden in Barock und Klassik zur Bewältigung der die Handlung erzählenden und weitertreibenden Berichte das „Rezitativ". In den älteren Passionen ist es noch nicht einmal rhythmisch gefaßt, — aber hier liegt noch eine direkte Anknüpfung an die Gregorianik vor, auch in der protestantischen Liturgie, die ja zunächst sehr vieles aus der katholischen übernommen hat. Die späteren Oratorien und Opern aber schreiben die genauen rhythmischen Werte aus und manches Rezitativ erhält so ein oft äußerlich recht merkwürdig zersplittertes Aussehen, ein Zeichen dafür, wie schwer sich die Feinheiten der deklamierenden Sprache in rationale Zeitwerte fassen lassen. Tatsächlich soll eine solche Notation ja auch nur eine ungefähre Andeutung sein und es wird keinen Künstler geben, der versuchen wollte, ein solches Rezitativ sklavisch genau so auszuführen, wie es geschrieben steht. Daß man in Singspiel und romantischer Oper dann dazu übergegangen ist, das Rezitativ ganz fallenzulassen und durch den gesprochenen Dialog zu ersetzen, erscheint von hier aus gar nicht so fremd. Gesprochener Dialog und frei vorgetragenes Rezitativ sind im Prinzip eben keine so großen Unterschiede und erst recht keine prinzipiellen Gegensätze, wie es die musikalische Ästhetik schon öfter hat behaupten wollen.

So sehr ein barockes Rezitativ in seiner notierten Form von der Gregorianik verschieden ist, so seltsam ähnlich ist es ihr doch wieder im Grundaufbau. Die Gregorianik deklamiert frei, aber in ihrer mittelalterlichen Form benutzt sie doch zeitliche Grundwerte. Sie kennt eben noch keine Zusammenfassung der Zeiteinheiten zu Takten und noch höheren Einheiten. Genau so ist aber auch das Rezitativ gestaltet. Es ist zwar rhythmisch und sogar mit Takteinteilung notiert. Aber man bemerkt bald, daß die Taktgliederung sehr häufig nur eine ungefähre Großeinteilung schaffen will, oft aber überhaupt nur eine rein äußerliche Angelegenheit ist, die einen lediglich formalen Anspruch erfüllen möchte. Der „Großrhythmus", den wirkliche Meister, wie etwa Mozart, in ein Rezitativ zu legen vermögen, hat aber auch wieder seine (freilich im einzelnen andere) Entsprechung in der Großanlage der gregorianischen Psalmformeln.

So kennen wir also auf beiden Gebieten einerseits ganz freie Rhythmik, andererseits freie Rhythmik mit gemessenen Grundwerten. Die Grenze zwischen beiden ist fließend und in der Praxis wie in der historischen Entwicklung geht die eine Form in die andere über.

Dem steht gegenüber die **Rhythmik mit** gemessenen Grundwerten und **höheren Takteinheiten**. Eine solche Rhythmik kann, wie schon entwickelt wurde, entweder rein zeitmessend verfahren oder die Zeitmessung gestisch verdeutlichen bzw. sie dynamisch intensivieren.

Die rein **zeitmessende Rhythmik** ist die rhythmische Form der arabischen Welt. Von Arabien als Mittelpunkt aus hat sie sich einerseits durch ganz Nordafrika, andererseits durch Persien bis nach Indien verbreitet.

Die alten a r a b i s c h e n Theoretiker haben eine merkwürdige rhythmische Terminologie entwickelt, die es ihnen erlaubt, die Rhythmik mit den Begriffen der Harmonik bzw. der Melodik zu beschreiben. Sie demonstrieren die Zeitmessung an den Trommelschlägen. Folgen sich die Schläge gleichmäßig, so daß also keinerlei rhythmische Gruppenbildung eintritt, so sprechen sie von „verbundenen" Rhythmen — analog den verbundenen Tetrachorden des griechischen vollständigen Systems. Bezeichnen wir die Dauer der Zwischenräume in Zeiteinheiten mit Zahlen, so ergibt das, je nachdem wie viele Zeiteinheiten die Pause zwischen zwei Schlägen lang ist, Rhythmen der Form:

$$\overset{\bullet \quad \bullet \quad \bullet \quad \bullet \quad \bullet}{1 \quad 1 \quad 1 \quad 1}$$

$$\overset{\bullet \qquad \bullet \qquad \bullet \qquad \bullet \qquad \bullet}{2 \qquad 2 \qquad 2 \qquad 2}$$

$$\overset{\bullet \qquad \quad \bullet \qquad \quad \bullet \qquad \quad \bullet \qquad \quad \bullet}{3 \qquad 3 \qquad 3 \qquad 3}$$

$$\overset{\bullet \qquad \quad \bullet \qquad \quad \bullet \qquad \quad \bullet \qquad \quad \bullet}{4 \qquad 4 \qquad 4 \qquad 4}$$

$$\text{bis} \quad \overset{\bullet \qquad \quad \bullet \qquad \quad \bullet \qquad \quad \bullet \qquad \quad \bullet}{5 \qquad 5 \qquad 5 \qquad 5}$$

Sind die Zeitdauern, also die Pausen zwischen den Schlägen, ungleichmäßig, so treten die näher zusammenliegenden Schläge für unser Gefühl zu Gruppen zusammen, die durch die größeren Zwischenräume getrennt sind. Folgerichtig spricht die altarabische Musiktheorie hier von „getrennten" Rhythmen und erreicht damit die Parallele zu den getrennten Tetrachorden der griechischen Lehre, an die die arabischen Theoretiker in der harmonischen Systembildung möglichst eng anknüpfen. Bei den getrennten Rhythmen betrachtet die arabische Theorie Gruppen von zwei und drei Schlägen. Entscheidend ist dabei der zeitliche Abstand der Schläge einerseits, der Abstand des letzten Schlags der vorhergehenden Gruppe vom ersten Schlag der nächsten Gruppe andererseits. Bei aus zwei Schlägen bestehenden Gruppen nimmt sie die Entfernung der Gruppen immer um eine Zeiteinheit größer als die Zeit, die die beiden Schläge der Gruppe selbst trennt. Folgen sich die Schläge also bereits nach einer Zeiteinheit, so dauert es zwei Zeiteinheiten, bis die Gruppe wieder neu erscheint. Sind die beiden Schläge durch eine Pause von zwei Zeiteinheiten getrennt, so scheiden drei Zeiteinheiten den letzten Schlag der voranstehenden Zweischlaggruppe von dem ersten Schlag der folgenden Zweischlaggruppe. Und liegen endlich die zwei Schläge drei Zeiteinheiten auseinander, so sind die Schlaggruppen durch vier Zeiteinheiten getrennt. Das ergibt also, wenn wir wieder die Zeitdauern in den

Anzahlen der Zeiteinheiten angeben, die folgenden drei getrennten Zwei-schlagrhythmen:

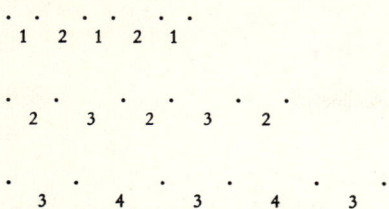

1 2 1 2 1

2 3 2 3 2

3 4 3 4 3

Zwischen den Pausen innerhalb der Gruppe und denen zwischen den Gruppen bestehen also die Verhältnisse

1 : 2, 2 : 3, 3 : 4

und das erinnert den arabischen Theoretiker an die Verhältnisse der Schwin-gungszahlen der konsonanten Intervalle Oktav, Quint und Quart.

Bei Gruppen von drei Schlägen ergibt sich naturgemäß eine sehr viel größere Mannigfaltigkeit von möglichen Schlag- und Pausenkombinationen. Bei gleichem Abstand der drei Schläge und wieder um eine Zeiteinheit längerer Pause zwischen den Gruppen erhält man die Rhythmen

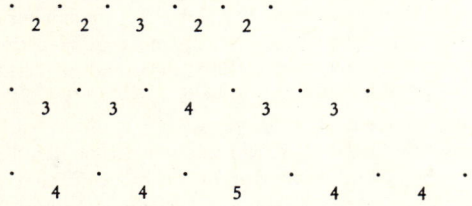

2 2 3 2 2

3 3 4 3 3

4 4 5 4 4

wenn man wieder, wie es der Araber tut, nur Abstände mit höchstens fünf Zeiteinheiten betrachtet.

Sind auch die Zeitabstände der Schläge selbst verschieden, so ergeben sich, wenn der kleinere Zeitwert zuerst steht, folgende Möglichkeiten

1 2 3 1 2

1 3 4 1 3

1 4 5 1 4

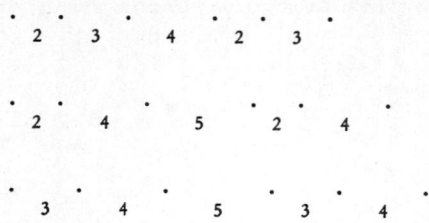

Geht der größere Zeitwert in der Gruppe voraus, so entstehen die folgenden, ganz entsprechenden Rhythmen

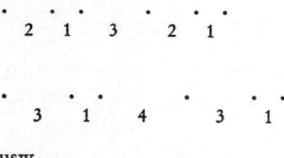

usw.

Dieses Zeitmessungssystem ist der theoretische Unterbau, mit dem die arabische Musiktheorie nun die in der Praxis gebrauchten zusammengesetzten Rhythmen erklärt. Diese sind Einheiten höherer Art, die sich aus den Schlaggruppen aufbauen. Eine solche höhere Schlaggruppenkombination heißt bei den Arabern ein Kreis oder Zyklus. In ihren theoretischen Werken zeichnen sie die Anordnung der Schläge auch nicht, wie es hier geschieht, auf eine waagerechte Linie, sondern, da die Zyklen sich ja immer wiederholen, in einen Kreis. Diese rhythmischen Kreise sind ein Lieblingskind der mittelalterlichen arabischen Musiktheoretiker und auch heute noch erklärt der indische Musiker seine Taktgliederung mit diesen rhythmischen Zyklen.

Es sollen hier nicht die modernen arabischen Rhythmen, auch nicht die im Mittelalter üblichen 18 „modernen" Zyklen erklärt werden, sondern nur die, die nach dem Urteil des arabischen Mittelalters die ältesten waren. Das sind nur sechs, von denen aber schon damals nur noch der erste in Gebrauch war. Ich stelle diese sechs altarabischen rhythmischen Zyklen untereinander.

1.	3	3	4		2	4			
2.	3	3	2	3	3	2			
3.	2	112	112	112	11				
4.	4		4		2	2	2	2	2 2 4
5.	2	3		2	3				
6 a)	3		2	3	2				
b)	4		2						

Man sieht sofort, wie diese Kreise sich aus den Elementargruppen zusammensetzen: Nr. 1 besteht aus der Gruppe 334 und der Gruppe 24, die mit 12 identisch ist, Nr. 2 aus zweimal 332 (die aber nicht in den obigen Gruppen vorkommt), Nr. 3 aus 211 (die als 112 oben aufgeführt ist), Nr. 4 aus 444444, wobei dreimal 4 in 22 geteilt ist, Nr. 5 und 6a sind Verdoppelungen der Gruppe 23 und Nr. 6b endlich ist die augmentierte Gruppe 12.

Einige der Zyklen sind, wenigstens ihrem Zeitwert nach, mit griechischen antiken Rhythmen gleich. Nr. 3 mit seinem wiederholten 211 ist der Daktylus, Nr. 5 und 6a entsprechen dem griechischen Päon, Nr. 6b ist der augmentierte Trochäus.

In einigen Zyklen werden Hauptschläge unterschieden. Diese sind nicht etwa betonter oder wichtiger als die anderen, sondern es sind Schläge, die immer vorhanden sein müssen, während die übrigen auch ausfallen können. So sind in Nr. 3 nur der erste und der viertletzte Schlag wichtig. Läßt man alle übrigen Schläge ausfallen, so erhält man durch Zusammenziehung der Zeitwerte den Rhythmus 11 5. In Nr. 4 sind etwa der erste und der vorletzte Hauptschläge, so daß bei Fortfall der übrigen Schläge ein Grundrhythmus 18 6, also versechsfachtes 3 1 entsteht, oder der erste und der zweite, was in diesem Fall 4 20, also vervierfachtes 1 5 ergibt. In Nr. 5 und 6a sind der erste und der dritte Schlag allein wichtig, sie reduzieren sich damit beide auf 5 5.

Der Möglichkeit, Schläge ausfallen zu lassen und damit größere Schlagabstände bzw. Zeitwerte herzustellen, steht gegenüber die umgekehrte Möglichkeit, zusätzliche Schläge einzuschalten und damit kleinere Zeitwerte zu bilden. So kann man in Nr. 1 nach jedem Schlag einen weiteren einschieben, in den vierzeitigen Abständen sogar zwei; man erhält dann den Rhythmus

12 12 112 2 112

Ähnlich ergibt Nr. 2 die Folge

12 12 2 12 12 2

Dieses Einschieben von Zwischenschlägen ist in der praktischen Aufführung der Kunst des Trommelspielers überlassen. Er kann hier ganz nach seinem Empfinden frei improvisieren. Es ist ganz erstaunlich, zu welcher Feinheit und Kompliziertheit der rhythmischen Variationen sich solch ein Trommelpart unter den Händen eines Virtuosen gestalten kann, — und dabei hat er als Grundgerüst immer seinen rhythmischen Zyklus vor Augen, den wir Europäer nicht im entferntesten mehr herauszuhören vermögen. Bei den Streich- oder Zupfinstrumenten dagegen fassen auch wir ja die rhythmischen Kleinwerte nur als „Verzierungen" der Hauptnoten auf, — aber eben an den Lauten und Zithern hat sich ja gerade der orientalische Verzierungsstil entwickelt.

Der Kreis Nr. 4 kann auch in Teilen realisiert werden. So tritt er in den kleineren Formen

          2 2 2 2 4

und   2 2 2 2 2 2

auf. In der ersteren Halbform sind der erste und der letzte Schlag die Hauptschläge, so daß sich bei Wegfall aller übrigen der Grundrhythmus 8 4 ergibt, also vervierfachtes 2 1, in der zweiten der erste und der vorletzte Schlag, so daß sich hier genau so als Grundrhythmus 8 4 ergibt wie in der ersten Form.

Auch über die alten p e r s i s c h e n Hauptrhythmen sind wir unterrichtet. Sie leiten sich aus den fünf- und siebenzeitigen Schemata her, die ebenfalls der griechischen Antike bekannt waren. Die drei alten persischen Rhythmus-kreise sind

          2 4   4

          2 4   4   2 4   4

          2 4   4   4   2 4   4   4

Im ersten sind der erste und der letzte Schlag Hauptschläge, so daß der Kreis sich auf 6 4, verdoppeltes 3 2 reduziert. In den beiden anderen sind der erste und der vierte bzw. fünfte Schlag Hauptschläge, so daß sich beide Kreise in der Mitte teilen, einmal 10 10, das andere Mal 14 14.

Persien leitet uns weiter nach N o r d i n d i e n. Dort sind auch heute noch

          4   2 4   4

und   4   2 4

die rhythmischen Grundfiguren. Man bemerkt ohne weiteres, daß sie mit den persischen Grundschemata identisch sind, wenn man von der Vertauschung der Werte, d. h. also der Verlegung des Anfangspunktes des Kreises absieht.

Um das Bild der arabischen Rhythmik zu vervollständigen, sei noch kurz auf die a r a b i s c h e Metrik eingegangen. Auch sie mißt nur die Länge der Silben, ohne sich um die natürliche Betonung der Wörter zu kümmern. Dabei lege ich die klassische Form der poetischen Theorie zugrunde. In ihr tragen nur 16 Versmaße Namen, während eine weitere Anzahl als deren Neben-formen ohne besondere Bezeichnung geführt werden. Ich ordne sie nach dem Aufbau der Versfüße.

Dann treten an die Spitze zwei Versmaße mit den dreisilbigen Versfüßen 122 und 212, also Aufteilungen der Päone 23 bzw. 32. Je vier Versfüße setzen das Versmaß zusammen. Es sind

          Mutaqārib   122 122 122 122

und   Mutadārik   212 212 212 212

An zweiter Stelle nenne ich die Mischungen von dreisilbigen und vier-silbigen Versfüßen.

Zunächst zwei Mischungen aus 122 und 1222.

| Ṭawīl | 122 1222 122 1222 |
| — | 1222 122 1222 122 |

Sodann zwei Mischungen von 212 mit 2122.

| — | 212 2122 212 2122 |
| Madīd | 2122 212 2122 212 |

Endlich eine Mischung von 212 und 2212.

| Basīṭ | 2212 212 2212 212 |

Als dritte Gruppe erscheinen Versmaße aus viersilbigen Versfüßen. Aus jedem der drei Grundmaße geht durch Zerlegung einer Länge ein weiteres Versmaß mit fünfsilbigen Füßen hervor. Jedes Versmaß besteht hier nur aus drei Versfüßen.

Heseǧ	1222 1222 1222
Wāfir	12112 12112 12112
Ramal	2122 2122 2122
—	21211 21211 21211
Reǧez	2212 2212 2212
Kāmil	11212 11212 11212

Als letztes folgen Mischungen aus viersilbigen Versfüßen. Auch diese Versmaße setzen sich nur aus drei Versfüßen zusammen.

Zunächst Mischungen von zweimal 1222 und einmal 2122.

—	2122 1222 1222
Muḍariᶜ	1222 2122 1222
—	1222 1222 2122

Sodann Kombinationen von zwei Versfüßen 2122 und einem Versfuß 2212.

Muǧtatt	2212 2122 2122
Chafīf	2122 2212 2122
—	2122 2122 2212

Endlich die drei Mischungen aus zwei Versfüßen 2212 mit einem Versfuß 2221.

Muqtaḍib	2221 2212 2212
Munsariḥ	2212 2221 2212
Sarīᶜ	2212 2212 2221

Man sieht, wie diese Versmaße in ihren Füßen Permutationen der Rhythmen sind, die wir als für Persien charakteristisch angegeben haben und die auch die Grundlage der nordindischen Rhythmik bilden. Die Kenntnis dieser Versmaße hat in der gegenwärtigen Lage der wissenschaftlichen Forschung einen besonderen Wert, da sie eine große Rolle spielen in der arabisch-spanischen Dichtung des Mittelalters, die ihrerseits wieder größte Bedeutung besitzt wegen des vermuteten Ursprungs des europäischen Minnesangs aus ihr bzw. eines Zusammenhangs mit ihr.

Um so interessanter ist es daher, daß in der europäischen Musikentwicklung das einzige geregelte, nur gemessene rhythmische System das der **ersten Epoche der Troubadours** und ihrer direkten Fortsetzungen über den französischen und deutschen Minnesang hin bis zu den Meistersingern ist. Wenn in dem Gedicht *Lancan folhon bosc e jarric* von Bernart von Ventadorn die zweite Zeile der Strophe dieselbe Melodie benutzt wie die sechste Zeile der Strophe, so ist klar, daß diese Musik keine gestische

Notenbeispiel 14: „Lancan folhon bosc e jarric" von Bernart von Ventadorn, 2. Zeile

Notenbeispiel 15 I: dass., 6. Zeile

oder dynamische Regelung kennt. Denn Zeile 2 ist ein achtsilbiger Vers, der den Ton auf der vorletzten Silbe hat (ein „weiblicher" Vers), ein Vers, den man in der Metrik sogar nur als siebensilbigen Vers mit zusätzlicher weiblicher Endsilbe betrachtet. Demgegenüber ist Vers 6 ein wirklicher Achtsilbler, der auf der letzten Silbe betont ist (also ein „männlicher" Achtsilbler). Wenn man von diesen Schlüssen aus das Betonungsschema nach rückwärts fortsetzt und etwa, nur des Gedankenexperiments wegen, heutigen $^4/_4$-Takt annimmt, so müßten die beiden Verse folgende musikalische Gestalt zeigen:

Notenbeispiel 16: dass., Vergleich beider Zeilen in moderner Takteinteilung

Aber damit haben wir in beiden Fällen nicht mehr dieselbe Melodie vor uns. In einer taktischen (also gestischen) Musik läßt sich die Melodik nicht unabhängig vom Taktschema betrachten und insbesondere das Taktschema nicht über derselben Melodik umkehren. In demselben Augenblick heben sich die entgegengesetzten Gesten oder Betonungen auf: eine solche Musik kann man nur messen, nicht aber taktieren.

Die Benutzung ganzer Melodiezeilen gleichmäßig für männliche und weibliche Verse findet sich bei den Troubadours Marcabru, Raimbaut d'Aurenga, Raimon de Miraval und Bernart de Ventadorn. Die Melodieschlüsse sind das für den Vers Charakteristische. Die Benutzung identischer melodischer Formeln für metrisch entgegengesetzte Versenden ist demnach ebenso beweisend für den rein messenden Charakter einer Musik. Diese Technik ist außer bei dem schon genannten Bernart de Ventadorn auch noch bei Richart de Berbezill, Arnaut de Maroill und Folquet de Marseille nachweisbar.

Endlich trifft man in der Troubadourmusik noch eine sehr merkwürdige Art, aus einem Vers bestimmter Silbenzahl unter Beibehaltung der Melodie durch Einfügung einer Note einen um eine Silbe längeren Vers zu machen. Dabei würde sich in taktischer Auffassung entweder der Anfang oder das Ende in den entgegengesetzten Charakter verkehren. Auch das spricht also mit einiger Wahrscheinlichkeit wenigstens für eine rein messende Rhythmik. Eine solche melodische Technik findet sich bei Jaufre Rudel, Bernart von Ventadorn, Gaucelm Faidit und dem ebenfalls schon genannten Arnaut de Maroill.

Ordnet man die angeführten Komponisten zeitlich, so wird man eine erste und eine zweite Epoche des Troubadourgesanges unterscheiden. Etwa das Jahr 1180 bringt das Entstehen der gestischen Rhythmik in der Form der „modalen" Rhythmusschemata im Norden Frankreichs, vor allem in der Normandie und der Isle de France und von dort aus auch das Eindringen der modalen Rhythmik in die Troubadourkunst des provenzalischen Südfrankreich. Auf Grund melodischer Eigenheiten ist die Benutzung der modalen Schematik gesichert für die Troubadours Arnaut Daniel, Guiraut de Borneil, Peire Cardinal, Gui d'Ussel, Peire Raimon de Toulouse und Peirol, alles Komponisten, die ab 1180 tätig sind bis etwa 1200, z. T. 1220, die also die erste Generation darstellen, die sich der modalen Rhythmik bedient. Die angeführten Troubadours, die lediglich die rein gemessene Rhythmik benutzen, verteilen sich nun merkwürdigerweise nicht nur auf die vor 1180 liegenden Zeiten, sondern umfassen auch diese mittlere, bereits modale Zeit. Es sind der Mönch von Montaudon, Arnaut de Maroill, Raimon de Miraval und Richart de Berbezill, die alle etwa in dem Zeitraum 1180—1200 schaffen und doch noch an der alten Rhythmik der vorhergehenden Troubadourgenerationen festhalten.

Gegen die Mitte des 13. Jahrhunderts (s. gleich) wird die modale Schematik aufgegeben zugunsten einer freieren „mensuralen" Rhythmik. Aber auch in diesem Zeitraum komponiert nur ein Teil der Sänger in der neuen mensuralen Form, — ein so eindrucksvoller Troubadour wie Guiraut Riquier, dessen Gedichte 1254–1292 entstanden sind, hat zu ihnen Melodien geschaffen, die von einer weitschweifenden Melismatik sind, die mit einer mensuralen oder modalen Deutung absolut unvereinbar erscheint. Auch die

Überlieferung nicht nur der ältesten, sondern auch der original modalen Melodien in den Handschriften beweist, daß die Schreiber der Handschriften alle diese Stücke für nichttaktisch hielten.

So zeigt sich also, daß die älteren Troubadourgenerationen eine rein gemessene Rhythmik verwendeten, die dann neben der modalen und mensuralen Rhythmik des 13. Jahrhunderts bei einem Teil der Künstler weiter in Gebrauch blieb.

Nicht sehr viel anders ist auch das Bild der Rhythmik des deutschen Minnesanges, — obgleich wir hier leider nur über sehr geringe Tatsachen verfügen, die das Dunkel klären könnten. So kommt man methodisch nur weiter, wenn man an den französischen Gesang anknüpft. Das ist deshalb möglich, weil die Komponisten der damaligen Zeit (wie auch die noch viel späterer Zeit etwa im Volkslied oder im protestantischen Kirchenlied) sehr gern auf Lieder eines anderen neue Texte („Kontrafakta") dichteten. So haben wir auch von einer Reihe deutscher Minnesänger deutsche Gedichte auf französische Melodien und man darf annehmen, daß die Melodien, die sie zu ihren Gedichten selbst komponierten, im Prinzip wenigstens nicht viel anders aussahen als die fremden Melodien, zu denen sie dichteten. So hat Walther von der Vogelweide sein Palästinalied auf die Melodie von Jaufre Rudels Pilgerlied *Lancan li jorn* gedichtet, der, wie eben herausgearbeitet wurde, zu den typischen Vertretern der rein messenden, „vormodalen" Rhythmik gehört. Der deutsche Minnesang knüpft damit an die alte klassische Form des Troubadourgesanges an. Aber andererseits haben insbesondere süddeutsche und schweizerische Minnesänger die moderne modale Lyrik übernommen, und der größte Vertreter dieser Gruppe, Friedrich von Hausen, dichtete Texte sowohl zu französischen Melodien messender wie modaler Faktur. Aber mir scheint, daß diese regional engbegrenzten Versuche auch zeitlich alle in eine kurze Epoche fallen und daß der Hauptstrom des deutschen Minnesanges unbeeinflußt von der modalen Rhythmik die rein messende Tradition der älteren Troubadourgesanges fortsetzt.

Dies wird auch bestätigt durch das Aussehen der Melodien, die uns etwa von kurz vor 1300 ab dann reichlicher überliefert sind. Sie alle zeigen eine sehr reiche Melismatik, die anscheinend die Gregorianik zum Vorbild hat, jedenfalls einer Einzwängung in taktisches Gewand den größten Widerstand entgegensetzt. Diese Tradition geht im 14. und 15. Jahrhundert weiter, um dann in den „Meistergesang" zu münden.

Der Meistergesang ist uns in mehreren zeitgenössischen Erörterungen, „Lehrbüchern" und historischen Schriften beschrieben worden. Das Urteil ist übereinstimmend: er klang wie eine Art protestantischer Gregorianik. Schon daraus geht hervor, daß seine Rhythmik keine gestische oder dynamische nach der Art der gleichzeitigen Poesie und des damaligen Kunstliedes war — das etwa seit dem Ende des 14. Jahrhunderts auch in Deutschland allmählich vollmensurales Gewand angenommen hatte —, sondern daß sie offenbar noch die messende Rhythmik des zentralen Minnesangs fortsetzte. Das beweisen weiter ebenso einwandfrei mehrere Stellen, insbesondere aus Puschmanns Singebuch, wo die Meistersingerverse den betonten, „skandierenden" Versen der gleichzeitigen Poesie direkt entgegengesetzt werden und wo es von ihnen heißt, daß sie nur die Silben zählen. Tatsächlich zeigt ein Meistergedicht auch keine Beachtung der deutschen Akzentregeln, so daß in der Tat das einzige, was den verschiedenen, einander in den einzelnen Strophen eines Gedichtes entsprechenden Versen gemeinsam ist, nur die Anzahl ihrer Silben ist. In den Handschriften sind die einfachen Noten meist als hohle Noten (heute „ganze" Noten), „weiße Semibreven", notiert, während in den Melismen, „Blumen" (der Übersetzung des italienischen „Fioritura"), „weiße Minimen", „halbe Noten" erscheinen. Das deutet gewiß darauf hin, daß die Töne der Koloraturen schneller, wenn auch nicht unbedingt genau doppelt so schnell, so doch gewiß ungefähr doppelt so schnell gesungen wurden. Oft treten in den Koloraturen aber auch noch kleinere Werte, Viertel und Achtel nach unserer modernen Ausdrucksweise, auf, und man sieht, wie hier in die Koloraturen, obwohl kein irgendwie gearteter Takt in ihnen herrscht, doch Elemente der zeitgenössischen mensuralen Musik eindringen. Als letztes endlich erscheinen in dem späteren Meistergesang auch noch die „Breven", Noten, die einen Wert doppelt so lang wie die Semibrevis anzeigen. Damit ist ein solcher Meistergesang dann fast ganz durchmensuriert und in allen Teilwerten rhythmisch genau festgelegt. Er gibt sich dann wie die spätere Gregorianik als ein rhythmisch freies, in den Grundwerten aber gemessenes Gebilde, — von der Gregorianik unterscheidet er sich nur noch dadurch, daß er aus sich reimenden Versen aufgebaut ist, deren Silbenzahl genau geregelt ist. Als Beispiel eines solchen späteren Meistergesanges sei hier der Anfang von Hans Sachs' berühmter Silberweise nach der Zwickauer Eigenschrift mitgeteilt.

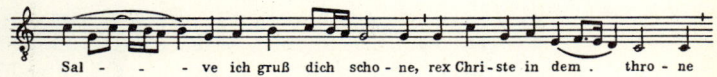

Sal - - - ve ich gruß dich scho - ne, rex Chri - ste in dem . thro - ne

Notenbeispiel 17: Anfang von Hans Sachs' Silberweise

Wie neben dem mittleren Meistergesang des 14. und 15. Jahrhunderts schon das mensurale taktische Lied (Mönch von Salzburg, Oswald von Wolkenstein und die verschiedenen „Liederbücher") einherlief, so gibt es auch im Meistergesang eine kleine Seitenströmung, die den Meistergesang ebenfalls taktisch gliedert. Sie ist aber nur in wenigen Handschriften, vor allem der prachtvollen Jenaer des Valentin Voigt von 1558, überliefert und hat offenbar keine größere Rolle gespielt.

Wenn wir so also auch die rhythmischen Werte eines Meisterliedes bis ins kleinste kennen, so können wir damit doch noch nicht zurückschließen auf die entsprechenden Verhältnisse des deutschen Minnesanges oder gar des provenzalischen Troubadourgesanges. Sicher, wir wissen, daß er nicht taktisch gegliedert war, aber wie seine rhythmische Faktur im einzelnen aussah, das ist damit noch nicht bestimmt. Möglicherweise war er durchaus ähnlich gestaltet wie das Lied des Meistersingers, also eine Art weltlicher Gregorianik, — aber es ist auch möglich, daß nicht die Noten gleiche Werte hatten wie in der Gregorianik mit gemessenen Grundwerten, sondern daß die S i l b e n alle gleich lang waren, daß er also würdevoll daherschritt, nur ohne Unterscheidung von Hebungen und Senkungen. Das erscheint sogar nicht ganz unwahrscheinlich, da es uns erlaubt, die modale Epoche besser an die vormodale Epoche anzuschließen. Denn in der modalen Zeit gibt es nicht nur die so charakteristischen, scharfpointierten Rhythmen, sondern als 5. Modus auch das langsame Vorangehen in „vollkommenen" Werten, nun freilich abwechselnd als Thesis und Arsis verstanden. Es wäre sehr plausibel, wenn dieser 5. Modus die Fortsetzung der älteren Troubadourrhythmik wäre. Aber das ist nur eine Vermutung.

Die **gestische Rhythmik** kann entsprechend der Vielfältigkeit der möglichen Gesten, die den Rhythmus begleiten, eine sehr verschiedene Form besitzen. Wir kennen heute nur das Schema der senkrechten und waagerechten Handbewegungen, aber es sind natürlich auch noch weitere Kombinationen mit den größeren Armbewegungen oder mit den kleineren Fingerbewegungen denkbar und auch tatsächlich verwirklicht. Endlich ist bekannt, daß die griechische antike Rhythmik mit Thesis und Arsis nicht an den Handbewegungen, sondern an den begleitenden Auf- und Abwärtsbewegungen der Füße entwickelt worden ist, — auch im Barock hat man noch teilweise den Takt mit einem Stock auf die Erde gestampft.

Als das Beispiel einer hochentwickelten, feindifferenzierten gestischen Rhythmik tritt uns die s ü d i n d i s c h e R h y t h m i k entgegen. Man sieht ihr deutlich an, daß sie aus einer reinen Schlagrhythmik, also einer rein messenden Rhythmik entstanden ist. Sie kennt rhythmische Dauern von 1, 2, 3, 4, 5, 7 und 9 Zeiteinheiten. Als höhere Zeitwerte erscheinen noch solche von 8, 12 und 16 Zeiteinheiten Dauer. Ein Schlag von der Dauer einer Zeiteinheit wird mit dem Zeichen des liegenden Halbkreises angedeutet. Ein Schlag, der die doppelte Zeiteinheit einleitet, wird mit einem Vollkreis bezeichnet und besteht aus dem beginnenden Schlag und einer Handbewegung zur Andeutung der zweiten Zeiteinheit. Die Zeitdauern von 3, 4, 5, 7 und 9 Zeiteinheiten werden mit einem senkrechten Strich bezeichnet, dem man die Zahl der gewünschten Zeiteinheiten als Index anhängt, wenn sie von Bedeutung ist. Die achtzeitige Dauer wird mit einer 8, die 12zeitige mit dem senkrechten Strich (der hier also 4 bedeutet) mit daruntergesetzter

8 und die 16zeitige mit einem + angedeutet. Während die 8-, 12- und
16zeitigen Werte offenbar in einen anderen Zusammenhang gehören, sind
die 3-, 4-, 5-, 7- und 9zeitigen Werte die Fortsetzung des zweizeitigen mit
einer Bewegung verbundenen Schlages: sie werden wie er mit der Handbewegung eingeleitet, aber die nun folgenden Zeiteinheiten werden mit den
Fingern gezählt, so daß man also bei der zweiten, der dem Schlag direkt
folgenden Zeiteinheit bereits sieht, ob eine zwei- oder mehrwertige Zeitdauer folgt. In den folgenden Erörterungen bezeichne ich den einzeitigen
Schlag als S, den aus Schlag und Handbewegung bestehenden Doppelwert
als SH, die aus Schlag mit folgenden Fingerbewegungen bestehenden größeren Werte als SF.

Diese Zeitwerte werden nun wieder zu Takten oder Kreisen zusammengesetzt. Dabei gibt es sieben Grundschemata. In ihnen ist die Länge eines
SF unbestimmt, und jedes Schema teilt sich sofort in fünf verschiedene
Schemata, je nachdem man dem SF eine 3-, 4-, 5-, 7- oder 9wertige Dauer
gibt. Die sieben Grundzyklen sind:

Dhruva	SF	SH	SF	SF
Matya	SF	SH	SF	
Rūpaka	SH	SF		
Jhampa	SF	S	SH	
Triputa	SF	SH	SH	
Aṭa	SF	SH	SH	SH
Eka	SF			

Bezeichnen wir mit x den fünffach variablen Zeitwert, so sind das also
folgende sieben Zeitschemata:

Dhruva	x	2 x	x
Matya	x	2 x	
Rūpaka	2 x		
Jhampa	x	12	
Triputa	x	2 2	
Aṭa	x	x	2 2
Eka	x		

Nehmen wir nun noch den Normalfall, in dem der große Wert vier
Zeiteinheiten dauert, so ergeben sich die folgenden speziellen Werte, die
nunmehr mit der nordindisch-persischen Rhythmik vergleichbar sind.

Dhruva	4	2 4	4
Matya	4	2 4	
Rūpaka	2 4		
Jhampa	4	12	
Triputa	4	2 2	
Aṭa	4	4	2 2
Eka	4		

Man sieht sofort, daß Dhruva und Matya identisch sind mit den nordindischen Rhythmen 4244 und 424, im persischen permutiert als 244 und
2444. Rūpaka gehört auch zu den alten arabischen Zyklen als 4 2, ebenso
finden sich dort Rhythmen mit mehreren aufeinanderfolgenden zweiwerti-
gen Zeiten.

Setzt man dagegen für x das Einfachste, drei, ein, so ergeben die sieben
Grundzyklen folgende Zeitschemata:

Dhruva	3	2 3	3
Matya	3	2 3	
Rūpaka	2 3		
Jhampa	3	12	
Triputa	3	2 2	
Aṭa	3	3	2 2
Eka	3		

Und damit stehen wir nun vollends auf dem Boden der altorientalischen
Rhythmik, die auch ihren Einfluß auf das antike Griechenland über Kleinasien hin geltend gemacht hat. Rūpaka ist der alte Päon und Matya und
Dhruva sind seine 8- und 11zeitigen Erweiterungen, von denen Matya auch
unter die altarabischen Zyklen zählt. Triputa, von dem Aṭa eine Erweiterung ist, ist das siebenzeitige Grundmetrum, das auch in die spätere griechische Metrik eingedrungen ist. Endlich Jhampa ist nichts anderes als der
zusammengesetzte sechszeitige Daktylus, der für die späthellenische Metrik
kennzeichnend ist. So wie wir gesehen haben, daß das älteste indische harmonische System mit dem antik-griechischen in seiner Urgestalt identisch war,
so zeigt sich nunmehr im Rhythmischen ebenso, daß griechische und indische
Rhythmik in den Grundlagen übereinstimmen. Das hier aber um so Erstaun-
lichere ist, daß diese Rhythmik noch heute in Südindien lebendig ist.

Wenn die südindische Rhythmik auch schon verschiedene Gesten kennt,
mit denen sie die Zeitwerte kennzeichnet, so sind diese zwar in sich verschiedener Art, aber doch alle gleicher Bewegungen, nämlich Herunter-
bewegungen der Hand oder der Finger. Demgegenüber ist die antike
griechische Rhythmik die älteste europäische Rhythmik, die Bewegungen derselben Art, aber in verschiedener Richtung benutzt. Freilich wird
man das nicht zu sehr im einzelnen verfolgen. Gewiß ist die Thesis das
Heruntersetzen des Fußes, die Arsis sein Aufheben, — aber die antike
Rhythmik kennt auch Takte, die entweder mehrere Thesen oder mehrere
Arsen, ja sogar mehrere Thesen und Arsen gleichzeitig verwenden, endlich
konstruiert sie zusammengesetzte Takte, in denen Thesis und Arsis jede
wiederum aus Thesis und Arsis bestehen, so daß hier eine doppelte Ordnung
übereinandergeschoben wird. Solch komplizierte rhythmische Verhältnisse
wird man kaum noch mit Fußbewegungen verdeutlicht haben und Thesis
und Arsis sind offenbar bereits rein theoretische Begriffe der Rhythmik und

Metrik geworden, die nicht mehr an eine reale Interpretation gebunden sind, wenn sie auch ursprünglich darauf fundierten.

Während die griechische Metrik in ausführlichen Traktaten hellenistischer Schriftsteller sehr gut erläutert wird, ist uns die griechische Rhythmik nur in kürzeren Teilen der Musiktraktate überliefert und da auch oft nur bruchstückweise. So hoffnungslos, wie es oft dargestellt wird, liegt die Sache aber wieder nicht. Insbesondere ist Aristides Quintilianus zwar nicht allzu ausführlich, aber vollständig, und so scheint mir, läßt sich nach ihm das System der griechischen Rhythmik doch logisch richtig und komplett darstellen.

Auch in den griechischen rhythmischen Geschlechtern spielen die Proportionen ihre Rolle. Der Grieche vergleicht die Länge von Thesis zu Arsis und bildet hieraus die Proportion, die das rhythmische Geschlecht kennzeichnet. Sind Thesis und Arsis gleich lang, so ist das Verhältnis 1 : 1. Dies Geschlecht heißt das daktylische, da der Daktylus sein wichtigster Fuß ist. Das Verhältnis 2 : 1 kennzeichnet das jambische Geschlecht, das Verhältnis 3 : 2 das päonische, endlich 4 : 3 das epitritische, das erst in der späteren Rhythmik und Metrik begegnet. Weiter setzt die griechische Rhythmik aus den einfachen Füßen Einheiten größerer Länge, zweiteilige „Syzygien" und mehrteilige „Perioden", additiv zusammen und endlich kennt sie die erwähnten Füße höherer Ordnung, deren Thesis und Arsis selbst wieder aus ganzen Füßen gebildet werden.

Der einfachste rhythmische Fuß des d a k t y l i s c h e n Geschlechts ist der Prokeleusmatikos oder Pyrrhichios, der sowohl auf der Thesis wie auf der Arsis die Zeiteinheit bringt, also das Schema $\overset{\text{T}}{1}\,\overset{\text{A}}{1}$ hat, wenn die Zahlen wieder die Anzahl der Zeiteinheiten, T und A Thesis und Arsis bezeichnen. Der doppelte Prokeleusmatikos setzt zwei Zeiteinheiten auf die Thesis und auf die Arsis, also $\overset{\text{T}}{1}\,1\;\overset{\text{A}}{1}\,1$. Die uns so sehr geläufigen Versmaße des Daktylus und Anapäst, lang-kurz-kurz und kurz-kurz-lang, sind in der rhythmischen Auffassung der Griechen selbst ungleich komplizierter. Der lange Wert, zwei Zeiteinheiten umfassend, steht in beiden Füßen auf der Thesis, aber die beiden Kürzen von je einer Zeiteinheit bilden jede für sich eine eigene Arsis, so daß beide Füße also eine Thesis und zwei Arsen haben: Daktylus $\overset{\text{T}}{2}\,\overset{\text{A}}{1}\,\overset{\text{A}}{1}$ und Anapäst $\overset{\text{A}}{1}\,\overset{\text{A}}{1}\,\overset{\text{T}}{2}$. Der Spondeus benutzt zwei zweizeitige, der doppelte Spondeus zwei vierzeitige Längen, — also Spondeus $\overset{\text{T}}{2}\,\overset{\text{A}}{2}$, doppelter Spondeus $\overset{\text{T}}{4}\,\overset{\text{A}}{4}$.

Das daktylische Geschlecht kennt zwei Syzygien. Die Addition von Spondeus + Prokeleusmatikos ergibt den „vom größeren ausgehenden Ionikus" $\overset{\text{T}}{2}\,\overset{\text{A}}{2}\,\overset{\text{T}}{1}\,\overset{\text{A}}{1}$, die entgegengesetzte den „vom kleineren ausgehenden Ionikus" $\overset{T}{1}\,\overset{A}{1}\,\overset{T}{2}\,\overset{A}{2}$. Diese in der Metrik als ein Versfuß aufgefaßten Ioniker setzen sich rhythmisch also aus zwei Füßen zusammen.

Im iambischen Geschlecht stehen stets die Längen auf der Thesis, die Kürzen auf der Arsis. Der dem Geschlecht den Namen gebende Iambos setzt sich aus einzeitiger Arsis und zweizeitiger Thesis, der Trochäus umgekehrt aus zweizeitiger Thesis und einzeitiger Arsis zusammen, also Iambus $\overset{A}{1}\,\overset{T}{2}$, Trochäus $\overset{T}{2}\,\overset{A}{1}$. Vierfach so lange Werte benutzen der Orthios $\overset{A}{4}\,\overset{T}{8}$ und der Trochaios semantos $\overset{T}{8}\,\overset{A}{4}$.

Das iambische Geschlecht kennt ebenfalls zwei Syzygien, die Verbindungen von Iambus und Trochäus und umgekehrt, die beide Bakcheios heißen, in der Metrik heute meist Choriamben genannt werden. Das sind also die Formen $\overset{A}{1}\,\overset{T}{2}\,\overset{T}{2}\,\overset{A}{1}$ und $\overset{T}{2}\,\overset{A}{1}\,\overset{A}{1}\,\overset{T}{2}$.

Weiter aber setzt das iambische Geschlecht Iamben und Trochäen zu vierteiligen Perioden zusammen. Es können sowohl ein Iambus und drei Trochäen kombiniert werden, wobei der eine Iambus an erster, zweiter, dritter und vierter Stelle stehen kann (steht er etwa an dritter Stelle, so ergibt sich die Periode $\overset{T}{2}\,\overset{A}{1}\,\overset{T}{2}\,\overset{A}{1}\,\overset{A}{1}\,\overset{T}{2}\,\overset{T}{2}\,\overset{A}{1}$), wie auch umgekehrt ein Trochäus mit drei Iamben mit entsprechenden vier Möglichkeiten, wie endlich zwei Iamben mit zwei Trochäen mit ebenfalls vier verschiedenen Möglichkeiten.

Das Grundmaß des päonischen Geschlechtes ist der Päon, offenbar das Versmaß der ebenso genannten Sieges- und Danklieder, in der Metrik auch als Kretikus bezeichnet. Er besitzt ähnlich wie der Daktylus zwei Arsen, deren zweite jedoch zweizeitig ist, also $\overset{T}{2}\,\overset{A}{1}\,\overset{A}{2}$. Freilich wäre damit die Thesis kleiner als die beiden Arsen zusammen und es ist zu überlegen, ob der Text des Aristides hier nicht vielleicht zu korrigieren wäre.

Der Päon epibatos besteht aus fünf zweizeitigen Längen, deren erste, dritte und vierte als Thesis fungieren, während die zweite und fünfte die Arsen darstellen, also $\overset{T}{2}\,\overset{A}{2}\,\overset{T}{2}\,\overset{T}{2}\,\overset{A}{2}$. Aber offenbar ist dies schon nicht mehr ein rhythmischer Fuß, sondern eine Syzygie.

Das epitritische Geschlecht wird erst in der späteren Metrik genauer behandelt. Der Fuß besteht aus drei zweizeitigen und einer einzeitigen Silbe, wobei vier Arten von Epitritos entstehen, je nachdem die Kürze an der ersten, zweiten, dritten oder vierten Stelle steht. Wie die rhythmische Interpretation mit Thesis und Arsis aussah, ist uns nicht überliefert.

Syzygien und Perioden können nicht nur durch Zusammensetzung von verschiedenen Füßen desselben Geschlechtes untereinander gebildet werden, sondern auch durch Verbindung von Füßen verschiedener Geschlechter. Hier führt Aristides nur zwei Gruppen von Rhythmen auf, während die Metrik eine unvergleichlich viel größere Mannigfaltigkeit verwendet, — die Dochmiaka oder Dochmioi und die Prosodiakoi.

Von den D o c h m i e n nennt Aristides zwei Arten. Die erste besteht aus einem Iambus (aus dem iambischen Geschlecht) und einem Päon (aus dem päonischen Geschlecht). Das wäre also die Folge $\overset{A}{1} \overset{T}{2} \overset{T}{2} \overset{A}{1} \overset{A}{2}$. So ist der Dochmier auch bei Hephaistion beschrieben. Die zweite Art des Dochmiakon besteht nach Aristides aus Iambus, Daktylus und Päon. Das wäre die Folge $\overset{A}{1} \overset{T}{2} \overset{T}{2} \overset{A}{1} \overset{A}{1} \overset{T}{2} \overset{A}{1} \overset{A}{2}$. Die Wissenschaft hat diese zweite Art der Dochmier nicht wahrhaben wollen und insbesondere Wilamowitz-Möllendorf hat den Iambus des Anfangs gestrichen. Aber so wie bei Aristides steht das Versmaß auch bei dem Musiktheoretiker Bakchius, sogar mit einem Versbeispiel:

ἔμενεν ἐκ Τροίας χρόνον.

Hier ist die Länge des beginnenden Iambus in zwei Kürzen zerlegt und die Schlußsilbe kurz statt lang, — es ist eine bekannte Eigenart der griechischen Verse, daß die Schlußsilbe beliebig, kurz oder lang, — „anceps" —, sein kann.

Bei den P r o s o d i a k e r n unterscheidet Aristides drei Unterarten. Die erste setzt sich aus Prokeleusmatikus (aus dem daktylischen Geschlecht), Iambus und Trochäus (beide aus dem iambischen Geschlecht) zusammen. Das wäre demnach $\overset{T}{1} \overset{A}{1} \overset{A}{1} \overset{T}{2} \overset{T}{2} \overset{A}{1}$. Die zweite Art fügt der ersten einen Iambus hinzu, wobei die Handschriften den Iambus z. T. voranstellen, z. T. nachfolgen lassen. Die dritte endlich besteht aus zwei Syzygien, aus Bakcheios und dem größer beginnenden Ionikus, also $\overset{A}{1} \overset{T}{2} \overset{T}{2} \overset{A}{1}$ (oder aber $\overset{T}{2} \overset{A}{1} \overset{A}{1} \overset{T}{2}$) und $\overset{T}{2} \overset{A}{2} \overset{T}{1} \overset{A}{1}$. An diesen Erklärungen des Aristides hat die Wissenschaft viel herumgeraten. Hier sei nur gesagt, daß Hephaistion die Prosodiaker als 2 2 1 1 2 1 1 2 und 2 2 2 2 1 1 2 1 beschreibt, das letztere aus dem ersteren durch Zusammenfassung der beiden ersten Kürzen und Anfügung der Kürze am Schluß entstanden. Die erstere Formel ist, wie Wilamowitz-Möllendorf gesehen hat, mit der dritten des Aristides identisch, wenn man zuerst den Ionikus und dann den Bakcheios nimmt, — und zwar den zweiten Bakcheios 2 1 1 2.

Allen bisher betrachteten rhythmischen Geschlechtern tritt ein weiteres entgegen, das der a l o g o i oder i r r a t i o n a l e n V e r s f ü ß e. Es heißt so, weil das Längenverhältnis von Thesis zu Arsis sich nicht durch ein ganzzahliges Verhältnis (gr. logos, lat. ratio) ausdrücken läßt. Bakchius beschreibt den O r t h i o s als irrational: er setzt sich bei ihm zusammen aus irrationaler Arsis und langer Thesis. Eine irrationale Zeit sei länger als die Kürze, aber kürzer als die Länge, erklärt er. Als Beispiel gibt er ὀργή, ein Wort, dessen erste Silbe zwar einen kurzen Vokal hat, aber wegen der beiden folgenden Konsonanten positionslang ist.

Aristides dagegen nennt als irrational den C h o r e i o s, der bei Bakchius mit dem Trochäus identisch ist. Eine Brücke dazu ergibt sich aber sofort dadurch, daß Aristides einen Choreios in der Gestalt des Iambus, einen in der Gestalt des Trochäus unterscheidet. Man wird aus dieser Konstellation heraus als am nächstliegenden vermuten, daß der Choreios der dem eben erläuterten Orthios, dem irrationalen Iambus, entsprechende irrationale Trochäus, also ein Trochäus mit irrationaler Arsis ist. Das geht auch aus dem klassischen griechischen Musiktheoretiker Aristoxenos hervor, der den irrationalen Choreios als aus Thesis und in der Mitte zwischen Kürze und Länge stehender Arsis beschreibt, ohne sich darauf festzulegen, ob die Arsis zuerst oder zuletzt steht.

Endlich hat es wohl auch i r r a t i o n a l e D a k t y l e n u n d A n a p ä s t e gegeben. Dionysios von Halikarnaß berichtet uns, daß die Länge des epischen Hexameters von den Rhythmikern als irrational bezeichnet wurde. Damit wäre also diesmal die Thesis irrational, die beiden kurzen Arsen rational. Auch die ziemlich dunkle Erklärung des Aristides, daß der irrationale Choreios dem Daktylus rhythmisch gleich sei, wäre verständlich, wenn er den irrationalen Daktylus vor Augen hätte (den er selbst indes gar nicht beschreibt, — aber er ist in diesen Abschnitten überhaupt sehr wortkarg). Denn wenn die Länge des Daktylus nur etwa das Anderthalbfache einer Zeiteinheit umfaßt, ist das Verhältnis der Länge zu der Summe der beiden Kürzen $1^1/_2 : 2$, und das ist genau das Verhältnis der Arsis zur Thesis in Orthios und Choreios.

Die irrationalen Rhythmen sind also im alten Epos und in den feierlichen Chortänzen zu Ehren der Götter üblich. Es ist offensichtlich falsch, sie, wie schon geschehen, mit den späten Epitriten zusammenbringen zu wollen, die anscheinend aus einem ganz anderen, gewiß orientalischen Kulturkreis nach Griechenland gekommen sind.

Eine besondere Bedeutung besitzen die R h y t h m e n h ö h e r e r O r d - n u n g. Sie bestehen aus gleichlanger Thesis und Arsis, aber Thesis und Arsis selbst bestehen wieder aus einem rhythmischen Fuß, Iambus, Trochäus, iambischer Choreios und trochäischer Choreios. Bezeichnen wir Thesis und Arsis dieser Füße mit kleinen Buchstaben, die übergeordneten Thesen und Arsen mit großen Buchstaben, so ergeben sich im einzelnen folgende sechs rhythmischen Füße:

		T		A	
		t	a	t	a
1.	1. Kretikus	2	1	2	1

		T		A	
		a	t	a	t
2.	2. Kretikus	1	2	1	2

		T		A	
		t	a	a	t
3.	—	2	1	1	2

		T		A	
		a	t	t	a
4.	—	1	2	2	1

		T		A	
		a	t	a	t
5.	—	1¹/₂	2	1¹/₂	2

		T		A	
		t	a	t	a
6.	—	2	1¹/₂	2	1¹/₂

Die rein theoretischen Namen, die Aristides für die letzten vier rhythmischen Füße anführt, sind hier nicht erst mitgeteilt worden.

Aus den vier ersten Füßen leiten sich — ebenso wie auch aus den übrigen
bereits behandelten rationalen Füßen — weitere Füße durch Zusammenziehung oder Auflösung von Zeiten ab. Eine Auflösung kann bei den hier
zur Diskussion stehenden Rhythmen nur dadurch erfolgen, daß zwei ein-
zeitige Kürzen an die Stelle einer zweizeitigen Länge treten. Durch Zusammenziehung von Kürze und Länge entsteht eine neue Größe, die Überlänge.
Die gebräuchlichen Zeichen der Metrik sind ⏑ , — und ⌐. Wir gebrauchen
hier wieder nur 1, 2 und 3. Dann entstehen folgende Füße 2 1 3, 3 2 1,
1 2 3, 3 1 2, die sich als sechszeitige Daktylen bzw. Anapäste auffassen
lassen. Tatsächlich bezeichnet Aristides die Füße Nr. 3 bis 6 als Daktylen
(mit noch weiteren erläuternden Zusätzen). Es wird seiner Namengebung
entsprechend also wohl überhaupt am richtigsten sein, diese sechszeitigen
dreisilbigen Daktylen und Anapäste als die originalen Füße anzusehen, die
viersilbigen Doppeltrochäen bzw. -iamben und Bakcheien dagegen als ihre
Auflösungen.

Es gibt also vier Formen des Daktylus, den epischen irrationalen mit der
Messung 1¹/₂ 1 1, den vierzeitigen 2 1 1 und den sechszeitigen 3 1 2 und
3 2 1. Welche im einzelnen Fall die richtige ist, läßt sich dem Text allein
überhaupt nicht ansehen. Wir besitzen nun aber erläuternde metrische Bemerkungen zu den Gedichten des (späten Dichters) Mesomedes, zu einigen
von ihnen auch die Melodien, leider ohne Längenzeichen. Dafür aber verwendet das berühmte Lied des Seikilos-Grabes Längenzeichen. Dieses Material zeigt, daß in jener späten Zeit das daktylische vierzeitige Geschlecht,
das päonische fünfzeitige und eben in erstaunlichem Maße auch dies höhere
sechszeitige benutzt wurden. Von den zwölf Gedichten des Mesomedes
verwenden die Nr. 1, 7 und 9 den vierzeitigen Takt, Nr. 2 den fünfzeitigen,
die übrigen acht und der 2. Teil von Nr. 9 dagegen den sechszeitigen Takt,
— diesen zeigt auch das Seikilos-Lied.

Diese vorwiegende Sechszeitigkeit des hellenistischen Fußes ist deshalb von besonderem Gewicht, weil sie die Überleitung ins europäische Mittelalter bewerkstelligt. Um 1180 entsteht im Norden Frankreichs die m o d a l e Rhythmik. Sie legt überhaupt ausschließlich den sechszeitigen Takt zugrunde und es erscheint mir unausweichlich, daß sie mittelbar oder unmittelbar eine direkte Fortsetzung der hellenistischen Rhythmik ist.

Diese modale Rhythmik unterscheidet in der normalen Darstellung der mittelalterlichen Theoretiker sechs verschiedene Rhythmen, „modi". Wenn man die Sechszeitigkeit als einheitlich für alle sechs Modi annimmt, dann sind es folgende Schemata, mit denen die Theoretiker die gesamte Rhythmik des Zeitalters zu erfassen suchen.

		T		A	
	t	a	t	a	
1. Modus	2	1	2	1	
2. —	1	2	1	2	
3. —	3		1	2	
4. —	1	2	3		
5. —	3		3		
6. —	1 1	1	1 1	1	
oder	1	1 1	1	1 1	

Nun kennen die Theoretiker des Mittelalters freilich die griechischen Begriffe Thesis und Arsis nicht, ja sie besitzen nicht einmal den Begriff des Taktes, so daß sie die Modi nur als Schemata der Längen, Kürzen und Überlängen beschreiben. Darin sind ihnen einige moderne Wissenschaftler gefolgt, die annehmen, daß die Modi tatsächlich nur aus Verhältnissen von Längen und Kürzen bestehen und keine Unterscheidung verschiedenwertiger Taktteile kennen. Wenn dem so wäre, so könnte man in den Modi Verwandte der arabischen Zyklen sehen, und tatsächlich hat man für die modale Rhythmik arabischen Ursprung — durchaus plausiblerweise — in Betracht gezogen. Auch ich selbst halte es für möglich, daß die byzantinische Rhythmik erst auf dem Umwege über arabische Zwischenglieder etwa in Süditalien und Sizilien dem Norden Frankreichs vermittelt worden ist, — hier bestanden ja stets enge kulturhistorische Beziehungen vor allem seit der Zeit der Normannenreiche.

So läßt sich die Frage nach der rhythmischen Faktur der modalen Musik nur durch eine stilistische Betrachtung der Musik selbst beantworten. Als Grundmodus kann zunächst der 5. Modus gelten, — von ihm ist im Mittelalter schon Franko im Gegensatz zur herrschenden Zählung ausgegangen. Betrachtet man nun die harmonische Behandlung mehrstimmiger modaler Kompositionen, so bemerkt man ganz allgemein und insbesondere im 5. Modus, daß die beiden großen Unterteilungen des $^6/_4$-Taktes verschieden behandelt werden, offenbar also als verschiedengewichtig empfunden werden und im Verhältnis von Thesis und Arsis stehen. Die Thesis beansprucht nämlich immer vollkommene Konsonanzen, Quinten, Quarten, Oktaven, — mit Ausnahme der die Regel gerade um so mehr beweisenden Fälle, in denen hier eine besondere Dissonanz als Vorhalt sich in die erst auf der Arsis folgende Konsonanz auflöst, manchmal noch pathetischer sogar erst in der Thesis des nächsten Taktes ihre Auflösung findet. Als Beispiel für die verschiedene harmonische Behandlung der Taktzeiten im 5. Modus sei der Anfang des Verses *Notum fecit* von Perotins monumentalem vierstimmigem Weihnachts-Organum *Viderunt principes* mitgeteilt.

Notenbeispiel 18: Anfang des „Viderunt principes" von Perotins Vers „Notum fecit"

Hier stehen in Takt 2 und 6 scharfe Dissonanzen auf dem leichten Taktteil, die auch in der Fortsetzung (in den Takten 9, 10, 13, 15 usf.) regelmäßig erscheinen.

Auch die „doppeltaktige" Natur des 3. Modus — es ist vielleicht bequem, diese aus zwei Füßen zusammengesetzten Takte höherer Ordnung als „Doppeltakte" zu bezeichnen, wobei also stets zu bedenken ist, daß die zu höherer Ordnung verbundenen Einzeltakte nicht gleichgewichtig wie in einer Syzygie sind, sondern wiederum im Verhältnis von Thesis und Arsis stehen — läßt sich leicht an unzähligen Beispielen der harmonischen Praxis der modalen Epoche feststellen. Als Beispiel folge hier der Anfang des dreistimmigen Oster-Alleluja *Pascha nostrum*, — vielleicht ebenfalls eine Schöpfung des wahrscheinlich an Notre Dame in Paris wirkenden Perotin.

Notenbeispiel 19: Anfang des 3stg. Oster-Alleluja Pascha nostrum, wahrscheinlich von Perotin

Der 1. und der 2. Modus sind in den großen mehrstimmigen Kompositionen sehr häufig mit dem 5. Modus verbunden. Entweder geht ein 1. Modus überhaupt stellenweise in den ruhigeren Gang des 5. Modus über, oder aber er herrscht in einer Stimme, während eine andere im gemesseneren 5. Modus daherschreitet. Der 2. Modus ist seltener mit dem 5. Modus verkoppelt, dagegen um so lieber mit dem 3. Modus. Das Resultat ist in allen Fällen dasselbe: die schnelleren Modi erscheinen als die „Auflösungen" der langsameren und sind daher logischerweise in deren Großrhythmik einzuordnen.

Das läßt sich naturgemäß auch wieder an der harmonischen Behandlung dieser Modi feststellen. Freilich ist der 1. Modus sehr darauf bedacht, beide Hauptzeiten möglichst konsonant zu gestalten, aber auch in ihm begegnen genügend Fälle, die den unterschiedlichen Wert der beiden Takthälften zeigen. Als Beispiel für den 1. Modus bringe ich die Silbe -vi- aus wieder einem anderen Perotinschen, dreistimmigen, Organum, dem Alleluia *Nativitas* für Mariä Geburt.

Notenbeispiel 20: Partie aus einem Organum, dem Alleluja Nativitas für Mariä Geburt, von Perotin

Im zweiten und vierten Takt stehen hier Terzen auf dem leichten Taktteil, — Terzen sind im Mittelalter ja Dissonanzen.

Für den doppeltaktigen Charakter des 2. Modus bringe ich als harmonisches Beispiel wieder einen Abschnitt aus dem Alleluja *Pascha nostrum*.

Notenbeispiel 21: Abschnitt aus dem Alleluja Pascha nostrum

Hier bringen der erste und der dritte Takt die dissonante Terz g—h auf dem Hauptschlag der zweiten Takthälfte.

In diese zweiteilige Großgliederung des modalen ⁶/₄-Taktes ist die doppelte dreiteilige Unterteilung eingefügt und ihr untergeordnet. Die Evidenz des Thesis-Arsis-Charakters der Untergliederung ist noch auf der Hand liegender als die der Großrhythmik, da er harmonisch noch strenger und mit weniger Ausnahmen ausgeprägt wird als jener. Wenn diese Unterscheidung nicht vorhanden wäre, wenn also nur Längen und Kürzen existierten ohne Sonderung von Thesis und Arsis, so wären ja ein 1. und ein 2. Modus in ihrem Wesen gleich, sie begännen nur an einem anderen Punkt ihrer rhythmisch gleichförmig laufenden Kette. Ganz genau so in der Tat zeichnen die Araber metrische Kreise, die, je nachdem bei welcher Silbe man anfängt, verschiedene Metra ergeben, die sich in der Aufeinanderfolge von Längen und Kürzen gleichen, und nur im Anfangspunkt voneinander verschieden sind, also Permutationen voneinander darstellen. Dieser Art hat schon Franko 1. und 2. Modus verwechselt und wiederum sind ihm moderne Musikwissenschaftler darin gefolgt.

Aber bereits die eben mitgeteilten Beispiele genügen um zu zeigen, daß die Längen und Kürzen im 2. Modus genau dem 1. Modus entgegengesetzt behandelt werden: Im 1. Modus stehen die Konsonanzen auf den Längen, die sich damit als die Thesen erweisen, im 2. Modus dagegen sind die Kürzen durch die Konkordanzen als Thesen gekennzeichnet. Etwa Notenbeispiel 20 zeigt am Anfang in den Oberstimmen die Länge durch eine Quart ausgezeichnet, während die folgende Kürze die dissonante Terz bringt, die zweite (weniger gewichtige) Thesis des Taktes bringt einen Einklang, die zweite Kürze dagegen die scharf dissonante Sekunde. In fast jedem Takt treten dieselben rhythmischen Ordnungen der modalen Harmonik aufs klarste zutage. Ganz ebenso beweist Notenbeispiel 21 dasselbe für den 2. Modus: Die Kürze des Anfangs ist durch eine Konsonanz, die Quart, ausgezeichnet, die ihr folgende Länge auf der Arsis durch die dissonante Terz, — dasselbe wiederholt sich nochmals im nächsten Takt. Die übrigen Kleintakte sind freier behandelt, entweder konsonanter, wie es das allgemeine Bestreben der modalen Kompositionen ist, oder aber dissonanter, um auch den Unterschied der zweiten Takthälfte gegenüber der ersten klar herauszustellen.

Vergleicht man nun noch mal die modale Rhythmik mit der sechszeitigen hellenistischen, so zeigen sich doch einige Differenzen. Es sind die den Trochäus benutzenden Rhythmen in allen Einzelheiten identisch, nicht aber die den Iambus verwendenden. Der Iambus bringt im Spätgriechischen ja die Kürze auf der Arsis, die Länge auf der Thesis, während der 2. Modus die Kürze auf die Thesis und die Länge auf die Arsis setzt. Diiambus und 2. Modus sind also nicht miteinander identisch, sondern der 2. Modus ist der rhythmisch dem trochäischen 1. Modus genau entgegengesetzte Modus, während der griechische Iambus in seinem eigentlichen Wesen nichts anderes als ein auftaktiger Trochäus ist.

Die modale Rhythmik beherrscht die mehrstimmigen Kompositionen von etwa 1180 ab bis vielleicht ungefähr 1250. Die erste Epoche der „Notre-Dame-Kompositionen" ist mit dem Namen Leonins verbunden, der zwei Zyklen zweistimmiger Kompositionen geschaffen hat, deren einer die Responsorien der Nachtgottesdienste, deren anderer die Gradualien und Alleluia der Messen jeweils der Hauptfeste des Kirchenjahres vertont. Dabei werden nur die solistischen Einleitungen dieser Gesänge und ihrer Verse mehrstimmig gesetzt, die Chorenden bleiben einstimmig. Diese ganze organale Kunst der Notre-Dame-Zeit ist also eine rein solistische. Ob die zweistimmigen Kompositionen Leonins bereits die modale Rhythmik restlos verwirklichen, ist bis heute noch nicht einwandfrei klargestellt. Sie enthalten bereits kleine Partien, in denen auch der Tenor rhythmisiert ist („Diskantuspartien") — und zwar nur im 5. Modus —, und die Oberstimmen dieser Partien sind zweifelsfrei modal und zwar nur im 1. Modus, der also als der älteste eine Sonderstellung einnimmt. Dagegen in den anderen Teilen dieser Organa, die sich über lang ausgehaltenen Noten der gregorianischen Unterstimme (des „Tenors", weil er das Ganze „hält") erheben (den „organalen Partien", lat. „punctus organicus", s. S. 121), ergeht sich die Oberstimme in derart komplizierten und unregelmäßigen Koloraturen, daß es schwerfällt anzunehmen, daß sie in das schematische Gewand der modalen Rhythmik gezwängt worden sein sollen. Gewiß ist das möglich. Die modale Rhythmik kennt nicht nur die behandelten sechs Grundrhythmen, sondern erlaubt auch ihre Auflösung in kleinere Werte. Mit diesem Hilfsmittel kann man auch die Oberstimmen der organalen Partien Leonins modal regeln. Aber mir scheint, man sollte dies dann doch immer so tun, daß eine möglichst gleichmäßige Rhythmik herauskommt, die sich möglichst wenig von der alten gregorianischen unterscheidet. In Wirklichkeit wären also die organalen Partien der zweistimmigen Organa Leonins noch frei gregorianisch rhythmisiert und nur ihre Diskantuspartien zeigten schon den neuen modalen Rhythmus und auch dies nur in der einfachsten Form des 1. Modus. Perotin gebührt dann das Verdienst, die ganze modale Rhythmik der Musik dienstbar gemacht und zugleich den Schritt zur Drei- und Vierstimmigkeit getan zu haben.

Die modale Rhythmik wird nicht nur in der mehrstimmigen Kunst gebraucht, sondern sie ist ebenso das rhythmische System der (nordfranzösischen) Trouvèrelyrik. Diese entsteht in derselben Zeit wie die organale Kompositionstechnik. Es ist müßig zu fragen, welcher der beiden Kompositionszweige zuerst aufkam oder welcher von ihnen zuerst die modale Rhythmik benutzte, denn im Mittelalter bestehen keine Grenzen zwischen weltlich und geistlich, zwischen Liebeslyrik und Gottesminne. Aber jedenfalls kennt — soweit wir sehen — die Trouvèrekunst von Anfang an auch den 3. Modus, ebenso den 2. und 4. Modus, während in ihr umgekehrt der 5. Modus nur eine geringe Rolle zu spielen scheint. Daß die Rhythmik des

Trouvèregesanges tatsächlich die modale ist — was man der Notenschrift allein nicht ansehen kann —, ergibt sich aus der Tatsache, daß mehrere Trouvèrelieder als Unterstimmenmelodien von geistlichen lateinischen Kompositionen, „Konduktus", benutzt worden sind, — wiederum übrigens ein Zeichen, wie weltlich und geistlich im Mittelalter miteinander verquickt waren. Man könnte zwar in Erwägung ziehen, ob man den betreffenden Liedern nicht erst im mehrstimmigen Zusammenhang die modale Rhythmik gegeben habe. Aber das ist unwahrscheinlich, weil man auch den gregorianischen Choral in seiner planen Rhythmik als 5. Modus übernommen hat, — erst in den letzten Epochen der modalen Rhythmik hat man ihn dann auch in den anderen Modi „bearbeitet". Im Gegenteil könnte gerade die Übernahme bereits modaler Lieder in die Unterstimmen dazu beigetragen haben, auch den gregorianischen Choral ähnlich zu rhythmisieren.

Die modale Rhythmik des Trouvèregesanges ist dann auch auf den Troubadourgesang ausgedehnt worden. Daß hier tatsächlich ebenfalls modale Rhythmik verwendet wurde, zeigt sich ebenso wieder darin, daß man auch Troubadourlieder als Unterstimmen von Konduktus benutzt hat, u. a. das Lied *Per dan que d'amor m'avegna* des Troubadours Peirol, das im 1. Modus steht. Wie wir oben schon erwähnten, geht daneben im Troubadourgesang aber auch eine nichtmodale Entwicklungslinie weiter, die sich ebenso in der Verwendung des 5. Modus innerhalb des modalen Zweiges äußert.

Die modale Rhythmik wird gegen 1250 durch die m e n s u r a l e abgelöst. Diese bringt vor allem die kleineren Wertunterteilungen der Zeiteinheit, also sozusagen einen schnellen parlando-Rhythmus, und es ist verständlich, daß sich damit das schwere Gerüst des Doppeltaktes auflöst: er zerlegt sich in zwei Einzeltakte, so daß wir von nun ab $^3/_4$-Takte anstelle der alten $^6/_4$-Takte haben. Innerhalb dieser Takte aber können Iambus und Trochäus mit all ihren verschiedensten Unterteilungen beliebig wechseln. Diese Möglichkeit wird erreicht durch eine Vervollkommnung der Notenschrift, die nunmehr genau den Wert, das „Maß", die „Mensur", jeder einzelnen Note angibt, während die Modalnotation nur den allgemeinen Verlauf des Modus anzeigte.

Endlich macht die mittelalterliche Rhythmik gegen 1320 ihre letzte entscheidende Wandlung durch: die sich selbst als „neue Kunst" bezeichnende „a r s n o v a" führt auch den geraden Takt, also in moderner Umschreibung den $^2/_4$-Takt, ein. Aber andererseits greift sie auch das ältere Prinzip der Doppeltakte wieder auf und so konstruiert sie neben $^3/_4$- und $^2/_4$-Takt die weiteren zweiteiligen, ja dreiteiligen Takte: $^4/_4$-Takt als $2 \cdot ^2/_4$, $^6/_8$-Takt als $2 \cdot ^3/_8$ und Nachfolger des modalen $^6/_4$-Taktes, $^3/_2$-Takt als $3 \cdot ^2/_4$ und endlich den $^9/_8$-Takt als $3 \cdot ^3/_8$. Damit sind alle rythmischen Möglichkeiten gegeben, die die europäische Musik auch in der Folgezeit benutzt. Gewiß hat man später einige Rhythmen größerer Zeiteinheiten eingeführt wie den $^6/_4$- und $^9/_4$-

Takt, andererseits auch Takte aus kleineren Zeiteinheiten konstruiert, wie $^3/_8$-, $^6/_{16}$- usw. Takte, — aber alle diese Takte sind nach denselben bereits vorliegenden Aufbauprinzipien gebildet und daher nur Verschnellerungen (Diminutionen, Verkleinerungen) oder Verlangsamungen (Augmentationen, Wertvergrößerungen) der von der ars nova bereits entwickelten Taktarten. Die Weiterentwicklung der europäischen Musik liegt zu einem Teil überhaupt nicht mehr auf rhythmischem Gebiet, sondern auf dem harmonischen. Innerhalb des Rhythmischen aber beschäftigt sie sich nicht mehr mit der Bildung neuer Taktarten (von wenigen Ausnahmen, wie der Übernahme des $^5/_4$-Taktes aus der Volksmusik in der Spätromantik und der Wiedereinführung freier Rhythmik in der modernen Musik abgesehen), sondern mit der Herstellung höherer Takteinheiten in den Perioden und wiederum noch höherer Einheiten in den Gruppen und Sätzen.

4. Die Dynamik

Melodik-Harmonik und Rhythmik bestimmen den Verlauf des musikalischen Kunstwerks selbst: Melodik und Harmonik regeln das Auf und Ab der Töne, also sozusagen die Bewegung auf der vertikalen Richtung, die Rhythmik die Länge und Kürze in der Aufeinanderfolge der Töne, also sozusagen die Bewegung auf der horizontalen Achse der Zeit. Demgegenüber nehmen Dynamik und Besetzung eine ganz andere Stellung ein. Melodik-Harmonik und Rhythmik beziehen sich auf das Was des musikalischen Tons, also die direkte Substanz des Kunstwerks, Dynamik und Besetzung nur auf das Wie des Tons, auf die Intensität und Klangfarbe, mit der er uns erreicht. Sie kommen daher nur in einer zweiten, weiter entfernten Ebene zur Geltung, wirken freilich in einer tieferen Seelenschicht, in der gefühlsmäßiges Erleben bestimmend ist, während Melodik und Rhythmik mehr an den Intellekt apellieren (was noch deutlicher wird, wenn man die höheren Formprobleme des Aufbaus nimmt). Dementsprechend haben sie auch in der historischen Entwicklung der Musik bei weitem nicht die Rolle gespielt wie jene. Die Dynamik ist lange Zeit etwas gewesen, was sich nur sekundär aus der Besetzung ergab, — etwa wenn eine größere Lautstärke sich ganz ungewollt dadurch einstellte, daß der Chor einen Teil des Musikstücks übernahm, während der Solist, der einen anderen Teil ausführte, demgegenüber nur eine mittlere Lautstärke erreichte. Entsprechend hat man ganze Epochen der Musikgeschichte hindurch keinen Wert darauf gelegt, welches Musikinstrument eine Melodie ausführen sollte, — es genügte vollkommen, wenn die Melodie erklang, ihre Tonbewegung war eben das einzig Wesentliche. Das äußert sich darin, daß auch die Niederschriften der Musik vergangener Zeiten erst relativ spät Zeichen für die Notierung der Stärkegrade und der dynamischen Bewegung aufweisen und daß ebenso die Angaben für die Besetzung einer Stimme erst sehr spät in der mitteleuropäischen Musikentwicklung erscheinen.

Was die Dynamik betrifft, so gibt es zwei verschiedene Arten dynamischer Wirkung: man benutzt entweder verschiedene Stärkegrade und läßt sie miteinander abwechseln oder aber man verändert die Lautstärke allmählich, kontinuierlich. Das hängt vor allem davon ab, welche Mittel man zur Verfügung hat: die menschliche Stimme gestattet besser die allmählichen Übergänge, aber die Gegenüberstellung von Solist und Chor ergibt von selbst das Abwechseln fester Stärkegrade. Auch unter den Instrumenten hat man solche, die die Übergänge besser herausbringen, z. B. die Blasinstrumente, und andere, die auch momentane Stärkeunterschiede und damit Flächenwirkungen erlauben, wie etwa die Streichinstrumente und das Klavier oder die Orgel.

Endlich ist zu bedenken, daß auch die Pause ein Mittel der Dynamik ist, sogar eins ihrer wirkungsvollsten, ebenso ihr Gegenteil, der kraftvolle plötzliche Schlag, das Sforzato. —

Die Gegenüberstellung von verschiedenen, aber in sich gleichbleibenden Stärkegraden, die **Flächendynamik**, hat ihren Ursprung in der Verwendung von Chor und Solist, weiter in der von Halbchören und ganzem Chor. Beide Praktiken finden sich sowohl im Weltlichen wie im Geistlichen von Anfang an und es ist auch hier wieder müßig, darüber diskutieren zu wollen, in welchem Lebensraum sie entstanden.

Im weltlichen Bereich ist die G e g e n ü b e r s t e l l u n g e i n e s V o r s ä n - g e r s u n d e i n e s C h o r e s sehr beliebt. Dabei schreitet der Vorsänger im Vortrag seines Textes, eines Epos o. ä., immer weiter fort, während der Chor von Zeit zu Zeit am Ende größerer Abschnitte oder — wenn diese Gliederungsart existiert — am Ende der Strophen stets dieselbe textlich und melodisch gleichbleibende Phrase bringt, den „Refrain". Besonders beliebt ist diese Übung im Tanz, wo dann ganz entsprechend ein Vortänzer, noch öfter ein Vortanzpaar, dem ganzen Kreis der Tanzenden entgegengestellt wird, der selbst wiederum nur an den Enden der Figurengruppen in Aktion tritt.

Hier sind mit Absicht die Worte Volkslied und Volkstanz vermieden worden. Es ist immer wieder versucht worden, ihren Sinn genau festzulegen, wie es die Pflicht der Wissenschaft bei vielseitig schillernden und schwankenden Begriffen ist, und es gibt nicht nur Aufsätze, sondern auch Bücher, die nichts anderes wollen als das Wesen des Volksliedes erklären. Aber alle diese Versuche müssen, mit rein musikwissenschaftlicher Methodik betrieben, offensichtlich zu Mißerfolgen führen, da der Begriff des Volksliedes und Volkstanzes überhaupt kein musikalischer ist, sondern einer anderen Wissenschaft angehört und füglich auch nur von dieser behandelt und klargestellt werden kann, der Soziologie. Denn Volkslied meint ja das Lied des „Volkes", und damit wiederum ist gar nicht das ganze Volk, sondern nur ein Teil gemeint, nämlich das „einfache" „Volk" im Gegensatz zu den höheren Schichten. Es handelt sich also um einen soziologischen Begriff und das Problem ist demzufolge ein Teilproblem des umfassenderen soziologischen Problems, wie sich die Musik der verschiedenen Schichten eines Volkes unterscheidet. Aber das ist kein musikwissenschaftlicher, erst recht kein musikästhetischer Gesichtspunkt, denn es wäre erst zu beweisen, daß das Wesen und die Gestaltung musikalischer Dinge schon in ihrem Begriff selbst von soziologischen Faktoren abhängig und von ihnen bestimmt sind. Das ist aber gewiß nicht der Fall: es gibt genügend einfache Menschen, die „große" Kunst verstehen, und viele „Höhere" und „Große", die nicht einmal einen Sinn für „Kleinkunst" haben, — rein formal haben Volkslieder übrigens oft eine ebenso komplizierte Faktur wie Gebilde der musikalischen hohen Kunst.

Das zeigt sich gleich an dem hier zur Diskussion stehenden Begriff des R e f r a i n g e s a n g e s und seiner Formen in der deutlichsten Weise. Denn die geschilderten musikalischen Formen der Refraintechnik finden sich ebenso im „einfachen Volkslied" wie im „Kunstlied". Besprechen wir sie darum gleich in der Form, in der sie in letzterem in der historischen Entwicklung erscheinen! Im provenzalischen Troubadourgesang ist der Refrain, wie uns die poetischen Traktate belehren, charakteristisch für das Tanzlied, die „dansa" oder „b a l a d a" (prov. „dansar" und „ballar", frz. „danser" und altfrz. „baler", bedeutet beides „tanzen"). Dabei ist der Bau der Strophen selbst, auf die der Refrain folgt, sehr verschiedenartig. Sie können entweder vollkommen amorph sein oder bestimmte Melodiezeilen wiederholen, wobei wieder eine große Anzahl verschiedener Möglichkeiten existiert. Die beliebteste und für die Zukunft wichtigste von ihnen, die „Barform", ist die, daß zwei melodisch identische Teile, die „Stollen", am Anfang der Strophe stehen und auf sie ein meist in sich fortlaufender Teil, der „Abgesang", folgt. Die Refrains konnten auch wohl anderen Liedern entnommen werden und hierbei gab es den seltenen besonderen Fall, daß man auch für jede Strophe einen anderen Refrain nehmen konnte, der — genau betrachtet — dann eigentlich ja kein Refrain mehr ist. Solche Lieder dienen auch nicht mehr dem Tanz, sondern stellen nur eine besonders kunstvolle Art des Liedes, der „chanson" (prov. „canso"), dar. Sie werden besonders im nordfranzösischen Trouvèregesang gepflegt und heißen hier folgerichtig „chanson à refrain" und „chanson à des refrains". Diese nordfranzösischen Refrainlieder benutzen für die Strophen schon fast ausschließlich die Barform.

Eine zweite kunstvolle Refrainform ist ebenfalls früh zur freien Dichtung benutzt worden. Sie setzt die Strophen wieder aus zwei Stollen und Abgesang zusammen, aber eine weitere Konzentrierung wird dadurch erreicht, daß der Refrain auf die Melodie des Abgesangs gesungen wird, so daß die Form im rein Musikalischen also nur noch zweiteilig, A A B B, ist. Diese

Form ist spanischen Ursprungs. Sie wird sowohl in Tanzliedern benutzt wie in weltlichen und geistlichen Kunstliedern, etwa den berühmten Cantigas de Santa Maria des Königs Alfons des X. des Weisen (Regierungszeit 1252 — 1282) von Kastilien und Leon. Diese Form wird im 14. Jahrhundert auch von der französischen Dichtung übernommen und heißt hier V i r e l a i oder Chanson balladée. In Italien ist sie im 14. Jahrhundert ebenfalls sehr beliebt. Sie heißt hier im Weltlichen einfach Ballade, während die geistliche Form sich Lauda nennt. An refrainlosen Gattungen kennt Italien nur eine bereits sehr streng festgelegte, das M a d r i g a l. Es besteht aus zwei oder meist drei dreizeiligen Strophen, auf die ein zweizeiliger Abschluß, das Ritornell, folgt. Wie die Bezeichnung Ritornell („Wiederkehr", — identisch mit Refrain, dem von der Strophe „Abgebrochenen") besagt, handelt es sich hier also auch ursprünglich um eine Refrainform, die sich ihres komplizierter gewordenen Aufbaus wegen nur noch auf eine Strophe beschränkt, die aus drei Stollen und dem „Refrain" besteht.

Endlich gibt es noch eine ursprünglich französische Refrainform, das R o n d e a u. Es ist wesentlich komplizierter und es fragt sich, wieweit es überhaupt noch in seiner praktischen Ausführung den Chor heranzieht. Der Refrain ist hier zweiteilig und steht auch am Anfang. Dann folgt ein Textteil, der auf die Melodie der ersten Refrainhälfte gesungen wird, darauf die erste Refrainhälfte selbst, sodann wieder ein neugedichteter Teil, der auf die Melodie des ganzen Refrains paßt, darauf wieder der ganze Refrain. Auch diese Form besteht also eigentlich nur noch aus einer Strophe, in die der Refrain einmal halb, einmal ganz eingreift. Auch sie findet sich — mit einigen formalen Erleichterungen — im geistlichen Bereich. Die Haupthandschrift der Notre-Dame-Epoche überliefert uns gleich ein ganzes Korpus solcher lateinischer rondeauartiger Stücke. Aber man wird meinen, daß es sich auch hier wieder nur noch um die Übernahme einer ursprünglichen Tanzform in die rein dichterische Sphäre handelt. Aber das ist nicht der Fall. Die schöne Miniatur, die den betreffenden Faszikel der Handschrift einleitet, zeigt fünf durch die Tonsur und ihre Gewänder als solches gekennzeichnete Mönche, die sich an den Händen halten und offenbar auch den Tanz zum Lobe Gottes ausführen, — wieder ein Beweis, daß weltlich und geistlich im Mittelalter dieselben Ausdrucksformen benutzen.

Sind diese lateinischen Rondeaus vielleicht erst aus den französischen „volkstümlichen" Vorläufern der endgültigen, eben geschilderten Rondeauform entstanden, so besitzt die gregorianische Kunst bereits schon mehrere, ihr ursprünglich zugehörige Refrainformen. Ihre freirhythmischen, aus der Sprachmelodik hervorgegangenen Rezitationsformeln wurden schon behandelt, — hier ist ihre dynamische, durch ihre Besetzung bedingte Struktur in Betracht zu ziehen. Dabei treten sofort die beiden Gruppen der antiphonalen und responsorialen Formen auseinander.

Die r e s p o n s o r i a l e n Gesänge (von lat. responsum, „Antwort") stellen
einen Vorsänger dem ganzen Chor gegenüber. Sie sind schon die kunstvolleren Nachfahren anderer liturgischer Gesänge, die auf demselben Prinzip
beruhen, aber noch nicht ganz auf den Sängerchor übergegangen sind, sondern auch die anderen liturgischen Organe, amtierende Priester (lat. Cele-
brans), Diakon und die Gemeinde in Aktion treten lassen. Bei diesen Vor-
formen des responsorialen Gesanges zeigt sich deutlich, wie es sich bei der
Gegenüberstellung von Solist und Chor nicht um ein musikalisches, rein
ästhetisches Kunstprinzip handelt, sondern um Gegebenheiten, die primär
aus dem liturgischen Geschehen entspringen und deren künstlerischer Effekt
und damit auch dynamische Abstufung nur sekundär ist. In den östlichen
Kirchen blieben diese ursprünglichen Verhältnisse bis heute erhalten. Hier
beten Priester oder Diakon noch die langen Litaneien und auf jede ihrer
Bitten antwortet das Volk mit dem Refrain. In der lateinischen Christenheit
sind nur noch wenige dieser Litaneien im offiziellen Brauch erhalten geblieben und sie werden nicht vom Priester gebetet und vom Volk beantwortet,
sondern ein oder zwei Chorsänger beten vor und der Sängerchor respondiert.
Erst in der neuen römischen Redaktion der Karwochenliturgie von 1955 ist
zugelassen, daß der Priester vorbetet, falls keine Vorsänger zugegen sind,
und daß „alle" antworten.

Von den responsorialen Formen sind die k l e i n e n R e s p o n s o r i e n
die zumindest dem Umfang nach kleinsten. Die melodische Faktur ihrer
Psalmtöne ist sehr verschiedenartig und im einzelnen noch wenig erklärt. In
dem oben analysierten Beispiel wurde immer nur die erste Hälfte sowohl des
Responsoriums wie der Psalmverse vom Solisten ausgeführt und jeweils die
zweite Hälfte dann vom Chor übernommen, wobei also auf je die Hälfte
eines Psalmverses (bzw. des Gloria) stets der zweite Teil des Responsoriums
(am Ende das ganze Responsorium) als Chorrefrain folgt.

Vor den Nocturnen des Nachtgottesdienstes steht als Einleitung die solistische Rezitation des Ps. 94 mit einem als Chorrefrain dienenden Responsorium, das in diesem speziellen Fall die Bezeichnung I n v i t a t o r i u m
(lat. „invitare" ist nicht nur „einladen", sondern auch „auffordern" u. ä.)
trägt. Die Psalmodie verwendet eine breit ausgesponnene und bis ins kleinste
untergegliederte Formel, die die merkwürdige Eigenheit besitzt, immer zwei
oder drei Verse des Psalms unter einer Rezitationsperiode zusammenzu-
fassen. Hier also das Gegenteil der halben Verse der kleinen Responsorien.

Die g r o ß e n R e s p o n s o r i e n der Nocturnen folgen stets auf eine
Lesung und diese Einheit aus Lesung und responsorialem Psalmenvortrag
ist der Grundbaustein nicht nur aller Tages- und Nachtstundengottesdienste,
sondern auch des Lesungsteiles des Meßgottesdienstes. Das Responsorium
wird vom Chor ausgeführt, nur zur Angabe der richtigen Tonhöhe wird es
„intoniert", d. h. sein Anfang, zumeist nur sein erstes Wort, vom Solisten

gesungen. Nach dem Psalmvers wird nur sein zweiter Teil wiederholt, der deshalb „Repetenda" heißt. Nach dem Gloria (genauer gesagt, nach der ersten Hälfte des Gloria, — hier zeigt sich eine Verwandtschaft mit den kleinen Responsorien) folgt dann wieder das ganze Responsorium.

Demgegenüber haben die responsorialen Gesänge der Messe einen noch intrikateren Bau. Auf die Lesung der Epistel durch den Subdiakon folgt das Graduale. Hinter ihm stand früher eine weitere Lesung, an die sich das Alleluja schloß, das zur Lesung des Evangeliums durch den Diakon überleitet. Da die mittlere Lesung später weggefallen ist, folgt heute das Alleluja gleich auf das Graduale. In der Fastenzeit wird das Alleluja durch den Tractus ersetzt. Von diesen drei Psalmodien ist die des Tractus die älteste. Ihr Name, „gezogen", soll nach mittelalterlicher Auffassung bedeuten, daß sie „*tractim*", „in einem Zuge", vorgetragen wird, — das soll also bedeuten: „ohne Unterbrechung durch einen vom Chor vorgetragenen Refrain". Der Tractus wäre dann die alte solistische Form der Psalmlesung, die noch keinen Refrain kannte, — falls er nicht, wie schon angedeutet, einen seiner Verse als Refrain verwandte.

Das Graduale und das Alleluja sind nun durch eine gemeinsame Eigentümlichkeit ausgezeichnet, die sie in Gegensatz zu den übrigen responsorialen Formen setzt. Alle bisher gekennzeichneten responsorialen Psalmodien wiederholen nach den Psalmversen den letzten Teil des Responsoriums, die Repetenda. Sie ist also ein wirklicher Refrain, — zu einem solchen gehört Wiederkehr der Melodie mit ihrem ursprünglichen, bei allen Wiederholungen gleichbleibenden Text. Auch Graduale und Alleluja werden wie die Responsorien des Nachtgottesdienstes vom Chor gesungen und nur ihr Anfang intoniert. Aber nach dem Vers wird nicht die Repetenda wiederholt, sondern gleich das ganze Graduale bzw. Alleluja, — verständlicherweise, da kein Gloria folgt. Aber ein großer Teil ihrer Verse hat den Gebrauch, am Schluß bereits die Melodie der „Repetenda" beim Graduale bzw. die Melodie des ganzen Alleluja beim Alleluja zu bringen, aber nicht als echten Refrain mit seinen eigenen Worten, sondern nur rein melodisch auf die Schlußworte des Verses. Die Melodie der Repetenda bzw. des Alleluja erscheint dann doppelt, am Schluß des Verses und nochmals bei der Wiederholung des Responsoriums. Der Effekt ist dabei ein verschiedener: beim Graduale endet der solistische Vers in einen Chorschluß, der erst am Ende der vom Chor gesungenen Wiederholung des Graduale wiederkehrt, beim Alleluja dagegen ist dieser Chorschluß melodisch mit dem ganzen Alleluja identisch und so erscheint hier die Wiederholung des Alleluja als die auf „Alleluja" gesungene Wiederholung des Chorschlusses des Verses.

Dieser letzte Gesichtspunkt ist besonders wichtig, wenn die Wiederholung des Alleluja erweitert ist. Es läßt sich in einigen Beispielen des gregorianischen und des ambrosianischen Repertoires verfolgen, daß dann auch der

Chorschluß des Verses ebenso erweitert wurde. Auf diese Weise erschien wieder die S e q u e n z als die Wiederholung des chorischen Versschlusses. Und umgekehrt besitzt die mozarabische Liturgie erweiterte Chorschlüsse der Allelujaverse und es ist anzunehmen, daß dann auch die Allelujawiederholung dieselbe erweiterte Form annahm.

Eine dynamisch besonders interessante Form der Gregorianik ist endlich die P r o s a, in ihren kleineren Exemplaren als P r o s u l a bezeichnet. Sie wird heute meist unter die T r o p e n gerechnet. Obwohl das auch im Mittelalter z. T. üblich war, ist es doch unpraktisch. Denn man muß dann zwei ganz verschiedene Arten von Tropen unterscheiden, von denen die eine eben die Prosa ist. Die erste, echte Art der Tropen ist die, welche in gregorianische Stücke textlich wie musikalisch neugeschaffene Partien einschaltet oder auch ihnen vorausgehen oder nachfolgen läßt. Diese Einleitungen oder Einschübe wollen ständig verwandte Stücke, wie Gloria usw., oder auch dem mittelalterlichen Gefühl zu allgemein gefaßte Texte, wie Introitus usw., spezieller für das betreffende Fest interpretieren. Die zweite Art der Tropen, eben die Prosen und Proseln, verfolgt denselben Zweck, aber auf die andere Weise des Unterlegens von ausdeutendem Text unter die Melismen des Originalstücks, wenn dieses überwiegend melismatisch ist, überhaupt unter das ganze Original, wobei die ursprünglichen Textworte an den entsprechenden Stellen mit eingearbeitet werden. Als Prosa wird nur die Textierung der Sequenz bezeichnet, Proseln heißen die Textierungen beim Alleluja und seinem Vers, beim Offertorium und seinen Versen, bei Kyrie, Sanctus und Agnus. Diese Gattungen finden sich alle nur im Gregorianischen, — Ambrosianisch und Mozarabisch kennen von Haus aus weder Textunterlegung noch Tropuseinschiebung. Dagegen finden sich in den orientalischen Liturgien erweiternde Tropen zum Trishagion, das dem Sanctus sehr nahesteht, ebenso tropische Einleitungen. Für die Prosen und Proseln ist nun weiter kennzeichnend ihre durch die Aufführungsart bedingte dynamische Schattierung. Diese Gattungen werden im frühen Mittelalter stets doppelt vorgetragen, einmal mit dem neuen prosaischen (daher „Prosa") Text, zweitens mit dem ursprünglichen Text. Dabei wechseln beide immer versweise ab, wobei im allgemeinen das Melisma dem Prosaabschnitt nachfolgt. In der einfachsten Form singt ein Solist die textierten Partien, der Chor wiederholt jeweils auf den ursprünglichen Text. Bei den Prosen besteht letzterer im ersten Abschnitt aus „Alleluja", in den folgenden nur noch aus -a. Dieser im deutschen Gebiet verbreiteten Vortragsart tritt die kompliziertere französische zur Seite, die den Chor in zwei Halbchöre teilt, die jeder ihren eigenen Solisten haben. Die großen Sequenzen sind ja so gebaut, daß ihr Jubilus sich aus lauter Abschnitten zusammensetzt, die jeweils wiederholt werden — mit Ausnahme des ersten und letzten. Es entsteht also ein Aufbauschema der Art　　A　I I　II II　III III　.......　Z.

Ganz entsprechend besteht die Prosa aus Abschnitten, die zu je zweien dieselbe Melodie benutzen, — mit Ausnahme des ersten und letzten. Während man diese beiden von einem Solisten singen und von einem Halbchor oder vom ganzen Chor beantworten läßt, verteilen sich die Doppelversikel zwanglos auf die beiden Halbchöre mit ihren Solisten. Vom 12.—13. Jahrhundert ab verläßt man die Gegenüberstellung von Solisten und Chor und führt nur noch die Prosa ohne die melismatischen Wiederholungen aus. Dabei findet sich nun rein solistischer wie auch doppelchöriger Vortrag. Seit der Renaissance verteilt man auch die Versikel abwechselnd auf Chor und Orgel. In dieser „Alternatim"-Praxis wird dann in Wirklichkeit nur noch der halbe Text vorgetragen, in den anderen Versikeln verziert, „koloriert", die Orgel die Melodie, — dies ist auch der Ausgangspunkt für die Gattung der Choralvariationen, die, ähnlich den Prosen, aus der entsprechenden Alternatimpraxis der Hymnen und Cantica hervorgeht. Die Wissenschaft hat die Alternatimpraxis lange Zeit bezweifelt und die Thesen Arnold Scherings, der zuerst auf sie hinwies, angegriffen, — aber in Notre-Dame in Paris ist sie (dank einiger der französischen Kirche erteilten Sonderlizenzen) noch heute bei Hymnen und Cantica in vollem Gebrauch.

Die Gegenüberstellung von Solist und Chor ist auch das Prinzip einer instrumentalen Form, des K o n z e r t s. Das „Concertino", in dem alle Stimmen nur einfach besetzt sind, tritt dann dem „Tutti" gegenüber. Dabei kann das Concertino nur mit Streichern besetzt sein, etwa mit zwei Violinen und Cello oder einem Streichquartett, kann aber auch Kombinationen von Streichern und Bläsern anwenden, etwa in Johann Sebastian Bachs Brandenburgischen Konzerten. Das Tutti basiert immer auf dem Streichkörper, im Barockzeitalter durch Cembalo u. ä. gefüllt. Der Typ des Solokonzertes hat sich erst allmählich als besonderer herauskristallisiert und in der Klassik dann die Führung übernommen. Das Formprinzip des Konzerts ist dabei dasselbe geblieben, der „Wettstreit" (lat. *concertare* bedeutet „streiten") zwischen dem beweglichen, figurierenden und variierenden Solisten und dem von Zeit zu Zeit mit seinem „Ritornell" oder dessen Themen oder Motiven refrainmäßig die Solopartien abschließenden Tutti. Genau dieselbe Gestalt besitzt auch die große Arie des Barock. Nur sind hier die Verhältnisse strenger geregelt, die Solopartie in der Mitte steht harmonisch in der parallelen oder gleichnamigen Tonart, der auf sie folgende Teil ist mit dem ihr voraufgehenden identisch, so daß sich die „Da capo"-Form A B A ergibt. In den Teilen A steht jeweils am Anfang und am Ende ein Tutti.

Die G e g e n ü b e r s t e l l u n g z w e i e r H a l b c h ö r e u n d d e s g a n z e n C h o r e s zeichnet die a n t i p h o n a l e Praxis aus. Hier teilen sich die beiden Chorhälften in die Psalmverse, nach jedem Vers folgt die Antiphon als Refrain vom ganzen Chor gesungen. Später wird die Antiphon nur noch am Anfang und am Schluß des ganzen Psalms ausgeführt.

In all diesen Fällen werden zwei musikalisch verschiedene Gebilde auch dynamisch unterschieden. Noch verständlicher ist die dynamische Abschattierung bei e i n f a c h e r o d e r m e h r f a c h e r Wi e d e r h o l u n g. Hier wird sie bereits ein wesentliches Ausdrucksmoment, das einen wohlbeabsichtigten Effekt erzielen soll und ergibt sich nicht, wie im bisherigen, nur sekundär aus der Besetzung. Folgt die leisere Partie der stärkeren, so entsteht die sehr passend so genannte „Echowirkung". Mag sie auch manchmal tatsächlich zur Nachahmung des Echos gebraucht werden, so dient sie in den meisten Fällen doch nur rein stimmungsmäßig zur Herstellung einer höheren, beruhigenden dynamischen Einheit, in der sich dann forte und piano das Gleichgewicht halten oder das Piano der Ausklang des Forte ist.

Der entgegengesetzte Effekt, der sozusagen vorsichtige Beginn mit dem Piano und seine dann definitive Bestätigung durch das folgende Forte, wird ebenso häufig genutzt. Insbesondere ist er charakteristisch für viele Allegro-Sätze der klassischen und romantischen Sinfonien, in denen zunächst nur ein kleiner Streicherkörper das Thema piano voransetzt, worauf dann das volle Orchester das Thema im Forte wiederholt. Besonders ausgebildet ist diese Technik etwa bei Haydn und Bruckner, um auf je einen Vertreter der Klassik und der Romantik hinzuweisen.

Auch die P a u s e ist ein Element der Dynamik, sogar ein sehr wichtiges. Denn sie ist ja keineswegs ein Nichts, ein luftleerer Raum, sondern sie ist stets bezogen auf eine vorangehende oder folgende Musik, so daß hier der größte Stärkeunterschied überhaupt vorliegt. Das gilt z. B. auch für die Stille, die dem Beginn eines Musikstückes vorausgeht: sie lädt durch die Erwartung den Hörer mit Spannung und stellt dadurch eine günstige Bedingung für die angemessene Aufnahme des Kunstwerks her. Ganz ebenso steht auch die dem Werk folgende Lautlosigkeit im Gegensatz noch zur Musik, der sie damit noch eine Pointierung gibt. Diese Ruhe vorher und nachher kennen wir nur als Umrahmung ganzer Musikstücke oder doch größerer Teile eines solchen, etwa der Sätze einer Sinfonie. Aber diese Einheit größerer Kunstwerke hat sich erst sehr langsam im Lauf der Geschichte entwickelt. Im Mittelalter bildeten die einzelnen Abschnitte eines Musikstücks noch in sich geschlossene Einheiten, die vollkommen selbständig nebeneinander standen. So ist es zu erklären, daß dort auch die taktische Gliederung nicht pausenlos durch das ganze Stück hindurchläuft, sondern an den Übergangsstellen aufhört. Insbesondere bei der Vertonung von Gedichten bilden die einzelnen Zeilen noch in sich vollständige Gebilde. So hält es noch das protestantische Kirchenlied als Nachfolger des mittelalterlichen geistlichen Gesanges und ebenso handhab es noch der Meistergesang als Ausläufer des so verfahrenden Minnesangs. Hier tritt nicht nur die Pause nach jeder Zeile ein, sondern die Musik selbst bleibt schon vorher auf dem Schlußton der Zeilen in einer Fermate stehen. Unsere Organisten haben zwar das moderne Bestreben, die Gemeinde möglichst schnell ohne Bildung einer Fermate auf die nächste Zeile hinüberzuziehen, — aber damit handeln sie nach den Regeln des modernen Kunstwerks und nicht sie, sondern die Gemeinde, die um die Erhaltung der Fermaten kämpft, hat historisch recht. Ebenso erscheint uns die Figur Beckmessers in Wagners Meistersingern auch in bezug auf diesen Punkt lächerlich und man ist geneigt, in ihr eine von Wagner gewollte Karikierung des Meistergesangs zu sehen. Aber Wagner hat den Meistergesang bekanntlich nach Johann Christoph Wagenseils „Buch von der Meistersinger holdseligen Kunst" von 1697 sehr genau studiert und die Partie des Beckmesser ist genau nach den Regeln des Meistergesangs gestaltet, — der also tatsächlich so geklungen hat wie Wagner ihn in der Figur des Beckmesser zeichnete. Aber auch in der klassischen Musik ist die Selbständigkeit der Teile eines Kunstwerks nicht immer ganz beseitigt. Viele der klassischen Formen, wie die zweiteiligen Liedformen, das klassische Rondo usf., setzen noch relativ selbständige Teile zu einem Ganzen zusammen. Die Selbständigkeit der kleineren Einheiten wird hier sogar dadurch noch mehr herausgearbeitet, daß solche Teile wiederholt werden, wodurch sie sich besonders deutlich vom übrigen als in sich vollständig abheben.

Etwas im Grunde doch wieder Ähnliches, wenn auf den ersten Blick auch anscheinend prinzipiell Verschiedenes ist die Pause im Innern der Musikstücke. Denn zumeist hat sie ja doch auch hier wieder dieselbe Bedeutung der Abgrenzung wie bei der Einrahmung des ganzen Kunstwerks oder großer Teile desselben: sie trennt — insbesondere bei stark kontrapunktischer und imitatorischer Arbeit — Motive und Phrasen voneinander ab, um so die größeren Abschnitte wiederum in kleinere zu untergliedern. Dabei ist es in der mehrstimmigen Musik ein beliebtes Kunstmittel, die Pausen in den verschiedenen Stimmen komplementär zu setzen, so daß ein feines Netzwerk entsteht, in dem die (kurzen) Motive der einen Stimmen die Pausen der anderen überbrücken. Diese „Pausenüberbrückungstechnik" ist schon der Notre-Dame-Epoche bekannt, die sich hierin und in verwandten kompositorischen Praktiken als die erste kunstvoll gearbeitete Musik Europas erweist, die in der Tat schon die „motivische Arbeit" und mit ihr in gewissem Grade die „thematische Arbeit" vorwegnimmt, die man so gern als die Errungenschaft und Charakteristik der Wiener Klassik hinstellt. Wie überhaupt die Notre-Dame-Epoche und die Wiener Klassik in manchem übereinstimmen, — am auffälligsten in der Vier- und vor allem Achttaktigkeit der Perioden. Auch die Germanistik hat (Wolfgang Mohr) kennzeichnende Ähnlichkeiten in der Faktur z. B. der mittelalterlichen und der klassischen, etwa Goetheschen Epen festgestellt. Zur Frage der imitatorischen und pausenüberbrückenden Technik der Notre-Dame-Zeit vergleiche man die bereits oben mitgeteilten Notenbeispiele 18 bis 21.

Über diese normalen Funktionen der Pause im Innern des Kunstwerks hinaus kann man mit ihr naturgemäß besondere Überraschungseffekte erzielen. Aber das ist auch schon die Technik einer Zeit, die mit der Musik selbst derartige Wirkungen auf den Zuhörer ausüben will. Den Beginn dieser Musikauffassung bringt bereits das Zeitalter der Empfindsamkeit und Philipp Emanuel Bach ist einer derjenigen Komponisten, die hier an der Spitze stehen. Aber damit kommen wir überhaupt schon in die zweite Art der Dynamik hinüber, die nicht in der Gegenüberstellung verschieden starker Flächen ihre Aufgabe sieht, sondern die ein fließendes Ineinanderübergehen der Stärkegrade bevorzugt und auch die Pausen in dieses gleitende An- und Abschwellen eingliedert.

Diese **moderne Dynamik** bahnt sich bereits im Barock an. Wenn man hört, wie das Orchester Corellis auf den großen Geigen- und Streicherklang hin erzogen wurde und welche Bewunderung sein majestätischer Klang bei den Zeitgenossen fand, fühlt man deutlich, wie sich hier ein feineres Empfinden für Dynamik anbahnt. Zum Durchbruch kommt der neue Stil aber erst gegen die Mitte des (18.) Jahrhunderts. Es sind einerseits italienische, andererseits österreichische und süddeutsche Komponisten, die die entscheidenden Neuerungen konsequent durchführen. An ihrer Spitze steht die Mannheimer Hofkapelle unter der Leitung des Böhmen Johann Stamitz. Von ihr geht dann auch eine Beeinflussung (neben anderen) auf Mozart aus. Alle dynamischen Tendenzen aber kulminieren in Ludwig van Beethoven, für dessen kraftvolle Natur die Dynamik eine wesentliche Ausdrucksmöglichkeit ist. Die Romantik hat dann alle dynamischen Möglichkeiten vollständig durchentwickelt und die Kunst etwa eines Max Reger ist zu einem bestimmenden Anteil auf die Dynamik basiert.

Die feinstentwickelte Dynamik aber findet sich da, wo die Wurzeln der kontinuierlichen Dynamik liegen: in den Formen, die auf die Sprache zurückgehen. Denn diese ist es ja, die die fluktuierende Dynamik von Natur aus besitzt. Folgerichtig haben die auf sie rekurrierenden Gattungen auch ihre dynamischen Feinheiten mit übernommen, auch wenn diese durch Zeichen der Notenschrift gar nicht ausdrückbar sind. Das gilt sowohl für das liturgische Rezitativ wie insbesondere das der Oper. Zwar ist das Rezitativ der lateinischen Kirche gerade im Gegenteil bestrebt, eine Typisierung und Stilisierung durchzuführen, die sich auch auf die Dynamik erstreckt, aber die orientalische Kirche hat auch hier einen freieren Zustand bewahrt, — die sich vom Piano-Beginn in der Tiefe bis zum Fortissimo-Schluß in der höchsten dem Sänger möglichen Lage steigernde Lesung der Epistel durch einen Diakon der russischen Kirche etwa ist eine dynamische Leistung, der der Westen im Liturgischen nichts entgegenzusetzen hat.

5. Besetzung und Instrumentation

Schon im vorigen Abschnitt mußte die Besetzungspraxis öfter herangezogen werden, da die Besetzung häufig nur als dynamisches Mittel benutzt wird. Hier ist sie nunmehr in ihrer eigentlichen Funktion zu betrachten, — der der Variation der Klangfarbe. Dabei sind naturgemäß zwei verschiedene Möglichkeiten vorhanden, die Ergänzung der Klangfarben durch ihnen gleichartige oder sogar gleiche und die Kontrastierung möglichst verschiedener Klangfarben.

Die **Kombination gleicher** bzw. **verwandter Klangfarben** hat ihr Vorbild im mehrstimmigen Chorsingen. Sie ist eine der ältesten Praktiken der Musikgeschichte, die sich schon bei relativ primitiven Völkern findet, — sogar z. T. mit sehr ausgearbeiteten kontrapunktischen Führungen. In Europa kommt das mehrstimmige „a-cappella-Singen" in der Renaissance auf und steht hier in Zusammenhang mit der Reinstimmung der Terz, die erst einen vollkommenen Idealklang in einem so empfindlichen Klangkörper ermöglicht, wie es ein geschulter Chor ist. Die Wissenschaft hat lange die Probleme der Besetzungspraxis der Renaissance untersucht und Theodor Kroyer hat die Ansicht der a-cappella-Besetzung ebenso heiß verfochten wie Arnold Schering die entgegengesetzte der instrumental-vokal-gemischten ad-libitum-Praxis, insbesondere aber der weiten Verwendung der Orgel zur reinen Aufführung von Vokalmusik. Wie in allen Fällen derartig entgegengesetzter Meinungen haben auch hier beide Seiten Richtiges gesehen und es ist nur das sich daraus ergebende weitere Problem, festzustellen, unter welchen Bedingungen die eine Anschauung und unter welchen die andere gültig ist. Jedenfalls ist sicher, daß Schering in der Frage der Alternatim-Praxis recht gehabt hat, daß hier tatsächlich die Orgel einen Teil kirchlicher Kompositionen übernahm, — aber hier führte sie nicht das Vokalwerk aus, sondern stellte sich selbst eine orgelmäßig verzierte, kolorierte Form her, mit der die vokale Komposition — offensichtlich in vokaler Ausführung — abwechselte. Ebenso ist erwiesen — insbesondere durch die ausführliche Beschreibung des Verfahrens bei Michael Praetorius —, daß gegen Ende der Renaissance in Vokalwerken Stimmen durch Instrumente ausgeführt wurden, — aber es ist ungewiß, wie weit das auch für die zentrale Renaissance gilt. Offenbar besitzen rein vokale Besetzung, reine Orgelausführung und gemischte instrumental-vokale Aufführung jede ihre Bedeutung, ohne daß wir ihre Bereiche bisher in allem genau voneinander abgrenzen können, — möglicherweise, weil sie sich auch mehrfach überschneiden.

Die „gleiche" Besetzung findet sich in der Renaissance nun nicht nur im Vokalen, sondern ebenso im Instrumentalen, — und dies ist umgekehrt wiederum ein Beweis dafür, daß sie im Vokalen eine solche Rolle gespielt haben muß, daß man sie der instrumentalen Nachahmung für wert hielt.

Von hier aus kann man gewiß nicht ohne Grund eben doch von einem a-cappella-Ideal der Renaissance sprechen. Man denke nur an Raffaels hl. Cecilie, die nicht sieht, wie sich ihre Portativorgel auflöst, weil sie ganz dem Klang der himmlischen a-cappella-Chöre hingegeben ist, der offenbar allen Orgelklang an Schönheit weit übertrifft.

Im Bereich der Musikinstrumente wirkt sich die a-cappella-Tendenz dahin aus, daß alle Instrumente zu Chören ausgebaut werden, die von der tiefsten bis zur höchsten Lage reichend den ganzen Tonraum umspannen. Damit läßt sich ein vierstimmiger, ja fünfstimmiger Satz nun allein mit Instrumenten der gleichen Bauart ausführen, so daß das Höchstmaß von einheitlichem Klang erreicht wird. Das Quartett der im Barock dann am vollendetsten ausgebildeten Streichinstrumente hat als einziger Instrumentenchor die Renaissance überlebt und stellt noch heute das Ideal des vollkommen verschmelzenden Klangkörpers dar. Auch unsere Violinduette, die freilich eine auf den Stand von technischen Übungsstücken heruntergekommene Gattung sind, bilden den Ausläufer einer entsprechenden Renaissancegattung, — der freilich zumeist textierten zweistimmigen, oft stark kanonisch und kontrapunktisch gesetzten „Zwiegesänge".

Eine besonders raffinierte Art der Klangfarbenzusammenstellung ist die gleicher Instrumente, die aber so stark miteinander verschmelzen, daß der gemischte Klang dem nicht analytisch eingestellten Ohr als ein einziger erscheint. Da der Klang seine Farbe je nach der Stärke und Zusammensetzung der Obertöne ändert, ist es möglich, durch Addition gleichartiger, in den richtigen Höhen liegender Töne synthetisch Klänge zu erzeugen. Von dieser Möglichkeit macht die Orgel Gebrauch, indem sie durch Mischung ihrer verschiedenen Register wechselnde Klangkombinationen erzeugt. Insbesondere nimmt sie in einigen Fällen dem Organisten die Aufgabe des Mischens überhaupt ab, indem sie in ihren M i x t u r r e g i s t e r n mehrere Pfeifen auf jede Taste setzt, die in dieser Weise summativ einen Mischklang erzeugen. Diese Technik war schon der byzantinischen Orgel eigen, wurde aber erst in der Renaissance wiederum zur Höhe entwickelt.

Die Praxis des Mischens von Instrumentalklangfarben ist dann in der Romantik auch ins Orchester übertragen worden. Hier werden mehrere Instrumente jetzt häufig unison geführt, damit wieder durch die eintretende Verschmelzung eine neue Klangfarbe entsteht, die mit einem einzelnen Instrument allein nicht zu erreichen wäre. Hier sind Klangkombinationen gefunden worden, die neue Klangfarben von wirklichem Wert geschaffen haben. Ihren Höhepunkt erreicht diese Technik dann in der Instrumentation des spätromantischen Orchesters, etwa in den symphonischen Dichtungen von Richard Strauss. Hier wird dieses Verfahren auch zu besonderen Klangeffekten ausgenutzt, die durch ausgeprägte dynamische und ähnliche Eigenheiten noch besonders pointiert erscheinen. Die moderne Musik ist dann wieder sparsamer geworden und konzentriert sich mehr auf die Substanz der Musik und weniger auf deren Einkleidung. Von diesem Gesichtspunkt aus sind die Klangexperimente der sog. elektronischen Musik freilich der absoluteste posthume Nachfolger der spätesten Romantik.

Im Gegensatz zu den Methoden, den Klang eines Musikstücks möglichst zu vereinheitlichen, steht das Bestreben, die einzelnen Stimmen durch **verschiedene Besetzung** deutlicher voneinander abzuheben. Es ist verständlich, daß dies die Anschauung derjenigen Epochen sein wird, die auf die selbständige kompositorische Behandlung der Stimmen Wert legen. Es ist interessant zu sehen, wie sich diese Behandlungsart der Instrumente überhaupt entwickelt hat, nachdem am Anfang der europäischen Musikgeschichte die Praxis der a-cappella-Besetzung steht.

Die früheste Mehrstimmigkeit in Frankreich und Spanien ist das O r g a - n u m. Der Name hat schon öfter zu Mißdeutungen Anlaß gegeben, — man ist leicht versucht, sofort auf die Orgel zu kommen. Aber eine der großen Standard-Prosen des Mittelalters beginnt ihren für Weihnachten bestimmten Text mit den Worten:

Celeste organum hodie sonuit in terra,
ad partum virginis superum cecinit caterva.

„Das himmlische Organum ertönte heute auf der Erde, die überirdische Schar sang zur Geburt der Jungfrau." Man weiß aus den Büchern des Neuen Testaments auf das genaueste, daß es damals im Himmel noch keine Orgeln gab, obwohl auf Erden die Wasserorgel bereits erfunden war. Ja wir wissen sogar, welches dieses spezielle Organum war, auf das sich unser Text bezieht: das Gloria, das die Engel dem Kind in der Wiege sangen. Und das war ein a-cappella-Gesang ohne Orgelbegleitung, — wie noch auf dem Bilde Raffaels. Der Name Organum für die frühen mehrstimmigen Kompositionen ist leicht verständlich: sie bewegten sich in Quinten- und Oktavenparallelen und ahmten damit die Mixturen der byzantinischen Orgel nach. Auch die Organa und Konduktus der Notre-Dame-Schule waren noch rein vokal. Sie waren dazu nur sehr schwach besetzt, denn sie komponierten ja nur die solistischen Partien der responsorialen Formen (unter solistischer Besetzung verstand man im Mittelalter auch eine Besetzung zwei- oder dreifach, die wir heute schon als „Kammerchor" u. ä. bezeichnen), während der Chorschluß einstimmig blieb. Aber aus den Diskantuspartien der Organa entstanden die M o t e t t e n, indem man unter ihre Oberstimmen neue Texte unterlegte, diese also nach dem Vorbild der Proseln behandelte. Auch hierbei ist z. T. die neu textierte Form und die ursprüngliche melismatische nacheinander gesungen worden. Unterlegt man allen Oberstimmen denselben Text, so entsteht in den Oberstimmen ein Satz aus gleichtextierten geistlichen Stimmen, wie er sonst in den Konduktus vorliegt, die das Gegenstück der Organa, nämlich Kompositionen über frei gedichtete Texte mit neu erfundenen Melodien, darstellen; deswegen kann man diese Motetten sinnvoll als Konduktusmotetten bezeichnen, da sie über einem gregorianischen Tenor einen Konduktus aufbauen. Textierte man dagegen die Oberstimmen verschieden, wobei die einzelnen Texte sogar in verschiedenen Sprachen stehen konnten, so spricht man von Doppel- und Tripelmotetten, je nachdem zwei oder drei verschiedene Oberstimmentexte vorliegen (der alte gregorianische Text des Tenors wird also nicht mitgezählt). Der Tenor hat dann nur noch wenige Worte, zumeist nur noch eins. Franz. „mot" heißt „Wort", er hat also ein großes langes „mot", während die Oberstimme darüber — bei der ursprünglichsten Form der zweistimmigen Motette die einzige Oberstimme — lauter kleine „Wörtchen" trägt, — „-et" ist eine Verkleinerungssilbe, „motet" bezeichnet also die Stimme der „Wörtchen". Die dritte Oberstimme wird nur als „dritte", „Triplum", gezählt.

Die Organa, Konduktus und Motetten waren nicht vokale Formen in moderner gemischter Besetzung, sondern stellten eine besonders eigentümliche Untergattung dar: alle ihre Stimmen besaßen denselben Umfang, — noch in Klassik und Romantik hat sich diese Besetzung in den Duetten, Terzetten und Quartetten erhalten, die ja für „gleiche Stimmen" sind, drei Soprane u. ä. Das hat zur Folge, daß die Stimmen sich fortwährend kreuzen. So entsteht ein kompliziertes Liniengewirr, das dem Filigranwerk der gotischen Kathedralen nicht unähnlich ist.

Aber während Organa und Konduktus sehr schnell unmodern wurden, erhielt sich die Form der Motette weiter, indem sie sich aus dem Zusammenhang des Organums löste und selbständig wurde. Die Komposition eines einzigen aus dem Verband einer gregorianischen Form, eines Graduale u. ä., gerissenen Wortes mit seiner Melodie ist als solche vollständig sinnlos, aber der Loslösungsvorgang zeigt, wie ein solcher Zustand doch auf eine sinnvolle Weise entstehen kann. Jedenfalls komponiert man geistliche Musik von etwa 1250 ab so, daß man sich eine kurze Phrase aus den Büchern des gregorianischen Chorals heraussucht — wobei man sich nunmehr auch nicht mehr auf die responsorialen Formen beschränkt —, sie in einen bestimmten Rhythmus ordnet, eventuell auch mehrmals in verschiedenem (oder seltener auch gleichem) Rhythmus wiederholt und über diesem Tenor nun verschiedene neue Stimmen frei erfindet. Die ursprüngliche Stimme heißt in der Renaissance dann cantus firmus, weil „canto fermo" die vor allem in Italien übliche Bezeichnung des gregorianischen Chorals anstelle von „cantus planus" ist. Erst die Musikwissenschaft des 19. Jahrhunderts versteht unter „cantus firmus" dann jede beliebige, auch nichtgregorianische Stimme, die einer Komposition zugrunde liegt.

In dieser selbständig gewordenen Motette tritt nun eine Änderung gegenüber der noch im Ganzen des Organums befindlichen ein: da der Tenor nicht mehr im gregorianischen Zusammenhang steht, so ist das gesangliche Deutlichwerden seines Textes auch nicht mehr so entscheidend und entsprechend geht man zur instrumentalen Aufführung des Tenors über. Diesen Wechsel zeigen deutlich schon die späteren Handschriften der Notre-Dame-Epoche, indem sie bei Tenores mit mehreren Worten oder Silben diese nicht mehr an die richtige Stelle unter die Noten, sondern zusammenhängend an den Anfang des Tenors schreiben, als ob es sich um eine Überschrift, eine „Kennmarke", handelte. Von da ab ist die Motette eine v o k a l - i n s t r u m e n t a l g e m i s c h t e F o r m bis knapp zur Mitte des 15. Jahrhunderts, dem Beginn des a-cappella-Stils.

Dieser Besetzungswechsel des Motettentenors geht einwandfrei aus den Eigentümlichkeiten seiner Schreibung in den Handschriften hervor. Der solistisch-vokale Charakter der Organa ist aus Texten wie dem oben zitierten und aus Nachrichten und Aufführungsvorschriften der liturgischen Bücher klar, aber die nähere Art der Motettenausführung, insbesondere der Besetzung des Tenors ist noch unbekannt. So hat man seine Zuflucht noch in einem weiteren wissenschaftlichen Hilfsmittel gesucht, dem Studium der Bilder bzw. Miniaturen, die musikalische Szenen darstellen. Für das Mittelalter existieren nur die Miniaturen der Handschriften. Hier sind es von den Notre-Dame-Handschriften vor allem die beiden in Wolfenbüttel (Nr. 1206) und Montpellier (H. 196), die in Frage kommen. Montpellier malt in der Initiale am Beginn des die ganze Handschrift einleitenden ersten dreistimmigen Konduktus *Deus in adiutorium* drei singende Mönche, am Beginn des zweiten, ebenfalls dreistimmigen *Deus in adiutorium* am Beginn des 8. Faszirkels drei singende Mönche in die erste Reihe, hinter denen eine zweite Reihe Mönche steht, zwei von ihnen erkennbar. Also im einen Fall sind es drei, im anderen offenbar sechs, und für den einen Konduktus ist hier einfache, für den anderen doppelte Besetzung angegeben. In der Wolfenbütteler Handschrift wird der erste dreistimmige Konduktus von drei Personen gesungen, der erste zweistimmige von vier Mönchen — hinter diesen ersten Kompositionen folgt auch hier immer ein ganzer Faszikel gleicher Kompositionen — also wieder einfache und doppelte Besetzung. Für die zweistimmigen Motetten läßt uns der Miniator leider im Stich. Die Motetten sind ja in den Notre-Dame-Handschriften so notiert, daß zuerst nacheinander die textierten Oberstimmen kommen, darauf der Tenor als Schluß. Bei Konduktusmotetten werden die gleich textierten Oberstimmen partiturmäßig übereinandergeschrieben und darauf folgt für sich allein der anders textierte Tenor. Dieser letztere ist bei den Konduktusmotetten öfter vergessen worden, und so ist in den Handschriften dann aus den betreffenden Konduktusmotetten ein veritabler Konduktus entstanden. In dieser selben Weise hat nun der Miniator der Wolfenbütteler Handschrift am Anfang des Faszikels der zweistimmigen Motetten auch nur die textierte Oberstimme für das einzig Wichtige gehalten und den darauffolgenden Tenor nicht beachtet, obwohl er noch auf derselben Seite steht, und nach diesem, wieder mit schöner Initiale, die zweite Motette beginnt. An den Anfang des Motetus hat er nun einen einzelnen Mönch gemalt, der vor dem Sängerpult steht und den Codex in beiden Händen hält. Damit ist wenigstens die solistische Natur der Oberstimmen der Motetten klar. Das ist immerhin schon eine bedeutungsvolle Tatsache. Im 14. Jahrhundert wird die Motette rhythmisch so intrikat, daß man sich auch gar nicht vorstellen kann, daß diese komplizierten Stimmen vom Chor gesungen worden sein sollen, — wie man es in heutigen Aufführungen merkwürdigerweise immer wieder von neuem erfolglos versucht.

Der Beginn der ars nova ist gekennzeichnet durch den Beginn der mehrstimmigen Komposition der weltlichen Gattungen Chanson, Ballade, Virelai und Rondeau, in Italien des Madrigals. Die französischen Formen sind vokal-instrumental gemischt besetzt. Im allgemeinen sind sie dreistimmig, — dann wurde nur die Oberstimme gesungen und beide Unterstimmen (jetzt Tenor und Contratenor genannt) sind instrumental. Die italienische dreistimmige Ballade dagegen singt auch den Tenor und nur der Contratenor ist instrumental, — erst unter französischem Einfluß komponiert man dann auch Balladen mit instrumentalem Tenor und Contratenor. Das Madrigal ist in allen Stimmen vokal und auch im Stil ein Nachfahre des Konduktus. Merkwürdig sind einige wenige Madrigale mit in allen Stimmen verschiedenem Text. Im 15. Jahrhundert verschwinden von diesen Formen dann alle bis auf das Rondeau, das nun einfach Chanson heißt und normalerweise dreistimmig mit instrumentalem Tenor und Contratenor ist.

In den Handschriften tragen die instrumentalen Stimmen als Kennzeichnung den Anfang des Oberstimmentextes hinter ihrer Bezeichnung oder ohne diese, — etwa die Unterstimmen der italienischen Ballade Francesco Landinis *Amarsi gli alti tuo genti* tragen die Bezeichnungen *Contratenor Amarsi gli alti* und *Tenor Amarsi gli alti*, aber oft steht auch nur *Tenor* und *Contratenor* oder aber nur der Anfang des Oberstimmentextes. In diesen Praktiken spricht sich wieder die instrumentale Besetzung der Unterstimmen aus. Als in der Renaissance dann das a-cappella-Ideal sich auch für Chansons und „Lieder" durchsetzte, textierte man einfach auch in älteren Kompositionen, die man noch weiter aufführen wollte, die instrumentalen Stimmen. Auch in den Originalkompositionen der Renaissance schimmert noch oft die alte Praxis und diese der Textadaptierung durch, wenn die Schreiber der Unterstimmen nur von Zeit zu Zeit einige Textbrocken hinschreiben und es dem Sänger überlassen, den übrigen Text richtig einzuschalten. Aber das ist eine üble Sitte und nicht das reguläre Prinzip, wie die Musikwissenschaft schon gemeint hat, und es spricht an sich weder für vokale noch für instrumentale Auffassung.

Bei dieser Sachlage ist es nicht verwunderlich, daß man auch hier wieder im Studium vor allem der Gemälde Hilfe gesucht hat. Aber auch darin stecken leider verborgene Fehler, die man oft nicht genügend berücksichtigt. Wenn unzählige Szenen uns die Musik der Engel vorführen, so ist damit noch nicht gesagt, daß diese Engel nun in der Form eines irdischen Konzerts der betreffenden Zeit singen und spielen. Ich glaube vielmehr, daß man sich auch hier immer wieder auf die Bibel gestützt hat. Wenn König David mit der Harfe im Kreise anderer Musiker abgebildet ist, so malt man eben eine Kommentierung der alten Szene und nicht die Darstellung eines Renaissance-Konzertes, — daß die Israeliten zur Zeit Davids alle möglichen Instrumente zusammen gespielt haben, geht aber aus mehreren Stellen des Alten Testaments hervor. Auch wenn die Engel musizieren, so ist es, wie oft schon als Devise auf einem Spruchband daneben steht, die Darstellung des Psalmwortes „Lobet Gott mit allen Instrumenten" und anderer biblischer Stellen. Auch etwa die bekannten Bilder des Genter Altars sind noch nicht einwandfrei gedeutet. Oft faßt man beide Bilder als eine zusammengehörige Szene auf, links Chor mit rechts der dazugehörigen Orchesterbegleitung. Aber auch rechts allein ist keine Instrumentalsinfonie dargestellt, bei der die Orgel gerade Solo spielt und die übrigen Instrumente im Augenblick „pausieren", wie etwa Curt Sachs wollte, sondern die Szene meint ganz allgemein, daß die Orgel (also sozusagen gerade das a-cappella-Ideal des alle Stimmen in gleicher Klangfarbe vortragenden Instruments) den übrigen Instrumenten überlegen ist, die sie schweigend bewundern. Der linke Flügel aber zeigt die rein vokale a-cappella-Aufführung einer mehrstimmigen Komposition, denn die schwarzen mensuralen Minimen (Semiminimen?) und eine Semiminimapause sind deutlich auf der Rückseite des sich etwas vorwölbenden Notenblattes zu erkennen. Da es acht Sänger sind, handelt es sich offenbar um eine vierstimmige Komposition, in der jede Stimme doppelt besetzt war, — also auch hier bezeichnenderweise noch eine sehr kleine Besetzung. So sprechen diese beiden Bilder, die so oft für die gemischte instrumentale oder vokal-instrumentale Aufführungspraxis angeführt werden, gerade für die a-cappella-Praxis. Darstellungen wirklicher Musikszenen gibt es demgegenüber in der Renaissance erst wenige. Aber die Aufführung gewiß einer Chanson zeigt uns etwa der berühmte Teppich des Museums in Angers: die Dame singt und ihr Ritter begleitet sie auf dem Portativ, — offenbar hat er die beiden Unterstimmen zugleich gespielt.

Entgegen dem Renaissance-Ideal des a-cappella-Klangs liebt das Barockzeitalter die Gegenüberstellung verschiedener Instrumente oder — und darin zeigt sich ein Rest der Renaissancepraxis — verschiedener vollstimmiger Instrumental- oder Vokalchöre. Das setzt in gewisser Weise voraus und geht zumindest damit parallel, daß der Sinn für die selbständige Bedeutung einer Klangfarbe nun erwacht ist. Die Renaissance musizierte chörig, im Instrumentalen etwa ihre „Carmina", oder, wenn eigene instrumentale

Literatur wie diese nicht vorhanden war, vokale Sätze, — aber welche instrumentalen Chöre man hierzu heranzog, das blieb den einzelnen Verhältnissen vollkommen frei überlassen. Man konnte ein Carmen also vierstimmig mit Gamben, aber ebenso mit Blockflöten oder Posaunen ausführen. Demgegenüber schreibt die Barockmusik nunmehr die Instrumente im allgemeinen genau vor. Freilich bleiben auch hier noch genug Fälle bestehen, in denen der Komponist mehrere Möglichkeiten offenläßt, — sehr viele Sonaten selbst der ersten Hälfte des 18. Jahrhunderts sind etwa für „Flöte oder Violine" bestimmt. Auch in der Klassik gibt es noch die Gewohnheit, solche ad-libitum-Besetzung bei füllenden Bläserstimmen der Sinfonien zuzulassen, ja hier ist es sogar noch freigestellt, ob man etwa die Hörner ad libitum überhaupt nehmen will oder nicht.

Diese neue Bewertung der Klangfarbe zeigt sich ganz ausgesprochen da, wo ein Instrument dadurch besonders herausgehoben wird, daß es allein einer Gruppe mehrerer verwandter Instrumente gegenübergestellt wird. So wenn Johann Sebastian Bach etwa ein Konzert für Oboe und Streichorchester schreibt; — aber es ist umgekehrt ebenso bezeichnend, daß er dieses Konzert dann als Cembalokonzert benutzt hat, wobei naturgemäß wiederum manche Dinge dem Charakter des Cembalo entsprechend umgestaltet worden sind. In all diesem erscheint der Widerstreit der beiden Auffassungen der Klangfarbe im Barock.

In der Klassik ist das Gefühl für die Individualität der Klangfarben bereits wesentlich weiter fortgeschritten. Hier sind einzelne Instrumente schon zu besonderen Charakteren entwickelt. Etwa die Bratsche, die Oboe und die Klarinette sind Klangfarben, die eine besonders eigentümliche Wertschätzung erfahren. Diese Herausarbeitung des Aparten, des Sonderbaren, des Geheimnisvollen und anderer Spezialitäten ist nun die eigentliche Domäne eben des „Romantischen". Hier kommen als neu hinzu das Horn, das vor allem mit der Symbolik des Waldes und des Jagens verbunden wird, und das Fagott, das das Urbild des Komischen in der Musik wird. Für die Sphäre des Zarten entsteht in der Harfe eine eigene Klangfarbe. Die Pikkoloflöte und andere übertrieben hohe Instrumentenlagen auf Klarinetten usw. werden zur Charakteristik des Dämonischen und Bösen verwandt. In der Hochromantik hat sich so eine Musikauffassung ausgebildet, die in der Schilderung der Gefühlscharaktere und der Stimmungsinhalte den eigentlichen Sinn der Musik überhaupt sieht. Wagners große Musikdramen und Richard Strauss' sinfonische Dichtungen sind die vollendetsten Erfüllungen dieses Musikideals. Es war unvermeidlich, daß als Reaktion hierauf die Moderne wieder auf die melodische Linie selbst zurückging und eine Wiederbelebung der Kontrapunktik brachte, die das Gleichgewicht zwischen Substanz und Eigenschaft, zwischen Wesen und Erscheinung, herstellte.

III. DIE GESTALTUNGSPRINZIPIEN DES KUNSTWERKS

Einleitung: Gestaltung und Stil

Das musikalische Kunstwerk als Ganzes zeigt alle die Seiten, die im vorigen Abschnitt beschrieben und analysiert worden sind: Melodik, Harmonik, Rhythmik, Dynamik und Instrumentation. Sie alle sind in ihm gleichzeitig verbunden da, weil der Ton selbst schon die verschiedenen Dimensionen der Tonhöhe, Lautstärke und Zeitdauer besitzt. Aber man kann diese verschiedenen Seiten des Kunstwerks in ihrer Verbindung ganz verschieden gestalten. Damit kommt man auf den „Stil" des musikalischen Kunstwerks.

Der grundlegendste Unterschied in der Gestaltung des Musikwerks ist der, inwieweit die Verbindung der verschiedenen Seiten sich nach rationalen Prinzipien vollzieht. Denn hinter den behandelten Seiten stehen noch die gefühlsmäßigen Eigenschaften des Tones, die ihm seine Wirkung auf die Tiefe unserer Seele ermöglichen. Die Erfassung des Aufbaus eines Kunstwerks geschieht mit dem Verstand, die Erahnung des auf uns Eindringenden mit dem Gefühl. Das eine ergibt die Beurteilung der Form des Kunstwerks, das andere die Empfindung seines Ausdrucks. Form und Ausdruck sind die beiden Gestaltungsprinzipien, die der rationalen und der irrationalen Seite des Kunstwerks entsprechen.

Überblickt man die geschichtliche Entwicklung der Musik, so sieht man bald, daß es in ihr Gebilde gibt, die nach eigenen Gesetzen gestaltet zu sein scheinen und die als feste Gestaltungskomplexe sich durch Jahrhunderte hindurch lebendig bewahren, die Gattungen. So ist die Motette eine besonders eindrucksvolle Erscheinung, die von der Notre-Dame-Epoche weiterläuft bis zur Frührenaissance, in der sie durch die Übernahme der dann aufkommenden, ganz verschiedenen Kompositionstechnik ihr Aussehen grundlegend ändert und in dieser neuen Gestalt bis zur Gegenwart erhalten bleibt. Es ist nicht etwa die Form und noch weniger der Ausdruck, der eine Gattung beschreibt, sondern es ist die Art der Verbindung der verschiedenen Seiten wiederum, die das Charakteristikum abgibt.

Aber so wie es Erscheinungen gibt, die durch die verschiedenen Zeiten konstant oder wenigstens relativ konstant bleiben, so zeigt sich umgekehrt, daß auch alle Kunstwerke, die in einer bestimmten Zeit entstehen, etwas Gemeinsames besitzen, das für die Gestaltungsart einer Zeit charakteristisch ist. Damit kommt man zu dem Begriff des Zeitstils.

Als eine Unterart des Zeitstils kann man auch den Personalstil auffassen.

Denn auch die Werke eines Künstlers zeigen einen bestimmten eigenen Stil, der ihnen allen eigen ist, auch wenn er sich in manchen Einzelheiten im Laufe des Lebens des Komponisten wandeln mag. Der Zeitstil mag dann das sein, was allen Persönlichkeiten einer Zeit gemeinsam ist. Aber die prinzipielle Frage ist zuvor, ob überhaupt eine Gliederung der Zeit in größere Epochen möglich ist, die man einheitlich kennzeichnen kann, oder ob nicht vielmehr der Gang der Zeit ein stets ununterbrochen fließender ist, in dem man gar keine Einschnitte machen kann und in dem man daher auch keine Abschnitte unterscheiden kann. Das ist das Problem der Periodisierung der Geschichte.

1. Form und Ausdruck

Schon der einfache Ton hat einen Ausdruck. Denn auch er wirkt wie alles von außen Kommende auf unsere Seele und sie quittiert es mit bestimmten Gefühlen. Das ist ebenso bei anderen Empfindungen, — freilich in sehr verschiedenem Grade. So wirkt die Farbe des Optischen bei weitem nicht so intensiv wie mancher musikalische Reiz: wenn eine grelle Farbe auch als „schreiend" bezeichnet wird, der „Schrei" der Klarinette oder anderer insbesondere hoher Bläser greift uns mehr an. Vor allem hat die Musik dem Optischen eins voraus: sie verläuft in der Zeit und kann damit nicht nur Gefühlseindrücke erzielen, sondern auch Gefühlsbewegungen hervorrufen. So vermag die Flöte mit langgezogenen, eintönigen Klängen zu „klagen". Wir personifizieren sie damit in gewisser Weise. Die Musik ist darin ebenso urtümlich wie die Sprache. Auch diese drückt aus: am Anfang der Sprache stehen die „Interjektionen". Von hier ausgehend, sind Sprache und Musik Parallelentwicklungen: die Sprache gliedert ihre Laute in bestimmte Lautkomplexe, um damit den „Sinn" auszudrücken, der dem Zuhörenden vermittelt werden soll, — die Musik ordnet ihre Töne ebenfalls in Motive, Themen usf., aber lediglich um auszudrücken und Ausdrucksbewegungen hervorzurufen. Dabei spricht sie aber nicht nur das Gefühl an, sondern konstruiert auch mit ihren Bausteinen ähnlich, wie die Sprache nach syntaktischen Regeln verfährt. Ja, oft scheint sie der Architektur verwandt, wenn sie ihre Motive übereinander „baut" und höhere Symmetrien herstellt. Damit aber appelliert sie an den Intellekt, an den „Kunstverstand". Freilich ist noch eine andere seelische Fähigkeit hierbei vorausgesetzt. Das musikalische Kunstwerk verläuft ja in der Zeit. Die sich entsprechenden musikalischen Partien, Motive, Themen, Entwicklungen, erscheinen also erst nacheinander. Um sie auf die vorher schon gehörten Themen usf. zurückbeziehen zu können, müssen diese aber in irgendeiner Form noch in der Seele vorhanden sein. Es ist also die Leistung des Gedächtnisses, alle vorbeiziehenden

Klänge gegenwärtig zu halten, damit sie zu Motiven, Themen usf., endlich zum ganzen Kunstwerk zusammengefügt werden können. Das musikalische Kunstwerk ist also als Ganzes nur in der Phantasie des Empfangenden vorhanden. Als Parallele denke man etwa, daß ein Gemälde nicht vollständig sichtbar sei, sondern daß es hinter einem schmalen Schlitz einer Wand vorbeigezogen würde und daß wir aus den vorbeiziehenden Farbeindrücken das Gemälde zusammenfügen müßten. Man erkennt an diesem Vergleich sofort, welche psychische Leistung zur Auffassung etwa einer Sinfonie aufgebracht werden muß. Diese Leistung vereinfacht sich für den, der stark optisch veranlagt ist. Er hat die einfachere Möglichkeit, die Partitur des Werks zu studieren und an Hand des optischen Notenbildes, das er leichter behält, das Ganze des Kunstwerks sich „vor Augen" zu halten.

Die Musik wendet sich also an mehrere seelische Sphären. Unsere Seele hat ja verschiedene Abteilungen, die man sich gewöhnlich sogar räumlich vorstellt, wenn man sagt, daß „unter" der Sphäre des Bewußtseins noch die des „Unter"bewußten und des Unbewußten existiert. Aber auch im Bewußten gibt es noch mehrere „hinter"einanderliegende „Schichten". Das Gefühl und der Wille scheinen uns besonders grundlegend, der Verstand feiner und „höher". So gewiß all diese seelischen Vorgänge als ein Ganzes erlebt werden, so sehr empfinden wir doch in diesem Ganzen das Zusammengewebtsein aus verschiedenen und verschiedenartigen Fähigkeiten. Dasselbe Bild ergibt sich auch, wenn man die dem seelischen Erleben entsprechenden physiologischen Vorgänge des Gehirns betrachtet. Auch dieses ist kein einheitlich gebautes Ganzes, sondern besteht aus mehreren Teilen, die räumlich hintereinandergelagert sind und von denen man genau verfolgen kann, wie sie sich in der Entwicklungsgeschichte des Tierreiches allmählich gebildet haben. Aber alle neu hinzukommenden „höheren" Stufen sind an die vorhergehenden mit einer Fülle von hin- und zurücklaufenden Verbindungen, den Nerven, verknüpft, so daß nicht nur die ursprünglicheren Teile ihre Eindrücke an die höheren weiterleiten, sondern umgekehrt auch die höheren die tieferen in ihren Funktionen beeinflussen und regulieren können, das gesamte Gehirn also doch als ein Ganzes arbeitet. Das ist oben schon am speziellen Beispiel der Hörbahn wenigstens für den äußeren Teil, der die Gehöreindrücke ins Gehirn leitet, auseinandergesetzt worden. Im Gehirn kommen alle Empfindungsbahnen, unter ihnen auch die Hörbahn, zunächst in einem Organ zusammen, dem Thalamus, das der Koordinierung der Empfindungen dient. Hier, immer noch in der Sphäre des Unbewußten, scheint aber doch schon ein Gefühlseindruck, wenn auch nur sehr primitiver Art, zustande zu kommen. Auch der Ton wirkt hier schon, aber nur in seiner Qualität, seine Tonhöhe ist hier noch nicht ins Bewußtsein gehoben. Die gefühlsmäßige Wirkung der Musik ist also das Ursprünglichste an ihr, ihr künstlerischer Aufbau entsteht erst sekundär in den höheren Sphären des

Gehirns, deren oberste, die Hirnrinde, die Bewußtseinsvorgänge enthält und zum Ganzen zusammenfaßt. Hier werden auch die im Gedächtnis aufbewahrten Eindrücke angefordert und heraufbefohlen und nach ihrem Eintreffen mit den von außen kommenden Eindrücken verglichen bzw. mit ihnen zusammengefügt. Hier wird daher auch erst der künstlerische Eindruck hergestellt.

Die Musik wirkt — wie jedes Kunstwerk — also auf verschiedene Schichten unserer Seele nacheinander und die verschiedenen jeweils entstehenden Eindrücke werden in der Hirnrinde zum höchsten künstlerischen Eindruck zusammengefaßt. Das ist sowohl psychologisch wie anatomisch-physiologisch richtig. Der geniale Philosoph Nicolai Hartmann hat in Parallele hierzu nun die Auffassung entwickelt, daß auch das Kunstwerk selbst aus Schichten besteht, daß das Kunstwerk eben dieselben Schichten enthält wie die Seele und daß jede Schicht des Kunstwerks die auf sie abgestimmte Schicht der Seele anspricht. Im musikalischen Kunstwerk existiert zunächst der physikalische Ton, er wirkt auf den nervösen Aufnahmeapparat, der ihn in den äußeren Nervenbahnen weiterleitet. Die Einheiten der Motive, Themen usw. bis zum ganzen Kunstwerk faßt Nicolai Hartmann auch als nacheinanderfolgende Schichten auf, deren jede die vorausgehende voraussetzt. Darauf erscheinen dann erst die weiteren Schichten des gefühlsmäßigen Eindrucks, des „inneren Ergriffenseins" und endlich die letzte des erhabenen Metaphysischen. Diese ästhetische Theorie folgt also nicht dem medizinischen Aufbau im einzelnen, wohl aber wenigstens im großen und prinzipiellen. In der Grundthese, daß den Schichten des Seelischen auch verwandte Schichten im Kunstwerk entsprechen, hat sie sicher recht, und damit dürfte sie eine der bedeutenden und wirklich entscheidenden Leistungen der gesamten Ästhetik sein.

Wenn wir hier für die bescheideneren Zwecke der Musikwissenschaft, die ja nur das Fundament legt, auf dem die Ästhetik ihren luftigen Bau aufführt, von den höchsten geistigen bzw. metaphysischen Schichten absehen, so bleiben, wenn wir uns nicht auf Spezialisierung einlassen, im Grunde eben doch wieder die beiden Welten des Gefühlsmäßigen und des künstlerisch Gestaltenden, des Ausdrucks und der Form. Je nachdem auf die eine oder die andere Seite mehr Wert gelegt wird, kann auch die Gestaltung des musikalischen Kunstwerks mehr durch die eine oder mehr durch die andere bestimmt werden. Das vor allem den Ausdruck bezweckende Musikwerk wird mehr die Wirkungen suchen, die im einzelnen Zeitmoment den Hörer beeindrucken, und wird durch die Folge der Eindrücke seine Gefühle bewegen, das architektonisch konstruierende Werk wird sich mehr an seine Auffassung wenden und verlangen, daß er das gesamte Kunstwerk geistig aufbaut, um es in seinen Teilen wie in den Beziehungen der Teile untereinander und ihrer Zusammenfügung zum Ganzen zu beurteilen.

Das **gefühlsmäßig** operierende Musikstück stellt naturgemäß an den Hörer auch eine Forderung — wenn auch eine verhältnismäßig einfache —, nämlich die, daß er gefühlsmäßig für Musik zugänglich ist. Sie ist meist erfüllt — wirklich „Unmusikalische" gibt es kaum, wenn man darunter die versteht, die überhaupt kein Aufnahmevermögen für Musik haben —, so daß die Musik in der Tat die Kunst ist, die die größte Zahl von Menschen anspricht. Etwas anderes ist freilich die Forderung der formal gestalteten Kunst, ihr Kunstwerk selbst aus den zeitlich vorüberziehenden Klängen in „schöpferischer Synthese" zusammenzusetzen, — sie muß gelernt und geübt werden und deshalb gibt es so verhältnismäßig wenige, die ein wirkliches Verhältnis zur ernsten Musik haben.

Das Auffassen der Töne und der Musik als mit Ausdruck geladen ist eine Folge der Tatsache, daß sie uns gefühlsmäßig anspricht und daß wir alles, was uns be„eindruckt", auffassen als die Wirkung von etwas, was „ausdrückt". Das ist nichts anderes als die Umschreibung der Wirkung des Objekts auf das Subjekt. Etwas ganz anderes ist die These, daß die Töne selbst Energie und Kraft enthalten, die sie in Bewegung setzt und ihre Bewegung aufrechterhält. Diese von Ernst Kurth entwickelte und einstmals sehr gefeierte Auffassung beruht indessen auf einer Verwechslung der hier herrschenden Beziehungen. Wohl empfindet unsere Seele Töne und Musik als kraftvoll und energiereich, — aber nur dann, wenn sie „mächtig" auf uns wirkt, etwa in den grandiosen Posaunenstellen Brucknerscher Sinfonien. Auch die Beethovensche Musik hat für uns etwas besonders Konzentriertes und Kraftgeballtes. Aber all das ist eben der A u s d r u c k der Kraft, den die Musik macht. Etwas ganz anderes ist die Überlegung, daß nach Analogie bekannter physikalischer Definitionen eine Bewegung stets durch eine Kraft verursacht sein muß. Das ist ja auch in unserem Falle erfüllt: die Bewegung der Töne wird hervorgerufen durch die menschliche Kraft des Spielers oder Sängers, der sie in ihrer bestimmten Tonhöhe hervorbringt und damit auch die Tonbewegungen der Melodielinie hervorruft. Deshalb steht aber keine unbekannte mystische Kraft hinter den Tönen, die ihre Tonhöhenbewegung inauguriert, und die Töne sind keine Tennisbälle, die mit unsichtbarer Kraft begabt, sich selbst hin- und herschlagen. Diese energetische Auffassung der Musik scheint mir daher auf einer falschen Übertragung physikalischer Denk-weise zu beruhen und damit erscheint sie freilich als ein ganz aus dem Geist unseres Jahrhunderts geborenes Produkt, — genauer gesagt, aus dem Geist des Physikalismus des Endes des vorigen und Anfangs des jetzigen Jahr-hunderts, — sind es doch die Gesetze der Mechanik, die hier zugrunde gelegt werden und aus denen man damals die ganze Welt glaubte aufbauen zu können.

Die rein ausdrucksmäßige Gestaltung der Musik ohne irgendeinen Ein-schlag formaler Gestaltung ist in der Musik sehr selten. Sie ist charakteristisch für das träumerische Phantasieren, ein Spiel, das ohne die direkte Absicht der künstlerischen Produktion vor sich geht und das unsere großen Komponisten ebenso geliebt haben wie noch heute der seine Entspannung suchende Musikliebhaber. Das ist naturgemäß etwas anderes als das von den Organisten geübte und oft meisterhaft gelungene Improvisieren strenger Formen, Präludium und Fuge, Choralbearbeitung usw., das ein äußerst konzentriertes Schaffen formal gebundener Musik ist. Das freie Improvisieren ist schon in der Renaissance praktiziert und schriftlich fixiert worden. Es ist hier aufgefaßt worden als das Erproben des Instruments, das jeder Spieler vornimmt, ehe er sein eigentliches Spiel beginnt. So sind diese Stücke „Vorspiel", „Präludium" überschrieben oder „Tokkate", „Berühren" (nämlich des Instruments). Sie werden in der Barock-Ära mit der strengsten Form überhaupt, der Fuge, kombiniert, und so entsteht hier das Doppel „Präludium und Fuge", die prägnante Normalgattung der barocken Orgelmusik.

Die ersten Anfänge **formaler Gliederung** finden sich in der zunächst noch rein ausdrucksgebundenen Musik dort, wo funktionale Gliederungselemente der Sprache übernommen werden. Das ist in den lesenden und p s a l m o - d i e r e n d e n Formen des gregorianischen Chorals der Fall, die damit am sinnvollen Anfang der gestaltenden Musik stehen. In ihr sind erst die Kadenzstellen melodisch einheitlich gestaltet und damit tritt nicht nur die funktionale, sondern auch eine formale Gliederung ein. Sie ist bereits sehr ausgesprochen, da durch die Aneinanderreihung einer ganzen Anzahl von melodisch gleichen Versen die typische Reihenform entsteht, die einer größeren Zahl weiterer Formen zugrunde liegt.

Rein formal gesehen, steht auch das einfache S t r o p h e n l i e d unter demselben Oberbegriff wie das gregorianische Rezitativ: Wiederholung eines festen Modells. Aber der Unterschied ist doch ein sehr beachtlicher, wenn er auch im rein formalen Schema

A   A   A   A   A   .   .   .

nicht festzustellen ist, das beide gemeinsam erfaßt. Das Wesentliche liegt hier eben nicht im formalen Großaufbau, sondern in der melodischen Kleintechnik. Diese ist in der Tat ganz verschieden: in der gregorianischen Psalmodie nur eine Festlegung bestimmter besonders wichtiger Stellen, im Lied die Durchmelodisierung der ganzen Strophe, ebenso in den Refrains der Gregorianik, in den Antiphonen und in den Responsorien.

Man könnte meinen, die Melodik einer Strophe sei im Gegensatz zu den festen Kadenzformeln der Psalmodie im Gegenteil wieder ein freieres Gebilde, das nicht formal gestaltet, sondern nur ausdrucksmäßig bedingt ist. Aber das ist nicht so. Man sieht es am deutlichsten am Lied des Mittelalters: jede Zeile ist ein in sich abgeschlossenes Gebilde. Die ganze Strophe setzt sich also bereits aus mehreren Teilen zusammen, auch wenn diese Teile unter sich alle verschieden sind. Es entsteht also eine Form

A B C D

wenn wir den Fall der vierzeiligen Strophe als Beispiel wählen. Es ist weiter zu bedenken, daß die Verschiedenheit der Zeilen auch nur besteht, wenn man das rein Melodische betrachtet. Sobald man das Harmonische mit einbezieht, erscheinen sofort die verschiedenen Zeilen als in einem übergeordneten harmonischen Plan sinnvoll gegenseitig aufeinander bezogen. Es wird also ein Ganzes aus geordneten Teilen gebildet, und das ist bereits eine gegliederte Form.

Das einfache Lied der späteren Zeiten und ebenso das sog. Volkslied sind insofern schon eine Stufe höher entwickelt, als hier die Zeilen nicht mehr rhythmisch in sich abgeschlossene Gebilde sind, sondern der Rhythmus ohne Unterbrechungen durch die ganze Strophe hindurchläuft. Formal besteht zwischen einfachem Kunstlied und Volkslied daher kein Unterschied. Dieser liegt vielmehr nur darin, daß die Zeiten, in denen diese Gattungen beherrschend sind, mehr oder weniger auseinanderliegen. Das Volkslied hat die einfache Struktur, die das Kunstlied mehrere Jahrhunderte vorher besaß, ehe es sich inzwischen wesentlich weiterentwickelt hatte. Aber auch das ist nur in begrenztem Umfange richtig, — etwa in der Romantik komponiert man Kunstlieder im einfachen Stil des Volksliedes. Entscheidender ist etwas anderes: das Kunstlied wird im Druck festgehalten, das Volkslied wird mündlich weiterüberliefert. Das hat zur Folge, daß das Kunstlied sich nicht verändert, während das Volkslied „zersungen" wird, so daß, wenn man die verschiedenen gleichzeitigen Gestalten eines Volksliedes sammelt, sich Varianten zeigen, die um so größer sein werden, je länger der Ursprung des Liedes zurückliegt. Aber das hat umgekehrt auch wieder etwas Gutes: da das Kunstlied sich nicht verändern kann, veraltet es ziemlich schnell, während sich das Volkslied durch seine unmerklichen Veränderungen dem Geschmack der jeweiligen Zeit anpaßt und dadurch länger leben bleibt. Aber auch das sind wieder nur sekundäre Merkmale, die mit der künstlerischen Gestalt der beiden Gattungen nichts zu tun haben. Auch in diesem Punkt ergibt sich übrigens wieder Identität, wenn man die Jahrhunderte überspringt: auch das Kunstlied der ersten Troubadourepochen, und zwar der Sänger bis etwa 1220, ebenso der ersten Trouvèregenerationen bis zum selben Zeitpunkt, wurde nur mündlich überliefert und zeigt daher dieselben sehr starken Variationen in den Handschriften, die diese Lieder zum ersten Male mehrere Generationen später schriftlich aufzeichnen. Das Volkslied bewahrt damit also noch den mittelalterlichen Gebrauch der mündlichen Tradition des damaligen Kunstliedes.

Soll eine auffallendere Gliederung auch im Melodischen erreicht werden, so kann man das am einfachsten durch Wiederholung von abgeschlossenen melodischen Gebilden, Motiven, Themen, Abschnitten, Sätzen, erreichen. Die einfachste hier mögliche Form ist die B a r f o r m. Freilich ist hier auch wieder ein Wechsel der Bedeutung des Wortes eingetreten, wenn auch nicht so erheblich wie etwa im Fall des Begriffes cantus firmus. Immerhin ist es ärgerlich, daß immer wieder von späteren Generationen mutwillige Bedeutungsänderungen vorgenommen werden, die der terminologischen Deutlichkeit unnötige Schwierigkeiten bereiten. Der (oder das) „Bar" ist, wie alle Quellen einwandfrei ausweisen, in der Sprache der Meistersinger das ganze Gedicht, während „Lied" die Strophe bezeichnet. Die Strophe bringt zunächst das „Gesätz", das sich wiederum in die beiden melodisch gleichen Stollen unterteilt. Auf das Gesätz folgt der „Abgesang". Heute nennt man diesen Aufbau der einzelnen Strophe

A   A   B

die Barform. Sie entspricht also der spezielleren Form der Chanson, die schon betrachtet wurde. In Richard Wagners Meistersingern ist diese Form in der schönsten Weise beschrieben, wenn Hans Sachs sie dem unerfahrenen Stolzing erklärt, damit dieser in ihr sein Preislied komponiert, — der kantable Stil freilich steht ja gerade im absichtlichen Gegensatz zur melodischen Technik der Meistersinger, die Wagner in der Figur des Beckmesser nachahmte.

Einen Schritt weiter führt die sog. z w e i t e i l i g e L i e d f o r m, die in der formalen Technik kleinerer Sonaten- und Sinfoniensätze eine grundlegende Rolle spielt. Sie besteht aus zwei Teilen, deren jeder wiederholt wird. Sie besitzt also das formale Schema

A   A   B   B

Harmonisch wird eine weitere Gliederung der Form dadurch erreicht, daß der Teil A in die Dominante (oder eine andere verwandte Tonart) moduliert und auf ihr abschließt, während der Teil B sich zuerst in der Dominante bewegt, um darauf wieder in die Tonika zurückzumodulieren.

Als nächste Form wäre die der S e q u e n z anzuführen. Sie ist in ihrer streng durchgeführten Gestalt, wie oben schon erläutert, aus lauter Doppelversikeln aufgebaut, denen am Anfang und Ende ein einfacher Versikel hinzugefügt ist. Das ergibt also das Formschema

A   I I   II II   III III   . . . .   Z

In diesem Schema können auch höhere „Responsionen", Entsprechungen, eintreten. Es werden dann größere Abschnitte melodisch wiederholt. Wenn eine Sequenz in dieser Art ihr melodisches Material zweimal bringt, so spricht man von „doppeltem Cursus". Das folgende Schema würde den Bau einer Sequenz dieser Art beschreiben

A   1 1   2 2   3 3   1 1   2 2   3 3   Z

Das Schema braucht nicht so folgerichtig durchgeführt zu sein wie hier angegeben, sondern es können auch noch einzelne Doppelversikel, die nicht in die Responsion einbezogen sind, eingegliedert werden. Derartig gemischte Schemata sind für die weltlichen Formen des L a i charakteristisch, während die Sequenzen den doppelten oder mehrfachen Kursus nur in verschwindenden Ausnahmefällen zeigen, die dazu nicht einmal alle überhaupt hinreichend gesichert sind.

Man kann die straffe Gliederung auch in einen fließenden Zusammenhang einbauen. So bringen die frühesten Sequenzen zwar auch Entsprechungen, aber diese bestehen aus Motiven, die durch Überleitungen miteinander verbunden sind und also nicht die scharfe Gliederung zeigen wie sie im obigen Schema heraustritt.

In ähnlicher Weise kann man auch den Aufbau der „durchimitierenden" mehrstimmigen Motetten- und Meßsätze der Renaissance und des Barock beschreiben. Eine solche d u r c h i m i t i e r e n d e Komposition bringt ein Motiv zuerst in einer Stimme allein; dann beginnt eine z w e i t e damit, während die erste kontrapunktisch dazu weitergeht; sobald die zweite Stimme es beendet hat, beginnt eine dritte damit und während sie es vorträgt, gehen die beiden ersten frei weiter; endlich setzt die vierte Stimme (wenn wir den Normalfall des vierstimmigen Satzes hier zugrunde legen) mit dem Thema ein und die vorigen drei kontrapunktieren. Nachdem sie das Thema beendet hat, läuft auch sie noch eine Zeit frei weiter, so daß die vier „Imitationen", „Nachahmungen", in allen vier Stimmen frei abgeschlossen werden. Darauf hören alle vier Stimmen gemeinsam auf und nun beginnt ein zweiter Abschnitt, in dem ein neues Thema imitierend durch die Stimmen hindurchläuft und der wieder mit einer freien Partie abgeschlossen wird. Die Reihenfolge der Stimmeinsätze wird dabei gern mit Absicht von der der ersten „Durchführung" verschieden eingerichtet. In dieser Weise besteht ein durchimitierender Satz aus mehreren Abschnitten, die jeweils ein eigenes Thema durchführen und mit einem freien Schluß (hier mit einem kleinen Buchstaben bezeichnet) enden. Es entsteht also ein Schema der folgenden Art

1 1 1 1 a   2 2 2 2 b   3 3 3 3 c   . . .

Die F u g e unterscheidet sich von der Durchimitation im Prinzip grundlegend dadurch, daß sie in allen Durchführungen dasselbe Thema benutzt. Freilich gibt es auch Doppel- und Tripelfugen, die die Tradition der älteren, durchimitierenden Form weiterführen. Außerdem trennt sie die einzelnen Durchführungen — normalerweise drei — durch deutlich abgesetzte (meist geringer besetzte) motivfremde Zwischenspiele, die hier mit großen Buchstaben bezeichnet seien. Endlich bringt sie zum Schluß das Thema nochmals allein, zumeist vergrößert oder durch andere Kunstmittel besonders eindrucksvoll gestaltet. Eine normale Fuge (eine „Schulfuge") hat also das Formschema

1 1 1 1 a   A   1 1 1 1 b   B   1 1 1 1 c   C   1

Fugen, die dieses Schema genau einhalten, hat man sehr gern in der Romantik komponiert, — man findet sie etwa bei Felix Mendelssohn-Bartholdy in vollendeten Stücken. Die Barockfuge ist demgegenüber freier und fließender gestaltet. Insbesondere sind die zweite und die dritte Durchführung jeweils in einem großen Zuge gestaltet, in den das Thema von Zeit zu Zeit eintritt, wobei die Anzahl der Themeneinsätze nicht unbedingt der Zahl der Stimmen zu entsprechen braucht.

Die Fuge gehört eigentlich in einen anderen formalen Zusammenhang, da sie ja dasselbe Thema in mehreren Durchführungen wiederholt, — also in den der Formen, die zu den Refrainformen überleiten. Sie wurde hier nur vorangesetzt, da sie andererseits eng zur Durchimitation gehört, insbesondere in den Abarten der Doppel- und Tripelfuge mit dieser verwandt ist.

Die Grundform dieser eine Themengruppe oder ein Thema öfter wiederholenden Formen ist die dreiteilige Liedform. Sie ist eine Ausweitung der zweiteiligen Liedform A B (einmal theoretisch die Wiederholungen aus dem Auge gelassen), indem dieser der Anfangsteil A nochmals angefügt wird. Sie hat also das Formschema

A   B   A

Wenn man in dieser Form den Anfangsteil nochmals als dreiteilige Liedform gestaltet, erhält man also sozusagen eine quadrierte dreiteilige Liedform. Sie besitzt dann das formale Schema

A B A   C   A B A

Wenn man hierin unter A Ritornelle des Orchesters versteht, unter B und C Solopartien, so hat man die Form der schon besprochenen Da-capo-Arie oder die Grundgestalt des Instrumentalkonzerts vor sich. Wenn man die Form kammermusikalisch auffaßt oder überhaupt ganz solistisch, so gibt sie die Gestalt des Rondos der Klassik und Romantik wieder. Auch hier wird die tonartliche Gliederung stets beachtet und der Mittelteil C in eine verwandte Harmonie gesetzt.

Von dieser klassischen Rondoform unterscheidet sich die Form des barocken Rondo dadurch, daß alle Zwischenpartien verschieden sind. Damit ergibt sich das Formschema

A B A C A D A . . .

Naturgemäß ist hier die Anzahl der Wiederholungen des Themas und der eingeschobenen Zwischenspiele („couplets" im französischen Barock) nicht festgelegt.

Diese Form ist der allgemeinste Typus der Refrainformen. Die Form des klassischen Rondos ergibt sich aus ihr als Spezialisierung. Man kann in dieser Vereinheitlichung der Refrainform aber noch weiter gehen und kommt dann zu den Refrainformen, die man allgemein unter diesem Namen führt. In ihnen unterscheidet sich der Refrain wie im Barockrondo besetzungsmäßig von den Zwischenpartien, aber diese sind melodisch ebenfalls alle gleich. Damit ergibt sich dann also das prinzipielle Formschema

A B A B A B A . . .

Dies ist in dieser Form etwa das Schema der Psalmodien der Offizien, sowohl der antiphonalen wie der responsorialen Psalmodie, je nachdem ob man unter A die Antiphon oder das Responsorium versteht und B entweder unter zwei Halbchöre verteilt ist oder einem Solisten zufällt. In der responsorialen Meßpsalmodie treten dann noch die oben geschilderten Komplikationen hinzu, — A oder ein Teil von A wird außerdem noch als melodischer Schluß von B benutzt.

Die viergliedrige Form

A B A B A B A

ist die Form der Fuge, wenn man unter A die Durchführungen, unter B die Zwischenspiele versteht. Dabei sind noch mehrere Abarten möglich, je nachdem die Zwischenspiele miteinander sehr verwandt, z. T. sogar gleich sind, — wie es nach dem eben notierten Formschema anzunehmen ist —, oder ob sie weitgehend verschieden sind, — dann ergibt sich wieder das Schema des Barockrondos, auf die Vierteiligkeit beschränkt.

Arbeitet man die Soloteile B stärker aus, so kommt man zu den mittelalterlichen Liedformen. Hat B keine spezielle Form oder die Barform, so haben wir die B a l l a d e vor uns, ist der Abgesang auf die Refrainmelodie A komponiert nach Analogie der responsorialen Meßformen Graduale und Alleluia, so entsteht das Formschema des V i r e l a i.

Nun kann man aber auch die beiden bisher behandelten Prinzipien, das der direkten Wiederholung und das der von Zeit zu Zeit eintretenden Refrainwiederholung kombinieren. Als einfachstes Schema erhält man dann das der erweiterten Barform. Sie entsteht aus der beschriebenen einfacheren Barform dadurch, daß der letzte Teil des Abgesangs auf die Melodie der Stollen oder wenigstens den Schluß der Stollenmelodie komponiert ist. Dieser Schlußteil heißt ebenfalls direkt Stollen, genauer 3. Stollen. Damit ergibt sich das Formschema

A A B A

Es beginnen die beiden Stollen A, die zusammen wieder das Gesätz bilden, B ist der Abgesang, das A des Schlusses der 3. Stollen. Diese erweiterte Barform ist die Normalform der Meistersinger, nicht die oben entwickelte einfachere, die nur durch Wagners Meistersinger die bekanntere geworden ist. Die moderne Musikwissenschaft hat für sie die häßliche Bezeichnung „Reprisenbar" vorgeschlagen, — analog der Reprise der Sonatenform.

Wenn man rein formal vorgeht, so kann man von hier aus zur S o n a t e n - f o r m kommen. Sie ist die Form des 1. Satzes der klassischen Sonate und Sinfonie. Der 1. Teil, die Exposition, wird wiederholt, darauf folgt die Durchführung, nach ihr beschließt die Wiederholung des Anfangsteils, eben die Reprise, das Ganze. Das wäre das Schema der Barform, aber eben doch nur, wenn man wirklich nur die Buchstaben vor Augen hat. Das wirkliche Schema der Sonatenform muß berücksichtigen, daß die Exposition aus zwei Themengruppen besteht, also schon die Gestalt A B besitzt, der oft die Schlußgruppe folgt, die sich — insbesondere bei Joseph Haydn — zum Rang einer dritten Themengruppe erheben kann. Die Durchführung aber verarbeitet (im allgemeinen) nur die bereits in der Exposition schon gebrachten Themen, ist also kein abweichendes B, sondern ein abwandelndes A', — dieser Normalgestalt der Durchführung gegenüber tritt die andere zurück, die die Durchführung gerade auf ganz neues melodisches Material gründet (sie findet sich häufig beim frühen Mozart). So hätte die normale Sonatenform das folgende Formschema

$$A \; B \; c \quad A \; B \; c \quad (A' \; B' \; c') \quad A \; B \; c$$

Die Klammern um die Durchführung sollen andeuten, daß die Reihenfolge nicht die gleiche zu sein braucht, daß es sich überhaupt nicht um Wiederholung, sondern um Verarbeitung handelt; die Schlußgruppe trägt nur einen kleinen Buchstaben, — wenn sie thematische Selbständigkeit besitzt, würde man ein großes C nehmen.

Endlich ist auf ein letztes Formprinzip einzugehen, das von den beiden bisher behandelten, der Wiederholung und der Refrainwiederholung, ganz verschieden ist, das der V a r i a t i o n. Es ist von einer ganz anderen Art, insofern es ein melodisches Prinzip ist und kein Formschema. Mit dem Verfahren der Variation lassen sich sämtliche bisher behandelten Formschemata (mit Ausnahme desjenigen der Sonatenform, in dem wir es schon zur Kennzeichnung der Durchführung benutzt haben) dadurch abwandeln, daß man anstelle der sich abhebenden Teile B, C, D usw. variierte Teile A', A'', A''' usw. einsetzt. Von diesem Prinzip kann man sagen, daß es künstlerisch gesehen von einer besonderen Vollendung ist. Denn bei sich aus verschiedenartigen Teilen zusammensetzenden Formen geht die künstlerische Einheit erst aus einer Gesamtschau verschiedener Elemente hervor, — die gegensätzlichen Dinge sind hier zur höheren Einheit vereinigt, so daß man unwillkürlich an Hegels Synthese aus These und Antithese denkt. Aber die Variation bringt doch wohl noch eine höhere Form von Einheit hervor, insofern als These und Antithese hier nicht gegeneinander gestellt sind, sondern ineinander verbunden sind. Denn als Variation ist das entstehende Gebilde etwas anderes, als aber das Thema in der Variation enthaltend ist es dasselbe, es vereinigt also Gleiches und Verschiedenes.

Die normale Variationenform benutzt die einfache Reihung: am Anfang steht das Thema, dann folgen seine Variationen, meist in immer zunehmender Komplizierung, in der Mitte steht als besonderer Gegensatz fast immer eine breite Adagio-Variation, auch eine harmonisch abweichende parallele oder entferntere Variation ist obligatorisch, zum Schluß erscheint insbesondere im Barock die Urgestalt des Themas noch einmal. Vor allem in der Romantik, aber auch schon in der Klassik (besonders bei Beethoven), bildet eine fugierte Variation den kontrapunktischen Gegensatz zu den übrigen homophonen Variationen, — in der Romantik beschließt eine wohlausgearbeitete Fuge regelmäßig die Variationenreihe.

Eine sehr interessante und wichtige Form, die auf das Prinzip der Variation aufgebaut ist, entsteht durch Hereinnahme der Variation in die Form der Durchimitation. Durchimitation und Fuge sind ja Gegensätze, insofern die Durchimitation alle ihre Durchführungen über verschiedene Themen baut, die einfache Fuge alle über dasselbe Thema. Im Barock ist nun als Spezialform des Ricercars — der instrumentalen, meist für Tasteninstrumente bestimmten Form der Durchimitation — ein Typ entwickelt worden, der die Durchführungen nicht über verschiedene Themen arbeitet, sondern den einzelnen Durchführungen jeweils Variationen des Themas zugrunde legt. Dieses Variationsricercar hat dann also die Form

1 1 1 1 a   1' 1' 1' 1' b   1" 1" 1" 1" c

oder ähnlich, da das Ricercar ohnehin freier aufgebaut ist als die Fuge. Buxtehude ist der große Meister dieser Form.

Man spricht auch gern von Großformen und versteht darunter die formalen Prinzipien des Aufbaus ganzer Sinfonien, Messen usw. Solche Formen sind — unter diesem Gesichtspunkt betrachtet — nicht immer in all ihren Sätzen verschieden, sondern vor allem die Romantik hat versucht, eine höhere Einheit dieser Riesenformen dadurch zu erreichen, daß sie in den Schlußsätzen oder — in der Sinfonie — im Schlußsatz auf die Thematik des Anfangs zurückgreift. Schon in Barock und Klassik benutzt insbesondere die Messe für das abschließende Agnus die Motivik des beginnenden Kyrie. Der Höhepunkt dieser Technik wird naturgemäß da erreicht, wo der Komponist alle Sätze über dasselbe Thema oder über Variationen desselben Themas baut. Schumann arbeitet mit diesen Prinzipien in einer ganz besonders vollendeten Weise. Aber schon die Messe der Frührenaissance und die Suite des Barock liebten es, die einzelnen Teile mit demselben Kopfmotiv zu beginnen und so eine innere Einheit des ganzen Werkes herzustellen. Entsprechend wirken dann die idée fixe und die Leitmotive der romantischen sinfonischen Dichtungen und Opern.

2. Die Gattung

Die Gattungen der Musik sind nicht mit den Formen zu verwechseln. Der Begriff der Gattung ist aus der Zoologie und Botanik entnommen und es fragt sich daher zunächst, ob er in einer Geisteswissenschaft und insbesondere in einer Kunstwissenschaft überhaupt sinnvoll — d. h. in sinnvoller Übertragung der Bedeutung, die er in den Naturwissenschaften hat — benutzt werden kann. Nun ist die Differenz zwischen Natur- und Geisteswissenschaften in diesem Falle ohnehin nicht so groß, da der Begriff aus Disziplinen stammt, die es mit Lebewesen zu tun haben. Man kann vermuten, daß, da auch der Mensch zu den Lebewesen gehört, vielleicht auch seine Schöpfungen, unter ihnen auch die künstlerischen Leistungen, von Gesetzen erfaßt werden können, denen er selbst und die Lebewesen gehorchen. Tatsächlich ist es so, daß sich diese Vermutung sehr bald als richtig herausstellt, — insbesondere in dem vorliegenden Falle. Denn betrachtet man die musikalischen Werke einmal im großen Zusammenhang, so sieht man sofort, daß sie sich in bestimmte Gruppen zusammenfassen lassen und daß auch innerhalb dieser Gruppen sich Untergruppen herausschälen lassen. So treten etwa alle Opern deutlich als zusammengehörig heraus und wenn man sie näher betrachtet, so zeigen sich auch weitere Unterarten, Opern, die ganz durchkomponiert sind, andere, die ein stilisiertes Rezitativ verwenden, wieder andere, die überhaupt nur gesprochenen Dialog zwischen ihre Arien setzen. Diese Erscheinungen kann man durchaus mit den biologischen Begriffen der Gattungen und der Arten beschreiben. Ja, die Ähnlichkeit bleibt auch bestehen, wenn man sich die historische Entwicklung der zur Behandlung stehenden Erscheinungen ansieht. Die biologischen Gattungen und Arten verändern sich ja nicht, aber von Zeit zu Zeit treten doch neue Eigenschaften bei ihnen auf, sie „mutieren" dann in eine neue Gattung bzw. Art. So auch in der Geschichte der musikalischen Gattungen: sie bleiben oft Jahrhunderte gleich, bis sie plötzlich in einem solchen Mutationssprung eine neue Eigenheit annehmen, die nunmehr bestehen bleibt (oder auch wie in der Biologie „rückmutieren", d. h. wieder wegfallen kann). So entsteht aus dem Organum die Motette, aus dieser die ganz verschiedene Renaissance-Motette, die eigentlich eine ganz neue Gattung ist und die sich bis heute noch nicht wieder wesentlich verändert hat.

Es entsteht daraus sofort die weitere Frage, wie die musikalischen Gattungen zu definieren sind, woran man sie erkennt und wie sie zu beschreiben sind, insbesondere wie sie sich gegeneinander voneinander abgrenzen lassen. Nun, auch hier wieder ergibt sich sofort zwanglos der Vergleich mit den biologischen Gattungen. Man geht von den kleinsten Einheiten, den Arten (oder, wenn man noch genauer sein will, den Unterarten) aus. Alle Wesen, die zu einer gewissen Art gehören, sind bestimmt durch die Merkmale, die ihnen allen gemeinsam sind. Vergleicht man nun die einzelnen Arten miteinander, so bemerkt man, daß es immer mehrere Arten gibt, die, wenn man ein gewisses Merkmal oder eine Gruppe von Merkmalen betrachtet, darin übereinstimmen. Diese Arten kann man füglich zu Gattungen zusammenfassen. Ebenso treten wieder mehrere Gattungen zu Familien zusammen, diese wieder zu Ordnungen, diese zu Klassen, und letztere endlich ergeben die Stämme. Die ganze Einteilungsmöglichkeit hängt naturgemäß daran,

auf welche Merkmale man jeweils rekurriert, aber die Natur hat die charakteristischen Merkmale so deutlich herausgebildet, daß das System, das
wir verwenden, tatsächlich als das „natürliche" erscheint. Betrachtet man
diese Hierarchie der Stämme, Klassen, Ordnungen, Familien, Gattungen und
Arten (hierzu eventuell noch die Unterarten oder Rassen), so zeigt sich,
daß Gattungen und Arten sehr enge Begriffe sind, die die kleinsten Einheiten
beschreiben. Wenn man daher dieses Einteilungssystem sinnvoll hätte übernehmen wollen, so hätte man zweifellos besser an höhere Ordnungen anknüpfen müssen, wenn man etwa für Oper, Sinfonie oder ähnliche umfassende Gebilde den parallelen Namen suchte. Denn überschlägt man einmal
kurz von oben anfangend, so könnte man Instrumentalmusik, Vokalmusik
und instrumental begleitete Vokalmusik etwa als die großen Stämme des
Musikreiches ansehen. Innerhalb der Vokalmusik sodann würde man die
lyrische Kunst (Lieder, Kantaten usw.) von der dramatischen (Oper, Oratorium usw.) abtrennen, diese Gruppen wären damit die Klassen, und Oper,
Oratorium usf. selbst würden den Ordnungen gleichzusetzen sein. Um möglichst weit herunter zu kommen, würde man jetzt etwa an die ästhetischen
Kategorien der Tragik, Komik usw. denken und die ernste Oper von der
heiteren unterscheiden, damit wären wir schon bei den Familien angelangt.
Nehmen wir nun unsere Zuflucht etwa zu den oben angedeuteten rein musikalischen Unterschieden in der Rezitativbehandlung, so entspächen etwa
Seccooper, Dialogoper und durchkomponierte Oper erst den Gattungen.

Die Gattungen sind nicht mit den Formen zu verwechseln, obwohl dieselben Bezeichnungen bei beiden erscheinen. Die Gattungen sind durch eine
größere Anzahl Merkmale definiert, unter denen die Form nur eines ist.
Aber die Form ist häufig so typisch für eine Gattung, daß man für die Form
ebenfalls den Namen der Gattung benutzt, — und das ist offenbar ganz
sinnvoll. So etwa besitzt der erste Satz der Sonate (und diese ist, rein formal
gesehen, identisch mit der Sinfonie) eine typische Form, die nur für ihn
charakteristisch ist und etwa in der Vokalmusik nicht begegnet. So ist es
berechtigt, dieser Form, die ja recht kompliziert ist und für die nach rein
formalen Gesichtspunkten nur sehr schwer ein einfacher und handlicher
Name zu finden wäre, den Namen der Gattung zu geben, mit der sie eng
verbunden ist. Aber freilich wäre es deutlicher gewesen, wenn die Formen
ihre eigenen Namen trügen, — selbst wenn man etwa neue Phantasienamen
für sie geschaffen hätte —, denn es kommt oft genug vor, daß Gattungen
ganz verschiedene Formen benutzen, — etwa der 1. Satz der barocken Sonate
ist nicht in der Sonatenform geschrieben, sondern in der zweiteiligen Liedform. Das sind eben die Mutationen, die verschiedene Gattungen erzeugen,
— Formen sind gewiß für Gattungen charakteristisch, aber dann hätte man
mit dem Übergang der Gattung auf eine neue Form auch einen neuen Gat-
tungsnamen einführen müssen.

So wie man die Entwicklungsgeschichte der Tiere und Pflanzen verfolgt, so kann man auch versuchen, dem Wesen der musikalischen Gattungen von der Geschichte her näherzukommen. Insbesondere darf man hoffen, aus ihrer Entstehung das ihr Wesen Kennzeichnende zu erfahren. Damit kommt man freilich an ein sehr schwieriges Problem, das der Entstehung der Musik überhaupt, — denn es ist anzunehmen, daß die Gattungen schon von vornherein existiert haben.

Betrachtet man die Musik hierbei zunächst als Ausdruck — denn da die ausdruckhafte Seite der Musik die primitivere ist, wie wir gesehen haben —, so wird man also den einfachsten sich in Tönen äußernden Ausdruck suchen. Das kann z. B. eine Schmerzäußerung sein, weil uns etwas von außen verletzt hat, aber es gibt ja auch heftige innere Schmerzen, die uns eine Klage entlocken, — und wenn jener Steinzeitmensch schon Kunstverständnis hatte, so mag er wohl auch schon ein schönes Abendrot mit einem bewundernden „Ah" anerkannt haben. Hier wäre die Musik dann reiner Ausdruck, also damit tatsächlich reine Kunst ohne einen Zweck (sondern nur aus einer Ursache), und es scheint sich das merkwürdige Ergebnis zu präsentieren, daß die Auffassung der Kunst als l'art pour l'art schon eine Seite der allerprimitivsten Lautäußerung richtig kennzeichnet. Wenn man die Linie dieser gefühlsäußernden Musik weiterverfolgt, so kommt man zum Lied, das jemand aus Freude singt, also — zur musikalischen L y r i k.

Aber für den Primitiven ist die Musik nicht nur Gefühlsäußerung, für ihn kann Gefühlsäußerung auch wieder Gefühl hervorrufen — ebenso wie für uns — und damit weit über Gefühle hinausgehende Wirkungen jeder Art erzeugen. Es läßt sich von diesem Gedankengang aus verstehen, daß man mit Musik Kranke heilen kann — davon hat sich inzwischen auch die moderne Medizin überzeugt —, daß man insbesondere Nervenkrankheiten mit ihr beruhigen kann — dieses Rezept wandte schon David an. Von der aber viel weitergehenden Macht der Musik haben wir heute keine hohe Meinung mehr, — nur in gewissen kritischen Momenten unseres Lebens halten wir es doch für geratener, die uralten Gepflogenheiten der Menschheit nicht zu verachten und so lassen wir etwa bei Geburt, Hochzeit, Tod u. a. musikalische Segensformeln über uns sprechen. So wird aus dem wundertätigen Zauberer der religiöse Priester, so entsteht aus der Beschwörungsformel das sprachlich formulierte R e z i t a t i v. Besonders wirkungsvoll ist von jeher der Bericht einer entsprechenden Handlung, die den Zauber und die Heilung schon einmal bewirkt hatte, gewesen. Deswegen erzählte man die großen Taten der Götter und so haben in Indien die Melodien Wunderkraft, weil sie einem Gott dabei einfielen, als er das betreffende Wunderwerk gerade tat. Man sieht, daß auch das E p o s denselben Ursprung wie das liturgische Rezitativ besitzt und daß es ebenso von Anfang an auch mit der Musik verbunden gewesen ist.

Um zu wirken, wenn schwierige Fälle vorliegen, und die Kraft der Melodie vielleicht nicht ausreicht, den bösen Geist der Krankheit zu vertreiben, bedarf es stärkerer Mittel, — dann muß zur Musik die beschwörende Gebärde hinzukommen. Dann müssen die magischen Kräfte eintreten, die in uns ruhen, und sie müssen in Mimik und Bewegung des Körpers auf den anderen ausstrahlen. Daraus entwickeln sich die Mysterienspiele und am Ende dieser Entwicklung steht das Drama, das noch in der Antike mit der Musik verbunden war. Seine Fortsetzung — nach etlichen Unterbrechungen und Umwandlungen — ist aber die moderne Oper. Auch das Mittelalter kannte das „Spiel" und hier standen die liturgischen Dramen noch im lebendigen Zusammenhang des Gottesdienstes ebenso wie der liturgische Tanz, den wir oben schon berührt haben.

So sind Tanz, musikalisches Drama und Oper die Entwicklungen des mit Gesten begleiteten Rezitativs. Aber noch eine Gattung gehört hierhin, die denselben Zusammenhang von Musik und Handlung besitzt, auch wenn nur noch die Musik real vorhanden ist, die sinfonische Dichtung. Sie legt der musikalischen Fortentwicklung ein „Programm" zugrunde, d. h. eine Handlung, die in der Musik dargestellt wird. Sie ist also ein musikalisches Drama mit vergeistigter Handlung, — eine Oper, bei der nur der Orchesterpart gespielt wird. Offensichtlich eine aparte Sache! So hat sie denn auch der ästhetischen Musiktheorie die größten Schwierigkeiten bereitet und so wie die einen Komponisten nicht müde geworden sind, den Beweis ihrer inneren Logik zu erbringen, haben die anderen ihr mit demselben Eifer jede Daseinsberechtigung abgesprochen. Offenbar spielt dabei eine entscheidende Rolle die Art, wie die Handlung in der Musik dargestellt wird. Einerseits kann die Musik sich die Aufgabe stellen, den Stimmungsgehalt der Handlung zu verfolgen und damit sozusagen den Verlauf der seelischen Handlung nachzuzeichnen. Dazu ist die Musik imstande, — das liegt noch ganz im Bereich ihrer ausdruckshaften Möglichkeiten. Freilich ist aus der Darstellung der seelischen Hintergründe die Handlung selbst nicht zu entnehmen. Diese muß der Hörer daher vorher wissen bzw. auf dem Programmzettel verfolgen. Das ist offenbar eine häßliche Unvollkommenheit der Gattung. Infolgedessen hat die „Programmusik" immer wieder versucht, auch die Handlung selbst musikalisch anzudeuten. Schon die antike Musik hat den Kampf Apolls mit dem Drachen in Tönen dargestellt, und es ist anzunehmen, daß man mit besonderen Instrumentaleffekten des Aulos, der diese Szene musikalisch ausführte, einige Züge der Handlung imitierte. Auch wenn in Beethovens „Pastoralsymphonie" die Vögel zwitschern, handelt es sich um die Heranziehung solcher Effekte, auch wenn Beethoven selbst vorschreibt, daß mehr auf „Empfindung und Ausdruck" dabei Wert zu legen ist. Am virtuosesten hat Richard Strauss diese Dinge gehandhabt und die Partituren seiner sinfonischen Dichtungen sind das Vollendetste, was auf diesem Gebiete zu erreichen ist. Und doch ist es so, daß auch in ihnen das Programm nicht erkannt werden kann, wenn man lediglich die Musik vor sich hat. Es sind schließlich doch immer nur einige besondere Augenblicke der Handlung, die sich in der Musik darstellen lassen, und ohne den verbindenden Kommentar ist es dem Zuhörer unmöglich, den vom Komponisten ins Auge gefaßten Zusammenhang zwischen den einzelnen Effekten herzustellen. In Erkenntnis dieser Mängel der Gattung sind viele Komponisten dazu übergegangen, der sinfonischen Dichtung außerdem noch eine exakte Form überzustülpen. Das läßt sich besonders dadurch erreichen, daß man von vornherein das Programm entsprechend einrichtet, so daß die stimmungsmäßigen Gehalte so wiederkehren, daß sich eine zwei- oder dreiteilige sinfonische Form ergibt. Liszt, Smetana u. a. sind Meister dieser Technik, der sinfonischen Dichtung ein formales Kleid zu geben, das die ästhetische Rechtfertigung der Gattung garantieren soll.

Aber manchmal sind die bösen Geister so hartnäckig, daß auch die beschwörenden Gesten sie nicht vertreiben können. Dann hilft nur noch eins, wenn überhaupt Hilfe zustande kommen soll, — das Heranziehen wirksamer Instrumente, die größere Effekte erlauben als der Mensch sie herstellen kann. Flöten etwa erzeugen grelle Töne, die auch den Geistern das Mark in den Knochen erschauern lassen, und die Trommel gehört zum wirksamen Requisit jedes Zauberers. Wenn der beschwörende Gesang mit dem Zauberinstrument kombiniert wird, stehen wir an der Wurzel der i n s t r u m e n t a l b e g l e i t e t e n V o k a l m u s i k , und wenn die Instrumente allein in Aktion gesetzt werden, entsteht die r e i n e I n s t r u m e n t a l m u s i k , — man denke an die Klarinette des Schlangenbeschwörers.

Damit haben wir die Wurzeln der musikalischen Gattungen bei der Entstehung der Musik schon festgestellt. Was uns noch fehlt, wäre die Rolle der Besetzung. Der Zauberer ist ja Solist. Aber er wirkt im Angesicht der Gemeinde, die ihren Gefühlen genauso Ausdruck verleiht, und so kommt es auch im Anfang bereits zur C h o r m u s i k , deren einzelne Gattungen unter diesem Gesichtspunkt hier aber nicht mehr weiterverfolgt werden sollen.

Eine besondere „Gattung" ist aber auch hier wieder nicht vorgekommen, die „Volksmusik". Sie läßt sich nicht herleiten aus den angegebenen Vorgängen, da in diesen die sozialen Bedingungen keine Rolle spielten, sondern nur die Verteilung der Vorgänge auf die dabei Mitwirkenden. Es entstand also wohl die Gattung der Chormusik, oder, um es noch anders zu formulieren, der liturgische Gemeindegesang. Der soziologische Gesichtspunkt ist eben ein außermusikalischer, nicht autochthoner, und als solcher kann er sich nicht bei Überlegungen ergeben, die nur innerkünstlerische Prinzipien von vornherein zulassen. Trotzdem spielen die soziologischen Verhältnisse naturgemäß auch in der Kunst eine große Rolle und die sich hier ergebenden Probleme verdienen das aufmerksamste Interesse der Wissenschaft.

In diesen Darstellungen haben sich also als Gattungen der Musik ergeben das Lied, das Rezitativ und das ihm ähnliche Epos, musikalisches Drama und Tanz, die sinfonische Dichtung, die instrumental begleitete Vokalmusik und die reine Instrumentalmusik. Betrachtet man diese Gattungen jetzt nicht historisch in ihrer Entstehung, sondern systematisch, so ergibt sich leicht ihre wesenhafte Ordnung. Denn offensichtlich ist das Einteilungsprinzip das des Zusammenwirkens der verschiedenen Künste. In der Gruppe der reinen Musik entsteht so die Gattung der echten Instrumentalmusik. Tritt die Dichtkunst zur Musik hinzu, so ergeben sich drei verschiedene musikalische Gattungen, je nachdem man die drei literarischen Gattungen der Lyrik, Epik oder Dramatik mit der Musik kombiniert. Die musikalische Lyrik verkörpert sich im Lied, die musikalische Epik im Rezitativ, die musikalische Dramatik in der Oper. Endlich kann man die Musik mit der Gebärdenkunst, dem Tanz, verbinden und gewinnt so das musikalische Tanzspiel.

Diese Gattungen der Musik sind freilich z. T. noch nicht die Gattungen, die wir gewöhnlich meinen, wenn wir diese Bezeichnung anwenden, Sinfonie, Fuge, Tokkata, Oratorium, usw., — um nur einige Namen zu nennen, die bisher noch nicht vorgekommen sind. Hier müssen also noch weitere Gesichtspunkte herangezogen werden. Als solche bieten sich Arten der musikalischen Kompositionstechnik an. Der allgemeinste Gegensatz ist da der von einstimmig und mehrstimmig. Im Mehrstimmigen wieder läßt sich Homophonie und Polyphonie als grundlegender Unterschied erkennen, — die Methode, entweder eine Stimme als die Hauptstimme zu betrachten und die anderen als sie ergänzend oder unterbauend zu führen, oder aber alle Stimmen möglichst selbständig agieren zu lassen, wobei sie wieder mehr oder weniger gegenseitige Rücksicht nehmen können. In der Instrumentalmusik entstehen weitere Unterteilungen, indem man die Art der Bewegung als Bestimmungsmerkmal mit hineinzieht. So erhält man innerhalb der homophonen Instrumentalgattungen einerseits die Sinfonie mit ihrem getragenen Stil, andererseits die Suite mit ihrer Übernahme der tänzerischen Bewegungsarten. Aber die Suite kann ebenso polyphon gestaltet werden, — denn auch bei selbständiger Führung der Stimmen können diese sich einer Rhythmik bedienen, die für bestimmte Tänze charakteristisch ist. Wenn wir in dieser Weise fortschreiten, erhalten wir, wenn wir genügend verschiedene Einteilungsprinzipien kombinieren, tatsächlich alle verschiedenen Gattungen, die im Laufe der Geschichte in der Musik entstanden sind.

Diese Arbeit der Klassifikation von oben nach unten ist eine umständliche Sache. Sie ist aber auch unlogisch. Denn sie setzt im Grunde bereits die Kenntnis sämtlicher Gattungen voraus, — denn ohne die vorherige Kenntnis der Gattungen findet sie gar nicht die richtigen Prinzipien, die alle entstehenden Gattungen immer wieder weiter unterteilen, bis man auf die letzten kleinsten Gattungen kommt. Aber zugleich zeigt sich noch ein weiterer Nachteil. Wenn man die Unterteilung in dieser Weise durchführt, erhält man nicht nur die historisch verwirklichten Gattungen, sondern bei der Vielfalt der Unterteilungsgrundsätze auch eine Unmenge von Gattungen, die in der Geschichte gar nicht existert haben, — denn diese hat nicht die Absicht gehabt, die Vielfalt aller vorhandenen Möglichkeiten in der Wirklichkeit bereits voll auszuschöpfen. Die Menge der noch nicht verwirklichten Möglichkeiten wird daher die Zahl der in der Tat vorhandenen Realisationen bei weitem und um ein Vielfaches übertreffen. Wenn man also in der Weise vorgeht, daß man von oben nach unten immer weiter unterteilt, so wird man auf diese Weise alle Möglichkeiten erhalten, die bei den angewandten Unterteilungsgesichtspunkten denkbar sind, — deren meiste aber noch gar nicht in der geschichtlichen Entwicklung real geworden sind. Daher ist offenbar der umgekehrte Weg der richtige. So wie die Biologie die tatsächlich heute vorhandenen und in den prähistorischen Zeiten versteinerten Gattungen betrachtet, die eine säuberlich mit der nächsten bzw. mit allen anderen vergleicht und dabei allmählich auch die Prinzipien der Zusammenfassung zu höheren Einheiten (die ja mit den Prinzipien der späteren rückwärtigen Unterteilung in der Überschau und Systematisierung des Ganzen identisch sind) mit erarbeitet, so muß auch die Musikwissenschaft alle heute gebräuchlichen Gattungen der Musik zusammenstellen und diese Liste ergänzen durch die Reihe der fossilen, heute nicht mehr in Übung befindlichen ausgestorbenen Gattungen. Erst durch Vergleich aller Gattungen sind dann wieder die überhaupt nötigen Zusammenfassungsprinzipien festzustellen und so braucht man sich nicht mit mehr Material zu beschäftigen als historisch relevant ist. Diese Aufgabe setzt aber damit die Durchsuchung der ganzen Musikgeschichte nach Gattungen voraus. Es fragt sich, ob dabei nicht wieder wesentliche Vereinfachungen eintreten, wenn man als eines der Einteilungsprinzipien das der historischen Abteilung in Epochen verwendet. Es ist zu vermuten, daß es nicht nötig sein wird, etwa alle zehn Jahre einen Querschnitt durch die Geschichte der Musik zu legen und darin alle Gattungen aufzusuchen, sondern daß es genügt, erst die Entwicklung der Musik zu periodisieren und dann lediglich die einzelnen Perioden nach Gattungen anzusehen. Damit aber werden Periodisierung und Systematisierung reziproke Begriffe, denn es ist umgekehrt anzunehmen, daß die Periodisierung der musikalischen Geschichte wieder wahrscheinlich gerade nach den in den einzelnen Epochen vorhandenen oder führenden Gattungen vorzunehmen ist.

3. Persönlichkeit und Zeitgeist

Wenn man unter Stil einfach jede durch Merkmale festgelegte Erscheinung versteht, so kann man auch die Gattungen unter den Begriff des Stils subsumieren, — und tatsächlich hat man öfter von Gattungsstil gesprochen. Aber trotzdem liegen hier noch feinere Unterschiede, die man berücksichtigen sollte. Gewiß ist vieles lediglich eine Sache der Definition, aber Definitionen müssen nicht nur praktisch verwendbar sein, sondern in sich auch wieder ein möglichst logisches und anschauliches Begriffssystem ergeben. Dann ist aber zu sagen, daß **Persönlichkeit und Zeit** nicht auf derselben Ebene stehen wie die Gattungen. Die Gattungen werden rein durch künstlerische Merkmale definiert und ebenso kann man mit Hinzunahme von weiteren Merkmalen auch Untergattungen definieren. Aber der Einfluß der Zeit und die wirkende Formung einer Persönlichkeit sind keine musikalischen Faktoren. Von den Merkmalen herkommend, könnte man denken, daß sich durch Spezialisierung der rein musikalischen Merkmale in den Unterarten noch wieder kleinere Gruppen von Kunstwerken herauszuschälen vermöchten, die für eine bestimmte geschichtliche Epoche charakteristisch sind, und daß man in diesen so definierten Einheiten wiederum durch Unterteilung auf Grund musikalischer Merkmale zu Untergruppen kommt, die die Kompositionen eines Komponisten umfassen. Von der Sinfonie käme man so zur Barocksinfonie, Klassischen Sinfonie, Romantischen Sinfonie usw. und als Unterabteilung dieser „Arten" erhielte man die Unterarten der Bachschen Sinfonie, der Händelschen Sinfonie, der Beethovenschen Sinfonie usf., und wie groß diese Unterschiede sind, erkennt man, wenn man eine neapolitanische Sinfonia gegen eine Mozartsche Sinfonie hält. Und durch noch weitere Unterteilung könnte man etwa die Werke der verschiedenen Lebensalter eines Komponisten — etwa seine Frühwerke, die Werke seiner Reife und seine Spätwerke — herauskristallisieren und die letzte weitere Unterteilung würde dann nur die einzelnen Kompositionen als Individualitäten übriglassen, womit man an der Grenze der Unterteilbarkeit angelangt wäre.

Daß diese Denkweise, so unwiderleglich sie auf den ersten Augenblick aussieht, doch falsch ist, hat die moderne Philosophie und Psychologie gezeigt. Denn das Grundprinzip der Unterteilung ist ja das einer Hinzunahme eines oder mehrerer spezieller Merkmale, durch die sich die Untergattungen voneinander unterscheiden ließen. Dann würde das Verfahren des Übergangs von der Gattung auf die zeitlich gebundene Gattung aber voraussetzen, daß man die Zeiten sowohl in sich wie gegeneinander durch ein Merkmal oder wenigstens durch eine Gruppe von Merkmalen definieren könnte. Und ganz ebenso müßte man zur Vornahme etwa der Aussonderung der Beethovenschen Sinfonien aus den klassischen Sinfonien den Stil der Beethovenschen Sinfonien als eine Summe von musikalischen Merkmalen angeben können, damit man auf Grund der Kenntnis der Merkmale die richtige Auswahl träfe. Man müßte also Zeiten und Personen durch Komplexe von Merkmalen definieren können. Das kann man aber offenbar nicht.

Nehmen wir, ehe wir uns zur Musik wenden, als Beispiel die verwandte Disziplin der Kunstwissenschaft! Früher sah man im Spitzbogen das charakteristische Merkmal der Gotik. Aber hatte man damit wirklich die Gotik definiert? Keineswegs, denn der Spitzbogen findet sich auch in der Architektur anderer Kulturen, etwa der maurischen (aus der er möglicherweise in die gotische Baukunst übernommen wurde), und ebenso wird er auch nach dem Ende des Mittelalters noch teilweise sogar sehr lange weiterbenutzt. Gewiß kann man einen Stil durch ein Merkmal definieren, aber das Beispiel zeigt deutlich, daß der Stil dann wieder nicht identisch mit dem Geist der Zeit, in diesem Fall des zentralen Mittelalters, ist.

Ganz ähnlich liegen die Verhältnisse in der Musik. Welches ist das Merkmal oder die Gruppe von Merkmalen, die charakteristisch für die Musik des Barock oder die Musik des 16. Jahrhunderts ist? Man könnte versuchen, auch hier wieder durch Untersuchung aller Kunstwerke einer Zeit und Herausschälen der ihnen allen gemeinsamen Merkmale zum Ziel zu kommen. Nicht anders verhält es sich mit dem Persönlichkeitsstil. Man würde meinen, aus allen Werken eines Komponisten die für ihn charakteristischen Züge in derselben Weise eliminieren zu können. Aber es ergeben sich stets dieselben Schwierigkeiten: die Merkmale, die man zuerst für kennzeichnend hält, erweisen sich bald als auch woanders noch ebenso vorhanden, und wenn man die Kombination von Merkmalen sucht, die bezeichnend sein müßte, so ergibt sich, daß sie wiederum nicht die ganze Dauer des Zeitraums füllt, sondern sich anscheinend fortwährend ändert. Daher erweist es sich am Ende als eben doch unmöglich, die Musik von Zeiten und Personen durch Merkmale zu charakterisieren.

Das leuchtet schnell ein, wenn man bedenkt, daß es ganz ebenso ja auch unmöglich ist, eine Zeit oder eine Persönlichkeit mit Merkmalen zu beschreiben. Gewiß findet man immer Züge, die einem an einem Menschen besonders auffallen und die uns damit als für ihn besonders charakteristisch erscheinen. Aber ebenso wird man sehen, daß dieselben Züge auch bei anderen Menschen begegnen. Sucht man einen Menschen aber durch eine Summe von Merkmalen zu bestimmen, so müßte man wohl unendlich viele Merkmale heranziehen, ehe man die für ihn charakteristische Vollständigkeit erreicht hätte. Dabei aber würde man trotzdem finden, daß der Begriff des Merkmals selbst nicht ausreicht. Denn die Summe von Merkmalen, etwa gut, fleißig, usw., ist es gar nicht, die für den Menschen charakteristisch ist, sondern die Persönlichkeit äußert sich in der eigentümlichen Art der Güte, des Fleißes usw., und diese individuell charakteristische Nuance läßt sich nur fühlen, aber nicht explizit beschreiben. So etwa ist die Art seines Ganges für einen Menschen charakteristisch, aber diese läßt sich nur erleben, — es ist nicht möglich, sie mit Begriffen so genau zu beschreiben, daß wir sie uns exakt vorstellen können. Noch viel schwieriger aber ist es, etwa eine Gefühlsstimmung oder eine Charaktereigenschaft auch nur im allgemeinen umreißen zu wollen.

Dieser Art ist aber nun gerade die Aufgabe, die Musik eines Komponisten oder einer Zeit zu charakterisieren. Denn wenn die Musik Ausdruck wäre, so würde es nach dem Gesagten schon unmöglich sein, sie überhaupt zu kennzeichnen; aber sie ist nicht selbst Ausdruck, sondern mehr oder weniger ausdruckhaft bestimmt, was offenbar noch weniger begrifflich festzulegen ist; und wieviel dieses unbestimmt Ausdruckhafte seinerseits wieder von der Persönlichkeit und andererseits von dem Zeitgeist durchscheinen läßt, das ist offenbar ein Problem, das noch wieder eine Schicht tiefer liegt. Ein Beispiel wird das zeigen. Wir haben ein gutes Gefühl dafür, wie etwa eine Schubertsche Komposition klingt, und oft genug erkennen wir sie sofort, wenn wir ein Schubertsches Werk hören, ohne zu wissen, daß es ein solches ist. Aber es wird uns schwerfallen anzugeben, wodurch wir den Komponisten in seinem Werk bestimmt haben. Wir erkennen, um ein berühmtes Beispiel zu nehmen, die Musik Brahms' nicht an den Terzen und Sexten — so wie man die Gotik nicht durch den Spitzbogen definieren kann —, sondern die Art, wie die Terzen und Sexten verwendet werden, ist brahmsisch — so wie die bestimmte Auffassung des Spitzbogens gotisch ist im Gegensatz etwa zur arabischen. Bei diesem gefühlsmäßigen Beurteilen von Musik ergibt sich aber eine weitere, interessante Schwierigkeit: selbst wenn wir genau wissen, von wem ein Musikwerk stammt, so wird es uns beim Anhören doch manchmal so gehen, daß wir an einen anderen Komponisten erinnert werden. Ganz ebenso erinnert uns ein bestimmter Mensch manchmal sogar immer wieder an einen bestimmten anderen, ohne daß wir stets genau sagen können, worauf die Ähnlichkeit beruht. So finden wir entsprechend in der Musik viel Ähnlichkeit etwa zwischen Haydn und dem jungen Beethoven und andererseits wieder zwischen manchem von Beethoven mit solchem von Schubert. Hier das Gemeinsame begrifflich zu treffen und andererseits wieder das Unterscheidende explizit zu fassen, ist unmöglich. Der persönlich bestimmte und der epochenmäßig gebundene Charakter eines Kunstwerks lassen sich also nicht mit Begriffen beschreiben, sondern nur erfühlen. Die „Einfühlung" ist tatsächlich ein entscheidender Bestandteil des künstlerischen Genusses und sie ist eben nicht durch verstandesmäßige Erfassung ersetzbar.

Aber trotzdem ist damit das Problem der **Periodisierung der Geschichte** nicht ad absurdum geführt. Denn um die Geschichte in Epochen zu gliedern, brauchen wir nicht jede Zeit begrifflich in ihrem Wesen zu erfassen und explizit von der ihr vorangehenden und der ihr folgenden abzugrenzen. Da wir die Grundelemente der Musik am einzelnen Ton von der Natur vordemonstriert erhalten und die verschiedenen Seiten des musikalischen Kunst-

werks daraus in einer wissenschaftlich bedenkenfreien Weise erwachsen
sehen, so können wir uns für die Beurteilung des Prinzipiellen im Verlauf
der sozusagen Weltgeschichte der Musik auf die Heranziehung auch nur
des Elementaren in den definierenden, aber in ihrer Gesamtheit nicht zu
erfassenden musikalischen Eigenschaften beschränken. Damit bekommen wir
freilich auch nur die großen zwei, drei oder vier Epochen der Musikgeschichte heraus, — aber die Festlegung dieser großen Zeiträume ist dann das
Fundament, auf dem man auf Grund anderer Einteilungsprinzipien kleinere
Zeiträume charakterisieren kann. Dazu muß man dann enger begrenzte Einteilungsprinzipien heranziehen, die nur in dem betreffenden Zusammenhang
von Bedeutung sind. Nehmen wir nochmals das Beispiel des „gotischen"
Spitzbogens, so ist in dem kleineren Raum Frankreichs und des sich ihm
anschließenden Mitteleuropas die Heranziehung des Spitzbogens als definierenden Merkmals keineswegs unnütz, denn auf diesem engeren Gebiet läßt
sich die Ablösung der Romanik durch die Gotik vollkommen einwandfrei
durch die Verdrängung des Rundbogens durch den Spitzbogen kennzeichnen.
Wenn auch der Geist der Gotik damit nicht erfaßt wird, so ist doch in
zureichender Weise ein Haupteinschnitt zur Periodisierung der mittelalterlichen Kunstgeschichte auf dem Gebiet der Baukunst gefunden. Ganz ähnlich
können wir hoffen, auch in der Geschichte der Musik auf Erscheinungen zu
stoßen, die uns hier ähnliche Epocheneinteilungen ermöglichen. Ob diese
dann freilich mit denen der Kunstgeschichte übereinstimmen, ist zunächst
fraglich, — ebenso wie es nicht selbstverständlich ist, daß bereits die Einteilungen innerhalb der Kunst, etwa der Baukunst mit der Malerei usw.,
zu denselben zeitlichen Gliederungen führen.

Zur Festlegung der ganz großen Zeiträume der Musikgeschichte, der
musikalischen Vorgeschichte, des musikgeschichtlichen Altertums, Mittelalters,
der musikgeschichtlichen Neuzeit und Moderne darf man demnach nur die
Fundamentaleigenschaften des musikalischen Kunstwerks selbst heranziehen.
Da Dynamik und Klangfarbe ohnehin nur eine sekundäre Rolle spielen,
scheiden auch sie für diese Gliederung in musikgeschichtliche Zeitalter aus,
sind aber naturgemäß dann wahrscheinlich um so brauchbarer für die Untergliederung der Zeitalter in Epochen. Melodik-Harmonik und Rhythmik
sind noch wieder verschiedenwertig, — das eigentlich musikalische Bauele-
ment ist die Tonhöhe; und damit scheidet auch die Rhythmik zunächst als
Haupteinteilungsprinzip aus. Melodik-Harmonik sind im Elementarsten
aber auf das Tonsystem fundiert, das den feineren funktionalen Beziehungen
der Töne untereinander innerhalb einer Tonart wieder nur die stoffliche
Basis gibt; dadurch treten auch die tonalen Beziehungen als höhere Bestim-
mungsformen im Kunstwerk gegenüber dem primitiveren Baustein des Tonsystems zurück. Somit ergibt sich am Ende, daß wir das Tonsystem als das
grundlegendste Merkmal im Kunstwerk anzusehen haben und es folglich

das für die Gliederung der Musikgeschichte in Zeitalter das angemessene Einteilungsprinzip ist.

Legen wir nunmehr das Prinzip des Tonsystematischen zugrunde, so läßt sich sofort die m u s i k g e s c h i c h t l i c h e Prä h i s t o r i e definieren als die Zeit, in der die Menschheit noch überhaupt kein Tonsystem benutzte, sondern die Gestaltung der jeweiligen Höhe der Töne der Stimmung und dem Ausdruckswillen des Ausführenden als künstlerisches Mittel zur Verfügung stellte. Hiermit geht parallel, daß die Musik in diesem Zeitraum der frühesten Menschheitsgeschichte noch nicht immer rein musikalischen Zwecken diente, sondern vor allem ein Instrument des Zaubers und der Magie war. Mit dem Tonsystem beginnt also das musikalische Altertum und dieses ist zugleich der Anfang der Musik als einer Kunst. Damit fällt der Zeitraum der Vorgeschichte freilich nicht mit dem der allgemeinen Geschichte zusammen. Diese hat früher definiert, daß die Vorgeschichte die überlieferungslose Zeit ist, — daß die Geschichte erst mit der Erfindung der Schrift beginnt. Aber das historische Selbstbewußtsein kann auch schon bei Menschen vorhanden sein, die ihre Historie nur mündlich überliefern. Die Unterscheidung mündlicher und schriftlicher Überlieferung würde uns ja wieder auf das Problem des Volksliedes und des Kunstliedes im Musikalischen führen und diese Terminologie scheint in der Tat zu meinen, daß das Volkslied keine Kunst ist, woraus unter dem Gesichtspunkt unserer Gliederung der Geschichte der Musik in Zeitalter folgen würde, daß das „Volk" musikalisch noch in der Vorgeschichte lebte (was bei der auch heute noch immer erheblichen Bedeutung von Magie und Astrologie gar nicht so widersinnig erschiene). Aber wir haben schon den Unterschied zwischen mündlicher und schriftlicher musikalischer Überlieferung als sekundär abgelehnt, — in der Tat zeigt zumindest das europäische Volkslied in mehreren musikalischen Faktoren eine bereits sehr hohe künstlerische Durchgestaltung, sowohl im Harmonisch-Tonalen wie im Melodisch-Formalen, wie im Rhythmischen.

Das musikalische A l t e r t u m beginnt demnach mit der Entstehung der Tonsysteme. Es kommt also allen großen Kulturen der alten Welt, auch wenn sie weder Schrift noch Notenschrift kannten, eine musikalisch bereits erhebliche Entwicklungshöhe zu. Für die Unterteilung dieses Zeitalters sind oben schon die angemessenen Prinzipien entwickelt worden. Die beiden großen Klassen der temperierten und der reinen Tonsysteme bieten sich hier von selbst an. Es ist auseinandergesetzt worden, daß die temperierten Tonsysteme als auf dem Lagegefühl des aufnehmenden Innenohres beruhend wesentlich fundamentaler sind als die reinen Systeme, die sich bereits auf die gefühlsmäßige Beurteilung des Klanges gründen und hierbei vor allem schon die Entwicklung mehrstimmiger Musizierpraktiken voraussetzen, da erst im Zusammenklang die hier eine Rolle spielenden Feinheiten im Klangaufbau zur Geltung kommen. Aus dem geschichtlichen Zusammentreffen beider Tonsystemarten ließ sich dann eine ganze weitere Gattung von Tonsystemen erklären, unter ihnen als wichtigste die Enharmonik der kleineren Intervalle, insbesondere der Vierteltöne, Dreivierteltöne usf.

Wenn wir nun die weitere Entwicklung der außereuropäischen Musik aus dem Auge lassen und den Blick nach Europa wenden, in dem sich nunmehr die weitere Entwicklung der Musik vollzieht, so muß man jetzt die feineren Unterschiede innerhalb des reinen Systems in Betracht ziehen. Schon das Altertum hatte die beiden verschiedenen Arten des reinen Systems herausgebildet, deren eine nur die Quint zugrunde legt — das sog. pythagoreische System —, deren andere auch die Terz als Konsonanz mit hinzunimmt. In Griechenland waren beide Teilungen und noch eine Reihe weiterer Zwischenlösungen nebeneinander in Gebrauch. Das Mittelalter ist dann gekennzeichnet durch die Alleinherrschaft des pythagoreischen Tonsystems. Das ist bezeichnend insbesondere auch für die Mehrstimmigkeit des Mittelalters, die nur die Oktav und die Quint (nebst Quart) als konsonante Intervalle anerkennt und auf den schweren Taktteilen benutzt, während die Terzen als dissonant die Übergänge auf den leichten Taktteilen vollziehen oder aber als Vorhalte auf dem schweren Taktteil besondere Wirkungen erzielen. In dieser Beschränkung auf die Quint ist das europäische Mittelalter also primitiver als die indische Musik, die schon im Altertum mit ihrer 22stufigen Temperatur versuchte, Quint und Terz gleichzeitig rein zu stimmen. Andererseits befindet es sich darin in bemerkenswerter Übereinstimmung mit der arabischen Musik, die auch ihre gesamte Musiktheorie allein auf die Quinte basiert (und die beiden Terzen ja sogar z. T. überhaupt vermeidet und durch die neutrale Terz ersetzt).

Der Beginn der musikalischen Neuzeit wäre dann in Europa charakterisiert durch die Reinstimmung der Terz, die sich etwa 1480—1500 durchsetzt. Damit befinden wir uns in glücklicher Übereinstimmung mit der Einteilung der allgemeinen Geschichte, die ebenfalls mit der Renaissance die Neuzeit beginnen läßt. Für das 16. und 17. Jahrhundert ist in der Musik besonders kennzeichnend die merkwürdige Tatsache, daß — da die Konsonanz der Terz und der Quint ja nicht in der der Oktav aufgeht und reine Terzen und Quinten in einem System vereinigt nur sehr begrenzte harmonische Möglichkeiten ergeben — die Renaissance, um die Reinheit der Terz in jeder Hinsicht zu bewahren, auf die Konsonanz der Quint verzichtet und sie nach der Terz temperiert. Diese mitteltönige Temperatur ist damit der reinste Ausdruck des a-cappella-Ideals der Renaissance.

Demgegenüber bedeutet es also einen ganz einschneidenden Wechsel, wenn gegen 1700 das zwölfstufig temperierte System den höheren Wert wieder auf die Quinte legt. Gegenüber der reinen Quinte von 702 C war die mitteltönige Quinte der Renaissance mit ihren 696 C um 6 C zu klein, ein Unterschied, der gerade an der Grenze des Wahrnehmbaren liegt. Die zwölftönig temperierte Quinte ist mit 700 C nur um 2 C kleiner. Die Terz dagegen ist mit 400 C 14 C größer als die reine von 386 C. Damit ist die Konsonanz der Terz de facto wieder aufgegeben worden. Tatsächlich bedeutet die Einführung der Zwölfertemperatur fast eine Rückkehr zum pythagoreischen System des Mittelalters; denn in diesem hatte die Terz die Größe von 408 C und die Differenz dem zwölftönigen System gegenüber beträgt nur 8 C.

Ebenso wie sich auf Grund der herrschenden Tonsysteme im Altertum eine Unterteilung ergab, so also zerfällt auch die Neuzeit unter diesem Gesichtspunkt in zwei Hälften. Wenig befriedigend ist aber, daß der Beginn der zweiten Unterepoche nicht mit den Einteilungen zusammenfällt, die andere Wissenschaften, insbesondere die Kunstwissenschaften, entwickelt haben, ja, daß er nicht einmal zusammentrifft mit der Gliederung, die die Musikgeschichte auf Grund anderer stilistischer Prinzipien entwickelt hat. Denn Andreas Werckmeisters „Musikalische Temperatur" erschien 1691, die Kunstwissenschaft aber setzt den Beginn des Rokoko auf 1720. Freilich kommt man dahin, wenn man das erste vollgültige musikalische Werk der neuen Epoche nimmt, Johann Sebastian Bachs Wohltemperiertes Klavier, dessen 1. Teil 1720 bis 1722 entstand. Demgegenüber rechnet die Musikgeschichte das Barockzeitalter bis 1750, um hier die Klassik zu beginnen, was demnach noch weniger mit der Gliederung der Kunstgeschichte übereinstimmt. Freilich wirken die Begründer des neuen Stils schon früher, Carl Philipp Emanuel Bach geht 1738 nach Berlin, Johann Stamitz war 1742 in Frankfurt, von wo er nach Mannheim ging. Aber auch mit 1740 kommen wir noch nicht bis 1720 zurück.

Dieselbe Schwierigkeit ergibt sich auch bereits beim Anfang der musikalischen Neuzeit. Die Musikgeschichte sieht hier den nach stilistischen Gesichtspunkten wichtigsten Einschnitt im Aufkommen des niederländischen Stils um 1425. Also hier ein Auseinanderklaffen gegenüber dem üblichen Anfang der Renaissance mit etwa 1500—1520 um fast 100 Jahre. Das Zurückgehen auf die Tonsysteme liefert hier also ein wesentlich günstigeres Zusammengehen mit der üblichen Gliederung der europäischen Geschichte. Aber auch hier postulierte Ramis de Pareja mindestens schon 1482 die reine Terz und den Beginn der eigentlichen Renaissance setzt man in der Musik erst mit etwa 1520—1525 an.

So liegen also in beiden Fällen die theoretischen Formulierungen schon ein Menschenalter vor ihrer vollen künstlerischen Verwirklichung in der Praxis und es erscheint von da aus berechtigt, die Einführung der reinen Terz als den Beginn der musikalischen Neuzeit und Renaissance, ihre Ablösung durch die temperierte Terz als den Beginn des musikalischen Rokoko anzusehen. Jedenfalls aber hat der Gesichtspunkt der Tonsystementwicklung den Vorrang vor anderen stilistischen Erörterungen, da er der wesentlich fundamentalere ist.

Daß die moderne Musik mit ihrer „Atonalität", mit der sie nur die gleichberechtigte Stellung aller zwölf Töne der temperierten Leiter meint, die konsequente Vollendung der mit der Einführung der zwölfstufigen Temperatur eingeleiteten stilistischen Entwicklung ist, sei hier nochmals betont.

Während Altertum und Neuzeit auf Grund ihrer Tonsysteme allein schon sich unterteilen, hat sich eine solche Untergliederung des Mittelalters nicht ergeben. Hierzu wird man das zweite fundamentale Element, die Rhythmik, heranziehen. Dann aber ergibt sich sofort der entscheidende Einschnitt mit der Einführung der modalen Rhythmik um 1180 und dieser Epochenbeginn fällt zusammen mit dem Anfang der Gotik in der Kunst.

Unter Heranziehung speziellerer Prinzipien ist es dann möglich, auch die Unterepochen noch weiter einzuteilen. Es gelingt damit sogar, innerhalb der Unterepochen bis auf die Generationen zu kommen, ebenso wie man tatsächlich endlich auch alle Gattungen innerhalb der Generationen charakterisieren kann. Aber das sind bereits Probleme der speziellen Musikgeschichte, die hier mit ihrer Detailarbeit einsetzt.

LITERATURVERZEICHNIS

Verzeichnis der im Literatur-Anhang verwendeten Abkürzungen

AfMf	Archiv für Musikforschung
AfMw	Archiv für Musikwissenschaft
Bd., Bde.	Band, Bände
bearb.	bearbeitet
Beih. IMG	Beihefte der Internationalen Musikgesellschaft
BJb	Bach-Jahrbuch
Diss.	Dissertation
ed.	edidit
Facs.	Facsimile
FS	Festschrift
H.	Heft
HabSchr.	Habilitationsschrift
HdbMw	Handbuch der Musikwissenschaft, hrsg. von Ernst Bücken
hist.	historisch
Hrsg., hrsg.	Herausgeber, herausgegeben
JbP	Jahrbücher der Musikbibliothek Peters
Kgr.-Ber.	Kongreß-Bericht
Mf.	Die Musikforschung
MfM	Monatshefte für Musikgeschichte
MGG	Die Musik in Geschichte und Gegenwart
MQ.	The Musical Quarterly
Mus. Dis.	Musica Disciplina
SIMG	Sammelbände der Internationalen Musikgesellschaft
StMw	Studien zur Musikwissenschaft (Beihefte der Denkmäler deutscher Tonkunst in Österreich)
übs.	übersetzt
u. a.	und andere
u. ö.	und öfter
VfMw	Vierteljahresschrift für Musikwissenschaft
Zs.	Zeitschrift
ZfM	Zeitschrift für Musik
ZfMw	Zeitschrift für Musikwissenschaft

Städtesigel und Verlagskürzel

Bln.	Berlin
BV	Bärenreiterverlag (Kassel)
B & H	Breitkopf und Härtel
Ffm	Frankfurt am Main
K & S	Kistner und Siegel
Lpz.	Leipzig
Stg.	Stuttgart

Einleitung

ADLER, G., *Der Stil in der Musik*, 1. Buch Lpz. 1911 u. ö. — BLUME, F., *Fortspinnung und Entwicklung*, JbP XXXVI, 1929, S. 9 f. — CALAND, W., *Das Jaiminiya-Brahmana*, Verh. Kgl. Akademie Amsterdam, 1919. — EHRENFELS, C. VON, *Über Gestaltqualitäten*, Vierteljahresschrift für wissenschaftliche Philosophie, XIV, 1890. — FELLERER, K. G., *Einführung in die Musikwissenschaft*, Bln. 2/1953, Hahnefeld-Verlag. — FISCHER, W., *Zur Entwicklungsgeschichte des Wiener klassischen Stils*, StMw III, 1915, Wien. — HUSSERL, E., *Logische Untersuchungen*, 3 Bde., Halle 1900/01 u. ö., Niemeyer. — Ders. *Ideen zu einer reinen Phänomenologie u. phänomenologischen Philosophie*, Haag, 1950, M. Nijhoff. — KOFFKA, C., *Beiträge zur Pychologie der Gestalt*, Lpz. 1919, J. A. Barth. — KÖHLER, W., *Die Physischen Gestalten in Ruhe und im stationären Zustand*, Braunschweig 1920. — Ders. *Tonpsychologie*, Handbuch der Neurologie des Ohres, hrsg. von G. Alexander und G. Marburg, Bln. 1923, S. 419 f. — KRETZSCHMAR, H., *Führer durch den Konzertsaal*, Lpz. 1887 u. ö., Liebeskind. — RIEMANN, H., *Katechismus der Fugenkomposition. Analyse von Bachs Wohltemperiertem Klavier und der Kunst der Fuge*, Lpz. 1890 u. ö., Hesse. — Ders. *L. van Beethovens sämtliche Klavier-Solosonaten, ästhetische und formal-technische Analyse m. historischen Notizen*, 3 Bde., Bln. 1917, M. Hesse. — Ders. *Handbuch der Akustik* (Musikwissenschaft), Lpz. 1891, ²/1914, Hesse. — Ders. *Grundriß der Musikwissenschaft*, Lpz. 1908, ²/1915. — SCHERING, A., *Musikalische Bildung und Erziehung zum musikalischen Hören*, Lpz. 1911 u. ö. — UTITZ, E., *Grundlegung der allgemeinen Kunstwissenschaft*, 2 Bde., Stg. 1914 und 1920. — WÖLFFLIN, H., *Kunstgeschichtliche Grundbegriffe*, München 1915, Bruckmann. — WORRINGER, W., *Abstraktion und Einfühlung*, München 1908.

I. Der Ton und seine Eigenschaften

Allgemeine Literatur

BRAUNMÜHL, H. J. v. und WEBER, W., *Einführung in die angewandte Akustik*, Lpz. 1936. — GRIMSEHL, E., *Lehrbuch der Physik*, Lpz. 1909 u. ö. — KALÄHNE, A., *Grundzüge der mathematisch-physikalischen Akustik*, Lpz. 1898 u. ö. — SCHAEFER, K. L., *Musikalische Akustik*, Bln. 1912, W. de Gruyter (Sammlung Göschen). — Ders. *Der Gehörsinn*, Handbuch der Physiologie, hrsg. von W. Nagel, Bd. 3, Braunschweig 1905, S. 476. — Ders. *Einführung in die Musikwissenschaft*, Lpz. 1915. — SCHEMINZKY, F., *Die Welt des Schalls*, Salzburg 1943, Bergland-Buch-Verlag. — TRENDELENBURG, F., *Handbuch der Akustik*, Bd. VIII, Akustik, Bln. 1927. — Ders. *Einführung in die Akustik*, Bln. 1939 u. ö. — WESTPHAL, W., *Physik*, Bln. 1937 u. ö.

Die Tonhöhe

ALEXANDER, G. und MARBURG, O., *Handbuch der Neurologie des Ohres*, 2 Bde., Bln. 1923. — BARKHAUSEN, H., *Lehrbuch der Elektronenröhren*, 4 Bde., Lpz. 1929 u. ö. — BELLERMANN, H., *Die Größe der musikalischen Intervalle als Grundlage der Harmonie*, Bln. 1873. — BENNINGHOFF, A., *Lehrbuch der Anatomie des Menschen*, 3 Bde., München-Bln. 1940 u. ö. — BERGMANN, K., *Lehrbuch der Fernmeldetechnik I*,

Zeitz 1939. — Boeing, H., *Leitfaden der Entwicklungsgeschichte des Menschen*, Lpz. 1937 u. ö. — Clara, M., *Das Nervensystem des Menschen*, Lpz. 1942 u. ö. — Dammers, B. G., Haantjes, J., Otte, J., Suchtelen, H. v., *Anwendung der Elektronenröhre in Rundfunkempfängern und Verstärkern*, Buch I, II, Philips Fachbücher Bd. 4, 5, Hamburg, Deutsche Philips AG. — Deketh, J., *Grundlagen der Radioröhrentechnik*, Philips Fachbücher Bd. 1, Hamburg, Deutsche Philips AG. — Ders. *Daten und Schaltungen moderner Empfänger- und Kraftverstärkerröhren*, Philips Fachbücher Bd. 2, Hamburg, Deutsche Philips AG. — Ders. *Daten und Schaltungen moderner Empfänger- und Verstärkerröhren*, Ergänzungsband I, Philips Fachbücher Bd. 3, Hamburg, Deutsche Philips AG. — Euler, L., *Tentamen novae theoriae musicae*, Petersburg 1739 (Neudruck in der Gesamtausgabe seiner Werke, Serie 3, I, 1926, S. 179 f.). — Feldtkeller, R., *Einführung in die Vierpoltheorie der elektrischen Nachrichtentechnik*, Lpz. 1937 u. ö. — Ders. *Einführung in die Siebschaltungstheorie*, Lpz. 1938 u. ö. — Fulton, J. F., *Physiologie des Nervensystems*, London 1943 u. ö. (dt. Übersetzung Stg. 1952). — Gottschick, J., *Die Leistungen des Nervensystems*, Jena 1952. — Husmann, H., *Fünf- und siebenstellige Centstafeln zur Berechnung musikalischer Intervalle*, Leiden 1951, Brill (Ethno-Musicologica II). — Markus, N. S. und Otte, J., *Daten und Schaltungen moderner Empfänger- und Kraftverstärkerröhren*, Ergänzungsband II, Philips Fachbücher, Bd. 3a, Hamburg, Deutsche Philips AG. — Markus, N. S. und Vink, J., *Daten und Schaltungen moderner Empfänger- und Kraftverstärkerröhren*, Ergänzungsband III, Philips Fachbücher Bd. 3b, Hamburg, Deutsche Philips AG. — Oettingen, A. v., *Das Harmoniesystem in dualer Entwicklung*, Dorpat u. Lpz. 1866, 2. Auflage: *Das duale Harmoniesystem*, Lpz. 1913. — Ders. *Die Grundlagen der Musikwissenschaft*, Abh. der Kgl. Sächs. Akad., Math.-Phys. Klasse 34, 2, Lpz. 1916. — Palm, A., *Elektrische Meßgeräte und Meßeinrichtungen*, Bln. 1937 u. ö. — Pohl, R. W., *Einführung in die Elektrizitätslehre*, Bln. 1927 u. ö. — Ranke, F. und Lullies, H., *Physiologie des Gehörs. Physiologie der Stimme und Sprache*, Bln. 1953. — Ratheiser, L., *Rundfunkröhren*, 2 Teile, Bln. 1936 u. ö. — Rauber-Kopsch, *Lehrbuch und Atlas der Anatomie des Menschen*, 3 Bde., Lpz. 1953, Thieme. — Rein, H., *Einführung in die Physiologie des Menschen*, Bln. 1935 u. ö. — Rothe, H. und Kleen, W., *Elektronenröhren*, 4 Bde., 1941 u. ö. — Waldeyer, A., *Anatomie des Menschen*, 2 Teile, Bln. 1942 u. ö.

Die Tondauer

Czech, J., *Der Elektronenstrahloszillograph*, Bln.-Borsigwalde 1956. — Ders. *Der Oszillograph und seine Anwendungen*, Philips Elektronische Meßgeräte o. J. — Nentwig, K., *Die Kathodenstrahlröhre*, Bln.-Tempelhof 1937, u. ö. — Reyner, J. H., *Cathode-ray oscillographs*, London ²/1943 u. ö. — Theile, R. und Weyres, Th., *Grundlagen der Kathodenstrahlröhren*, Bln. 1944, W. de Gruyter.

Die Lautstärke

Becker, H., Artikel *Heckel* in MGG, Bd. 6. — Békésy, G. v. und Rosenblith, *The mechanical proporties of the ear*, Handbook of Experimental Psychology, New York 1951, S. 1075 ff. — Bumke, O., *Gedanken über die Seele*, Bln. 4/1948. — Bürck, W., *Grundlagen der praktischen Elektroakustik*, Mindelheim 1953. — Courant, R. und Hilbert, D., *Methoden der mathematischen Physik I*, Bln. 1924.

— DAVIES, H., *Psychophysiology of Hearing and Deafness*, Handbook of Experimental Psychology, New York 1952, S. 1116 ff. — Ders. *Hearing and Deafness*, New York-Toronto 1947. — FLUEGEL, J. C., *Probleme und Ergebnisse der Psychologie*, Stg. o. J., Klett. — HECKEL, W., *Der Fagott*, Lpz. 2/1931, Merseburger. — JAHNKE, E. und EMDE, F., *Funktionentafeln*, Lpz. — JOOS, G., *Lehrbuch der theoretischen Physik*, Lpz. 1932 u. ö. — KATZ, D., (Hrsg.), *Handbuch der Psychologie*, Basel 1951, Schwabe. — KINSKY, G., *Katalog des Musikhistorischen Museums von Wilhelm Heyer in Köln*, 2 Bde., Köln 1912, 1913. — MAHILLON, V., *Catalogue descriptif et analytique du musée instrumental du Conservatoire royal de musique de Bruxelles*, 5 Bde., Gent 1880—1922. — MEYER, U. und DECKERT, A., *Tafeln der Hyperbelfunktionen*, Kempten 1924. — NORLIND, T., *Musikinstrumentens historia*, Stockholm 1941. — Ders. *Systematik der Saiteninstrumente*, 1. *Geschichte der Zither*, Stockholm 1936, 2. *Geschichte des Klaviers*, Stockholm 1939. — PLANCK, M., *Einführung in die allgemeine Mechanik*, Lpz. 1916 u. ö. — Ders. *Einführung in die Mechanik deformierbarer Körper*, Lpz. 1919 u. ö. — REICHARDT, W., *Grundlagen der Elektroakustik*, Lpz. 1953 u. ö. — REINECKE, H., *Über den doppelten Sinn des Lautheitsbegriffes beim musikalischen Hören*, Diss. Hamburg 1953 (Masch.). — RENDALL, F., *The Clarinet*, London 1954, Williams & Norgate. — SACHS, C., *Die Musikinstrumente*, Breslau 1923. — Ders. *Die modernen Musikinstrumente*, Bln. 1923. — Ders. *The history of musical instruments*, New York 1940. — Ders. *Das Klavier*, Bln. — SOMMERFELD, A., *Vorlesungen über theoretische Physik*, Bd. 1 *Mechanik*, Lpz. 1943, Bd. 2 *Mechanik der deformierbaren Medien*, Lpz. 1944 u. ö., Neudrucke Wiesbaden 1947. — WUNDT, W., *Grundzüge der physiologischen Psychologie*, Lpz. 1874 u. ö.

Die Klangfarbe

BEYER, R., *Die Klangwelt der elektronischen Musik*, ZfM 1952, H. 2. — BUCHMANN, G., *Suchtonanalyse mit mechanischem Bandfilter und hochliegender Trägerfrequenz*, Akustische Zeitschrift V, 1940, S. 7. — DRAEGER, H. H., *Prinzip einer Systematik der Musikinstrumente*, Kassel 1948, BV. — EIMERT, H., *Was ist elektronische Musik*, Melos (Zs.) 1953, H. 1, S. 1. — Ders. *Möglichkeiten und Grenzen der elektronischen Musik*, in: Schweizerische Musikzeitung, 93. Jg., 1953, S. 248. — HORNBOSTEL, E. M. v. und SACHS, C., *Systematik der Musikinstrumente*, Zs. für Ethnologie 1914, S. 553 ff. — LERTES, P., *Elektrische Musik*, Dresden 1933, Steinkopf. — MAHRENHOLZ, C., *Die Orgelregister, ihre Geschichte und ihr Bau*, Kassel 1929. — Ders. *Die neue Orgel in der St. Marienkirche zu Göttingen*, Kassel ²/1931. — Ders. *Die Berechnung der Orgelpfeifenmensuren vom Mittelalter bis zur Mitte des 19. Jh.*, Kassel 1938, Bärenreiter. — MEYER-EPPLER, W., *Elektrische Klangerzeugung, elektronische Musik und synthetische Sprache*, Bonn 1949. — PRAETORIUS, M., *Syntagmatis musici tom. II, de Organographia*, Wolfenbüttel 1619, Facs.-Neudruck Kassel 1929. — SACHS, C., *Handbuch der Musikinstrumentenkunde*, Lpz. 1920. — Ders. *Reallexikon der Musikinstrumente*, Bln. 1913. — Ders. *Beschreibender Katalog der Staatlichen Sammlung alter Musikinstrumente bei der Hochschule f. Musik zu Berlin*, Bln. 1922. — SCHLOSSER, J., *Unsere Musikinstrumente*, Wien 1920. — STUMPF, C., *Die Sprachlaute*, Bln. 1926. — TAMM, K., und PRITSCHNING, *Ein Frequenzanalysator mit mechanischem Hochtonfilter*, Akustische Beihefte, H. 1, 1951, S. 43. — TRAUTWEIN, F., *Elektrische Musik*, Bln. 1930. — TRENDELENBURG, F., *Klänge und Geräusche*, Bln. 1935. — VIERLING, O., *Das elektrische Musikinstrument*, Zs. des Vereins deutscher Ingenieure, Bd. 76, 1932. — WINCKEL, F., (Hrsg.), *Klangstruktur der Musik*, Bln.-Borsigwalde 1955.

Die Schichtung der Eigenschaften

ABRAHAM, O. und HORNBOSTEL, E. M. v., *Zur Psychologie der Tondistanz,* Zs. für Psychologie, Bd. 98, 1926. — ALBERSHEIM, G., *Zur Psychologie der Ton- und Klangeigenschaften,* Straßburg 1939, Heitz. — HANDSCHIN, J., *Der Toncharakter. Eine Einführung in die Tonpsychologie,* Zürich 1948. — HORNBOSTEL, E. M. v., *Psychologie der Gehörserscheinungen. Handbuch der normalen und pathologischen Physiologie,* hrsg. von A. Bethe, G. v. Bergmann u. a., Bd. XI, Bln. 1926, S. 701 f. — KÖHLER, W., *Tonpsychologie,* Handbuch der Neurologie des Ohres, hrsg. von Alexander u. Marburg, Wien 1923. — Ders. *Akustische Untersuchungen,* Zs. für Psychologie, Bd. 54, 1909; Bd. 58, 1911; Bd. 64, 1912; Bd. 72, 1915. — REINHOLD, H., *Zur Problematik des musikalischen Hörens,* AfMw XI, 1954, S. 157. — RÉVÉSZ, G., *Zur Grundlegung der Tonpsychologie,* Lpz. 1913. — SCHOLE, H., *Tonpsychologie und Musikästhetik,* Göttingen 1930. — SCHÜTTE, R., *Beiträge zur Erforschung der akustischen Reaktion,* Dresden 1935. — STUMPF, C., *Tonpsychologie,* Lpz. 1883—90. — WATT, H. J., *The Psychology of sound,* Cambridge 1917. — WELLEK, A., *Die Aufspaltung der „Tonhöhe" in der Hornbostelschen Gehörpsychologie und die Konsonanztheorie von Hornbostel und Krueger,* ZfMw XVI, 1934, S. 481 ff. und S. 537 ff. — WIRTH, W., *Psychologische Analysen des musikalischen Gehöres und seiner Typen,* Archiv für die gesamte Psychologie, Bd. 109, 1941.

II. Das Kunstwerk und seine bestimmenden Seiten

Die Melodie

BEAUCHEMIN, Ch., *Méloprosodie française ou Guide du chanteur,* Paris 1847. — BIBER, W., *Die Melodien der Troubadours,* Straßburg 1908. — Ders. *Das Problem der Melodieformel in der einstimmigen Musik des Mittelalters,* Bern 1951. — BLANCHARD, H., *Mélodie et poésie,* Revue et Gazette Musicale XX, 1953, S. 293 f., 301 f. — DANCKERT, W., *Ursymbole melodischer Gestaltung,* Kassel 1932, BV. — DUPONT, W., *Geschichte der musikalischen Temperatur,* Kassel 1935. — GOMBOSI, O. J., *Studien zur Tonartenlehre des frühen Mittelalters,* Acta Musicologica X, 1938, S. 149 ff.; XI, 1939, S. 28 f. und 128 f. — Ders. *Tonarten und Stimmungen der antiken Musik,* Kopenhagen 1939, Munksgaard. — HAUER, J., *Deutung des Melos,* Wien 1923. — HOFFMANN, E., *Das Wesen der Melodie,* Bln. 1925, Hesse. — HORNBOSTEL, E. M. und LACHMANN, R., *Das indische Tonsystem bei Bharata,* Zs. f. vergleichende Mw. 1933, S. 73 f. — HUSMANN, H., *Vom Wesen der Konsonanz,* Heidelberg 1953, Müller-Thiergarten (Musikalische Gegenwartsfragen H. 3). — Ders. *Sieben afrikanische Tonleitern,* JbP 1939, S. 44 ff. — Ders. *Besprechung von: Gombosi, Tonarten und Stimmungen . . . ,* Göttingische Gelehrte Anzeigen, 211. Jg., 1957, S. 47. — LACH, R., *Studien zur Entwicklungsgeschichte der ornamentalen Melopöie,* Lpz. 1913. — NOSKE, F., *La Mélodie française de Berlioz à Duparc,* Paris-Amsterdam 1954. — RIEMANN, H., *Neue Schule der Melodik,* Lpz. 1883. — ROESELING, K., *Die Grundhaltung der romantischen Melodik,* 1928. — TELL, W., *Die Kirchentonarten und ihre Harmonik,* Bln. 1949. — TOCH, E., *Beiträge zur Stilkunde der Melodie,* Heidelberg 1921 (Masch.). — URSPRUNG, O., *Die antiken Transpositionsskalen und die Kirchentöne,* AfMw V, 1940, S. 129 f. — WEINMANN, F., *Zur Struktur der Melodie,* Lpz. 1905, Barth. — WESTPHAL, R., *Griechische Harmonik und Melopöie,* Lpz. 3/1886.

Die Harmonie

Békésy, G. v., *Über die nichtlinearen Verzerrungen des Ohres*, Annalen der Physik, 5. Folge, Bd. XX, S. 809 f. — Ders. *Über die Resonanzkurve und die Abklingzeit der verschiedenen Stellen der Schneckentrennwand*, Akustische Zs. VIII, S. 66. — Capellen, G., *Die musikalische Akustik als Grundlage der Harmonik und Melodik*, Lpz. 1903. — Essen, O. v., *Allgemeine und angewandte Phonetik*, Bln. 1953, 2/1957. — Fétis, F. J., *Méthode élémentaire et abrégé d'harmonie*, Paris 1824; 1844 unter dem Titel: *Traité de l'harmonie*. — Hambourger, P., *Subdominante und Wechseldominante*, Kopenhagen-Wiesbaden 1955, B & H. — Hauptmann, M., *Die Lehre von der Harmonik* (hrsg. von O. Paul), Lpz. 1853. — Hüschen, H., Artikel *Harmonie* in MGG, Bd. 5. — Husmann, H., *Olympos, die Anfänge der griechischen Enharmonik*, JbP 1937, S. 29 f. — Ders., *Verschmelzung und Konsonanz*, Dt. Jb. der Mw., I, 1957, 66. — Lehmann, G., *Theorie und Geschichte der griechischen Harmonik in der Darstellung durch A. Böckh*, Würzburg 1935. — Meyer, B., *Die Harmonik im cantus-firmus-haltigen Satz des 15. Jahrhunderts*, AfMw IX, 1952, S. 27 f. — Paul, O., *Lehrbuch der Harmonik*, Lpz. 4/1905. — Pfrogner, H., *Die Zwölfordnung der Töne*, Zürich-Lpz.-Wien 1953. — Polak, A. J., *Über Zeiteinheit in bezug auf Konsonanz, Harmonie und Tonalität*, Lpz. 1900. — Reaney, F., *Fourteenth Century Harmony and the Ballades, Rondeaux and Virelais of Guillaume de Machaut*, Mus. Dis. VII, 1953, S. 129. — Riemann, H., *Geschichte der Musiktheorie im 9. bis 19. Jahrhundert*, Lpz. 1898. — Rohwer, J., *Zur Frage der Tonalität und des auditiven Musikbegriffs*, Mf. VII, 1954, S. 129 f. — Rufer, J., *Die Komposition mit zwölf Tönen*, Bln.-Wunsiedel, 1952, Hesse. — Wiora, W., *Der tonale Logos*, Mf. IV, 1951, S. 1 ff., S. 153 ff. — Vgl. Kgr.-Ber. Köln 1958, BV, in Vorbereitung.

Metrum und Rhythmus

Baini, G., *Saggio sopra l'identità de' ritmi musicale e poetico*, Florence 1820. — Becking, G., *Der musikalische Rhythmus als Erkenntnisquelle*, Augsburg 1928. — Bücher, K., *Arbeit und Rhythmus*, Lpz. 6/1924, K. Reinicke. — Caesar, J., *Grundzüge der griechischen Rhythmik im Anschluß an Aristides Quintilianus erläutert*, Marburg 1861. — Ducondut, J. A., *Essai du rythmique française*, Paris 1956. — Dumesnil, R., *Le Rythme musical*, Paris, o. J. — Enke, H., *Der Vergessene Ton Frauenlobs*, Mf. IV, 1951, S. 191 ff. — Farmer, H. G., *A History of Arabian Music to the Thirteenth Century*, London 1929. — Ficker, R. v., *Probleme der modalen Notation*, Acta musicologica XVIII/XIX, 1946/47, S. 2 ff. — Fuchs, C., *Takt und Rhythmus im Choral*, Bln. u. Lpz. 1911, Schuster & Loeffler. — Georgiades, T., *Der griechische Rhythmus. Musik, Reigen, Vers, Sprache*, Hamburg 1949, M. v. Schröder. — Hauptmann, M., *Die Natur der Harmonik und der Metrik. Zur Theorie der Musik*, Lpz. 1853, B & H. — Hermann, G., *Handbuch der Metrik*, Lpz. 1799. — Ders. *Elementa doctrinae metricae*, Lpz. 1816. — Höweler, C., *Rhythme in vers en muziek*, Amsterdam 1952. — Houdard, G. L., *Le rythme du chant dit Grégorien*, Paris 1898-1906, 2 Bde. — Husmann, H., *Zur Grundlegung der mus. Rhythmik des mittellateinischen Liedes*, AfMw IX, 1952, S. 3 ff. — Ders. *Zur Rhythmik des Trouvèregesanges*, Mf. V, 1952, S. 110 ff. — Ders. *Das System der modalen Rhythmik*, AfMf XI, 1954, S. 1 ff. — Jaeger, W., *Paideia I*, Bln. 1934, de Gruyter. — Jahn, A., *Aristidis Quintiliani de musica libri III*, Berolini 1882. — Klages, L., *Vom Wesen des Rhythmus*, Kampen 1933. — Krahe, H., *Sprache und Vorzeit*, Heidelberg 1954. — Lamm, Th., *Zur experimentellen Untersuchung der rhythmischen Veranlagung,* Zs. f. Psychologie, 118. Jg. — LANDRY, E., *La théorie du rythme et le rythme du français déclamé...*, Paris 1911. — LIPPHARDT, W., *Studien zur Rhythmik der Antiphonen,* Mf. III, 1950, S. 47 ff., 224 ff. — MEIBOM, M., *Antiquae musicae auctores septem II,* Amstelodami 1652. — MEUMANN, E., *Untersuchungen zur Psychologie und Ästhetik des Rhythmus,* (HabSchr) 1894. — REICH, A., *Der vergessene Ton Frauenlobs,* Mf. III, 1950, S. 26 ff. — RIEMANN, H., *System der musikalischen Rhythmik und Metrik,* Lpz. 1903, B & H. — SACHS, C., *Rhythm and Tempo, a study in music history,* New York 1953. — SCHÄFKE, R., *Aristeides Quintilianus, Von der Musik* (eingeleitet, übersetzt und erläutert), Bln. 1937. — SCHERING, A., *Musikalischer Organismus oder Deklamationsrhythmik?* ZfMw XI, 1928/29, S. 212 ff. — STEGLICH, R., *Die elementare Dynamik des musikalischen Rhythmus* (HabSchr) 1930. — SUSEMIHL, F., *De fontibus rhythmicae Aristidis Quintiliani doctrinae,* Index lect., Greifswald 1866/67. — Ders. *Zur griechischen Rhythmik und Metrik,* Neue Jahrbücher f. Philologie und Pädagogik, Lpz., Jg. 1873. — TAIG, Th., *Rhythm and Metre,* Cardiff 1930. — WESTPHAL, R., *Fragmente und Lehrsätze der griechischen Rhythmiker,* Lpz. 1861. — Ders. *Metrik der Griechen* II (Suppl.) Lpz. ²/1867. — Ders. *Griechische Rhythmik,* Lpz. ³/1885. — WIEHMAYER, Th., *Musikalische Rhythmik und Metrik,* Magdeburg 1918, Heinrichshofen. — WILAMOWITZ-MÖLLENDORF, U. v., *Griechische Verskunst,* Bln. 1921. — WOLFF, H. CH., *Der Rhythmus bei J. S. Bach,* Bach-Jahrbuch XXXVII, 1940—1948, S. 83 ff. — ZINGERLE, H., *Zur Entwicklung der Rhythmik und Textbehandlung in der Chanson von ca. 1470—1530,* Innsbruck 1954. — Vgl. Kgr.-Ber. Köln 1958, BV, in Vorbereitung.

Die Dynamik

HERING, H., *Die Dynamik in J. S. Bachs Kl.-Musik,* Bach-Jahrbuch 1949/50, S. 65 ff. — HEUSS, A., *Über die Dynamik der Mannheimer Schule,* Riemann-Festschrift, Lpz. 1909, S. 433 ff. u. ZfMw II, 1919, S. 44 ff. — Ders. *Das Orchestercrescendo bei Beethoven,* ZfMw IX, 1927, S. 361 ff. — KROYER, T., *Dialog und Echo in der alten Chormusik,* JbP 1909, S. 13 ff. — LANGNER, T. M., *Studien zur Dynamik Max Regers,* Diss. Bln. 1952 (Masch.). — PULIKOWSKY, J. v., *Geschichte des Begriffs Volkslied im musikalischen Schrifttum,* Heidelberg, 1933, K. Winter. — RIEMANN, H., *Musikalische Dynamik und Agogik,* Hamburg-St. Petersburg 1884.

Die Besetzung

Allgemein

HAAS, R., *Aufführungspraxis* (HdbMw), Potsdam 1931, Athenaion. — KROYER, T., *A cappella oder Conserto,* Festschrift f. Hermann Kretzschmar, Lpz. 1918. — PRAETORIUS, M., *Syntagma Musicum,* 3 Bde., Wolffenbüttel 1614/1619, Neudruck Bd. 2 Publikationen der Gesellschaft f. Musikforschung, Bd. 13; Facs.-Druck, hrsg. von W. Gurlitt, Kassel, BV; Bd. 3 hrsg. von E. Bernoulli, Lpz. 1916. — SACHS, C., *Die Besetzung dreistimmiger Werke um 1500,* ZfMw XI, 1929, S. 386 ff. — SCHERING, A., *Aufführungspraxis alter Musik,* Lpz. 1932. — SCHÜNEMANN, G., *Geschichte des Dirigierens,* Lpz. 1913.

Instrumentationslehren

BARZIZZA, P., *L'orchestrazione moderna nella musica leggera,* Milano 1952, Curci. — BERLIOZ, H., *Grand Traité d'instrumentation et d'Orchestration modernes,* op. 10, Paris 1844, Schonenberger. Neubearbeitung von R. Strauss, Lpz. 1905, Peters. — Bussler, L., *Instrumentation und Orch.-Satz einschließlich der Verbindung mit Vokal-, Chor- und Solosatz*, Bln. 1879. — Forsyth, C., *Orchestration*, London ²/1935, Macmillan. — Gevaert, F. A., *Traité général d'instrumentation*, Gand 1863, Gevaert. — Ders. *Nouveau Traité d'instrumentation*, Paris 1885. Deutsche Übersetzung von H. Riemann. — Hofmann, R., *Praktische Instrumentationslehre,* 7 Bde., Lpz. 1893, Dörffling & Franke. — Prout, E., *Instrumentation*, London 1877, Novello. — Riemann, H., *Handbuch der Orchestrierung*, Bln. 2/1910, Hesse. — Rimsky-Korssakow, N., *Grundlagen der Orchestration mit Notenbeispielen aus eigenen Werken*, hrsg. von M. Steinberg, deutsche Übers. von A. Elukhen, 2 Bde., Bln. und Moskau, Russischer Musikverlag 1922. — Wellesz, E., *Die neue Instrumentation*, 2 Bde., Bln. 1929/30, Hesse. — Widor, Ch. M., *Die Technik des modernen Orchesters. Ein Suppl. zu Berlioz' Instrumentationslehre*, übers. von H. Riemann, Lpz. 2/1906, Steinbacher. —

Spezielle Literatur

Bartenstein, H., *H. Berlioz' Instrumentationskunst und ihre geschichtlichen Grundlagen*, Diss. Freiburg i. Br. 1932 (Sammlung musikwissenschaftl. Abhandlungen, Heitz, Bd. 28). — Bazala, B., *Die Grundlagen der Orchestrierung von Berlioz zu R. Strauss*, Diss. Lpz. 1943 (Masch.). — Berl, P., *Die Opern Verdis in ihrer Instrumentation*, Diss. Wien 1931. — Bruger, H. D., *Glucks dramatische Instrumentationskunst und ihre geschichtlichen Grundlagen*, Diss. Heidelberg 1922, (Ms.). — Carse, A., *The History of Orchestration*, London 1925. — Ders. *The Orchestra in the 18th Century*, Cambridge 1940. — Ders. *The Orchestra from Beethoven to Berlioz*, Cambridge 1948. — Kleefeld, W., *Das Orchester der Hamburger Oper*, SIMG I, 1899/1900, S. 219. — Lavoix, H. (fils), *Histoire de l'instrumentation depuis le seizième siècle jusqu'à nos jours*, Paris 1878. — Nedwed, W., *Die Entwicklung der Instrumentation von der Wiener Klassik bis zu den Anfängen R. Wagners*, Diss. Wien 1931. — Reese, W. H., *Grundzüge und Entwicklung der Instrumentation in der vorklassischen und klassischen Sinfonie*, Diss. Bln. Gräfenheinichen 1939, Schulze. — Schreiber, O., *Orchester und Orchester-Praxis in Deutschland zwischen 1780 und 1850*, Bln. 1938, Neue Deutsche Forschungen, Abt. Musikwissenschaft, Bd. 177. — Terry, Ch. S., *Bach's Orchestra*, London 1933. — Thieme, C., *Der Klangstil des Mozartorchesters. Ein Beitrag zur Instrumentationsgeschichte des 18. Jahrhunderts*, Lpz. 1935.

III. Die Gestaltungsprinzipien des Kunstwerks

Form und Ausdruck

Besseler, H., *Musik und Raum*, FS für Max Seiffert, hrsg. v. H. Besseler, Kassel 1938, BV. — Blume, F., Artikel *Form* in MGG, Bd. 4. — Brenn, Fr., *Form in der Musik*, Freiburg/Schweiz 1953, Universitätsverlag. — Bücken, E., *Geist und Form im musikalischen Kunstwerk*, Handbuch der Musikwissenschaft, Potsdam 1929, Athenaion. — Eimert, H., *Musikalische Formstrukturen im 17. und 18. Jahrhundert. Versuch einer Formbeschreibung*, Augsburg 1932, Filser. — Erpf, H., *Der Begriff der musikalischen Form*, Stuttgart 1914, Engelhorn. — Gurlitt, W., *Form in der*

Musik als Zeitgestaltung, Akad. der Wissenschaften u. Literatur, Abhandlungen der geistes- und sozialwiss. Klasse, Mainz 1954, Nr. 13, S. 652. — HOFFMANN, R., *Form und Gestalt in der frühen mehrstimmigen Kunstmusik*, Marburg 1943, Masch. — HOHENEMSER, R., *Über die Programmusik*, SIMG I (1899/1900). — KREHL, S., *Die Dissonanz als musikalisches Ausdrucksmittel*, ZfMw 1918, S. 645. — KRÜCK-MANN, H., *Formungssinn der Kunst am Beispiel der Musik*, Lpz. 1940. — KURTH, E., *Grundlagen des linearen Kontrapunkts*, Berlin 1917, Hesse. — Ders. *Romantische Harmonik und ihre Krise in Wagners „Tristan"*, Bln. 1920, Hesse. — Ders. *Anton Bruckner*, 2 Bde., Bln. 1926, Hesse. — LORENZ, A., *Das Geheimnis der Form bei Richard Wagner*, 4 Bde., Bln. 1924—1933, Hesse. — MERSMANN, H., *Zur Geschichte des Formbegriffs*, JbP (1930), Lpz. 1931. — TOBEL, R. v., *Die Formenlehre der klass. Instrumentalmusik*, Bern 1935. — WEIDLE, K., *Bauformen in der Musik*, Stuttgart 1924. — WESTPHAL, K., *Der Begriff der musikalischen Form in der Wiener Klassik*, Lpz. 1935.

Die Gattung

ABERT, A. A., *Der Geschmackswandel auf der Opernbühne, am Alkestis-Stoff dargestellt*, Die Musikforschung VI (1953), 214. — ABERT, H., *Wort und Ton in der Musik des 18. Jh.*, AfMw 1923, S. 31. — AVENARY, H., *Magic, symbolism and allegory of the old hebrew sound-instruments*, Collectanea Historiae Musicae II, S. 21 ff. Firenze 1956, L. Olschki. — BEAUMONT, C. W., *O livro do ballet. Un buia dos principais bailados dos séculos XIX e XX*. Trad. de João Henrique Chaves Lopes, Pórto Alegre 1953, Ed. Globo. — BECKMANN, G., *Das Violinspiel in Deutschland vor 1700*, Bln. u. Lpz. 1918, Simrock. — BEKKER, P., *Wandlungen der Oper*, Zürich-Leipzig 1934. — BERNARD, R., *L'Art du ballet des origines à nos jours*, Paris 1952, Tambourinaire. — BERNET-KEMPERS, K. P., und BAKKER, M. G., *Italian Opera*, London 1949. — BITTER, C. H., *Beiträge zur Geschichte des Oratoriums*, Bln. 1872, Oppenheim. — BLUME, F., *Studien zur Vorgeschichte der Orchester-Suite*, Lpz. 1925, K & S. — BÖHME, F. M., *Geschichte des Tanzes in Deutschland*, Lpz. 1886. — BOTSTIBER, H., *Geschichte der Ouvertüre und der freien Orchesterformen*, Lpz. 1913, B & H. — BROCKWAY, W., und WEINSTOCK, H., *The opera. A history of its creation and performance* (1600—1941) New York 1941. — BRUAC, V., *Histoire de la danse*, Paris 1932. — BÜCKEN, E., *Der heroische Stil in der Oper*, (Veröff. des Instituts f. Musikforschung, Bückeburg, V), Lpz. 1924. — BULTHAUPT, H., *Dramaturgie der Oper*, Lpz. ²/1902, B & H. — BUSSE, R., *Das Problem der Fuge in der musikalischen Frühromantik. Ein Beitrag zur stilkritischen Untersuchung der Fuge*, München 1940 (Masch.). — CLÉMENT, F., LAROUSSE, P., *Dictionnaire lyrique ou Historique des opéras*, (Suppl. 2—4), 1867—1880. — COMBARIEU, J., *La musique et la magie*, Paris 1909 (Etudes de phil. musicale 3). — CONYN, C., *Three Centuries of ballet*, Honston 1953, Elsevier Press. — CZERWINSKI, A., *Die Tänze des 16. Jahrhunderts*, Danzig 1878, Saunier. — Ders. *Brevier der Tanzkunst*, Lpz. 1879, Spamer. — DANCKERT, W., *Wesen und Ursprung der Tonwelt im Mythos*, AfMw XII, 1955, S. 97 ff. — DASSORI, C., *Opera e operisti. Dizionario lirico 1541—1902*, Genua 1903. — DENT, E., *Foundations of English opera*, Cambridge 1928. — DREGER, C. O., *Die Vokal-thematik J. S. Bachs*, BJb 1934. — EMSHEIMER, E., *Zur Ideologie der lappischen Zaubertrommel*, Ethnos, 1944. — ENGEL, C., *Musical myths and facts*, London 1876. — ENGEL, H., *Instrumentalkonzert*, Lpz., B & H. — FARGA, F., *Die Wiener Oper von ihren Anfängen bis 1938*, Wien 1947. — FINK, G. W., *Wesen und Geschichte der Oper*, Lpz. 1838. — FLUELER, M., *Die norddeutsche Sinfonie zur Zeit Friedrichs des Großen, und besonders die Werke C. Ph. E. Bachs*, Bln. 1908. — FROTSCHER, G., *Geschichte des Orgelspiels und der Orgelkomposition*, 2 Bde., Bln. 1935. — GEORGII, W., *Klavier-Musik. Geschichte der Musik für Klavier zu 2 Händen, von den Anfängen bis zur Gegenwart*, Berlin-Zürich 1941, Atlantis; vermehrt um eine Geschichte der vierhändigen Klaviermusik usw., ebda. 2/1950. — GOLDSCHMIDT, H., *Studien zur Geschichte der ital. Oper im 17. Jahrhundert*, Lpz. 1901—1904. — Ders. *Das Orchester der italiänischen Oper im 17. Jh.*, SIMG II (1900/01), 16. — GOMBOSI, O., *Der Hoftanz*, Acta musicologica VII. — GREGOIR, E. G. J., *Des Gloires de l'Opéra et la musique à Paris*, Brüssel 1878—1881, 3 Bde. — GREGOR, J., *Kulturgeschichte der Oper*, Wien 1941. — HANDSCHIN, J., *Zu den „Quellen der Motetten ältesten Stils"*, AfMw 1924, S. 247. — d'HARCOURT, R. ET M., *La musique des Incas*, Paris 1925. — HEILIG, O., *Slowakische, griechische, walachische und türkische Tänze*, SIMG IV (1902/03). — HIPSCHER, E. E., *American Opera and its composers*, Philadelphia 1927. — HIRSCHBERG, E., *Die Enzyklopädisten und die französische Oper im 18. Jahrhundert*, Diss. Lpz. 1903. — HOFMANN, R., *Un siècle d'opéra russe*, Paris 1946. — JACOB, N. u. ROBERTSON, J. C., *Opera in Italy*, London 1948. — JENSEN, A. E., *Mythos und Kult bei den Naturvölkern*, Wiesbaden 1951. — JIROUSCHEK, J., *Internationales Opernlexikon*, Wien 1948. — JUNG, C. G. und KERÉNYI, K., *Einführung in das Wesen der Mythologie*, Zürich 1951. — JUNK, V., *Handbuch des Tanzes*, Stg. 1930. — KINDEM, J. E., *Den norske Operas Historie*, Oslo 1941. — KIRBY, P., *The musical instruments of the native races of South Africa*, Oxford 1934. — KLAUWELL, O., *Die Formen der Instrumentalmusik*, 1891, 2/1918 (W. Niemann). — KRETZSCHMAR, H., *Geschichte der Oper*, Lpz. 1919, B & H. KRÜGER, W., *Das Concerto grosso J. S. Bachs*, BJb 1932, S. 1 ff. — Ders. *Das Concerto grosso in Deutschland*, Wolfenbüttel-Berlin, 1923. — LACHMANN, R., *Musik des Orients*, Breslau 1929 (Jedermanns Bücherei). — Ders. *Die Musik der außereuropäischen Natur- und Kulturvölker* (HdbMw), Potsdam 1929, Athenaion. — LAURENCIE, L. DE LA, *Les Créateurs de l'opéra français*, Paris 1921. — LAUZE, F. DE, *Apologie de la danse. A treatise of instruction in dancing and deportment*, London 1952, F. Muller. — LENGL, G., *Die Genesis der Oper*, Diss. München 1936. — LOEWENBERG, A., *Annals of opera 1597—1940*, Cambridge 1943. — LOTT, W., *Zur Geschichte der Passionskomposition von 1650—1800*, in: AfMw 1921, S. 285. — MANKER, E., *Die lappische Zaubertrommel. I. Die Trommel als Denkmal materieller Kultur*, Stockholm 1938. — MAZZAROCCHI, G., *Elementi di danza classica*, Bologna 1952. — MERSMANN, H., *Die Kammermusik*, 4 Bde., Leipzig 1930, B & H (Kretzschmars Führer durch den Konzertsaal). — MESCHKE, K., *Schwerttanz und Schwerttanzspiel im germanischen Kulturkreis*, Lpz. 1933. — MEYER, E. H., *Die mehrstimmige Spielmusik des 17. Jahrhunderts in Nord- und Mitteleuropa*, Kassel 1934, BV. — Ders. *English Chamber Music*, London 1936, Lawrence and Wishart. — MOOSER, R.-A., *Annales de la Musique et des Musiciens en Russie au XVIIIe siècle*, 3 Bde., Genève 1951, Montblanc. — MOSER, A., *Geschichte des Violinspiels*, Berlin 1923, M. Hesses Verlag. — MÜLLER-BLATTAU, J., *Grundzüge einer Geschichte der Fuge*, Freiburg i. Br., 1920 (Masch.). — Ders. *Geschichte der Fuge*, Kassel, 2/1930, Bärenreiter. — NEF, K., *Zur Geschichte der deutschen Instrumentalmusik der 2. Hälfte des 17. Jahrhunderts*, Leipzig 1902 (Publikationen der Internat. Musikgesellschaft, Bd. 5). — Ders. *Geschichte der Sinfonie und Suite*, Leipzig 1921, B & H. — NETTL, PAUL, *The story of Dance Music*, New York 1947. — OBERDÖRFFER, F., *Der Generalbaß in der Musik des ausgehenden 18. Jahrhunderts*, Bln. 1939. Kassel, Bärenreiter. — PINCHERLE, M. A., *Antonio Vivaldi et la musique instrumentale*, Paris 1948. — PRUNIERES, H., *L'Opéra italien en France avant Lully*, Paris 1913. — RIEMANN, H., *Die Triosonate der Generalbaß-Epoche* in: Praeludien und Studien III; Lpz. 1901. — Ders. *Zur Geschichte der deutschen Suite*, SIMG VI (1904/05). — Ders. *Opern-Handbuch*, Lpz. 1884—1893. — ROLLAND, R., *Les Origines du théâtre lyrique moderne. Histoire de l'opéra en Europe avant Lully et Scarlatti*, Paris 1895. — SACHS, C., *Geist und Werden der Musikinstrumente*, Bln. 1929, Reimer. — Ders., *World History of the Dance*. Transl. by Bessie Schönberg, New York 1952. — Ders. *Eine Weltgeschichte des Tanzes*, Bln. 1933. — SANDBERGER, A., *Die Geschichte der Oper in der 2. Hälfte des 17. und Anfang des 18. Jahrhunderts*, AfMw 1918, S. 84. — SCHAEFFNER, A., *Les instruments de musique*, Paris 1936. — SCHERING, A., *Geschichte des Instrumentalkonzerts*, Leipzig 1903, B & H. — Ders. *Zur Geschichte der Solosonate in der ersten Hälfte des 17. Jahrhunderts*, Riemann FS, Lpz. 1909. — Ders. *Zur Geschichte des italienischen Oratoriums*, JbP 1903. — Ders. *Geschichte des Oratoriums*, Lpz. 1911, B & H. — SCHIEDERMAIR, L., *Die deutsche Oper*, Lpz. 1930. — SCHLOSSBERG, A., *Die italienische Sonate für mehrere Instrumente im 17. Jahrhundert*, Diss. Heidelberg 1932. — SCHMIDT, G. F., *Die frühdeutsche Oper und die musikdramatische Kunst G. C. Schürmanns*, 2 Bde., Regensburg 1933, Bosse. — Ders. *Zur Geschichte, Dramaturgie und Statistik der frühdeutschen Oper*, ZfMw 1923/24, S. 129 f. — SCHMITZ, A., *Oberitalienische Figuralpassionen des 16. Jahrhunderts*, Mainz 1955, Schott. — SCHNEIDER, M., *Untersuchungen zur Entstehungsgeschichte des Basso continuo und seiner Bezifferung*, Bln. 1917. — Ders. *Die historischen Grundlagen der musikalischen Symbolik*, Mf. IV, 1951, S. 113 ff. — SCHNEIDER, MARIUS, *El origen musical de los animales simbolos en la mitologia y escultura antiguas*, Barcelona 1946. — Ders. *Singende Steine*, Kassel 1955, BV. — SCHRADE, L., *Die hs. Überlieferung der ältesten Instrumentalmusik*, Lahr 1931. — SCHULZ, H., *Tanzstil und Suite*, JbP. 1939. — SCHULZE, W., *Die Quellen der Hamburger Oper*. Diss. Hbg.-Oldenburg 1938, G. Stalling. — SEEMANN, E., *Mythen vom Ursprung der Musik*, Kongreßbericht der Internationalen Gesellschaft für Musikwissenschaft, Lüneburg 1950, S. 151. — SEIFFERT, M., *Geschichte der Klaviermusik*, Lpz. 1899. — SONDHEIMER, R., *Die formale Entwicklung der vorklassischen Sinfonie*, AfMw 1922, S. 85 f. — STARCZEWSKI, F., *Die polnischen Tänze*, SIMG II (1900/01). — STUMPF, C., *Die Anfänge der Musik*, Lpz. 1911. — TOWERS, J., *Dictionary-Catalogue of operas and operettas which have been performed on the public stage*, Morgantown 1910. — TRAUT, E., *Der Tanz im alten Ägypten*, Diss. München 1937. — ULRICH, E., *Studien zur deutschen Generalbaß-Praxis in der ersten Hälfte des 18. Jahrhunderts*, Kassel 1931, Bärenreiter. — WASIELEWSKI, J. v., *Geschichte der Instrumentalmusik im 16. Jahrhundert*, Bln. 1878. — WELLESZ, E., *Essays on opera*, London 1950. — WOLF, J., *Die Tänze des Mittelalters. Eine Untersuchung des Wesens der ältesten Instrumentalmusik*, AfMf 1918, S. 10. — WOLFF, H. CHR., *Die venetianische Oper in der zweiten Hälfte des 17. Jahrhunderts*, Berlin 1937 (Theater und Drama, Bd. 7). — Ders. *Die Barockoper in Hamburg (1678—1738)*, Wolfenbüttel 1957, Möseler.

Persönlichkeit und Zeitgeist

ADLER, G., *Der Stil in der Musik*, Lpz. 1911, ²/1929, Bd. 2 nicht erschienen. — BIRTNER, W., *Renaissance und Klassik in der Musik*, Theodor Kroyer FS. — BLUME, F., *Fortspinnung und Entwicklung*, JbP 1929. — BORRIS, S., *Das Generationengesetz in der Musik*, Beiträge zu einer neuen Musikkunde I, Bln. 1947. — BÜCKEN, E., *Zur Frage des Stilverfalls*, Theodor Kroyer FS. — DANCKERT, W., *Stil als Gesinnung*, 5. Bärenreiter-Jahrbuch. — FELLERER, K. G., *Zur Frage des Zeitstils*, AMZ 53. Jg., Nr. 18. — FRIEDLAND, M., *Zeitstil und Persönlichkeit in den Variationen-*

werken der Romantik, (Slg. mw. Einzeldarstellungen), Lpz. 1930, B & H. — GUR-
LITT, W., *Die Epochengliederung in der Musikgeschichte*, Universitas III, 1948. —
KROYER, TH., *Zwischen Renaissance und Barock*, JbP 1927. — KURTH, E., *Zur
Motivbildung Bachs. Ein Beitrag zur Stilpsychologie*, BJb 1917. — LORENZ, A.,
Abendländische Musikgeschichte im Rhythmus der Generationen, Berlin 1928. —
MEYER, K., *Das Stilproblem*, ZfMw V, 1922/23, S. 316. — MIES, P., *Zu Musikauf-
fassung und Stil der Klassik*, ZfMw, XIII, 1931, S. 432. — MOSER, H. J., *Geschichte
der deutschen Musik*, Bd. II, Vorrede, Stg. u. Bln. 1923, Cotta. — Ders. *Kleine deut-
sche Musikgeschichte*, Stg. und Bln. ³/1949, Cotta. — Ders. *Naturgeschichte der mus.
Epochenbildung*, Neue Zeitschrift für Musik, 97. Jg., Nr. 12. — MÜLLER-FREIEN-
FELS, R., *Persönlichkeit und Weltanschauung*, Lpz. 1923. — NOHL, H., *Stil und
Weltanschauung*, 1920. — RIEGL, A., *Kunstgeschichte und Universalgeschichte*, Ge-
sammelte Aufsätze, Augsburg-Wien 1929, Filser. — RIEMANN, H., *Musikgeschichte*.
(Einleitung zum 2. Bd.), Lpz. 1907. — SACHS, C., *Barockmusik*, JbP 1919. — SCHE-
RING, A., *Historische und nationale Klangstile*, JbP 1927, S. 31. — Ders. *Musi-
kalische Analyse und Wertidee*, JbP 1929, S. 9 f. — Ders. *Über den Begriff des
Monumentalen in der Musik*, JbP 1934. — URSPRUNG, O., *Vom Wesen des Kirchen-
stils*, Gregoriusblatt 51. Jg., Nr. 5/6. — Ders. *Stilvollendung*, Theodor Kroyer FS.
— WELLESZ, E., *Der Beginn des mus. Barock und die Anfänge der Oper in Wien*,
Wien 1922. — WESTPHAL, K., *Entwicklungsrhythmen in der Musikgeschichte*, Stim-
men 1949, H. 13/14.

Allgemeine Musikgeschichten

ABBIATI, F., *Storia della musica*, 5 Bde., Mailand 1939—46. — ADLER, G. (Hrsg.),
Handbuch der Musikgeschichte, 2 Bde., Bln. ²/1930. — AMBROS, A. W., *Geschichte
der Musik*, 5 Bde., Breslau 1862—82. — BERNET-KEMPERS, K. P., *Muziekgeschiedenis*,
Rotterdam ⁴/1947. — BURNEY, C., *A general History of music*, 4 Bde., London
1776—89. — DOMMER, A. v. (A. Schering), *Handbuch der Musikgeschichte von den
ersten Anfängen bis zum Tode Beethovens*, Lpz. 3/1914. (*bis zum Ausgang des 18.
Jahrhunderts*). — FÉTIS, F. J., *Histoire générale de la musique*, 5 Bde., Paris 1869
bis 1876. — FORKEL, J. N., *Allgemeine Geschichte der Musik*, 2 Bde., Lpz. 1788
bis 1801. — HANDSCHIN, J., *Musikgeschichte im Überblick*, Luzern 1949. — MOSER,
H. J., *Lehrbuch der Musikgeschichte*, Bln. ¹¹/1951 (Hesses Handbücher Bd. 2/3). —
RIEMANN, H. *Handbuch der Musikgeschichte*, 2 Bde., Lpz. 1904—13 u. ö. — SCHE-
RING, A., *Tabellen zur Musikgeschichte*, Lpz. ⁴/1934. — WÖRNER, K., *Geschichte der
Musik*, Göttingen 1954, Vandenhoeck & Ruprecht.

Einzelepochen

a) Antike

ABERT, H., *Die Lehre vom Ethos in der griechischen Musik*, Lpz. 1899. — Ders.
Abschnitt *Antike* in: G. Adler, *Handbuch der Musikgeschichte* I, Ffm 1924. —
FELLERER, K. G., *Zur Erforschung der antiken Musik im 16.—18. Jahrhundert*, JbP
1935. — JAMMERS, E., *Rhythmische und tonale Studien zur Musik der Antike und
des Mittelalters*, AfMf VI. — REINACH, T., *La Musique grecque*, Paris 1926. —
SACHS, C., *Die Musik der Antike*, (HdbMw), Potsdam 1929, Athenaion. — SCHNEI-
DER, M. und SCHOTTLÄNDER, J.-W., *Über die Anwendung der Tonalitätskreistheorie*

auf die Musik der orientalischen Hochkulturen und der Antike, Zs. f. Vergleichende Musikwissenschaft III. — Vetter, W., Artikel *Griechenland* in MGG, Bd. 5. — Ders. *Zur Erforschung der antiken Musik,* Festschrift f. M. Schneider, Halle 1935. — Wegner, M., *Das Musikleben der Griechen,* Bln. 1949, W. de Gruyter. — Westphal, R., *Die Musik des griechischen Altertums,* Lpz. 1883.

b) Mittelalter

Apel, W., *The partial signatures in the sources up to 1450,* Acta Musicologica X, 1938, 1 ff.; XI, 1939, 40 ff. — Ders. *The notation of polyphonic music 900—1600,* Cambridge, Mass. 1953, The Mediaeval Academy of America. — Ders. *Rondeaux, Virelais and Ballades in French 13th Century song,* Journal of the American Musicological Society VII, 1954. — Ders. *The French secular music of the late fourteenth century,* Acta musicologica XVIII/IXX, 1946/47, 17 ff. — Besseler, H., *Musik des Mittelalters und der Renaissance* (HdbMw), Potsdam 1931, Athenaion. — Ders. *Studien zur Musik des Mittelalters: I. Neue Quellen des 14. und beginnenden 15. Jahrhunderts,* AfMw VII, 1925, S. 167 ff. — Ders. *Studien zur Musik des Mittelalters: II. Die Motette von Franko von Köln bis Philipp de Vitry,* AfMw VIII, 1926, S. 137 ff. — Ders. *Von Dufay bis Josquin, ein Literaturbericht,* ZfMw XI, 1928/29, S. 1 ff. — Ders. *Artikel Ars antiqua, Ars nova, Burgund* in MGG, Bd. 1 und 2. — Ders. *Bourdon und Fauxbourdon. Studien zur Niederländischen Musik,* Lpz. 1950, B & H. — Bukofzer, M., *The gymel, the earliest form of English polyphony,* Music and Letters XVI, 1935, S. 77 ff. — Ders. *Geschichte des englischen Diskants und des Fauxbourdons nach den theoretischen Quellen,* Diss. Basel, Straßburg 1936. — Ders. *An unknown Chansonnier of the 15th century (The Mellon Chansonnier),* MQ. XXVIII, 1942, S. 14 ff. — Ders. *Studies in Medieval and Renaissance Music,* New York 1950. — Ders. *Interrelations between conductus and clausula,* Annales musicologiques I, 1953, S. 65 ff. — Challey, J., *Histoire musicale du Moyen-Age,* Paris 1950. — Ders. *La Musique médiévale,* Paris 1951. — Coussemaker, C. de, *Histoire de l'harmonie au moyen-âge,* Paris 1852, Didron. — Ders. *Scriptorum de musica medii aevi nova series a Gerbertina altera,* 4 Bde., Paris 1864, 1867, 1869, 1876, anastatischer Neudruck Graz 1908. — Dannemann, E., *Die spätgotische Musiktradition in Frankreich und Burgund vor dem Auftreten Dufays,* Diss. Heidelberg, Straßburg 1936. — Feldmann, F., *Musik und Musikpflege im mittelalterlichen Schlesien,* Breslau 1938, Trewendt & Granier. — Georgiades, T., *Englische Diskanttraktate aus der ersten Hälfte des 15. Jahrhunderts,* München 1937. — Gerbert, M., *Scriptores ecclesiastici de musica sacra potissimum,* 3 Bde., Blasien 1784, anastatischer Neudruck Graz 1905 und Mailand 1931. — Handschin, J., *Zur Frage der melodischen Paraphrasierung im Mittelalter,* ZfMw X, 1927/28, S. 513 ff. — Ders. *Anselmis Treatise on music annotated by Gafori,* Mus. Dis. II, 1948. S. 123 ff. — Husmann, H., *Die dreistimmigen Organa der Notre-Dame-Schule* (mit besonderer Berücksichtigung der Handschrift Wolfenbüttel und Montpellier), Diss. Bln. 1932. — Ders. *Die mittelalterliche Mehrstimmigkeit,* Das Musikwerk (hrsg. von K. G. Fellerer), Köln 1955, A. Volk. — Ders. *Die Offiziumsorgana der Notre-Dame-Zeit,* JbP 1935, S. 31 ff. — Ders. *Die musikalische Behandlung der Versarten im Troubadourgesang der Notre-Dame-Epoche,* Acta musicologica XXV, 1953, S. 8 ff. — Ders. *Das Prinzip der Silbenzählung im Lied des zentralen Mittelalters,* Mf. VI, S. 8 ff. — Ders. *Kalenda maya,* AfMw X, 1954, S. 1 ff. — Ders. *Alleluja, Vers und Sequenz,* Annales Musicologiques, IV, 1956,

19 f. — Ders. Artikel *Meister Alexander, Bamberger Handschrift, Donaueschinger Liederhandschrift, Florentiner Handschrift, Frauenlob, Friedrich von Hausen, Hermann Damen, Heinrich von Mügeln, Heinrich von Ofterdingen, Hoquetus* in MGG, Bd. 1–6. — JOHNER, P. D., *Wort und Ton im Choral. Ein Beitrag zur Ästhetik des gregorianischen Gesanges*, Lpz. 1940, ²/1953, B & H. — LUDWIG, F., *Die mehrstimmige Musik des 14. Jahrhunderts*, SIMG IV, 1902/03, S. 16 ff. — Ders. *Die Quellen der Motetten ältesten Stils*, AfMw V, 1923, S. 185 ff., S. 273 ff. — Ders. *Die mehrstimmige Messe des 14. Jahrhunderts*, AfMw VII, 1925, S. 417 ff. — Ders. *Die geistliche nichtliturgische, weltliche einstimmige und die mehrstimmige Musik des Mittelalters.* Handbuch der Musikgeschichte, hrsg. von G. Adler, Bln. ²/1930, S. 157 ff. — Ders. *Repertorium organorum recentioris et motetorum vetustissimi stili*, Halle 1910. — MACHABEY, A., *Guillaume de Machault 130?—1377.* La vie et l'oeuvre musical. 2 Bde., Paris 1955. — Ders. *Histoire et évolution des formules musicales du Ier au XVe siècle*, Paris 1928. — MICHALITSCHKE, A. M., *Theorie des Modus*, Regensburg 1923. — REESE, G., *Music in the Middle Ages,* New York 1940. — RIEMANN, H., *Geschichte der Musiktheorie im IX.—XIX. Jh.,* Bl. ²/1921. — ROKSETH, Y., *Danses cléricales du XIIIe siècle.* Publ. de la Faculté des Lettres de l'Université de Strasbourg, Fasc. 106, Paris 1947. — URSPRUNG, O., *Die katholische Kirchenmusik* (HdbMw), Potsdam 1931, Athenaion. — WAGNER, P., *Einführung in die gregorianischen Melodien*, 3 Teile, Lpz. 1895 u. ö. — Ders. *Über die Anfänge des mehrstimmigen Gesanges*, ZfMw IX, 1926/27, S. 2 ff. — Ders. *Geschichte der Messe*, Lpz. 1913 B & H. — WOLF, J., *Geschichte der Mensural-Notation von 1250 bis 1460*, Lpz. 1904. — Ders. *Handbuch der Notationskunde*, 2 Bde., Lpz. 1913 bis 1919. — ZENCK, H., Artikel *A cappella* in MGG, Bd. 1.

c) Renaissance

ALBRECHT, H., *Caspar Othmayr, Leben und Werk*, Kassel-Basel 1950, BV. — APPELBAUM, W., *Accidentien und Tonalität in den Musikdenkmälern des 15. und 16. Jahrhunderts*, Diss. Bln. 1936. — BALMER, L., *Orlando die Lassos Motetten*, Bern-Lpz. 1938. — BARTHA, D., *Probleme der Chansongeschichte im 16. Jahrhundert*, ZfMw XIII, 1930/31, S. 507. — BELLERMANN, H., *Die Mensuralnoten und Taktzeichen des XV. und XVI. Jahrhunderts*, Bln. 1858. — BERNET-KEMPERS, K.-P., *Jacobus Clemens non Papa und seine Motetten*, Augsburg 1928. — BESSELER, H., *Von Dufay bis Josquin. Literaturbericht*, ZfMw XI, 1928, S. 1 ff. — BIRTNER, H., *Studien zur niederländisch-humanistischen Musikanschauung.* Habil. Schrift, Marburg 1930 (ungedr.), Teildruck Heidelberg 1933. — Ders. *Renaissance und Klassik in der Musik*, Festschrift f. T. Kroyer, Regensburg 1933. — BLUME, F., *Studien zur Vorgeschichte der Orchestersuite im 15. und 16. Jahrhundert*, Lpz. 1925. — Ders. *Evangelische Kirchenmusik* (HdbMw), Potsdam 1931, Athenaion. — BORREN, CH. v. D., *Guillaume Dufay. Son importance dans l'évolution de la musique au XVe siècle*, Bruxelles 1926. — Ders. *Études sur le XVe siècle musical*, Anvers 1941. — Ders. *Geschiedenis van de Muziek in de Nederland, I*, Antwerpen 1948. — CREVEL, M. v., *Adrianus Petit Coclico*, Haag 1940. — FELDMANN, F., *Untersuchungen zum Wort-Ton-Verhältnis in den Gloria-Credo-Sätzen von Dufay bis Josquin*, Mus. Dis. VIII, 1954. — FÉTIS, F. J., *Quels ont été les mérites des Néerlandais dans la musique*, Amsterdam 1829, J. Muller. — FICKER, R. v., *Die Kolorierungstechnik der Trienter Messen*, Studien zur Musikwissenschaft VII, 1920. — GOMBOSI, O. J., *Jacob Obrecht. Eine stilkritische Studie*, Diss. Bln. 1925. — Ders. *Bemerkungen zur L'homme armée-Frage*, ZfMw X, 1927/28, S. 609 f. — GURLITT, W., *Burgundische*

Chanson- und deutsche Liedkunst des 15. Jahrhunderts, Kongreßbericht Basel 1924, Lpz. 1925, S. 153 ff. — HERTZMANN, E., *Studien zur Basse danse im 15. Jahrhundert, mit besonderer Berücksichtigung des Brüsseler Manuskripts,* ZfMw XI, 1928/29, S. 401 ff. — HUSMANN, H., Artikel *Cantus firmus* in MGG. — KIESEWETTER, G. v., *Die Verdienste der Niederländer um die Tonkunst,* Amsterdam 1829, J. Muller. — KŘENEK, E., *Johannes Okeghem,* New York 1953. — MARIY, J., *Histoire de la musique et des musiciens de la cour de Bourgogne sous le règne de Philipp le Bon* (1420—1467), Strasbourg 1939. — OSTHOFF, H., *Die Niederländer und das deutsche Lied,* Berlin 1938. — REESE, G., *Music in the Renaissance* (mit ausführl. Bibliographie), New York 1954, Norton & Company. — ROEDIGER, K. E., *Die geistlichen Musikhandschriften der Universitätsbibliothek Jena,* 2 Bde., Jena 1935. — SANDBERGER, A., *Orlando di Lasso und die geistigen Strömungen seiner Zeit,* München 1926. — SCHERING, A., *Die niederländische Orgelmesse im Zeitalter des Josquin,* Lpz. 1912. — Ders. *Studien zur Geschichte der Frührenaissance,* Lpz. 1914. — SCHMIDT-GÖRG, J., *Die Messen des Clemens non Papa,* ZfMw IX, 1926, S. 129. — Ders. *Nicolas Gombert. Der Kapellmeister Karls V.,* Bonn 1938. — Ders. *Niederländische Musik des Mittelalters und der Renaissance,* Bonn 1942. — SCHMITZ, E., *Orlando di Lasso,* Lpz. 1915. — SMIJERS, A., *Die kaiserliche Hofmusik-Kapelle von 1543—1619,* Wien 1922. — Ders. *Nederlandsche Muziekgeschiedenis,* Rede 1930. — STEPHAN, W., *Die burgundisch-niederländische Motette zur Zeit Ockeghems,* Kassel 1937, BV. — STRAETEN, E. v. d., *La musique aux Pays Bas,* Brüssel 1867—88. — THIBAULT, G., Artikel *Chanson* in MGG Bd. 2. — WALKER, D. P., *Der musikalische Humanismus im 16. und frühen 17. Jahrhundert,* Kassel 1949, BV. — WOLFF, H. Chr., *Die geistlichen Oden des Georg Tranoscius und die Odenkomposition des Humanismus,* Mf. VI, 1953, VII, 1954, S. 39 f., S. 300 ff. — Ders. *Die Musik der alten Niederländer* (m. ausführl. Bibl.), Lpz. 1956, B & H. — ZENCK, H., *Zarlinos „Istituzioni harmoniche"* als *Quelle zur Musikanschauung der ital. Renaissance,* ZfMw XII, 1929/30, S. 540.

d) Barock

ALALEONA, D., *Studio sulla storia dell'oratorio musicale in Italia,* Turin 1908. — BECKMANN, G., *Das Violinspiel in Deutschland vor 1700,* Bln. und Lpz. 1918, Simrock. — BLUME, F., Artikel *Barock* in MGG Bd. 1. — BOTSTIBER, H., *Geschichte der Ouvertüre,* Lpz. 1913, B & H. — BUKOFZER, M., *Music in the Baroque Era,* New York 1947, Norton. — CLERX, S., *Le Baroque et la Musique. Essai d'Estétique Musicale,* Brüssel 1948, Libr. Encyclopédique. — DANCKERT, W., *Geschichte der Gigue,* Lpz. 1924, Kistner & Siegel. — DIETRICH, F., *Geschichte des deutschen Orgelchorals im 17. Jahrhundert,* Kassel 1932, BV. — EGGEBRECHT, H. H., *Barock als musikgeschichtliche Epoche,* in: Aus d. Welt d. Barock, Stg. 1957, Metzler, S. 168. — EINSTEIN, A., *The Italian Madrigal,* 3 Bde., Princeton 1949, Princeton U. P. — FELLERER, K. G., *Zur italienischen Orgelmusik des 17. u. 18. Jahrhunderts,* JbP 1938. — FROTSCHER, G., *Geschichte des Orgelspiels,* 2 Bde. Bln. 1935, Hesse. — GERSTENBERG, W., *Die Krise der Barockmusik,* AfMw X, 1953, S. 81. — GOLDSCHMIDT, H., *Die italienische Gesangsmethode im 17. Jahrhundert,* Dresden 1890, Schlesische Kunst- und Verlagsanstalt. — Ders. *Die Lehre von der vokalen Ornamentik,* Charlottenburg 1907, Lehsten. — HAAS, R., *Musik des Barocks* (HdbMw), Potsdam 1928, Athenaion. — HABÖCK, F., *Die Kastraten und ihre Gesangskunst,* Stg. 1927, Deutsche Verlagsanstalt. — KATZ, E., *Die musikalischen Stilbegriffe des 17. Jahrhunderts,* Diss. Freiburg 1926, Augsburg, B. V. — KRÜGER, W., *Das Concerto grosso in Deutschland,*

Diss. Bln. 1930, Reinbek 1932. — MEYER, E. H., *Die mehrstimmige Spielmusik des 17. Jahrhunderts in Nord- und Mitteleuropa*, Kassel 1934, BV. — Ders. *English Chamber Music*, London 1946, Lawrence and Wishart. — MOHR, E., *Die Allemande*, Zürich 1932. — NORLIND, T., *Zur Geschichte der Suite*, SIMG VII, 1906. — OBER-DÖRFFER, F., *Der Generalbaß in der Instrumentalmusik*, Kassel 1930, BV. — REI-MANN, M., *Untersuchungen zur Formengeschichte der französischen Klavier-Suite*, Regensburg 1940, Bosse. — Dies. *Zur Entwicklungsgeschichte des Double*, Mf. V, 1952, S. 317 f., VI, 1953, S. 97 f. — Dies. *Materialien zur Definition der Intrada*, Mf. X, 1957, S. 337 ff. — SCHEIDE, A., *Zur Geschichte des Choralvorspiels*, Hild-burghausen 1930, Gadow & Sohn. — SCHENK, E., *Über Begriff und Wesen des musi-kalischen Barock*, ZfMw XVII, 1935, S. 377. — SCHERING, A., *Geschichte des Instru-mentalkonzerts*, Lpz. ²/1927, B & H. — Ders. *Geschichte des Oratoriums*, Lpz. 1911, B & H. — SCHMITZ, E., *Zur Geschichte der Kantate und des geistl. Konzerts*, Lpz. 1914, B & H. — SCHNEIDER, M., *Die Anfänge des Basso continuo und seiner Be-zifferung*, Lpz. 1918, B & H. — SERAUKY, W., Artikel *Affektenlehre* in MGG Bd. 1. — VEINUS, A., *The Concerto*, New York 1944, Doubleday, Doran & Co.

e) Klassik

ADLER, G., *Wiener Instrumentalmusik vor und um 1750* (Vorwort zu den Denk-mälern der Tonkunst in Österreich, XV, 2). — BALET, L., *Die Verbürgerlichung der deutschen Kunst, Literatur und Musik im 18. Jahrhundert*, Straßburg 1936, Heitz. — BRENET, M., *Les Concerts en France sous l'ancien régime*, Paris 1911. — BÜCKEN, E., *Die Musik des Rokokos und der Klassik* (HdbMw), Potsdam 1928, Athenaion. — Ders. *Der galante Stil*, ZfMw VI, 1923/24, S. 418 f. — CARSE, A., *The Orche-stra in the 18th century*, Cambridge 1940. — CUCUEL, G., *Les créateurs de l'opéra-comique français*, Paris 1914. — ENGEL, H., *Die Entwicklung des deutschen Klavier-konzerts*, Lpz. 1927. — FISCHER, W., *Zur Entwicklungsgeschichte des Wiener klas-sischen Stils.* (Studien zur Musikwissenschaft III), Wien 1915. — GERBER, R., Artikel *Deutschland* (Abschnitt ‚Klassik' und ‚Romantik') in MGG Bd. 2. — GOLDSCHMIDT, H., *Die Musikästhetik des 18. Jahrhunderts*, Zürich u. Lpz. 1915, Rascher. — HIRSCH-BERG, E., *Die Encyklopädisten und die französische Oper im 18. Jahrhundert*, Diss. Lpz. 1903. — HOFFMANN, H., *Die norddeutsche Triosonate um Graun und C. Ph. E. Bach*, Diss. Kiel 1927. — KREHBIEL, H. E., *Music and Manners in the classical Period*, New York 1896. — MATTHESON, J., *Der vollkommene Capellmeister* (1739), Facs.-Neudruck (Reimann), Kassel z, 1954, BV. — MENNICKE, C., *Hasse und die Brüder Graun als Symphoniker*, Lpz. 1906, B & H. — NEF, K., *Geschichte der Sin-fonie und Suite*, Lpz. 1921, B & H. — NEURATH, H., *Das Violinkonzert der Wiener klassischen Schule*, Studien zur Musikwissenschaft XIV. — SCHMIDT, E. F., *C. Ph. E. Bach und seine Kammermusik*, Kassel 1931, BV. — SERAUKY, W., *Die musikalische Nachahmungsästhetik im Zeitraum von 1700—1850*, Münster 1929. — SOND-HEIMER, R., *Die formale Entwicklung der vorklassischen Sinfonie*, AfMw IV. — STILZ, E., *Die Berliner Klaviersonate z. Zt. Friedrichs des Großen*, Diss. Bln. 1930. — STRICH, F., *Deutsche Klassik und Romantik oder Vollendung und Unendlichkeit*, München 1922. — THERSTAPPEN, H. J., *Haydns sinfonisches Vermächtnis*, Wolfen-büttel-Bln. 1941. — TOBEL, R. v., *Die Formenwelt der klassischen Instrumental-musik*, 1935. — TUTENBERG, F., *Die Sinfonik J. Chr. Bachs*, Wolfenbüttel-Bln. 1928, Kallmeyer. — WALDKIRCH, F., *Die konzertanten Sinfonien der Mannheimer im 18. Jahrhundert*, Heidelberg 1921. — Vgl. F. Blume, Art. *Klassik* in MGG.

f) Romantik

ALBERTI-RADANOWICZ, E., *Das Wiener Lied von 1789—1815*, Studien zur Musikwissenschaft X, 1923, S. 37 ff. — BECKING, G., *Zur musikalischen Romantik*. Deutsche Vierteljahresschrift f. Literaturwissenschaft und Geistesgeschichte, II, 1924, S. 581 ff. — Ders. *Klassik und Romantik, Kongreßbericht* Lpz. 1925, Lpz. 1926, S. 292 ff. — BÜCKEN, E., *Musik des 19. Jahrhunderts bis zur Moderne* (HdbMw), Potsdam 1929, Athenaion. — ECKARDT, H., *Die Musikanschauung der französischen Romantik*, Kassel 1935, Bärenreiter. — EHRENHAUS, M., *Die Operndichtung der deutschen Romantik*, Breslau 1911 (Breslauer Beiträge zur Literaturgeschichte H. 29). — EINSTEIN, A., *Music in the romantic era*, New York 1949, Norton. — HOHENEMSER, R., *Welche Einflüsse hatte die Wiederbelebung der älteren Musik im 19. Jh. auf die deutschen Komponisten*, Lpz. 1900. — ISTEL, E., *Die Blütezeit der musikalischen Romantik in Deutschland*, Lpz. 1909 (Aus Natur und Geisteswelt, Bd. 239). — KAHL, W., *Das lyrische Klavierstück Schuberts und seiner Vorgänger*, AfMw III, 1921, S. 54 ff., 99 ff. — KURTH, E., *Romantische Harmonik und ihre Krise in Wagners ,Tristan'*, Bln. 1920, Hesse. — PETERSEN, J., *Die Wesensbestimmung der deutschen Romantik*, Lpz. 1926. — PITROU, R., *Musiker der Romantik*, Lindau 1949, Werk-Verlag. — RIEMANN, H., *Geschichte der Musik seit Beethoven*, Stg. 1901. — SCHERING, A., *Aus den Jugendjahren der musikalischen Neuromantik*, JbP 1917, S. 45 ff. — Ders. *Kritik des romantischen Musikbegriffs*, JbP 1937, S. 9 ff. — TIERSOT, J., *La musique aux temps romantiques*, Paris 1930. — UNGER, R., *Vom Sturm und Drang zur Romantik. Eine Problem- und Literaturschau*, Vierteljahresschrift f. Literaturwissenschaft und Geistesgeschichte, II, 1924, S. 616 ff.

g) Moderne

ADORNO, T. W., *Philosophie der neuen Musik*, Tübingen 1949. — ANTHEIL, G., *Bad Boy of Music*, New York 1945. — BACHARACH, A. L., *British Music of our Time*, Harmondsworth Middlesex 1946. — BEKKER, P., *Kritische Zeitbilder*, Bln. 1921. — Ders. *Neue Musik*, Stg. und Bln. 1923. — BUSONI, F., *Entwurf einer neuen Ästhetik der Tonkunst*, Lpz. 1906. — Ders. *Wesen und Einheit der Musik* (hrsg. von J. Herrmann), Bln. 1956, Hesse. — COCTEAU, J., *Le Coq et l'Arlequin*, Paris 1918. — Ders. *Le Rappel à l'Ordre*, Paris 1926. — COEUROY, A., *Panorama de la Musique Contemporaine*, Paris 1928. — COPLAND, A., *Unsere neue Musik*, München 1927. — DEBUSSY, C., *Musik und Musiker*, Potsdam 1948, Stichnote. — DUMESNIL, R., *La Musique Contemporaine en France*, Paris 1949. — Ders. *La musique en France entre deux guerres 1919—1939*, Paris 1946. — EWEN, D., *The Book of modern Composers*, New York 1943. — KŘENEK, E., *Music here and now*, New York 1939. — LAUX, K., *Musik und Musiker der Gegenwart*, I., Essen 1949, Spael. — MERSMANN, H., *Die moderne Musik seit der Romantik*, (HdbMw), Potsdam 1927, Athenaion. — STEFAN, P., *Neue Musik und Wien*, Lpz.-Wien-Zürich 1921. — STRAWINSKY, I., *Musikalische Poetik*, Mainz 1949, Schott. — STUCKENSCHMIDT, H. H., *Neue Musik*, Bln. 1951, Suhrkamp. — THOMSON, V., *Musikgeschehen in Amerika*, München-Bln. 1949. — WEISSMANN, J., *Die Musik in der Weltkrise*, Stg.-Bln. 1922, Deutsche Verlagsanstalt. — Ders. *Die Entgötterung der Musik*, Stg.-Lpz.-Bln. 1928. — WESTPHAL, K., *Die moderne Musik*, Lpz. 1928, (Aus Natur und Geisteswelt, Bd. 1007). — WÖRNER, K. H., *Musik der Gegenwart*, Mainz 1949, Schott. — Zeitschriften für moderne Musik: *Musikblätter des Anbruchs*, Wien 1918—1938; *Melos*, Mainz 1920—1934, 1947 ff.; *Modern Music*, New York 1925 ff.

Musikbibliographien

Vergleiche hierzu grundsätzlich: W.-M. LUTHER, Artikel *Bibliographie* in MGG, Bd. 1.

ABER, A., *Handbuch der Musikliteratur in systematisch-chronologischer Anordnung*, Lpz. 1922, B & H (Kleine Handbücher der Musikgeschichte nach Gattungen 13). — ADLUNG, J., *Anleitung zur musikalischen Gelahrtheit*, Erfurt 1758, (Facs.-Neudruck, hrsg. von H. J. Moser, Kassel 1953, BV). — BECKER, C. F., *Systematisch-chronologische Darstellung der musikalischen Literatur*, Lpz. 1836—39. — BÜCHTING, A., *Bibliographie . . . , Verzeichnis aller . . . 1847—1866 im deutschen Buchhandel erschienenen Bücher und Zeitschriften*, Nordhausen 1867. — EITNER, R., *Bücherverzeichnis der Musikliteratur aus den Jahren 1839—46*, Lpz. 1885, (vgl. auch MfM XVII, Beilage). — Ders. *Quellen- und Hilfswerke beim Studium der Musikgeschichte*, Lpz. 1891. — Ders. *Verzeichnis neuer Ausgaben älterer Musikwerke . . . bis zum Jahre 1800*, Bln. 1870—71. — FOCK, G., *Bibliographischer Monatsbericht über neu erschienene Schul- und Universitätsschriften*, Lpz. 1890, (Musik steht unter ,Verschiedenes'). — FORKEL, J. N., *Allgemeine Litteratur der Musik*, Lpz. 1792. — HOFMEISTER, F., *Handbuch der musikalischen Literatur*, Lpz. 1817 ff., fortgeführt von C. F. Whistling (vgl. hierzu W. Vierneisel, Artikel *Hofmeister* in MGG, Bd. 6). — LICHTENTHAL, P., *Dizionario bibliografico di musica*, 4 Bde., Mailand 1836. — LOTT, W., *Verzeichnis der Neudrucke alter Musik*, 7 Bde., Lpz. 1937—42. — Zeitschriftenbibliographien: *Zeitschrift der Internationalen Musikgesellschaft*, 1899—1918; *Zeitschrift für Musikwissenschaft*, 1918—1935; *Bibliographie des Musikschrifttums*, (Taut, Karstädt) (1936—39) Lpz.; *Bibliographie des Musikschrifttums* (Schmieder).

Biographien

(nach Komponisten geordnet)

TERRY, C. S., *John Christian Bach*, London 1929. — SCHMIEDER, W., *Thematisch-systematisches Verzeichnis der musikalischen Werke von J. S. Bach*, Lpz. 1950. — SPITTA, PH., *Johann Sebastian Bach*, 2 Bde., Lpz. 1873—80. — SCHWEITZER, A., *Johann Sebastian Bach*, Lpz. 1908, B & H. — PIRRO, A., *J. S. Bach*, Paris 1906. — TERRY, C. S., *Bach*, London 1928. — STEGLICH, R., *Johann Sebastian Bach*, Potsdam 1935, Athenaion. — GURLITT, W., *Johann Sebastian Bach*, Bln. 1936. — BLUME, F., *J. S. Bach im Wandel der Geschichte*, Kassel 1947, BV (Musikwissenschaftl. Arbeiten, 1). — Ders., Artikel *J. S. Bach* in MGG, Bd. 1. — VETTER, W., *Der Kapellmeister Bach*, Potsdam 1950, Athenaion. — MOREUX, S., *Béla Bartók*, Zürich-Freiburg/Br. 1950. — KALISCHER, A. C., (Hrsg.), *L. v. Beethoven, sämtliche Briefe*, Bln.-Lpz. 1906—08. — THAYER, A. W., (Deiters. Riemann), *Ludwig van Beethovens Leben*, 5 Bde., Lpz. 1866—1908. — KINSKY, G., (Halm, H.), *Thematisch-bibliographisches Verzeichnis aller vollendeten Werke Ludwig van Beethovens*, München-Duisburg 1955, Henle. — ROLLAND, R., *La vie de Beethoven*, Paris 1927. — RIEZLER, W., *Beethoven*, Bln-Zürich 1936. — HIPPEAU, E., *Berlioz, l'homme et l'artiste*, 3 Bde., Paris 1883—85. — KALBECK, M., *Johannes Brahms*, 4 Bde., Bln. 1904—14. — MAY, F., *The life of Johannes Brahms*, London 1905. — WHITE, E. W., *Benjamin Britten*, London 1948. — AUER, M., *Anton Bruckner, sein Leben und Werk*, Zürich-Lpz.-Wien 1923 (Amalthea Bücherei, Bd. 23/24). — GÖLLERICH, A., (M. Auer), *Anton Bruckner*, 4 Bde., Regensburg 1923—37, Bosse. — KURTH, E., *Bruckner*, 2 Bde., Bln. 1925. — HAAS, R., *Anton Bruckner*, Potsdam 1934. — BLUME, F., Artikel *Bruckner* in MGG, Bd. 2. — Ders., Artikel *Buxtehude* in MGG, Bd. 2. — PIRRO, A., *Dietrich Buxtehude*, Paris 1913. — STAHL, W., *Dietrich Buxtehude*, Kassel 1937, BV. — HOHENEMSER, R., *Luigi Cherubini*, Lpz. 1913. — LEICHTENTRITT, H., *Frédéric Chopin*, Bln. 1905. — CHERBULIEZ, A.-E., *F. Chopin. Leben und Werk*, Rüschlikon-Zürich 1948. — STROBEL, H., *Claude Debussy*, Zürich 1940. — DANCKERT, W., *Claude Debussy*, Bln. 1950. — VALLAS, L., *Achille Claude Debussy*, Potsdam 1949, Athenaion. — BORREN, CH. V. D., *Guillaume Dufay*, Brüssel 1926. — SOUREK, O., und STEFAN, P., *Dvořák*, Wien-Lpz.-Prag 1935. — WINTERFELD, C. V., *Johannes Gabrieli und sein Zeitalter*, 3 Bde., Bln. 1834. — WOTQUENNE, A., *Thematisches Verzeichnis der Werke von Chr. W. Gluck*, Lpz. 1904—11. — EINSTEIN, A., *Gluck*, New York 1936. — WORTSMANN, ST., *Die deutsche Gluck-Literatur*, Lpz. 1914. — GERBER, R., *Christoph Willibald Gluck*, Potsdam 1950, Athenaion. — SCHMIDT-GÖRG, J., *Nicolas Gombert*, Bonn 1938. — MÜLLER V. ASOW, E. H., *Händel, Briefe und Schriften*, Lindau 1949. — CHRYSANDER, F., *Georg Friedrich Händel*, Lpz. 1858—67 (unvollendet). — LEICHTENTRITT, H., *Händel*, Stg.-Bln. 1924. — MÜLLER-BLATTAU, J., *Georg Friedrich Händel*, Potsdam 1933. — DEUTSCH, O. E., *Handel, a documentary Biography*, London 1955 (dt. Ausgabe in Vorber.). — SERAUKY, W., *Georg Friedrich Händel, sein Leben — sein Werk*, Bd. 3, Kassel 1956, BV, Bd. 4 ebda 1958. — MENNICKE, C., *Hasse und die Brüder Graun als Symphoniker*, Lpz. 1906, B & H. — ABERT, A. A., Artikel *J. A. Hasse* in MGG, Bd. 5. — POHL, C. F., (H. Botstiber), *Joseph Haydn*, 3 Bde., Lpz. 1878—1927. — THERSTAPPEN, H. J., *Joseph Haydns sinfonisches Vermächtnis*, Wolfenbüttel 1941. — LANDON, R. H. C., *The Symphonies of Joseph Haydn*, London 1955, Universal Edition & Rockliff. — HOBOKEN, A. V., *Joseph Haydn. Thematisch-bibliographisches Werkverzeichnis*, Mainz 1957, Schott. — STROBEL, H., *Paul Hindemith*, Mainz 1928, Schott. — MOSER, H. J., *Paul Hofhaimer. Ein Lied- und Orgelmeister des deutschen Humanismus*, Bln. 1929. — ABERT, H., *Niccolo Jomelli als Opernkomponist*, Halle 1908. — OSTHOFF, H., *Adam Krieger. Neue Beiträge zur Geschichte des deutschen Liedes im 17. Jh.*, Lpz. 1929. — BORREN, CH. V. D., *Roland de Lassus*, Antwerpen 1945. — BÖTTICHER, W., *Orlando di Lasso*, Kassel 1958, BV. — RAABE, P., *Franz Liszt*, 2 Bde., Stg. 1931. — ENGEL, H., *Franz Liszt*, Potsdam 1936. — LA LAURENCIE, L. DE, *J. B. Lully*, Paris 1911, ²/1919. — SPECHT, R., *Gustav Mahler*, Bln. 1905. — CANNON, B. C., *Johann Mattheson, spectator in music*, (Yale Studies in the history of musicology 1), Norton, Oxford 1947. — SCHIEDERMAYR, L., *Simon Mayr. Beiträge zur Geschichte der Oper um die Wende des 18. und 19. Jh.*, Lpz. 1907—10. — DAHMS, W., *Mendelssohn*, Bln. 1919. — WÖRNER, K. H., *Felix Mendelssohn-Bartholdy*, Wiesbaden 1947. — KAPP, J., *Meyerbeer*, Hamburg-Bln. 8/1931. — REDLICH, H. F., *Claudio Monteverdi*, Olten 1949. — ABERT, A., *Claudio Monteverdi und das musikalische Drama*, Lippstadt 1954, Kistner und Siegel, — SCHRADE, L., *Monteverdi: creator of music*, New York 1950. — SCHIEDERMAIR, L., *Die Briefe W. A. Mozarts und seiner Familie*, 5 Bde., München-Lpz. 1914. — MÜLLER V. ASOW, E. H., *Gesamtausgabe der Briefe und Aufzeichnungen der Familie Mozart*, Bln. 1942. — KÖCHEL, L. RITTER V., *Chronologisch-thematisches Verzeichnis sämtlicher Tonwerke Wolfgang Amadé Mozarts*, Lpz. 1862, (Neubearb. von A. Einstein) ³/1937, (Neubearb. von K. F. Müller und H. v. Hase), Wien-Wiesbaden 1951. — JAHN, O., ABERT, H., *Wolfgang Amadeus Mozart*, Lpz. ⁶/1923—24, (Neubearb. von A. A. Abert in Vorber.). — WYZEWA, T. DE und SAINT-FOIX, G., *W. A. Mozart*, 5 Bde., Paris 1912—46 — HAAS, R., *Wolfgang Amadeus Mozart*, Potsdam 1933, Athenaion. — PAUMGARTNER, B., *Mozart*, Bln.-Zürich 1940. — SCHENK, E., *Mozart. Eine Biographie*, Zürich-Lpz.-Wien 1956, Amalthea. — FÉDOROV, V., *Mussorgski*, Paris 1935. — FELLERER, K. G., *Palestrina*, Regensburg 1930. — MÜLLER-BLATTAU, J., *Hans*

Pfitzner, Potsdam 1940. — GURLITT, W., *Michael Praetorius. Sein Leben und seine Werke,* Lpz. 1915. — ADAMI, G., *Puccini,* Mailand 1935. — FELLERER, K. G., *Giacomo Puccini,* Potsdam 1937. — WESTRUP, J. A., *Purcell,* London 1937. — SIETZ, R., *Henry Purcell. Zeit, Leben, Werk,* Lpz. 1955, B & H. — MASSON, P. M., *L'Opéra de Rameau,* Paris 1930. — ROLAND-MANUEL, *Maurice Ravel et son oeuvre,* Paris 1914 (Deutsche Übers. Potsdam 1951). — STEIN, F., *Thematisches Verzeichnis der im Druck erschienenen Werke von Max Reger,* Lpz. 1933. — Ders. *Max Reger,* Potsdam 1939. — SCHLETTERER, H. M., *Johann Friedrich Reichardt,* Augsburg 1865. — RADICOTTI, G., *Gioacchino Rossini,* 3 Bde., Tivoli 1927. — TIERSOT, J., *J. J. Rousseau,* Paris 1912. — DENT, E. J., *Alessandro Scarlatti: his life and works,* London 1905. — MAHRENHOLZ, C., *Samuel Scheidt,* Lpz. 1924, (Sammlung musikwissenschaftlicher Einzeldarstellungen, 2). — WELLESZ, E., *Arnold Schönberg,* Lpz. 1921. — STUCKENSCHMIDT, H. H., *Arnold Schönberg,* Zürich 1951, Atlantis. — DEUTSCH, O. E., *Franz Schubert. Die Dokumente seines Lebens und Schaffens,* München-Lpz. 1913—14. — VETTER, W., *Der Klassiker Schubert,* 2 Bde., Potsdam 1953, Athenaion. — KAHL, W., *Verzeichnis des Schrifttums über F. Schubert, 1828—1928,* Regensburg 1938. — MOSER, H. J., *Heinrich Schütz,* Kassel 1936, BV. — BOETTICHER, W., *Robert Schumann,* Bln. 1941. — TEBALDINI, G., *Gasparo Spontini,* Recanati 1924. — GYSI, F., *Richard Strauss,* Potsdam 1934. — KRAUSE, E., *Richard Strauss, Gestalt und Werk,* Lpz. 1955, B & H. — MENKE, W., *Das Vokalwerk G. Ph. Telemanns. Überlieferung und Zeitfolge,* Kassel 1942, BV (Erlanger Beiträge zur Musikwissenschaft, 3). — HOLL, K., *Giuseppe Verdi,* Bln. 1939, Lindau [3]/1947. — PINCHERLE, M., *Antonio Vivaldi et la musique instrumentale,* 2 Bde., Paris 1948. — GLASENAPP, C. F., *Richard Wagners Leben und Wirken,* 2 Bde., Lpz. 1876—77, 3. und 4. Aufl. unter dem Titel: Das Leben R. Wagners. Lpz. 1894—1911, [5]/1923, 6 Bde. — OESTERLEIN, N., *Katalog einer Richard-Wagner-Bibliothek,* 4 Bde., Lpz. 1882—1895. — BÜCKEN, E., *Richard Wagner,* Potsdam 1933, Athenaion. — BRODDE, O., *Johann Gottfried Walther,* Kassel-Basel 1937, BV. — WEBER, M. M. v., *Carl Maria von Weber. Ein Lebensbild,* 3 Bde., Lpz. 1864—66. — JÄHNS, F. W., *Carl Maria von Weber in seinen Werken. Chronologisch-thematisches Verzeichnis,* Bln. 1871. — DÜNNEBEIL, H., *Schrifttum über Carl Maria von Weber,* Bln. 1941. — SCHNOOR, H., *Weber. Gestalt und Schöpfung,* Dresden 1953. — DECSEY, E., *Hugo Wolf,* 4 Bde., Bln. 1903—06.

Lexika — Enzyklopädien

(chronologisch)

Vocabularium musicum (11. Jh.) in: J. La Fage, Essai de diphtérographie musicale 1864. — TINCTORIS, J., *Terminorum musicae diffinitorium* Neapel 1473, (Neudruck und Übersetzung von Heinrich Bellermann in: Jahrbücher f. Mus. Wissenschaft I, Lpz. 1863, S. 55, hrsg. von F. Chrysander). — JANOWKA, T. B., *Clavis ad thesaurum magnae artis musicae,* Prag (1901). — BROSSARD, S. DE, *Dictionnaire de musique contenant une explication des termes ... de la musique ... et un catalogue de plus de 900 auteurs qui ont écrit sur la musique,* Paris 1703, Ballard. — WALTHER, J. G., *Musikalisches Lexikon oder Musikalische Bibliothek,* Lpz. 1732, (Facs.-Neudruck, hrsg. von R. Schaal, Kassel 1953, BV). — MATTHESON, J., *Grundlagen einer Ehrenpforte,* Hamburg 1740 (Neudruck mit. Anmerkungen, hrsg. von M. Schneider, Bln. 1910). — GERBER, E. L., *Historisch-Biographisches Lexikon der Tonkünstler,* Lpz. 1790—92, [2]/1812—1814 unter dem Titel: *Neues historisch ... —*

Fétis, F. J., *Biographie universelle des musiciens, Paris und Brüssel 1835—1844,* ²1850—65, 2 Suppl. Bde. von A. Pougin, 1878. — Ledebur, C. v., *Tonkünstler-Lexikon Berlins,* Bln. 1861. — Schilling, G., *Universal-Lexikon der Tonkunst,* Stg. 1835—38. — Mendel, H., *Musikalisches Konversationslexikon,* Bln. 1870—1883, vollendet von A. Reißmann. — Riemann, H., *Musiklexikon,* Lpz. 1882. Zahlr. Auflagen, neubearb. von A. Einstein, Bln. 1929. Neubearbeitung in Vorbereitung durch W. Gurlitt (3 Bde.), Mainz, Schott. — Grove, G., *Dictionary of Music and Musicians,* London 1879—89, ⁵/1953. — Eitner, R., *Biographisch-Bibliographisches Quellenlexikon,* Lpz. 1899—1904. Nachträge als: *Miscellanea Musicae Bio-bibliographica,* hrsg. von H. Springer, M. Schneider, W. Wolfheim. — Lavignac, A., *Encyclopédie de la musique et Dictionnaire du Conservatoire,* fortgeführt von L. de la Laurencie, Paris 1912 f. — Norlind, T., *Allmänt Musiklexikon,* Stockholm ²/1927. — Keller, G., und Krusemann, P., *Geillustreerd Muzieklexicon,* s'Gravenhage 1932. — Apel, W., *Harvard Dictionary of Music,* Cambridge (Mass) ⁵/1947. — Schmidl, C., *Dizionario universale dei musicisti,* Mailand ²/1938. — Moser, H. J., *Musiklexikon,* Bln. 1934 u. ö. — Thompson, O., *The International Cyclopedia of Music and Musicians,* New York 1939, ⁴/1946. — Blume, F., *Die Musik in Geschichte und Gegenwart,* (MGG), Kassel 1949 ff. — Sansoni, G. C. (Casa Editrice), *Enciclopedia dello Spettacolo,* Florenz-Rom 1954 ff. —

VERZEICHNIS DER NOTENBEISPIELE

VERZEICHNIS DER ABBILDUNGEN

SACHREGISTER

Kursiv gedruckte Zahlen bezeichnen Hauptabschnitte der betreffenden Stichworte

NAMENREGISTER

Abbiati, F., 246
Aber, A., 252
Abert, A. A., 243, 253
Abert, H., 243, 246, 253
Abraham, O., 239
Adami, G., 254
Adler, G., 9, 236, 245, 246, 250
Adlung, J., 252
Adorno, W., 251
Adrianus Petit Coclico
Alaleona, D., 249
Albersheim, G., 92, 239
Alberti-Radanowicz, E., 251
Albrecht, H., 248
Alexander, G., 236, 239
Alfons X. von Kastilien 191
Ambros, A. W., 246
Antheil, G., 251
Apel, W., 247, 255
Apollo 223
Appelbaum, W., 248
Appunn, A., 69
Archytas 141 f., 144
Aristides Quintilianus 151 f., 178 ff., 240, 241
Aristoteles 139
Aristoxenes 139 f., 142, 149 f., 180
Arnaut, Daniel, 171
Arnaut de Matoill 171
Auer, M., 252
Avenary, H., 243

Bach, J. Chr., 252
Bach, J. S., 150, 195, 206, 227, 233, 242, 252
Bach, Ph. E., 198, 233, 252
Bacharach, A. L., 251
Baini, G., 240
Bakchius 179
Bakker, M. G., 243
Balet, L., 250
Balmer, L., 248

Barkhausen, H., 236
Bartenstein, H., 242
Bartha, D., 248
Bartók, B., 252
Barzizza, P., 241
Bazala, B., 242
Beauchemin, Ch., 239
Beaumont, C. W., 243
Becker, C. F., 252
Becker, H., 237
Becking, G., 240, 251
Beckmann, G., 243, 249
Beethoven, L. V., 8, 198, 211, 219, 223, 227, 229, 252
Békésy, G. v., 22, 96, 237, 240
Bekker, P., 243, 251
Bell, A., 47
Bellermann, H., 20, 236, 248
Benninghoff, A., 236
Bergmann, G. v., 239
Bergmann, K., 236
Berl, P.,
Berlioz, H., 241, 242, 252
Bernard, R., 243
Bernart de Ventadorn 170 f.
Bernet-Kempers, K. Ph., 243, 246, 248
Bessel s. Besselsche Funktionen 242, 247, 248
Besseler, H., 242, 247, 248
Bethe, A., 239
Beyer, R., 238
Biber, W., 239
Birtner, H., 248
Birtner, W., 245
Bitter, C. H., 243
Blanchard, H., 239
Blume, F., 9, 236, 242, 243, 245, 248, 249, 252, 255
Böhme, F. M., 243

Boeing, H., 237
Bötticher, W., 253 f.
Borren, Ch. v. d., 248, 253
Borris, S., 245
Botstiber, H., 243, 249, 253
Brahms, J., 229, 252
Braunmühl, H. J. v., 236
Brenet, M., 250
Brenn, Fr., 242
Britten, B., 252
Brockway, W., 243
Brodde, O., 254
Brossard, S. de, 254
Bruac, V., 243
Bruckner, A., 196, 211, 243, 252
Bruger, H. D., 242
Buchmann, G., 238
Büchting, A., 252
Bücher, K., 240
Bücken, E., 242 f., 245, 250 f., 254
Bülow, H. v., 94
Bürck, W., 237
Bukofzer, M., 100, 102 f., 105, 247, 249
Bulthaupt, H., 243
Bumke, O., 237
Burney, Ch., 246
Busoni, F., 251
Busse, R., 243
Bussler, L., 242
Buxtehude, D., 219, 253

Caesar, J., 240
Caland, W., 236
Cannon, B. C., 253
Capellen, G., 240
Cardinal, S. Peire Cardinal
Carrière Tafel VII
Carse, A., 242, 250
Challey, J., 247
Cherbuliez, A.-E., 253
Cherubini 253
Chladni, E., 69

LITERATURVERZEICHNIS

Nachtrag 1975

Einleitung

Broeckx, J. L., Methode van de muziekgeschiedenis, Antwerpen 1959

Chailley, J. (Hrsg.), Précis de musicologie, Paris 1958

Collins, W. S., A New Tool for Musicology, Music and Letters XLV, 1965

Dahlhaus, C. (Hrsg.), Einführung in die systematische Musikwissenschaft, Köln 1971

Daniélou, A., Traitée de musicologie comparée, Paris 1959

Garrett, A. M., An Introduction to Research in Music, Washington 1958

Gurlitt, W., Musikgeschichte und Gegenwart II, = Beiheft zum AfMw II, Wiesbanden 1966

Harrison, F. L., Hood, M., Palisca, C. V., Musicology, Englewood Cliffs 1963

Ingarden, R., Untersuchungen zur Ontologie der Kunst, Tübingen 1962

Machabey, A., La musicologie, Paris 1962

Palisca, C. V., Scientific Empirism in Musical Thought, = Seventeenth Cent. Science and the Art, hrsg. von H. H. Rhys, Princeton 1962

Patzig, G., Erklären und Verstehen, in: Neue Rundschau H. 3, 1973, S. 392–413

Reinecke, H.-P., Über Zusammenhänge zwischen naturwissenschaftlicher und musikalischer Theorienbildung, in: F. Zaminer (Hrsg.), Über Musiktheorie, Veröff. des Staatl. Instituts für Musikforschung Preuß. Kulturbesitzt, Bd. 5, Köln 1970

Scheibe, E., Ursache und Erklärung, in: L. Krüger (Hrsg.), Erkenntnisprobleme der Naturwissenschaften, Köln, Bln 1970

Watanabe, R., Introduction to Music Research, Englewood Cliffs 1967

Wiora, W. (Hrsg.), Die Natur der Musik als Problem der Wissenschaft, = Musikalische Zeitfragen X, Kassel 1962

Wiora, W., Methodik der Musikwissenschaft, in: Enzyklopädie der geisteswissenschaftlichen Arbeitsmethoden, München, Wien 1970

Wiora, W., Historische und Systematische Musikwissenschaft, Ausgewählte Aufsätze, hrsg. von H. Kühn und C.-H. Mahling, Tutzing 1972

I. Der Ton und seine Eigenschaften

Allgemeine Literatur

Blauert, J., Räumliches Hören, Stg. 1974

Canac, F. (Hrsg.), Acoustique musicale = Colloques internationaux du Centre National de la Recherche scientifique LXXXIV, Paris 1959

Cremer, L., Die wissenschaftlichen Grundlagen der Raumakustik,
Bd. 1: Geometrische Akustik, Stg. 1948
Bd. 2: Statistische Raumakustik, Stg. 1961
Bd. 3: Wellentheoretische Raumakustik, Stg. 1950

Flügge, S., Handbuch der Physik, Bd. XI,1 und XI,2, Akustik I und II, Bln., Göttingen, Heidelberg 1961 und 1962

Gerlach, W., Physik, Filex Bd. 19, Ffm. 1960

Gerthsen, C., Physik, Bln., Göttingen, Heidelberg 2/1960

Meyer, E., Guicking, D., Schwingungslehre, Braunschweig 1974

Meyer, E., Neumann, E.-G., Physikalische und technische Akustik, Braunschweig 2/1974

Pohl, R. W., Mechanik, Akustik, Wärmelehre, = Einführung in die Physik I, Bln, Göttingen, Heidelberg 1959

Reichardt, W., Grundlagen der Elektroakustik, Lpz. 3/1960

Reinecke, H.-P., Grundlagen des stereophonen Musikhörens, Köln 1966

Skudrzyk, E., The Foundations of Acoustics, Wien 1971

Wagner, K. W., Einführung in die Lehre von den Schwingungen und Wellen, Wiesbaden 1974

Weizel, W., Einführung in die Physik I-III, BI-Hochschultaschenbücher, Mannheim 1959

Winckel, F., Phänomene des musikalischen Hörens, Bln., Wunsiedel 1960

Zwicker, E., Feldtkeller, R., Das Ohr als Nachrichtenempfänger, Stg. 2/1967

Die Tonhöhe

Ellis, A. J., Mendel, A., Studies in the History of Musical Pitch, Amsterdam 1968

Fricke, J., Über subjektive Differenztöne höchster hörbarer Töne und des angrenzenden Ultraschalls im musikalischen Hören, Kölner Beiträge zur Musikforschung Bd. 16, Köln 1960

Heinzl, J. L., Die phasenabhängigen Tonhöhenschwankungen bei den Schwebungen der verstimmten Oktav und die Hörtheorien, Diss., München 1969

Hesse, H.-P., Die Wahrnehmung von Tonhöhe und Klangfarbe als Problem der Hörtheorie, Veröff. des Staatl. Instituts für Musikforschung Preuß. Kulturbesitz, Bd. 6, Köln 1972

Korthaus, I., Die Beurteilung musikalischer Intervalle im mittleren und unteren Hörbereich, Diss. (mschr.), Hamburg 1960

Lichthorn, H.-G., Zur Psychologie des Intervallhörens, Diss., Hamburg 1962

Maronn, E., Untersuchungen zur Wahrnehmung sekundärer Tonqualitäten bei ganzzahligen Schwingungsverhältnissen, Kölner Beiträge zur Musikforschung Bd. 30, Regensburg 1964

Wille, W., Das Verhalten musikalischer Intervalle in mittleren und hohen Tonlagen, Diss. (mschr.), Hamburg 1959

Die Tondauer

Behne, K.-E., Der Einfluß des Tempos auf die Beurteilung von Musik, = Veröffent. des Staatl. Inst. für Musikforschung Preuß. Kulturbesitz, Bd. 7, Köln 1972

Fischer, K. v., Das Zeitproblem in der Musik, in: Das Zeit-Problem im 20. Jhd., R. W. Meyer (Hrsg.), Bern, München 1964

Klugmann, F., Die Kategorie der Zeit in der Musik, Diss., Bonn 1961

Motte-Haber, H. de la, Ein Beitrag zur Klassifizierung musikalischer Rhythmen, = Veröff. des Staatl. Inst. für Musikforschung Preuß. Kulturbesitz, Bd. 2, Köln 1968

Neumann, F., Die Zeitgestalt. Eine Lehre vom musikalischen Rhythmus, 2 Bde., Wien 1959

Rothärmel, M., Der musikalische Zeitbegriff seit M. Hauptmann, = Kölner Beiträge zur Musikforschung, Bd. 25, Regensburg 1963

Die Lautstärke

Burns, W., Noise and Man, London 1968

Dieroff, H. G., Die Lärmschwerhörigkeit in der Industrie, Lpz. 1963

Furrer, W., Lärm und Lärmabwehr, in: Mensch und Umwelt Bd. 3, Basel 1958

Glorig, A., Noise and Your Ear, New York 1958

Krieger, F., Messung der elektroakustischen Übertragungsgüte von Mikrofonen mit Hilfe der Korrelation, Nachrichten technische Fachberichte Bd. 15, 1959

Plath, P., Das Ton- und Sprachgehör bei Lärmschäden des Ohres, Stg. 1971

Die Klangfarbe

Baines, A., Musikinstrumente, München 1962

Dräger, H. H., Prinzipien einer Systematik der Musikinstrumente, = Musikwissenschaftliche Arbeiten Bd. 3, Kassel 1948

Fellerer, K. G., Klang und Struktur in der abendländischen Musik, Köln, Opladen 1967

Graf, W., Die musikalische Klangforschung, Karlsruhe 1969

Heinitz, W., Instrumentenkunde, = Handbuch der Musikwissenschaft, E. Bücken (Hrsg.), Bd. 4, Bln. 1929

Hesse, H.-P., . . . (siehe Tonhöhe)

Heyde, H., Grundlagen des natürlichen Systems der Musikinstrumente, = Beiträge zur Musikwissenschaftlichen Forschung in der DDR Bd. 7, Lpz. 1975

Jost, E., Akustische und psychometrische Untersuchungen an Klarinettenklängen, Veröff. des Staatl. Inst. für Musikforschung Preuß. Kulturbesitz, Bd. 1, Köln 1967

Kolneder, W., Musikinstrumentenkunde, = Musikpädagogische Bibliothek, Bd. 7, Heidelberg 1963, Neuausgabe Wilhelmshaven 1975

Meyer-Eppler, W., Grundlagen und Anwendungen der Informationstheorie, Bln., Göttingen, Heidelberg 1959

Rahlfs, V., Psychometrische Untersuchungen zur Wahrnehmung musikalischer Klänge, Diss. (mschr.), Hamburg 1966

Reinhard, K., Beitrag zu einer neuen Systematik der Musikinstrumente, in: Mf. Bd. 13, 1960, S. 160–164

Rösing, H., Probleme und neue Wege der Analyse von Instrumenten- und Orchesterklängen, Diss., Wien 1970

Rösing, H., Die Bedeutung der Klangfarbe in traditioneller und elektronischer Musik, = Schriften zur Musik, W. Kolneder (Hrsg.), Bd. 12, München 1972

Stauder, W., Einführung in die Instrumentenkunde, = Taschenbücher zur Musikwissenschaft, R. Schaal (Hrsg.), Bd. 21, Wilhelmshaven 1974

Valentin, E., Handbuch der Musikinstrumentenkunde, Regensburg 5/1968

Weissenbäck, A., Pfundner, J., Tönendes Erz. Die abendländische Glocke als Toninstrument . . . , Graz, Köln 1961

Die Schichtung der Eigenschaften

Albersheim, G., Zur Musikpsychologie, = Taschenbücher zur Musikwissenschaft R. Schaal (Hrsg.), Bd. 33, Wilhelmshaven 1974

Ansermet, E., Die Grundlagen der Musik im menschlichen Bewußtsein, München 1965

Békésy, G. von, Experiments in Hearing, New York 1960

Farnsworth, P. R., The Social Psychology of Music, New York 1958

Francès, R., La perception de la musique, Paris 1958

Gordon, E., Studies in the Psychology of Music, Iowa

Gruber, J., Hörversuche mit moduliertem Rauschen unterschiedlicher interauraler Korrelation, Diss., Bln. 1967

Guilhot, J., Jost, J., Guilhot, M. A., Musique, psychologie et psychotherapie, Paris 1964

Kirikae, I., Nakamura, K., Sato, T., Shitara, T., A study of binaural interaction, Ann. Bull. Bd. 5, Res. Inst. of Logopedics Phoniatrics, Tokio 1971

Kleinen, G., Experimentelle Studien zum musikalischen Ausdruck, Diss. Hamburg 1968

Kötter, E., Der Einfluß übertragungstechnischer Faktoren auf das Musikhören, Veröff. des Staatl. Instituts für Musikforschung Preuß. Kulturbesitz, Bd. 3, Köln 1968

Kurth, E., Musikpsychologie, Bln. 1931

Lundin, R. W., An Objectiv Psychology of Music, New York 2/1967

Motte-Haber, H. de la, Musikpsychologie, Köln 1972

Pech, K., Hören im "optischen Zeitalter", Karlsruhe 1969

Plath, P., Das Hörorgan und seine Funktion, Bln 1969

Plomp, R., Experiments on Tone Perception, Soesterberg 1966

Ranke, O. F., Lullies, H., Physiologie des Gehörs, der Stimme und Sprache, = Lehrbuch der Physiologie, W. Trendelenburg (Hrsg.), Bln. 1953

Reinecke, H.-P., Experimentelle Beiträge zur Psychologie des musikalischen Hörens, Hamburg 1964

Roederer, J. G., Introduction to the Physics and Psychophysics of Music, New York, Heidelberg, Bln. 1973

Rohracher, H., Die Arbeitsweise des Gehirns und die psychischen Vorgänge, München 4/1967

Schroeder, M. R., Model for mechanical to neutral transduction in the auditory receptor, in: JASA, Vol. 55, No. 5, 1974, S. 1055—1060

Stephani, H., Zur Psychologie des musikalischen Hörens, Regensburg 1956

Stevens, S. S., Davis, H., Hearing, Its Psychology and Physiology, New York 1954

Walton, W. K., Pass-fail rations in identification audiometric as a function of audiometer rise time, in: JASA, Vol. 56, No. 2, 1974, S. 601—604

Ward, W. D., Musical Perception, in: Foundations of Modern Auditory Theory, J. V. Tobias (Hrsg.), New York 1970

Wellek, A., Musikpsychologie und Musikästhetik, Ffm 1963

Wendt, K., Das Richtungshören bei der Überlagerung zweier Schallfelder bei Intensitäts- und Laufzeitstereophonie, Diss., Aachen 1963

Werbik, H., Informationsgehalt und emotionale Wirkung von Musik, Mainz 1971

Wever, E. G., Theory of Hearing, New York 1957

Wever, E. G., Lawrence, M., Physiological Acoustics, Princeton 1954

II. Das Kunstwerk und seine bestimmenden Seiten

Die Melodie

Abraham, L. U., Dahlhaus, C., Melodielehre, = Musik-Taschenbücher, Bd. 13, Köln 1972

Bawden, J. L., Aspects of Tonality in Early European Music, Philadelphia 1947

Benary, P., Die deutsche Kompositionslehre des 18. Jahds., = Jenaer Beiträge zur Musikforschung III, Lpz. 1961

Beyer, P., Studien zur Vorgeschichte des Dur-Moll, Kassel 1958

Blessinger, K., Melodielehre als Einführung in die Musiktheorie, Stg. 1930

Chailley, J., L'imbroglio des modes, Paris 1960

Dahlhaus, C., Untersuchungen über die Entstehung der harmonikalen Tonalität, = Saarbrücker Studien zur Musikwissenschaft Bd. 2, Kassel 1968

Daniélou, A., Die Musik Asiens, = Taschenbücher zur Musikwissenschaft, Bd. 8, Wilhelmshaven 1973

Federhofer, H., Beiträge zur musikalischen Gestaltanalyse, Graz 1950

Ferchault, G., Introduction à l'esthétique de la melodie, Gap 1946

Finscher, L., Tonale Ordnungen am Beginn der Neuzeit, = Musikalische Zeitfragen X, 1962

Georgiades, T. G., Musik und Sprache . . . , = Verständliche Wissenschaft I, Bln., Göttingen, Heidelberg 1954

Güldenstein, G., Theorie der Tonart, Basel 2/1973

Hindemith, P., Unterweisung im Tonsatz I, Mainz 1940

Husmann, H., Grundlagen der antiken und orientalischen Musikkultur, Bln. 1961

Klebs, P., Von der Melodie und dem Aufbau der musikalischen Formen, Kassel 1927

Kurth, E., Grundlagen des linearen Kontrapunkts, Bern 1917

Reichert, G., Tonart und Tonalität in der älteren Musik, = Musikalische Zeitfragen X, Kassel 1962

Reinhard, K., Chinesische Musik, Kassel 1956

Reti, R., Tonality – Atonality – Pantonality, London 1958

Rohwer, J., Tonale Instruktionen . . . , Wolfenbüttel 1951

Salzer, F., Strukturelles Hören. Der tonale Zusammenhang in der Musik, 2 Bde Wilhelmshaven 1960

Smits van Waesberghe, J., A Textbook of Melody, Rom 1955

Szabolcsi, B., Bausteine zu einer Geschichte der Melodie, Budapest 1959

Wagner, P. Einführung in die Gregorianischen Melodien III, Lpz. 1921, Nachdruck Hildesheim und Wiesbaden 1962

Wolf, H. C., Zur Melodiebildung J. S. Bachs, = Studien zur Musikwissenschaft XXV, 1962

Zingerle, H. v., Zur Entwicklung der Melodik von Bach bis Mozart, Lpz. 1936

Die Harmonie

Abraham, L. U., Harmonielehre. Der homophone Satz, = Musiktaschenbücher, Bd. 3, Köln 1965

Boulez, P., Musikdenken heute 1, Darmstädter Beiträge zur neuen Musik V, Mainz 1963

Busch, R. H., Leonhard Eulers Beitrag zur Musiktheorie, = Kölner Beiträge zur Musikforschung, Bd. 58, Regensburg 1970

Carpenter, N. C., Music in the Medieval and Renaissance Univ., Norman/ Oklahoma 1958

Dunwele, W., The Evolution of 20th.-Cent. Harmony, London 1960

Fokker, A. D., Neue Musik mit 31 Tönen, = Orpheus-Schriftenreihe zu Grundfragen der Musik, Bd. 5, Düsseldorf 1966

Grabner, H., Handbuch der funktionellen Harmonielehre, Regensburg 7/1974

Haase, R., Einführung in die harmonikale Symbolik, München 1960

Kayser, H., Lehrbuch der Harmonik, Zürich 1950

Krehbiel, J. W., Harmonic Principles of J.-P. Rameau and His Comtemporaries, Diss., Indiana University 1964

Kurth, E., Romantische Harmonik und ihre Krise in Wagners "Tristan", Bln. 1923

Pousseur, H., Theorie und Praxis in der neuesten Musik, = Darmstädter Beiträge zur neuen Musik II, Mainz 1959

Richter, L., Zur Wissenschaftslehre von der Musik bei Platon und Aristoteles, = Deutsche Akademie der Wissenschaften zu Bln., Schriften der Sektion für Altertumswissenschaft XXIII, Bln. 1961

Rohwer, J., Die harmonischen Grundlagen der Musik, Kassel 1970

Rummenhöller, P., M. Hauptmann als Theoretiker, Wiesbaden 1963

Spitzer, L., Classical and Christian Tdeas of World Harmony, Baltimore 1963

Vogel, M., Der Tristan-Akkord und die Krise der modernen Harmonielehre, = Orpheus-Schriftenreihe zu Grundfragen der Musik II, Düsseldorf 1962

Vogel, M., (Hrsg.), Beiträge zur Musiktheorie des 19. Jhds., = Studien zur Musikgeschichte des 19. Jhds., Bd. 4, Regensburg 1966

Wagner, M., Die Harmonielehren der ersten Hälfte des 19. Jhds., = Studien zur Musikgeschichte des 19. Jhds., Bd. 38, Regensburg 1974

Wolpert, F. A., Neue Harmonik-Einführung, = Taschenbücher zur Musikwissenschaft, Bd. 14, Wilhelmshaven 1972

Metrum und Rhythmus

Aldrich, P., Rhythm in 17th-Cent. Italian Monody, An Analysis for Study and Performance, with an Anthology of (14 complete) Songs and Dances, New York 1966

Apfel, E., Dahlhaus, C., Sudien zur Theorie und Geschichte der musikalischen Rhythmik und Metrik (2 Bde.), = Musikwissenschaftliche Schriften Bd. 1, München 1974

Bank, J. A., Tactus, Tempo and Notation in Mensural Music from the 13th to the 17th Cent., Amsterdam 1972

Barthe, E., Takt und Tempo, Studien über die Zusammenhänge von Takt unf Tempo, Veröff. der Hamburger Telemann-Ges., H. 2, Hamburg 1960

Behne, K.-E., . . . (siehe Tondauer)

Benary, P., Rhythmik und Metrik. Eine praktische Anleitung, Musiktaschenbücher, Bd. 7, Köln 2/1973

Cooper, G. W., Meyer, L. B., The Rhythmic Structure of Music, Chicago 1960

Dahlhaus, C., Probleme des Rhythmus in der Neuen Musik, in: Terminologie der Neuen Musik, Veröff. des Inst. für Neue Musik und Musikerziehung, Bd. 5, 1965

Dürr, W., Untersuchungen zur poetischen und musikalischen Metrik, Diss., Tübingen 1962

Feil, A., Studien zu Schuberts Rhythmik, München 1966

Fellerer, K. G., Die Deklamationsrhythmik in der vokalen Polyphonie des 16. Jhds., Düsseldorf 1928

Fraisse, R., Les structures rythmiques, Löwen 1956

Goebels, F., Studien zur Tempoindikation in der Klaviermusik seit P. E. Bach, Diss. (mschr.), Köln 1960

Goldthwaite, S., Rhythmic Patterns and Formal Symmetry in the 15th-Cent. Chanson, 2 Bde, Diss. (mschr.), Harvard Univ. Mass. 1960

Gullo, S., Das Tempo in der Musik des 13. und 14. Jhds., Publ. der Schweizerischen musikforschenden Ges. II, 10, Bern 1964

Hermann-Bengen, I., Tempobezeichnungen, Ursprung und Wandel im 17. und 18. Jhd., Münchner Veröff. zur Musikgeschichte, T. G. Georgiades (Hrsg.), Bd. I, Tutzing 1959

Mediaeval Music, Wiss. Abh., Bd. 8, Brooklyn/New York 1964

Kippenberg, B., Der Rhythmus im Minnesang. Eine Kritik der literar- und musikhistorischen Forschung, = Münchener Texte und Untersuchungen zur deutschen Literatur des Mittelalters III, München 1962

Motte-Haber, H. de la, . . . (siehe Tondauer)

Neumann, F., . . . (siehe Tondauer)

Perkins, M. L., Changing Concepts of Rhythm in the Romantic Era, Diss., Univ. of Southern California 1961

Powel, N. W., Rhythmic Freedom in the Performance of French Music from 1650 to 1735, Diss. (mschr.), Stanford (Calif.) 1959

Rayburn, J., Gregorian Chant Rhythm. A History of Controversy Concerning Its Interpretation, New York 1961

Schneider, M., Studien zur Rhythmik im "Cancionero de Palacio", in: Miscelánea en homenaje a H. Anglès, 2 Bde., Barcelona 1958–61

Smither, H. E., Theories of Rhythm in the 19th and 20th Cent., With a Contribution to the Theory of Rhythm for the Study of 20th-Cent. Music, Diss. (mschr.), Cornell Univ., New York 1960

Waelter, E. L., Metrik und Rhythmik im Jazz, in: Terminologie der Neuen Musik, Veröff. des Inst. für Neue Musik und Musikerziehung, Bd. 5, 1965

Die Dynamik

Boulez, P., . . . (siehe Die Harmonie)
Fellinger, I., Studien zur Dynamik in Brahms' Musik, Bln. 1961
Jurisch, H., Prinzipien der Dynamik im Klavierwerk P. E. Bachs, Diss.
  (mschr.), Tübingen 1959
Kleinen, G., . . . (siehe Die Schichtung der Eigenschaften)
Schnebel, D., Studien zur Dynamik A. Schönbergs, Diss (mschr.), Tübingen
  1955
Stockhausen, K., Musik im Raum, in: Texte I, Köln 1963

Die Besetzung

Bachmann, W., Die Anfänge des Streichinstrumentenspiels, Lpz. 1964
Becker, H., Geschichte des Instrumentation, = Das Musikwerk XXIV, Köln
  1964
Bodky, E., The Interpretation of Bach's Keyboard Works, Cambridge (Mass)
  1960
Dart, T., Practica Musica. Vom Umgang mit alter Musik, Bern, München
  1959
Donington, R., The Interpretation of Early Music, London 1963
Eppelsheim, J., Das Orchester in den Werken J.-B. Lullys, = Münchener
  Veröff. zur Musikgeschichte VII, Tutzing 1961
Erpf, H., Lehrbuch der Instrumentation und Instrumentenkunde, Mainz
  1959
Frotscher, G. Aufführungspraxis alter Musik, = Taschenbücher zur Musik-
  wissenschaft, Bd. 6, Wilhelmshaven 1971
Fuhrmann, P., Untersuchungen zur Klangdifferenzierung im modernen Or-
  chester, = Kölner Beiträge zur Musikforschung, Bd. XL, Regensburg 1966
McCredie, A. D., Instrumentarium and Instrumentation in the North Ger-
  man Baroque Opera, Diss., Hamburg 1964
Paumgartner, B., Das instrumentale Ensemble, Zürich 1966
Rothschild, F., The Lost Tradition — Musical Performance in the Times of
  Mozart and Beethoven, London 1961

III. Die Gestaltungsprinzipien des Kunstwerks

Form und Ausdruck

Altmann, G., Musikalische Formenlehre, Lpz. 2/1971

Beck, H., Methoden der Werkanalyse, = Taschenbücher zur Musikwissenschaft, Bd. 9, Wilhelmshaven 1974

Berryman, R. B., Two methods of musical stylistic analysis. An experimental evaluation, Minneapolis/Minn. (mschr.), 1965

Blessinger, K., Grundzüge der musikalischen Formenlehre, Stg. 1926

Dahlhaus, C., Analyse und Werturteil, Musikpädagogik, = Forschung und Lehre, Bd. 8, S. Abel-Struth (Hrsg.), Mainz 1970

Degen, H., Handbuch der Formenlehre, Regensburg 1957

Grabner, H., Lehrbuch der musikalischen Analyse, Lpz. 1925

Grabner, H., Musikalische Werkbetrachtung, Stg. 1950

Hess, W., Die Dynamik der musikalischen Formbildung, 2 Bde., Wien 1960—64

Kähler, G., Studien zur Entstehung der Formenlehre in der Musiktheorie, Diss. (mschr.), Heidelberg 1958

Kolneder, W., Visuelle und auditive Analyse. Der Wandel des musikalischen Hörens, Bln. 1962

Leichtentritt, H., Musikalische Formenlehre, Wiesbaden 7/1967

Lemacher, H., Schröder, H., Formenlehre der Musik, Köln 2/1968

Lippold, E., Zur Frage der ästhetischen Inhalt-Form-Relationen in der Musik, = Beiträge zur musikwissenschaftlichen Forschung in der DDR, Bd. 3, Lpz. 1971

Lobaczewska, S., Die Analyse des musikalischen Kunstwerks als Problem der Musikwissenschaft, Wien 1956

Motte, D. de la, Musikalische Analyse. Mit kritischen Anmerkungen von C. Dahlhaus, Kassel 1968

Ratz, E., Probleme der musikalischen Formenlehre, Wien 1953

Ratz, E., Einführung in die musikalische Formenlehre, Wien 2/1968

Reichenbach, H., Formenlehre der Musik, Bln. 1929

Schönberg, A., Die Formbildenden Tendenzen der Harmonie, Mainz 1957

Stockmeier, W., Musikalische Formprinzipien, Formenlehre, = Musik-Taschenbücher, Bd. 5, Köln 2/1973

Stöhr, R., Musikalische Formenlehre, Lpz. 1911

Vetter, M., Untersuchungen zu den in der deutschen Fachliteratur von 1918 bis 1964 enthaltenen Methoden der musikalischen Werkanalyse. Diss., Greifswald 1966

Die Gattung

Adrio, A., Die Fuge, H. I, = Das Musikwerk, Bd. 14, Köln 1960

Apfel, E., Beiträge zu einer Geschichte der Satztechnik von der frühen Motette bis Bach, 2 Bde., München 1964—65

Apfel, E., Zur Vor- und Frühgeschichte der Symphonie, = Sammlung musikwissenschaftlicher Abhandlungen, Bd. 56, Baden-Baden 1972

Beck, H., Die Suite, = Das Musikwerk, Bd. 26, Köln 1964

Berner, H., Untersuchungen zur Begriffsbestimmung und zu einigen Fragen der Rezeption von Programmusik, Diss. (mschr.), Lpz. 1964

Brockpähler, R., Handbuch zur Geschichte der Barockoper in Deutschland, = Die Schaubühne, Bd. 62, Emsdetten i. W., 1964

Brook, B. S., La sinfonie française dans la 2e moitié du 18e siècle, = Publications de l'institut de musicologie de l'Univ. de Paris III, 3 Bde., Paris 1962

Brown, jr., S. E., The Motets of Ciconia, Dunstable and Dufay, Diss. (mschr.), Indiana Univ. 1962

Demuth, N., French Opera. Its Development to the Revolution, Sussex 1963

Giegling, F., Die Solosonate, = Das Musikwerk, Bd. 14, Köln 1959

Hoffmann-Erbrecht, L., Die Sinfonie, = Das Musikwerk, Bd. 14, Köln 1967

Ives, C., Essays Before a Sonata . . ., New York 1962

Jacoby, R., Die Kantate, = Das Musikwerk, Bd. 7, Köln 1968

Karbusicky, V., Ideologie im Lied, Lied in der Ideologie, Köln 1973

Kirkendale, W., Fuge und Fugato in der Kammermusik des Rokoko und der Klassik, Tutzing 1966

Kloiber, R., Handbuch der klassischen und romantischen Sinfonie, Wiesbaden 1964

Kloiber, R., Handbuch der Symphonischen Dichtung, Wiesbaden 1967

Krummacher, F., Die Überlieferung der Choralbearbeitung in den frühen evangelischen Kantaten, = Berliner Studien zur Musikwissenschaft, Bd. 10, Bln. 1965

Lehmann, D., Rußlands Oper und Singstil in der 2. Hälfte des 18. Jhds., Lpz. 1958

Leibowitz, R., Histoire de l'opera . . ., Paris 1957

Linke, N., Die Orchesterfuge in Spätromantik und Moderne, Diss. (mschr.), Hamburg 1960

Mann, A., The Study of Fugue, New Brunswick (New York) 1958

Massenkeil, G., Das Oratorium, = Das Musikwerk, Bd. 7, Köln 1970

Mathiassen, F., The Style in the Early Motet, = Studier og publikationer fra Musikvidenskabeligt Inst. Aarhus Univ. I, Kopenhagen 1966

Mecklenburg, P., Die Sinfonien der Mannheimer Schule, Diss. (mschr.), München 1963

Melchert, H., Das Rezitativ der Kirchenkantate J. S. Bach, Diss, Ffm. 1958

Newman, W. S., The Sonata in the Baroque Era, Chapel Hill/N. C. 1959

Newman, W. S., The Sonata in the Classic Era, Chapel Hill/N. C. 1963

Noblitt, T. L., The Motetti Missales . . ., Diss. (mschr.), Univ of Texas 1963

Pauly, G., G. F. Händels Klavierfuge, Diss., Saarbrücken 1962
Pauly, H. J., Die Fuge in den Orgelwerken D. Buxtehudes, = Kölner Bei-
    träge zur Musikforschung, Bd. 31, Regensburg 1964
Pearl, M., The Suite in Relation to Baroque Style, Diss. (mschr.), New York
    Univ. 1957
Salmen, W., Geschichte der Rhapsodie, Zürich 1966
Schmidt-Garre, H., Oper, Köln 1963
Schwab, H. W., Sangbarkeit, Popularität und Kunstlied, Studien zu Lied und
    Liedästhetik der mittleren Goethezeit 1770—1814, = Studien zur Musik-
    geschichte des 19. Jahrhunderts., Bd. 3, Regensburg 1965
Schulte-Bunert, D., Die deutsche Klaviersonate des 20. Jhds., = Kölner Bei-
    träge zur Musikforschung, Bd. 24, Regensburg 1963
Sparks, E., Cantus firmus in Mass and Motet, 1420—1520, Berkeley, Los
    Angeles 1963
Stockmeier, W., Die Programmusik, = Das Musikwerk, Bd. 9, Köln 1970
Stuckenschmidt, H. H., Oper in dieser Zeit, Velber bei Hannover 1964
Sydow, A., Das Lied, Göttingen 1962
Taling-Hajnali, M., Der fugierte Stil bei Mozart, = Publikationen der Schwei-
    zerischen Musikforschen Ges. II, Bd. 7, Bern 1959
Trapp, K., Die Fuge in der deutschen Romantik von Schubert bis Reger,
    Studien zu ihrer Entwicklung und Bedeutung, Diss., Ffm. 1958
Valentin, E., Die Tokkata, = Das Musikwerk, Bd. 17, Köln 1958
Werf, H. v. d., The chansons of the troubadours and trouvères, Utrecht 1972
Wieber, G.-F., Die Chor-Fuge in Händels Werken, Diss., Ffm. 1958
Wohlfahrt, F., Geschichte der Sinfonie, Hamburg 1966
Wolff, H. C., Die Oper, = Das Musikwerk, Bd. 18, 19, Köln 1971/72
Wulf, E., Untersuchungen zum Operneinakter in der Mitte des 19. Jhds.,
    Diss. (mschr.), Köln 1962

Persönlichkeit und Zeitgeist

Crocker, R. L., A History of Musical Style, New York 1966
Dadelsen, G. v., Alter Stil und alte Technik in der Musik des 19. Jhds.,
    Diss. (mschr.), Bln 1951
Dickenson, G. S., A handbook of style in music, New York 1969
Hausswald, G., Musikalische Stilkunde, = Taschenbücher zur Musikwis-
    senschaft, Bd. 24, Wilhelmshaven 1973
LaRue, J., Guidelines for Style Analysis, New York 1970
Nestler, G., Der Stil in der neuen Musik, Freiburg 1958
Rosen, C., The classical style, London 1971
Salopp, A., Studies in the history of musical style, Detroit 1971
Schönberg, A., Style and Idea, New York 1950
Weisbach, W., Stilbegriffe und Stilphänomene, Wien 1957

Allgemeine Musikgeschichten

Besseler, H., Buchmann, W., Musikgeschichte in Bildern, Lpz.
Blume, F., (Hrsg.)., Epochen der Musikgeschichte in Einzeldarstellungen, Kassel 1974
Grout, D.J., A History of Western Music, New York 1960
Gurlitt, W., Musikgeschichte und Gegenwart, = Beihefte zum AfMw., Bd. 1, 2, Wiesbaden 1966
Kolneder, W., Geschichte der Musik. Ein Studien- und Prüfungshelfer, Heidelberg 1961, Neuausgabe Wilhelmshaven 1975
Komma, K. M., Musikgeschichte in Bildern, Stg. 1961
Wellesz, E., (Hrsg.), The New Oxford History of Music, London, New York, Toronto, 1957 ff.
Westrup, J. A., An Introduction to Musical History, London 1955
Westrup, J., Music — its past and its present, Washington 1964
Wiora, W., Die vier Weltalter der Musik, = Urban Bücher LVI, Stg. 1961

Einzelepochen

a) Antike

Aign, B., Geschichte der Musikinstrumente des ägyptischen Raumes bis um 700 v. Chr., Diss., Ffm 1963
Benz, R., Unfreie Menschen als Musiker und Schauspieler in der römischen Welt, Diss. (mschr.), Tübingen 1961
Fleischhauer, G., Die Musikgenossenschaften im hellinistisch-römischen Altertum, Diss. (mschr.), Halle 1959
Fleischhauer, G., Etrurien und Rom, = Musikgeschichte in Bildern II, 5. Lpz. 1964
Gamberini, L., La parola e la musica nell'antichità, = Hist. musicae cultores Bibl. XV, Florenz 1962
Grande, C. d., Cenni sulla musica greca, in: Enciclopedia classica II, Bd. V, 2, Turin 1960
Hickmann, H., Ägypten, = Musikgeschichte in Bildern II, 1, Lpz. 1961
Hunger, H., Pöhlmann, E., Neue griechische Musikfragmente . . ., Wiener Studien LXXV, 1962
Husmann, H., . . . (siehe Die Melodie)
Koller, H., Musik und Dichtung im alten Griechenland, Bern, München 1963
Lippmann, E. A., Musical Thought in Ancient Greece, New York 1964
Markus, S. A., Musikästhetik I, Moskau 1959, deutsche Übersetzung Lpz. 1967
Moutsopoulos, E., La musique dans l'oeuvre de Platon, Paris 1959
Najock, D., Drei anonyme griechische Traktate über die Musik, = Göttinger musikwissenschaftliche Arbeiten, Bd. 2, Kassel 1972

Pfrogner, H., Musik — Geschichte ihrer Deutung, München 1954
Pighi, B., Richerche sulla notazione ritmica greca, Aegyptus, Neue Folge I, 1959
Pöhlmann, E., Griechische Fragmente, = Erlanger Beiträge zur Sprache und Kunstwissenschaft VIII, Nürnberg 1960
Richter, L., Zur Wissenschaftslehre von der Musik bei Platon und Aristoteles, = Deutsche Akademie der Wissenschaften zu Bln., Schriften der Sektion für Altertumswissenschaft XXIII, Bln. 1961
Vogel, M., Die Enharmonik der Griechen, 2 Bde., = Orpheus Schriftenreihe zu Grundfragen der Musik III — IV, Düsseldorf 1963
Wegner, M., Griechenland, = Musikgeschichte in Bildern II, 2, Lpz. 1963
Wellesz, E., Ancient and Oriental Music, = New Oxford History of Music, Bd. 1, London 1957
Wille, G., Die Bedeutung der Musik im Leben der Römer, Diss. (mschr.), Tübingen 1953
Zoltai, D., Ethos und Affekt, Geschichte der philosophischen Musikästhetik von den Anfängen bis zu Hegel, Budapest 1966, deutsche Übersetzung Budapest 1970

b) Mittelalter

Abate, P. G., Il primitivo Breviario francescano (1224—1227), Roma 1960
Agustoni, L., Elementi di canto gregoriano, Padua 1959
Apel, W., Gregorian Chant, Bloomington 1958
Bellermann, H., Die Mensuralnoten und Taktzeichen des 15. und 16. Jhds., hrsg. von H. Husmann, Bln. 1963
Busch, R. v., Untersuchungen zum byzantinischen Heirmologion. Der Echos Deuteros, = Hamburger Beiträge zur Musikwissenschaft, Bd. 4, Hamburg 1971
Chailley, J., L'école musicale de St. Martial . . . , Paris 1960
Cardine, E., Semiologia Gregoriana, Roma 1968
Corbin, S., L'église à la conquête de sa musique, Paris 1960
Evans, P., The early Trope Repertory of St. Martial de Limoges, Princeton 1970
Floros, C., Universale Neumenkunde, 3 Bde., Kassel 1970
Flotzinger, R., Der Discantus-Satz im Magnus liber und seiner Nachfolge, Wien, Köln, Graz 1969
Gerber, R., Zur Geschichte des mehrstimmigen Hymnus, = Musikwissenschaftliche Arbeiten, Bd. 21, Kassel 1965
Hermelink, S., Dispositiones Modorum, = Münchner Veröff. zur Musikgeschichte, Bd. 4, Tutzing 1960
Hintze, G., Das byzantinische Prokeimena-Repertoire, = Hamburger Beiträge zur Musikwissenschaft, Bd. 9, Hamburg 1973
Hughes, D. A., Early Medieval Music up to 1300, = New Oxford History of Music, Bd. 2, London 1954
Huglo, Agustoni, Cardine, Moneta Caglio, Fonti e Paleografia del Canto Ambrosiano, Milano 1961

Husmann, H., Die mittelalterliche Mehrstimmigkeit, = Das Musikwerk, Bd. 9, Köln 1961

Husmann, H., Die Melodien der jakobinischen Kirche, 2 Bde., Wien 1969/71

Husmann, H., Die Melodien des chaldäischen Breviers Commune, Rom 1967

Jungmann, J. A., Missarum Sollemnia I, Wien, Kassel 5/1962

Kupper, H., Statistische Untersuchungen zur Modusstruktur der Gregoria-nik, = Kölner Beiträge zur Musikforschung, Bd. 56, Regensburg 1970

Lenaerts, R. B., Die Kunst der Niederländer, = Das Musikwerk, Bd. 22, Köln 1962

Lipphard, W., Der karolingische Tonar von Metz, = Liturgiewissenschaft-liche Quellen und Forschungen XVIII, Münster i. W. 1965

Martinez, M. L., Die Musik des frühen Trecento, = Münchner Veröff. zur Musikgeschichte IX, Tutzing 1963

Meyer-Baer, K., Liturgical Music Incunabula. A Descriptive Cat., London 1962

Mittler, P., Melodieuntersuchung zu den dorischen Hymnen der lateini-schen Liturgie im Mittelalter, = Siegburger Studien II, Siegburg 1965

Murray, G., The Authentic Rhythm of Gregorian Chant, Bath 1959

Parrish, C., The Notation of Medieval Music, London 1958

Rönnau, K., Die Tropen zum Gloria in excelsis Deo, Wiesbaden 1967

Smiths v. Waesberghe, J., Expositiones in Micrologum Guidonis Aretini, Amsterdam 1957

Szöverffy, Y., Die Annalen der lateinischen Hymnendichtung, 2 Bde., Bln. 1964—65

Vollaerts, J. W. A., Rhythmic Proportions in Early Medieval Ecclesiastical Chant, Bloomington 2/1960

Wellesz, E., Die Musik der byzantinischen Kirche, = Das Musikwerk, Bd. 13, Köln 1959

Wellesz, E., A History of Byzantine Music and Hymnography, Oxford, 2/1962

c) Renaissance

Abraham, G., The Age of Humanism 1540—1630, = New Oxford History of Music, Bd. 4, London 1968

Bachmann, W., Die Anfänge des Streichinstrumentenspiels, Lpz. 1964

Bockholdt, R., Französische und Niederländische Musik des 14. und 15. Jhds., in: Musikalische Edition im Wandel des historischen Bewußt-seins, hrsg. von T. G. Georgiades, Kassel 1971

Chastel, A., Italienische Renaissance. Die Ausbildung der großen Kunst-zentren, München 1965

Christian, W. H., Die Musik der alten Niederländer, Lpz. 1956

Fellerer, K. G., Altklassische Polyphonie, = Das Musikwerk, Bd. 28, Köln 1965

Hammerstein, R., Die Musik der Engel, Bern, München 1962

Hartt, F., History of Italian Renaissance Art, New York 1969
Hughes, D. A., Abraham G., Ars Nova and the Renaissance 1300—1540, = New Oxford History of Music, Bd. 3, London 1960
Lesure, F., La Renaissance dans les provinces du Nord, Paris 1956
Marshall, R. L., (Hrsg.), Studies in Renaissance and Baroque Music (Festschrift für A. Mendel), Kassel 1974
Ravizza, V., Das instrumentale Ensemble von 1400—1550 in Italien. Wandel des Klangbildes, = Publikationen der Schweizerischen Musikforschenden Gesellschaft II, Bd. 21, Bern 1970
Reese, G., Music in the Renaissance, New York 1959
Scherliess, V., Musikalische Noten auf Kunstwerken der italienischen Renaissance, = Hamburger Beiträge zur Musikwissenschaft, Bd. 8, Hamburg 1972
Schmid, E. F., Musik an den schwäbischen Zollernhöfen der Renaissance. Kassel 1962
Schumann, E., Stilwandel und Gestaltveränderung im Meistersang, = Göttinger musikwissenschaftliche Arbeiten, Bd. 3, Kassel 1972

d) Barock

Abraham, L. N., Der Generalbaß im Schatten des Michael Praetorius und seine harmonischen Voraussetzungen, Bln. 1961
Benary, P., Die deutsche Komponistenlehre des 18. Jhd., Lpz. 1961
Bukofzer, M. F., Music in the Baroque Era, New York 1947
Clercx, S., Le baroque et la musique, Brüssel 1948
Damman, R., Die Struktur des Musikbegriffs im deutschen Barock, Habil.-Schrift (mschr.), Freiburg i. B. 1958
Eggebrecht, H. H., Barock als musikgeschichtliche Epoche, in: Aus der Welt des Barock, Stg. 1957
Hausswald, G., Die Musik des Generalbaßzeitalters, = Das Musikwerk, Bd. 45, Köln 1973
Le baroque musicale, = Les Congrès et Colloques de l'Univ. de Liège, Lüttich 1964
Liess, A., Wiener Barock, Wien 1946
Wellesz, E., Sternfeld, F., The Age of Enlightenment 1745—1790, = New Oxford History of Music, Bd. 7, London 1973
Zingel, H. J., Harfenspiel im Barockzeitalter, = Kölner Beiträge zur Musikforschung, Bd. 77, Regensburg 1974

e) Klassik

Blume, F., Classic and Romantic Music. A Comprehensive Survey, New York 1970
Eggebrecht, H. H., Versuch über die Wiener Klassik, = Beihefte zum AfMw, Bd. 12, Wiesbaden 1972
Kirkendale, W., . . . (siehe Die Gattungen)
Klinkhammer, R., Die langsame Einleitung in der Instrumentalmusik der

Klassik und Romantik, = Kölner Beiträge zur Musikforschung, Bd. 65, Regensburg 1971
Landon, H. C. R., Essays on the Viennese Classical Style, London 1970
Pauly, R. G., Music in the Classic Period, Englewood Cliffs, N. J., 1965
Rosen, C., . . . (siehe Persönlichkeit und Zeitgeist)
Seifert, W., C. G. Körner, Ein Musikästhetiker der deutschen Klassik, = Forschungsbeiträge zur Musikwissenschaft., Bd. 9, Regensburg 1960
Stephenson, K., Die musikalische Klassik, = Das Musikwerk, Bd. 6, Köln 1953

f) Romantik

Einstein, A., Music in the Romantic Era, London 1947
Geck, M., Die Wiederentdeckung der Matthäuspassion im 19. Jhd., = Studien zur Musikgeschichte des 19. Jhds., Bd. 9, Regensburg 1967
Heinz, R., Geschichtsbegriff und Wissenschaftscharakter in der 2. Hälfte des 19. Jhds., = Studien zur Musikgeschichte des 19. Jhds., Bd. 11, Regensburg 1968
Knepler, G., Musikgeschichte des 19. Jhds., 2 Bde., Bln. 1961
Rummenhöller, P., Musiktheoretisches Denken im 19. Jhd., = Studien zur Musikgeschichte des 19. Jhds., Bd. 12, Regensburg 1967
Salmen, W., (Hrsg.), Beiträge zur Musikanschauung im 19. Jhd., = Studien zur Musikgeschichte des 19. Jhds., Bd. 1, Regensburg 1965
Stephenson, K., Romantik in der Tonkunst, = Das Musikwerk, Bd. 21, Köln 1961
Studien zur Musikgeschichte des 19. Jhds., Regensburg 1965 ff.
Vogel, M., . . . (siehe Die Harmonie)
Wiora, W., (Hrsg.), Die Ausbreitung des Historismus über die Musik, = Studien zur Musikgeschichte des 19. Jhds., Bd. 14, Regensburg 1969
Wörner, K. H., Das Zeitalter der thematischen Prozesse in der Geschichte der Musik, = Studien zur Musikgeschichte des 19. Jhds., Bd. 8, Regensburg 1969

g) Moderne

Abraham, G., A Hundred Years of Music, London 3/1964
Adorno, T. W., Dissonanzen. Musik in der verwalteten Welt, Göttingen 1956
Adorno, T. W., Klangfiguren. Musikalische Schriften I, Ffm. 1959
Adorno, T. W., Quasi una fantasia, Musikalische Schriften II, Ffm. 1963
Adorno, T. W., Nervenpunkte der Neuen Musik, Reinbek 1969
Austin, W. W., Music in the 20th Century, New York 1966
Bäcker, U., Frankreichs Moderne von C. Debussy bis P. Boulez, = Kölner Beiträge zur Musikforschung, Bd. 21, Regensburg 1962
Behrendt, J. E., Uhde, J. (Hrsg.), Prisma der gegenwärtigen Musik, = Soziale Wirklichkeit, Bd. 6, Hamburg 1959
Boehmer, K., Zur Theorie der offenen Form in der Neuen Musik, Darmstadt 1967

Burde, W., (Hrsg.), Aspekte der Neuen Musik, hrsg. im Auftrag des Staatl.
    Inst. für Musikforschung Preuß. Kulturbesitz Bln., Kassel 1968
Collaer, P., Geschichte der modernen Musik, Stg. 1963
Cooper, M., The Modern Age 1890—1960, = New Oxford History of Music,
    Bd. 10, London 1974
Dibelius, U., Moderne Musik 1945—1965, München 2/1972
Eimert, H., Lehrbuch der Zwölftontechnik, Wiesbaden 1950
Eimert, H., (Hrsg.), Die Reihe. Informationen über serielle Musik, Wien
    1955 ff.
Eimert, H., Grundlagen der musikalischen Reihentechnik, Wien 1964
Gradenwitz, P., Wege zur Musik der Gegenwart, Stg. 1963, Neuausgabe
    Wilhelmshaven 1974
Hartog, E., European Music in the 20th Century, London 2/1960
Heinemann, R., Untersuchungen zur Rezeption der seriellen Musik, =
    Kölner Beiträge zur Musikforschung, Bd. 43, Regensburg 1966
Laade, W., Gegenwartsfragen der Musik in Afrika und Asien, = Sammlung
    musikwissenschaftlicher Abhandlungen, Bd. 51, Baden-Baden 1971
Meyer-Eppler, W., Elektrische Klangerzeugung. Elektronische Musik und
    synthetische Sprache, Bonn 1949
Mitchell, D., The Language of Modern Music, London 1963
Myers, E. R. S., Modern French Music, Oxford 1971
Nestler, G., Der Stil in der Neuen Musik, Freiburg 1958
Neue Musik in der BRD, hrsg. von der deutschen Sektion der Internationa-
    len Ges. für Neue Musik, Ffm., London, New York 1958 ff.
Oehlmann, W., Die Musik des 20. Jhds., Bln. 1961
Perle, G., Serial Composition and Atonality, London 1962
Reinecke, H. P., (Hrsg.), Das musikalisch Neue und die Neue Musik, Mainz
    1969
Rohwer, J., Neueste Musik, Stg. 1964
Ruppel, K. H., Musik in unserer Zeit, München 1960
Scherchen, H., Gravesaner Blätter, 1954 ff.
Schnebel, D., Denkbare Musik. Schriften 1952—1972, Köln 1972
Slonimsky, N., Music since 1900, New York 4/1972
Steinecke, W., (Hrsg.), Darmstädter Beiträge zur Neuen Musik, Mainz
    1958 ff.
Stephan, R., Neue Musik, Göttingen 1958
Stilkriterien der Neuen Musik, = Veröff. des Inst. für Neue Musik und
    Musikerziehung Darmstadt, Bln. 1961 ff.
Stockhausen, K., Texte . . . , 3 Bde., Köln 1963, 64, 71
Stuckenschmidt, H. H., Schöpfer der Neuen Musik, Ffm. 1958
Vogt, H., Neue Musik seit 1945, Stg. 1972
Webern, A. v., Wege zur neuen Musik, Wien 1960
Zillig, W., Variationen über Neue Musik, München 1959

Musikbibliographien

Bericht über die musikwissenschaftlichen Arbeiten in der DDR, hrsg. vom Zentralinst. für Musikforschung beim Verband deutscher Komponisten und Musikwissenschaftler, Bln.

Blum, F., Music Monographs in Series, New York 1964

Code International de Catalogage de la Musique, hrsg. von der Internationalen Vereinigung der Musikbibliotheken, Ffm., London, New York 1957

Draudius, G., Verzeichnis deutscher musikalischer Bücher 1611 und 1625, Faks. hrsg. von K. Ameln, Bonn 1957

Duckles, V., Music Reference and Research Material, New York, London 1964

Fleischhack, C., Rückert, E., Reichardt, G., Grundriß der Bibliographie, = Lehrbücher für den Nachwuchs an wissenschaftlichen Bibliotheken II, Lpz. 1957

Heussner, H., Schultz, I., Catalogus Musicus VI. Collectio Musica. Musikbibliographie in Deutschland bis 1625, Internationaler Verein der Musikbibliotheken, Internationale Ges. für Musikwissenschaft, Kassel 1973

Internationales Repertorium der Musikliteratur, hrsg. von B. S. Brook, New York 1967 ff.

Krummel, D. W., Coover, J. B., Current National Bibliography, Their Music Coverage, Notes II, 17, 1959/60, Detroit Studies in Music Bibliographies, Detroit 1961 ff.

Plesske, H.-M , Zur Systematik der Musikbibliographie der Deutschen Bücherei, Fontes artis musicae VIII, 1961

Schaal, R., Verzeichnis deutschsprachiger musikwissenschaftlicher Dissertationen, 1961—1970, Kassel 1974

Biographien

(nach Komponisten geordnet)

Bach-Dokumente, hrsg. vom Bach-Archiv, Lpz. 1963 ff.

Herbst, W., J. S. Bach und die lutherische Mystik, Diss. Erlangen 1958

Jakobi, T., Zur Deutung von Bachs Matthäuspassion, Stg. 1958

David, J. N., Das Wohltemperierte Klavier, Göttingen 1962

Keller, H., Das Wohltemperierte Klavier von J. S. Bach, Werk und Wiedergabe, Kassel 1965

Schlötterer-Traimer, R., J. S. Bach. Die Kunst der Fuge, = Meisterwerke der Musik, Bd. 4, München 1966

Wolff, C., Der Stile antico in der Musik J. S. Bachs. Studien zu Bachs Spätwerk, Wiesbaden 1968

Geck, M., (Hrsg.), Bach-Interpretationen, Göttingen 1969

Blankenburg, W., (Hrsg.), J. S. Bach, Darmstadt 1970

Blankenburg, W., Einführung in Bachs h-moll-Messe, Kassel 3/1974
Halm, H., Symbol und Glaube im 1. Teil des Wohltemperierten Klaviers,
    Wiesbaden 1973
Dille, D., Thematisches Verzeichnis der Jugendwerke B. Bartóks 1890—
    1904, Kassel 1974
Demény, J., B. Bartók. Briefe, 2 Bde., Budapest 1973
Lesznaj, C., B. Bartók. Sein Leben — seine Werke, Lpz. 1961
Berger, G., B. Bartók, = Beiträge zur Schulmusik, Bd. 13, Wolfenbüttel
    1963
Helm, E., B. Bartók in Selbstzeugnissen und Bilddokumenten, Reinbek
    1965
Köhler, H.-J., B. Bartóks pädagogisches Klavierwerk Mikrokosmos als Weg
    zum Hören neuer Musik, Diss. (mschr.), Lpz. 1966
Stevens, H., The Life and Music of B. Bartók, London, Oxford, New York
    1967
Weiß, G., Die frühe Schaffensentwicklung B. Bartóks im Lichte westlicher
    und östlicher Traditionen, Diss. Erlangen 1970
Petersen, P., Die Tonalität im Instrumentalschaffen von B. Bartók, = Ham-
    burger Beiträge zur Musikwissenschaft, Bd. 6, Hamburg 1971
Ujfalussy, J., B. Bartók, Budapest 1973
Mies, P., Textkritische Untersuchungen bei Beethoven, = Schriften zur
    Beethovenforschung II, Bonn 1957
Bory, R., L. v. Beethoven , Zürich 1960
Schmidt-Görg, J., Beethoven. Die Geschichte seiner Familie, = Schriften
    zur Beethovenforschung I, Bonn 1964
Zobeley, F., L. v. Beethoven, Reinbek 1965
Schenker, H., Beethoven. Die letzten Sonaten, Wien 1971
Brahms-Studien = Veröff. der Brahms-Ges., Hamburg 1974 ff.
Stephenson, K., (Hrsg.), J. Brahms und F. Simrock, Weg einer Freund-
    schaft, Briefe des Verlegers an den Komponisten, Hamburg 1961
Kross, S., Die Chorwerke von J. Brahms, Bonn 1958
Korte, W., Bruckner und Brahms. Die spätromantische Lösung der autono-
    men Konzeption, Tutzing 1963
Neunzig, H. A., J. Brahms, Hamburg 1973
Kirsch, W., Studien zum Vokalstil der mittleren und späten Schaffensperio-
    de A. Bruckners, Ffm. 1958
Scholz, H.-G., Die Form der reifen Messen A. Bruckners, Bln. 1961
Korte, W., . . . (siehe Brahms)
Nowak, L., A. Bruckner. Musik und Leben, Linz 1973
Fischer, H. C., A. Bruckner, Lein Leben, Salzburg 1974
Grebe, K., A. Bruckner, Reinbek 1972
Karstädt, G., Thematisch-systematisches Verzeichnis der musikalischen
    Werke von D. Buxtehude, Wiesbaden 1974
Bourniquel, C., F. Chopin, Reinbek 1959
Brown, M. J. E. Chopin. An Index of His Works . . . , London 1960
Studies in Chopin, hrsg. von der Chopin Society, Warschau 1973

Rutz, H., C. Debussy. Dokumente seines Lebens und Schaffens, München 1954

Ruschenburg, P. Stilkritische Untersuchungen zu den Liedern C. Debussys, Diss., Hamburg 1966

Burghauser, J., A. Dvořák. Thematisches Verzeichnis, Prag 1960

Honolka, K., A. Dvořák, Reinbek 1974

Vetter, W., C. W. Gluck, Lpz. 1964

Wieber, G. F. Die Chorfuge in Händels Werken, Diss., Ffm. 1958

Fanselau, R., Die Orgel im Werk E. Elgars, = Göttinger musikwissenschaftliche Arbeiten, Bd. 5, Kassel 1973

Friedenthal, R., Händel, Reinbek 1959

Dean, W., Händel's Dramatic Oratorios and Masques, London 1959

Dean, W., Händel and the Opera Seria, London 1970

Tobin, J., Händel at Work, London 1964

Hoboken, A. v., J. Haydn. Thematisch-bibliographisches Werkverzeichnis, Bd. 2, Mainz 1971

Geiringer, K., J. Haydn, Mainz 1959

Feder, G., (Hrsg.), Haydn-Studien, = Veröff. des J. Haydn-Inst., Köln 1965 ff.

Bartha, D., J. Haydn. Gesammelte Briefe und Aufzeichnungen, Kassel 1965

Hindemith-Jahrbuch. Hindemith-Stiftung, Mainz 1971 ff.

Briner, A., P. Hindemith, Zürich 1970

Haase, R., P. Hindemiths harmonikale Quellen — sein Briefwechsel mit H. Kayser, = Beiträge zur harmonikalen Grundlagenforschung, H. 5, Wien 1973

Osthoff, H., Josquin Desprez, 2 Bd., Tutzing 1962/65

Boetticher, W., O. di Lasso und seine Zeit, 1532—1594, Bd. 1, Kassel 1958

Boetticher, W., Aus O. di Lassos Wirkungskreis, Kassel 1963

Adorno, T. W. Mahler. Eine musikalische Physiognomik, Ffm. 1960

Cooke, D., G. Mahler 1860—1911, London 1960

Worbs, H. C., G. Mahler, Bln. 1960

Cardus, N., G. Mahler. The Man and His Music, Bd. 1, London 1965

Vignal, M., Mahler, Paris 1966

Kralik, H., G. Mahler, Wien 1968

Loeser, N., G. Mahler, Haarlem 1968

Blaukopf, K., G. Mahler oder der Zeitgenosse der Zukunft, Wien 1969

La Grange, H.-L., d., Mahler, New York 1973

Elvers, R., F. Mendelssohn-Bartholdy, Briefe I, Bln. 1968

Werner, E., Mendelssohn — A new Image of the Composer and his Age, London 1963

Köhler, K.-H., F. Mendelssohn-Bartholdy, Lpz. 1966

Grossmann-Vendrey, S., F. Mendelssohn-Bartholdy und die Musik der Vergangenheit, Regensburg 1969

Thomas, M., Das Instrumentalwerk F. Mendelssohn-Bartholdys, = Göttinger musikwissenschaftliche Arbeiten, Bd. 4, Kassel 1972

Dahlhaus, C., (Hrsg.), Das Problem Mendelssohn, = Studien zur Musikgeschichte des 19. Jhds., Bd. 41, Regensburg 1974

Mozart, Briefe und Aufzeichnungen. Gesamtausgabe, hrsg. von der Internationalen Stiftung Mozarteum Salzburg, Kassel 1962 ff.
Greither, A., Mozart, Reinbek 1962
Massenkeil, G., Untersuchungen zum Problem der Symmetrie in der Instrumentalmusik W. A. Mozarts, Wiesbaden 1962
Nissen, G. N., Biographie W. A. Mozarts, Reprint Hildesheim, New York 1972
M. Reger-Bibliographie, = Veröff. des M.-Reger-Inst., Bonn 1968
Otto, E., M. Reger. Sinnbild einer Epoche, Wiesbaden 1957
Rufer, J., Das Werk A. Schönbergs, Kassel 1959
Reich, W., Schönberg oder der konservative Revolutionär, Wien 1969
Stuckenschmidt, H. H. Schönberg. Leben, Umwelt, Werk, Zürich 1974
Ackerle, J. E. v., Schubert en de Romantiek, Antwerpen 1963
Feil, A., Studien zu Schuberts Rhythmik, München 1966
Georgiades, T. G.,Schubert. Musik und Lyrik, Göttingen 1967
Schütz-Werke-Verzeichnis, hrsg. von W. Bittinger, im Auftrag der Neuen Schütz Ges., Kassel 1960
Brodde, O., H. Schütz. Weg und Werk, Kassel 1972
Sammelbände der R. Schumann-Ges., Lpz. 1961 ff.
Munte, F., Verzeichnis des deutschsprachigen Schrifttums über R. Schumann, Hamburg 1972
Plantinga, L. B., Schumann as Critic, London 1967
Mueller v. Asow, E. H., R. Strauss. Thematisches Verzeichnis, Wien 1959 ff.
Deppisch, W., R. Strauss, Reinbek 1968
Grosse, H., Jung, H. R., G. P. Telemann. Briefwechsel, Lpz. 1972
Grebe, K., Telemann, Reinbek 1970
Kolneder, W., Melodietypen bei Vivaldi, Zürich 1973
Kolneder, W., Aufführungspraxis bei Vivaldi, Zürich 1955
Hartmann, O. J., Die Esoterik im Werk R. Wagners, Freiburg i. Br. 1960
Mayer, H., Wagner, Reinbek 1959
Dahlhaus, C., R. Wagners Musikdramen, Velber 1971
Jung, U., Die Rezeption der Kunst R. Wagners in Italien, = Studien zur Musikgeschichte des 19. Jhds., Bd. 35, Regensburg 1974

Lexika — Enzyklopädien

Eggebrecht, H. H., Handwörterbuch der musikalischen Terminologie , hrsg. im Auftrag der Kommission für Musikwissenschaft der Akademie der Wiss. und der Literatur zu Mainz, Wiesbaden
Gatti, G. M., Basso, A., (Hrsg.), La Musica, Teil I, 4 Bde., Teil II, 2 Bde., Turin 1966
Gurlitt, W., (Hrsg.), Riemann Musiklexikon, London, New York, Paris, Mainz 1959 ff.

lichel, F., Lesure, F., Fédorov, V., Encyclopédie de la musique, 3 Bde.,
    Paris 1958—61
rieberg, F. K., Lexikon der Neuen Musik, Freiburg, München 1958
artori, C., Enciclopedia della musica, 4 Bde., Mailand 1963—64
chuh, W., Ehinger, H., Meylan, P., Schanzlin, H. P., Schweizer Musik-
    lexikon, Zürich 1964
eger, H., Musiklexikon, 2 Bde., Lpz. 1966
tephan, R., (mit C. Dahlhaus), Musik, = Das Fischer Lexikon, Ffm. 1957 ff.
hiel, E., Sachwörterbuch der Musik, = Kröners Taschenausgabe 210,
    Stg. 1962